米国公認会計士

USCPA集中講義
United States Certified Public Accountants

財務会計 第4版

FAR Financial Accounting & Reporting

プロアクティブ/
グアム大学日本事務局 [監修]

階戸照雄　建宮　努 [著]

中央経済社

まえがき

　本書を手にとっていただいている方は，転職を図るために目に見える資格を取得したい方，英文会計に興味のある方，経理業務に興味のある方，一味違った英語の勉強をしたい方，ただ単にちょっと興味がある方等いろいろな目標を持っておられる方だと思います。

　本書はそのような方にできるだけ効率的に勉強し，短期間に米国公認会計士の試験に合格していただくための解説書です。

　日本人の場合，特に本書のテーマである財務会計等の数字を扱う科目については，語学のハンディが少なく，比較的早い段階で科目合格を果たすことができる科目です。

　本書の具体的な使用方法としては，問題演習をやる前に本書を，さぁーっと読んで，まず主要なポイントをつかんでいただくという用途に使うのが効率的だと思います。本書では，かなり大胆に出題が予想されるポイントだけに焦点を当てて解説を行っています。また，各章ごとに，例示問題で理解を深めていただき，過去問題レベルの練習問題を多数こなしていくことで，実際の試験レベルを実感できるよう工夫したつもりです。

　この試験のいわゆる過去問は1995年の試験以来，毎年サンプル的に発表される数少ない問題を除いて，発表されていません。今回の新試験制度により，受験生のおかれている状況は米国を初め，今まで以上に差がなくなったといえるでしょう（もちろん，この前提として，日本人はある程度簿記の知識がある，米国人は大学でAccountingメジャー等で勉強してきたことがあげられます）。この中で重要なことは，基本的な問題の徹底的な理解です。新試験でも基本事項の理解の重要性が再認識されているようです。そのためには本書でまず論点の理解に努めてください。この後，WILEYやBISK等で問題演習をすれば鬼に金棒です。WILEYやBISK等の問題集も基本は過去問の集まりです。

　米国公認会計士の試験は，相当ハードな試験ですが，日本における公認会計士試験や弁護士試験のように，何年間勉強しても確実に合格するかどうかわからな

い試験とは違います。しっかりと合格に必要なことを学べば，確実に合格点に到達できます。そのため本書ではこの試験に合格するために最低限必要とされることをカバーしたつもりです。

　Where there is a will, there is a way.（意志のあるところに道がある。精神一到何事か成らざらん。）米国公認会計士試験に合格したい，という強い思いと，そのための努力さえ惜しまなければ，きっとこの試験に合格できるはずです。

　最後に，刊行に多大なご協力を頂いた中央経済社の飯田宣彦氏に御礼申し上げます。

2011年2月

著者を代表して
階戸　照雄

米国公認会計士コンピュータ試験情報

■ 受験生に大きなメリット！　科目合格制度が導入！

コンピュータ試験では，1科目から受験でき，75点以上で科目合格となる。

最初に科目合格をした日から18カ月（連続する6回の試験）以内に他の科目もすべて合格すれば，試験合格となる。18カ月以内に全科目合格をしなかった場合は，最初の科目合格実績（18カ月を迎える科目）は消滅し，再度試験を受ける必要がある。

過去のペーパーベース試験では，初回受験時は4科目同時受験が義務づけられており，2科目が75点以上，残りの2科目も50点以上でないと科目合格にならなかったため，受験者にとっては非常に楽になったと言える。

コンピュータ試験では，各受験生がデータベース内に蓄積されている数多くの問題の中からコンピュータが抽出した異なる問題を解くことになるが（全受験生が同じ問題を解くわけではない），同レベルの問題であるため75点の合格基準は相対式評価によって決定される。

この試験は落とすための試験ではなく，プロフェッショナルとして通用する能力と知識を試す試験なので，一定の能力に到達した受験生は全員合格できる。

出願州やテストセンターにより合格点の難易度に格差が与えられることはない（全米統一で合格基準を算定する）。

■ 受験地は米国内のテストセンター

PCが設置された全米約300カ所のテストセンター（Prometric社が運営）にて受験。日本等海外での受験は許可されていない。アメリカの54の試験管轄内（州，準州）での受験となる。つまり出願州で受験する必要はなく，受験地は各テストセンターから選択することができる。日本からの受験は近くて時差のないグアムがおすすめ。

■ 最大年4回まで受験可能！　受験日も大幅に自由度が増した新試験

1年を4つのWindow（期）に分け（1月〜3月，4月〜6月，7月〜9月，10月〜12月），各Windowの開始からの2カ月間が試験実施月となる。最終月はメ

ンテナンスのため受験できない（試験実施月の間は基本的に平日に試験が実施されているが，土曜営業のテストセンターもある）。

1st Window			2nd Window			3rd Window			4th Window		
1月	2月	3月	4月	5月	6月	7月	8月	9月	10月	11月	12月

※各Windowの最終月はメンテナンスのため試験は実施されない。
※同じ科目の試験は年間最大で4回受験することが可能。

　受験生は各センターの試験実施日の中から自由に試験日時，試験科目順序を決めることができる。**試験は同じWindowの中で全科目（4科目）受験することも，1科目だけ受験することも可能**。ただし，不合格科目を同じWindowの中で再受験することはできない。したがって**1科目につき年間最大4回の受験チャンスがある**。なお，試験は1日のうち2科目まで受験することが可能。

■ 試験科目

Financial Accounting & Reporting（財務会計　4.0時間）
　➡企業会計，政府会計，非営利組織会計の知識とその知識を業務に使うためのスキル

Regulation（税法・ビジネス関連法規　3.0時間）
　➡連邦税法，商法，職業倫理，その他ビジネス関連法規とその知識を業務に使うためのスキル

Business Environment & Concepts（ビジネス環境および諸概念　2.5時間）
　➡商取引の背景と関連する会計処理に関する全般的知識とこれらの知識を業務に使うためのスキル

Auditing & Attestation（監査・証明業務　4.5時間）
　➡監査手続き，GAAPの知識とこれらの知識を業務に使うためのスキル

■ 各科目内でのテーマごとの出題割合

各科目内でのテーマごとの出題割合			
Financial Accounting & Reporting（4.0h）		**Regulation（3.0h）**	
・Concepts	20%	・Federal Taxation	60%
・Typical Items in F/S	30%	・Ethics and Responsibilities	17%
・Types of Transactions and Events	30%	・Business Law	23%
・Governmental Accounting	10%		
・Not-for-Profit	10%		
Business Environment & Concepts（2.5h）		**Auditing & Attestation（4.5h）**	
・Business Structures	20%	・Engagement	25%
・Economics Concepts【新分野】	10%	・Internal Control	15%
・Financial Management【新分野】	20%	・Basis for Conclusions	35%
・Information Technology	25%	・Review the Engagement	10%
・Planning and Measurement	25%	・Prepare Communications	15%

■ 出題形式

コンピュータ試験は8割が択一問題，残りの2割は2問のSimulationで構成される。

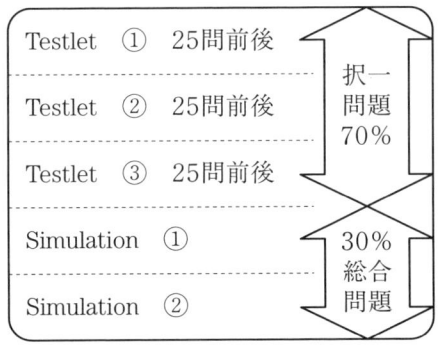

択一問題は大きく3つのTestletに分かれており，それぞれに25問前後が出題される。Testlet同士には関連性はなく，**次のTestletに進むと，前のTestletに戻ることはできなくなる。**Simulationは基本的に2題出題され，それぞれは関連しない。

※Business Environment & Conceptsに関しては，当初Simulationは出題されない予定。

※シミュレーション（Simulation）とは実務に近い状況で，実際のケーススタディーを用いて受験者の会計知識を問う新しいタイプの問題。20分～40分で取組む。受験者はIRS（Internal Revenue Services Code），年次報告書（Annual Report），監査報告書（Audit Standard）といった書類を活用して問題に取組む。Simulation内の各問題は，すべて独立採点方式のため各問題は

他の問題の解答に影響を与えない。

※択一問題と総合問題の配点化率は一定でなく，明確に割合は定められていない。

■ 受験資格

受験資格は各州によって異なる。現在のところ大学卒業の学位（在学中／学位なしで出願可能な州もあり）に加えて，専門課程で取得した会計単位，ビジネス関連単位が要求されるところが大半である。受験資格は改正されていくものであり，受験生は常に最新の情報を把握する必要がある。

最新の受験情報はこちらへ　http://www.uogjp.com

■ 出願方法と受験手続（コンピュータ試験）

① 受験生は出願州の会計審議会（ボード）に出願手続きを行う。
（この時点で出願州の受験要件を満たす必要がある。また，米国以外の教育機関で取得した単位や学位を使用する受験生は出願に先だって取得した学位や単位が米国の大学で与えるものと同等であるかどうかの審査を完了している必要がある《学歴審査》。）
⬇
② 出願が受理されると各州の会計審議会（ボード）から NASBA（実際の試験を取り仕切るのはこの機関になる）のデータベースに受験生の ATT（Authorization to Test）情報が登録される。
⬇
③ ATT が登録されると NASBA より各受験生に Payment Coupon が発行される（登録内容の確認と申込んだ試験科目の確認および試験料の支払いを求める書類）。
⬇
④ Payment Coupon をもとに受験生は NASBA に試験料（Examination Fee）の支払いを行う。
⬇
⑤ 支払確認後，NTS（Notice to Schedule）という受験予約の ID などが記載された書類が発行される。
⬇
⑥ 受験生は NTS を元に Prometric 社のホームページ上もしくは各テストセンター（全米の各州に試験会場があり，受験生は各試験会場の情報を元に日程・試験会場を選択できる）に試験日時の予約を行う。

※州によっては出願時（①の時点）に，試験料（Examination Fee）も同時に支払い，

NTS が発行されるところもある。

本書を監修しているプロアクティブ／グアム大学日本校では，受験資格を満たすための会計，ビジネス単位の取得学習および，学歴審査等必要書類の取寄せから出願手続のサポートなども行っており，受験生は安心して学習に取組むことができる。

■ CBT 試験の体験談（グアム試験会場例）

基本情報

- 試験の最初に問題数がいくつで Testlet がいくつある等，情報が記載されているのでよく読むこと。
- 電卓を使用する場合，キーボードのテンキーが使用可能。
- マルチの問題の際は，画面の下部に全問題の問題番号が表示されている。番号をクリックすればその問題にジャンプできる。**Previous** と **Next** というボタンもあるのでそこをクリックしても次や前の問題に移動できる。
- 上記問題番号は，解答を選択済みの場合，白く色が変わる。解いていない問題はグレーになっている。
- 択一問題では各問題にレビューマークを付けることができる。上記問題番号の下にチェックマークがつく。チェックをしておくことで難しそうな問題は後回しにすることも可能。
- Simulation の問題では **Split** ボタンを押すことで画面を上下・左右に分けられる。問題文についての画面と解答の画面を分割して表示することで解答しやすくなる。問題のタブには鉛筆のマークがついていて，色が青くなっているものは何らかの解答をしているということ。しかし，すべて終えているという意味ではない。

試験開始後の流れ

Start をクリックし，要求される Password を入力して始まる。その後，試験の問題数や，そのうち何問かは今後の試験のためのダミー問題であり採点されないこと，さらにその問題がどれかはわからない等，試験についての説明画面に進む。

よく読んだ上で **Continue** をクリックして問題へと進む。

画面上部には残り時間とともに、Testlet 1 / 5 Question 3 / 30 などと出ているので時間の配分はこれを参考にする。

休憩など

1つの Testlet が終わると、まず **Review** か **Continue** か **Quit** かを選ぶ。**Review** ではもう一度 Testlet 内を見直しすることができる。

おそらく試験を終える人はいないので Quit は無視（試験の終了のこと）。

Continue を押すと「この Testlet にはもう戻れませんがよろしいですか」と再度確認される。

Yes をクリックすると Break をとるか否かを問う画面に移動する。

Break 中でも試験時間は進んでいるとか、Break 中は PC の部屋から出なくてはいけないなどの注意事項が画面に出る。

Yes をクリックすると Break をとることになる。

No をクリックすると次の Testlet が始まる。

Break をとる場合は ID だけを持って退室し、チェックインカウンターで退出時間を記載してサインをする。

スクラッチペーパーは席に置いたままにする（Break から戻るときにはじめに入力した Password を入力する必要があるため）。そして、コンピュータ室に戻る際は入室時間の記入とサインをする。

試験終了

最後の Testlet を終えると、本当に試験を終えるか否かを問われる。終了すると Prometric のアンケートがあり、質問にすべて答えれば試験は終了となる。

試験時間が足りずに終了になる場合は、試験時間がなくなると問題の途中でもポップアップメニューが出て、「試験は終わりです」という旨のメッセージが出る。試験終了後アンケートが続く。なお、アンケートの部分は試験時間には含まれていない。

米国公認会計士コンピュータ試験情報　7

（参考）コンピュータ試験の画面サンプル

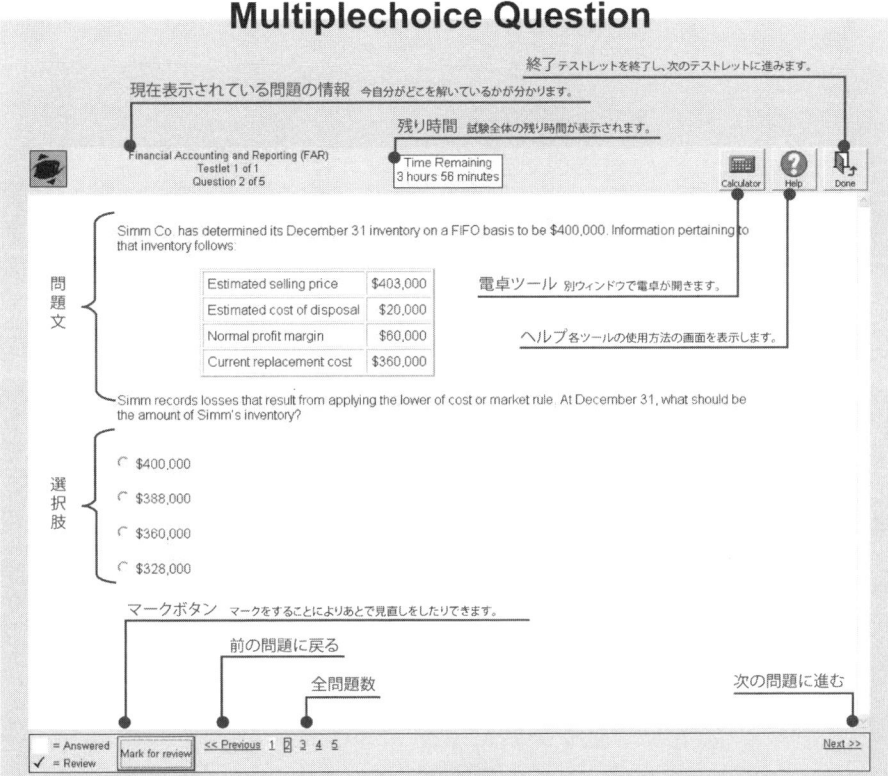

8　財務会計（Financial Accounting）

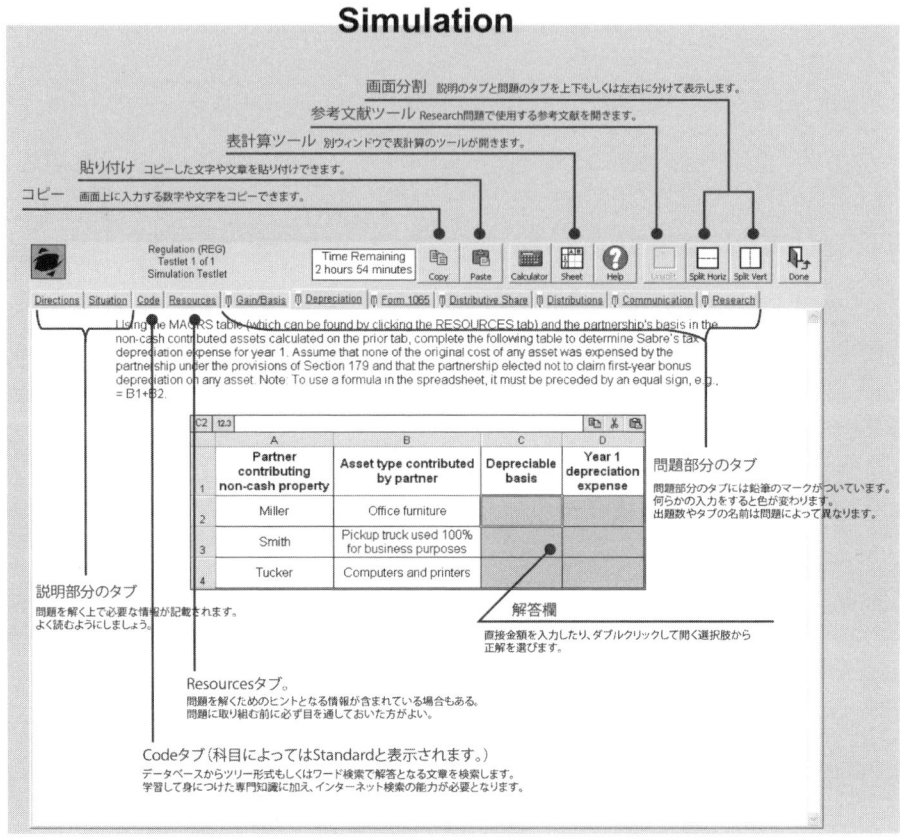

（情報提供：プロアクティブ／グアム大学日本事務局）

目　次

財務会計 (Financial Accounting)

第1章　財務諸表の概念と基準 (Concepts and Standards for Financial Statements) ── 1

1　財務会計について ── 2
1　財務会計とは …… 2
2　財務報告の手段 …… 3
3　財務報告の目的 …… 3
4　会計基準の体系表 (Accounting standards codification ™) …… 3

2　財務諸表の概念 (Financial Accounting Concepts) ── 6
1　Objective of Financial Reporting by Business Enterprises 〈SFAC 1号〉 …… 6
2　Qualitative Characteristics of Accounting Information 〈SFAC 2号〉 …… 7
3　Elements of Financial Statements (財務諸表の構成要素) 〈SFAC 6号〉 …… 12
4　Recognition and Measurement Concepts (認識と測定) 〈SFAC 5号〉 …… 13
5　Using cash flow information and present value in accounting measurement (会計測定におけるキャッシュフロー情報, および現在価値の使用) …… 15

第2章　流動資産と流動負債
（Current Assets and Current Liabilities） ―― 17

1　流動資産（Current Assets） ―― 18

1 Percentage of Sales Method（Income Statement Approach）
（対売上に対する割合で貸倒引当金を決める方式：損益計算書をベースとする方法） …… 27

2 Aging Method（Balance Sheet Approach）
（年齢調べによる方式：バランス・シートをベースにする方法）
…… 28

2　流動負債（Current Liabilities） ―― 32

1 流動負債とは …… 32
2 買掛金と支払手形（Accounts Payable and Notes Payable） …… 34
3 未払配当金（Dividends Payable） …… 35
4 偶発債務―定義（Contingent Liabilities―Defined） …… 35
5 偶発債務―例：保証コスト
　（Contingent Liabilities―Examples：Warranty Costs） …… 38

第3章　棚卸資産（Inventory） ―― 39

1　棚卸資産とは ―― 40
1 継続記録法（Perpetual System） …… 40
2 棚卸計算法（Periodic System） …… 41

2　棚卸資産の資産計上額（Inventory Cost） ―― 44

3　棚卸資産の評価方法（Inventory Valuation Methods） ―― 45
1 個別法（Specific Identification） …… 45
2 加重平均法（Weighted-Average） …… 46
3 先入先出法（First-In, First-Out：FIFO） …… 46
4 後入先出法（Last-In, First-Out：LIFO） …… 47

4　その他の棚卸資産の評価方法
　　　（Inventory Valuation Methods） —————————— *48*
　　　1　移動平均法（Moving-Average） ……………………… *48*
　　　2　売上総利益法（Gross Profit） ……………………… *48*
　　　3　売価還元法（Retail Method） ……………………… *49*
　　　4　ドル価値後入先出法（Dollar-Value LIFO） ……… *55*
　　5　低価法（Lower of Cost or Market：LCM）————— *57*
　　　1　低価法（Lower of Cost or Market：LCM） ……… *57*
　　　2　低価法における合理的な時価（Designated market）の決定
　　　　　………………………………………………………………… *57*
　　6　契約条件による棚卸資産の所有権者の違い —————— *61*
　　7　委託販売（Consignments） ———————————— *65*

第4章　固定資産と無形資産
（Fixed Assets and Intangible Assets） —————— *69*

　　1　固定資産と無形資産
　　　（Fixed Assets and Intangible Assets）とは ————— *70*
　　2　固定資産（Fixed Assets）の取得原価（Acquisition Cost） - *70*
　　3　利息の資産計上（Capitalization of Interest） ————— *71*
　　4　非貨幣性固定資産の交換
　　　（Non Monetary Exchange） ———————————— *73*
　　5　資本計上するコスト・費用計上するコスト
　　　（Capital Expenditures・Revenue Expenditures） ——— *76*
　　6　減価償却（Depreciation） ————————————— *77*
　　7　減価償却の方法（Depreciation Methods） —————— *79*
　　　1　減価償却方法（Depreciation Methods） ………… *79*
　　　2　期中に取得した資産の減価償却（Fractional Year Depreciation）
　　　　　………………………………………………………………… *88*

8 資産の除却と価値の減損
  （Disposals and Impairment of Value） ……… 89
  1 資産の除却（Disposal of an Asset） ……… 89
  2 除却予定の資産（Assets to be Disposed of） ……… 90
  3 資産価値の減損（Impairment）（Assets to be Held and Used） ……… 91

9 非貨幣資産から貨幣資産への強制転換
  （Involuntary Conversions of Nonmonetary Assets to Monetary Assets） ……… 94

10 減耗償却（Depletion） ……… 95

11 無形資産（Intangible Assets） ……… 97
  1 無形資産（Intangible Assets）とは ……… 97
  2 無形資産の償却（Amortization of Intangible Assets） ……… 97

12 スタートアップ・コスト（Start-Up Costs） ……… 98

13 研究開発費
  （Research and Development Costs：R & D Costs） ……… 98
  1 研究開発費とは ……… 98
  2 例外的処理 ……… 98

14 開業準備中の企業（Development Stage Enterprises） ……… 100

第5章 投資（Investment） ……… 103

1 投資証券（Investment Securities）とは ……… 104
  1 債務証券（Debt Securities） ……… 104
  2 持分証券（Equity Securities） ……… 104

2 債務証券に対する投資
  （Investments in Debt Securities） ……… 104
  1 債務証券への投資の分類 ……… 104
  2 債務証券に対する投資の評価 ……… 105

3　持分証券に対する投資
　　　　（Investments in Equity Securities） ──────── 109
　　　1　持分証券に対する投資の分類 ……………………… 109
　　　2　持分比率が20％未満で，投資先会社に対する重要な影響力
　　　　（Significant Influence）がない場合 ……………… 109
　　　3　持株比率が20％以上50％以下で，投資先会社に対して重要な
　　　　影響力（Significant Influence）がある場合 ……… 110
　　4　その他の投資取引（Other Investment Transactions） ── 114
　　　1　投資分類の変更（Transfer between categories） ……… 114
　　　2　株式配当（Stock dividends）と株式分割（Stock splits） …… 115
　　　3　生命保険の解約返戻金（Cash surrender value of life insurance）
　　　　 ……………………………………………………………… 115

第6章　社債（Bonds） ─────────────── 119

　　1　社債とは ─────────────────── 120
　　2　社債の発行―額面発行とDiscount発行，Premium発行
　　　　（Issuing Bonds ― Par, Discount and Premium） ─── 123
　　3　半期あるいは四半期の利息支払い
　　　　（Semiannual and Quarterly Interest Payments） ── 128
　　4　利息の未払い（Accruals of Interest） ─────── 128
　　5　利息支払日の間における社債発行
　　　　（Bonds Issued Between Interest Dates） ────── 129
　　6　社債価格（Bond Price） ───────────── 131
　　7　社債発行費（Bond Issue Costs） ─────────── 132
　　8　社債の満期前の償還（Early Retirement of Bonds） ── 133
　　9　実効利息法による減耗償却
　　　　（The Effective Interest Method of Amortization） ── 134

10 長期支払手形の現金発行
   （Long-Term Notes Issued for Cash） ———— 136
11 商品あるいはサービスに対して発行される長期支払手形
   （Long-Term Notes Issued for Good Services） ———— 137
12 簿外の資金調達（Off-Balance-Sheet Financing） ———— 137
13 債務の再編（Debt Restructurings） ———— 139
   1 債務の清算（Settlement of Debt） ———— 139
   2 融資条件の変更（Modification of Terms） ———— 140

第7章 株主資本（Shareholders' Equity） ———— 151

1 株式資本カテゴリーの構成要素 ———— 151
2 株式発行（Stock Issuances） ———— 153
3 株式引受（Stock Subscriptions） ———— 156
4 株式の抱き合わせ発行（Lump — Sum Sales of Stock） — 157
5 株式発行費（Stock Issuance Costs） ———— 157
6 自己株式—原価法（Treasury Stock — Cost Method） ———— 158
7 自己株式—額面法
   （Treasury Stock — Par Value Method） ———— 161
8 追加払込（Assessment on Stock） ———— 164
9 優先株式の特徴（Feature of Preferred Stock） ———— 164
10 一株当たり利益（EPS, Earnings per share） ———— 168
   1 EPSの表示の仕方 ———— 169
   2 基本一株当たり利益（Basic earnings per share） ———— 169
   3 稀薄化後一株当たり利益（Diluted earnings per share） ———— 171
11 株式による報酬（Stock — Based Compensation） ———— 175
   1 ストック・オプションとは ———— 175
   2 SFAS 123「Fair Value Method」———— 176
12 新株引受権（Stock Rights） ———— 178

　　　　1 新株引受権（Stock Rights）とは ……………………………… *178*
　　　　2 仕訳のパターン ………………………………………………………… *179*
　　13　その他の資本の部の要素 ─────────────────── *179*
　　　　1 Accumulated Other Comprehensive Income
　　　　　（その他の包括的利益）について ………………………………… *179*
　　　　2 Stock Split（株式分割）について ………………………………… *179*
　　14　会社の破産・更生・準更生（Corporate bankruptcy・
　　　　Reorganization・Quasi-Reorganization） ─────────── *180*
　　　　1 会社の破産（Corporate bankruptcy）…………………………… *180*
　　　　2 会社の更生（Reorganization）…………………………………… *180*
　　　　3 会社の準更生（Quasi-Reorganization）………………………… *181*

第8章　損益（Revenues, Costs and Expenses） ─── *183*

　　1　収益の認識とは ──────────────────────── *183*
　　2　引渡し時点における収益認識
　　　　（Revenue Recognition at Delivery） ─────────────── *184*
　　3　引渡し前の収益認識―はじめに
　　　　（Revenue Recognition Before Delivery ― Introduction） ─ *186*
　　4　工事完成基準（The Completed-Contract Method）──────── *187*
　　5　工事進行基準（The Percentage of Completion Method）─ *189*
　　6　引渡し後の収益認識―割賦基準（Revenue Recognition
　　　　After Delivery ― The Installment Method） ─────────── *192*
　　7　コスト・リカバリー法（The Cost Recovery Method）── *196*

第9章　非経常損益項目（Nonrecurring Items） ──── *199*

　　1　2種類の非経常損益項目
　　　　（Two Types of Nonrecurring Items） ─────────────── *200*
　　　　1 非経常損益項目とは ……………………………………………… *200*

2 損益計算書のフォーム（非経常損益項目を含む） ………… 201
2 非継続事業項目に伴う損益
　　（Income or Loss from Discontinued Operations）——— 202
　　1 事業項目・部門の廃止（Discontinued Operations） ………… 202
　　2 事業項目・部門の廃止損益の計算方法 ……………………… 202
　　3 損益計算書への開示方法 ……………………………………… 204
3 特別損益項目（Extraordinary Items）——————— 204
　　1 特別損益（Extraordinary Items）とは ……………………… 204
　　2 特別損益の例示 ………………………………………………… 205
　　3 特別損益として扱われないもの ……………………………… 205
4 会計上の変更（Accounting Changes）————————— 207
　　1 会計上の変更とは ……………………………………………… 207
　　2 Change in Accounting Principle（適用する会計処理の変更）
　　　　 ……………………………………………………………………… 207
　　3 Change in Accounting Estimate（会計上の見積りの変更）… 208
　　4 Change in Reporting Entity（報告主体の変更） …………… 209
5 誤謬の訂正（Correction of Errors）————————— 211
　　1 誤謬の訂正とは ………………………………………………… 211
　　2 誤謬の訂正方法 ………………………………………………… 212
6 包括利益（Comprehensive Income）—————————— 215
　　1 包括利益とは …………………………………………………… 215
　　2 表示方法 ………………………………………………………… 215
　　3 Other Comprehensive Income ……………………………… 216
　　4 Balance Sheet Presentation ………………………………… 217
　　5 Balance Sheet（B/S, 貸借対照表） ………………………… 218

第 10 章　税効果会計（Deferred Taxes）——— 221

 1 Net Income（会計上の利益）と Taxable Income（課税所得）——— 221

 2 一時的差異（Temporary Differences）と 永久差異（Permanent Differences）——— 223
- **1** Temporary Differences（一時差異）……… 223
- **2** Permanent Differences（永久差異）……… 224

 3 繰延税負債（Deferred Tax Liability）と 繰延税資産（Deferred Tax Asset）——— 226
- **1** 繰延税負債（Deferred Tax Liability）……… 226
- **2** 繰延税資産（Deferred Tax Asset）……… 229
- **3** 税率（Tax Rate）の変化 ……… 232

 4 税法上の課税所得（Taxable Income）の算出 ——— 235

 5 財務諸表上の表示（Financial Statement Presentation）— 238
- **1** 流動（Current）と固定（Noncurrent）に分類 ……… 238
- **2** 純流動額（Net Current Amount）と 純固定額（Net Noncurrent Amount）に分類 ……… 238

第 11 章　年金会計（Pensions）——— 241

 1 年金会計とは ——— 242
- **1** 年金制度の関連当事者間の現金の流れ（Flow of Cash Among Pension Plan Participants）……… 242
- **2** 2つのタイプの年金制度（Two Types of Pension Plan）……… 243
- **3** Employee Retirement Income Security Act（ERISA，従業員退職所得保障法）……… 244

 2 Defined Benefit Pension Plan での 3 種類の Pension Obligation（年金債務）——— 244

3　Net Periodic Pension Cost（当期に必要な年金費用）
　　　の算定方法 ———————————————————— 245
　　4　B/S に計上すべき年金負債
　　　（Pension Liability） ———————————————— 251

第12章 リース会計（Leases） ———————————— 255

　　1　リース取引とは ———————————————————— 255
　　2　資産の賃貸借型のリース（Operating Lease） ———— 256
　　3　資産計上型リース（Capital Lease） ————————— 257
　　4　直接金融型リース（Direct Financing Lease） ———— 263
　　5　販売型リース（Sales Type Lease） ————————— 264
　　6　Sales － Leaseback（セールス・アンド・リースバック）— 265
　　　1 Sale（売却）によって Loss（損失）が発生する場合 ……… 269

第13章 キャッシュ・フロー計算書
　　　　（Statement of Cash Flows） ——————————— 271

　　1　キャッシュ・フロー計算書とは ——————————— 271
　　2　営業活動によるキャッシュ・フロー間接法（Cash Flows
　　　from Operating Activities － Indirect Method） ——— 275
　　3　投資活動によるキャッシュ・フロー
　　　（Cash Flows from Investment Activities） ————— 279
　　4　財務活動によるキャッシュ・フロー
　　　（Cash Flows from Financing Activities） —————— 280
　　5　完全なキャッシュ・フロー計算書―間接法（Complete
　　　Statement of Cash Flows － Indirect Method） ——— 282
　　6　営業活動によるキャッシュ・フロー直接法
　　　（Cash Flows from Operating Activities － Direct Method）- 285

7 完全なキャッシュ・フロー計算書―直接法
　（Complete Statement of Cash Flows ― Direct Method） — *287*

第14章 合併と連結会計（Business Combinations and Consolidated Financial Statements） — *293*

1 企業結合のルール — *293*
　1 「取得企業」と「取得日」の決定 — *294*
　2 識別可能な被取得企業の「取得資産」，「引受負債」，「非支配持分（Non Controlling Interest）」の認識と測定 — *294*

2 合併の会計処理 — *295*

3 連結決算の会計処理 — *301*

4 Inter Company transaction の消却 — *313*

第15章 その他の会計処理（Miscellaneous） — *323*

1 外貨建取引（Foreign Currency Transactions） — *324*
　1 取引時（Transaction Date） — *324*
　2 期末時（Balance Sheet Date） — *325*
　3 決済時（Settlement Date） — *326*
　4 影響のまとめ — *327*

2 デリバティブ商品とヘッジ会計
　（Derivative Instruments and Hedging Activities） — *328*
　1 デリバティブ商品の概要 — *328*
　2 デリバティブ商品の3要件（SFAS 133） — *329*
　3 SFAS 133の基本原則（デリバティブ商品の会計処理） — *329*

3 個人財務諸表（Personal Financial Statements） — *332*
　1 個人貸借対照表（Statement of Financial Condition） — *332*
　2 正味財産変動表（Statement of Changes in Net Worth） — *333*

4 中間財務報告（Interim Reporting） — *334*

5　セグメント情報（Segment Reporting）────── 336
　　1　セグメント情報 ……………………………………………… 336
　　2　報告すべきセグメントの基準－10％テスト ………… 337
6　パートナーシップ会計（Partnership Accounting）── 338
　　1　パートナーシップの設立（Partnership Formation）………… 339
　　2　パートナーシップの利益（損失）の配分
　　　（Allocation of Partnership Income（Loss））……………… 339
　　3　パートナーシップの解散またはパートナーの交代
　　　（Partnership Dissolution（Changes in Ownership））……… 340
7　外貨建財務諸表の換算
　　（Translation of Foreign Currency Statements）────── 345
　　1　機能通貨の決定要因
　　　（Functional Currency Determinants）………………… 345
　　2　換算または再測定（Translation or Remeasurement）………… 346

政府会計（Governmental Accounting）と非営利団体会計（Not-for-Profit Accounting）

第16章　政府会計（Governmental Accounting）────── 351
　1　政府会計の概念（Governmental Accounting Concepts）── 352
　2　基金会計の概要（Fund Accounting Concepts）────── 354
　　1　Five Types of Governmental Funds：5つのFundsの特徴 … 355
　　2　Two Types of Proprietary Funds：2つのFundsの特徴 …… 356
　　3　Four Types of Fiduciary Funds（受託基金）：4つのFundsの特徴
　　　……………………………………………………………………… 356

4　新会計基準 GASB 34（州・地方政府の基本財務諸表，
　　　　および行政管理者の討議と分析）の Impact（影響）............... *357*

3　測定方法と会計ベース
　　（Measurement Focus and Basis of Accounting）──── *362*
　　　1　発生主義会計（Accrual Basis of Accounting）－経済資源測定基準
　　　　（Economic Resources Measurement Focus）による方法 *363*
　　　2　修正発生主義会計（Modified Accrual Basis of Accounting）－当期
　　　　財務資源測定基準（Current Financial Resources Management
　　　　Focus）による方法 *363*
　　　3　発生主義会計（Accrual Basis of Accounting）........................... *364*
　　　4　修正発生主義会計（Modified Accrual Basis of Accounting）
　　　　.. *365*

4　行政型基金（Governmental Fund）──────────── *368*
　　　1　行政型基金（Governmental Fund）
　　　　－修正発生主義（Modified Accrual Basis of Accounting）...... *369*

5　事業型基金（Proprietary Fund）──────────── *377*
　　　1　事業型基金（Proprietary Fund）
　　　　－発生主義（Accrual Basis of Accounting）....................... *377*

6　信託型基金（Fiduciary Fund）──────────── *381*
　　　1　信託型基金（Fiduciary Fund）
　　　　－発生主義（Accrual Basis of Accounting）....................... *381*

7　政府連結財務諸表
　　（Government-Wide Financial Statements）──────── *383*
　　　1　純資産報告書（Statement of Net Assets）............................ *383*
　　　2　活動報告書（Statement of Activities）................................. *385*

8　基金型財務諸表（Fund Financial Statements）──────── *386*
　　　1　基金型財務諸表の概要 *386*

2 行政型基金（Governmental Fund） ……………………………… 387
　　　3 事業型基金（Proprietary Fund） ………………………………… 387
　　　4 信託型基金（Fiduciary Fund） …………………………………… 390
　9 財務諸表に対する注記，マネジメントの討議と分析，MD & A
　　以外の必要附属情報（Notes to Financial Statements, MD & A,
　　RSI Other than MD & A） ─────────────────── 391
　　　1 財務諸表に対する注記（Notes to Financial Statements） …… 391
　　　2 マネジメントの討議と分析
　　　　（Management Discussion and Analysis：MD & A） ………… 392
　　　3 MD & A 以外の必要附属情報
　　　　（Required Supplementary Information【RSI】
　　　　Other than MD & A） …………………………………………… 392
　10 基金型財務諸表から政府連結財務諸表への変換
　　（Conversion from Fund Financial Statement to Government-
　　Wide Financial Statement） ─────────────────── 393
　　　1 一般固定資産（General Fixed Asset） ………………………… 394
　　　2 一般長期債務の発行（Issuance of General Long-Term Debt）
　　　　……………………………………………………………………… 394
　　　3 再分類（Reclassification） ……………………………………… 394

第17章 非営利団体会計（Not-for-Profit Accounting）── 397
　1 非営利団体の概要
　　（Not-for-Profit Organization Concept） ─────────── 397
　2 非営利団体の種類
　　（Types of Not-for-Profit Organization） ─────────── 399
　　　1 非営利団体の会計基準 ………………………………………… 400
　　　2 非営利団体の財務諸表の利用者
　　　　（Users of Not-for-Profit Financial Statements） ……………… 400

3 民間非営利団体の財源の種類（Types of Resource for Private Not-for-Profit Organization） ———— 401
4 民間非営利団体の財務諸表（Financial Statements of Private Not-for-Profit Organization） ———— 404
5 民間非営利団体の会計
（Private Not-for-Profit Accounting） ———— 407
  1 発生主義（Accrual Basis） ……… 407
  2 寄付収益（Contribution Revenue） ……… 408
  3 その他の収益および利益（Other Revenue and Gain） ……… 413
  4 費用（Expense） ……… 415
  5 再分類（Reclassification） ……… 416
  6 注記（Note Disclosure） ……… 417
6 医療法人会計―民間部門
（Health Care Organization Accounting ― Private） ———— 419
  1 適用対象 ……… 419
  2 財務諸表（Financial Statements） ……… 419
  3 営業報告書（Statement of Operations） ……… 420
  4 患者サービス収入（Patient Service Revenue） ……… 420
  5 プレミアム収入（Premium Revenue） ……… 421
  6 その他の収入および利益（Other Revenue and Gain） ……… 421
  7 費用（Expense） ……… 423
7 医療法人会計―行政部門
（Health Care Organization Accounting ― Governmental） –424
  1 行政型医療法人（Governmental Health Care Organization） ……… 425
  2 行政型医療法人の報告書 ……… 425

8 学校法人会計—私立大学
（College and University Accounting — Private） — *425*
- **1** 奨学金（Scholarship and Fellowship） …… *425*
- **2** 授業料免除（Student Graduate Assistantship Given as Tuition Remission） …… *426*

9 学校法人会計—公立大学
（College and University Accounting — Public［Governmental；GASB35］） — *426*
- **1** GASB35 の適用時期 …… *426*
- **2** GASB35 の概要 …… *427*
- **3** 行政活動のみに従事する，あるいは，行政活動および事業活動に従事する選択の場合 …… *427*
- **4** 事業活動のみに従事する選択の場合 …… *428*

第 18 章 国際財務報告基準（IFRS） — *431*
- 1 国際財務報告基準の基本的な考え方と設立主体 — *431*
- 2 国際財務報告基準と米国会計基準の相違点 — *432*

第1章

財務諸表の概念と基準
(Concepts and Standards for Financial Statements)

本章での主要な学習ポイント

1. 財務会計について
   1. 財務会計とは
      a. 認識
      b. 測定
      c. 報告
   2. 財務報告の手段
   3. 財務報告の目的
   4. GAAP の階層構造（GAAP Hierarchy）
2. 財務諸表の概念
   1. 財務諸表の概念————財務会計概念基準書（SFAC）
         SFAC No.1, No.2, No.5, No.6, No.7
      a. 会計情報の目的
      b. 会計情報の質的特徴
         ア．目的適合性（Relevance）の構成要素
         イ．信頼性（Reliability）の構成要素
      c. 財務諸表の構成要素
      d. 認識と測定
         ア．測定可能性—5つの測定属性
         イ．資本維持概念
         ウ．財務諸表により表示すべき情報
         エ．収益および利益，費用および損失の認識

- この章で実際の試験によく出題される SFAC No.2 の Primary qualities と呼ばれる Relevance と Reliability や Ingredients of primary qualities と呼ばれる Predictive value, Feedback value, Timeliness や Verifiability, Representative faithfulness, Neutrality 等を完全暗記する必要があります。
- 通常，Multiple Choice（四者択一問題，M/C と呼ばれる）の最初のほうの問題として出されることがありますが，いきなり Cash Flow の問題がでることもあり，必ずしも決まってはいません。また，M/C の問題として，数問でることもあります。過去問題レベルの類似問題を紹介していますので，試してみてください。

1 財務会計について

本書で取り扱うのは財務会計です。財務会計とは，企業外部の投資家や債権者などに企業活動の報告を行うための会計です。

これに対し管理会計とは，財務会計の数字をベースに，意思決定に役立つ諸計算を行い，企業内部の経営者に役立つ情報を提供するための会計です。

1 財務会計とは

財務会計（Financial accounting）とは，企業が行う経済活動を，貨幣額によって認識（Recognition）・測定（Measurement）・報告（Reporting）する行為です。

財務会計は，外部利用者である投資家や債権者などのニーズに基づいて決定されます。経済社会の複雑化・多様化・高度化に伴い，会計情報利用者のニーズも変化しており，会計もこれらの変化に適応していく必要があるのです。

a．認識（Recognition）

認識とは，ある勘定科目を記帳すると決定すること，または財務諸表に計上すると決定することをさします。

b．測定（Measurement）

測定とは，認識された勘定科目の金額（Monetary Evaluation）を決定することです。評価と同じ意味になります。

測定が一番難しいのは資産です。負債や資本については大きな問題はありません。借入金等は，あらかじめ貸借契約等で債務額が確定している場合が大半であ

るからです。ただし，年金負債のように見積りが必要になり，評価が困難なものもあります。資本の金額は，資産と負債の差額として決まってくるので，資本の評価という問題は一般的には生じません。

c．報告（Reporting）

報告とは，会計情報を利用する外部利用者の意思決定に役立つ会計情報を，主に財務諸表を通じて提供することをいいます。

2 財務報告の手段

財務報告は主に財務諸表を通じて行われます。米国の財務諸表は，連結ベースで作成されています。つまり，親会社と子会社が連結されたグループ全体の財政状態や経営成績を表す連結財務諸表によって，外部利用者である投資家や債権者への財務報告が行われます。

3 財務報告の目的

財務報告の目的は，既存および潜在投資家や債権者などの外部情報利用者の意思決定に有用な情報を提供することです。

意思決定への有用性が財務報告の主たる目的です。

4 会計基準の体系表（Accounting standards codification ™）

米国では，これまでに発表された会計基準の体系的な整理が進み，2009年9月15日以降に会計年度を迎える財務諸表を対象として，会計基準の体系（Accounting standards codification ™）が発表されました。今後はこのコーディフィケーションが米国における会計基準となり，この中に含まれない文献は権威がないものとみなされます。

コーディフィケーションは Topic → Subtopic → Section → Subsection → Paragraph → Subparagraph という階層構造でまとめられています。実際の体系をまとめた一覧表を見てみましょう。

財務会計 (Financial Accounting)

Topic 一覧（Industry は省略）		
General Principle	105	Generally Accepted Accounting Principles
Presentation	205	Presentation of Financial Statements
	210	Balance Sheet
	215	Statement of Shareholder Equity
	220	Comprehensive Income
	225	Income Statement
	230	Statement of Cash Flows
	235	Note to Financial Statements
	250	Accounting Changes and Error Corrections
	255	Changing Prices
	260	Earnings Per Share
	270	Interim Reporting
	272	Limited Liability Entities
	274	Personal Financial Statements
	275	Risk and Uncertainties
	280	Segment Reporting
	305	Cash and Cash Equivalents
	310	Receivables
	320	Investment-Debt and Equity Securities
	323	Investment-Equity Method and Joint Venture
	325	Investment-Other
	330	Inventory
	340	Other Assets and Deferred Cost
	350	Intangibles-Goodwill and Other
	360	Property, Plant, and Equipment
	405	Liabilities
	410	Asset Retirement and Environmental Obligations
	420	Exit or Disposal Cost Obligations
	430	Deferred Revenue

440	Commitment
450	Contingencies
460	Guarantees
470	Debt
480	Distinguishing Liabilities from Equity
505	Equity
605	Revenue Recognition
705	Cost of Sales and Services
710	Compensation-General
712	Compensation-Non retirement Post employment Benefit
715	Compensation-Retirement Benefits
718	Compensation-Stock Compensation
720	Other Expenses
730	Research and Development
740	Income Taxes
805	Business Combinations
808	Collaborative Arrangement
810	Consolidation
815	Derivative and Hedging
820	Fair Value Measurements and Disclosures
825	Financial Instruments
830	Foreign Currency Matters
835	Interest
840	Leases
845	Non monetary Transactions
850	Related Party Disclosure
852	Reorganizations
855	Subsequent Events
860	Transfer and Servicing

2 財務諸表の概念 (Financial Accounting Concepts)

　米国の会計原則を理解するには，まず全体像を見極めることです。CPA 試験関係では，全体の枠組みが理解されている前提で，具体的な基本的概念の理解が問われます。本概念は，試験対策上，最重要項目とは言えないかもしれませんが，必ず問われてくるポイントのひとつですので理解しておくことが大切です（特に，SFAC 2 号は暗記が必要です）。

　Concept（概念）は財務会計を考える上での最も重要な前提を規定しています。これに関しての Statement としては，FASB（Financial Accounting Standards Board：財務会計基準審議会）から Statements of Financial Accounting Concepts（SFAC・財務会計概念基準書）が 1 号から 7 号まで公布されています。

　まず，全体を示すと，以下の通りです。

SFAC 1 号：Objective of Financial Reporting by Business Enterprise（営利企業による財務情報の目的）
SFAC 2 号：Qualitative Characteristics of Accounting Information（会計情報の質的な特徴）
SFAC 3 号：（廃止されて SFAC 6 号を公布）
SFAC 4 号：Objective of Financial Reporting by Nonbusiness Organization（後述する政府会計に関係する部分，ここでの企業会計には関係ありません）
SFAC 5 号：Recognition and Measurement in Financial Statements of Business Enterprises（企業の財務諸表上の認識と測定）
SFAC 6 号：Elements of Financial Statements（財務諸表の構成要素）
SFAC 7 号：Using cash flow information and present value in accounting measurement（会計測定におけるキャッシュフロー情報，および現在価値の使用） 　なお，SFAC 7 号は 2000 年に公布された新しい概念基準書で，1 号から 6 号までと異なり，独立した位置づけとなっています。

1 Objective of Financial Reporting by Business Enterprises〈SFAC 1 号〉

　企業の外部利害関係者に対して以下の情報を提供します。

　　・広い意味で，現在および将来の投資家および債権者が Investment decision（投資の意思決定）および Credit decision（与信の意思決定）を行うのに役に立つ情報

・狭い意味で，現在および将来の投資家，債権者その他の情報利用者が配当または利息等により将来受領する現金見込額（Future cash flows），その時期，その不確実性（Uncertainty）を評価するのに役に立つ情報

財務報告の限界は，決算数字等を介した情報で，企業を理解する上でのひとつの要素にすぎないことであるとしています。

2 Qualitative Characteristics of Accounting Information 〈SFAC 2号〉

ある情報が有用であるには，まずその利用者にとって Understandable（理解可能）である必要があります。そして，あとで詳述しますが，Benefits>Cost（費用対効果），Materiality（重要性）という概念も考慮される必要があります。

次の Qualitative characteristics の階層構造を見てください。

◆ A HIERARCHY OF ACCOUNTING QUALITIES

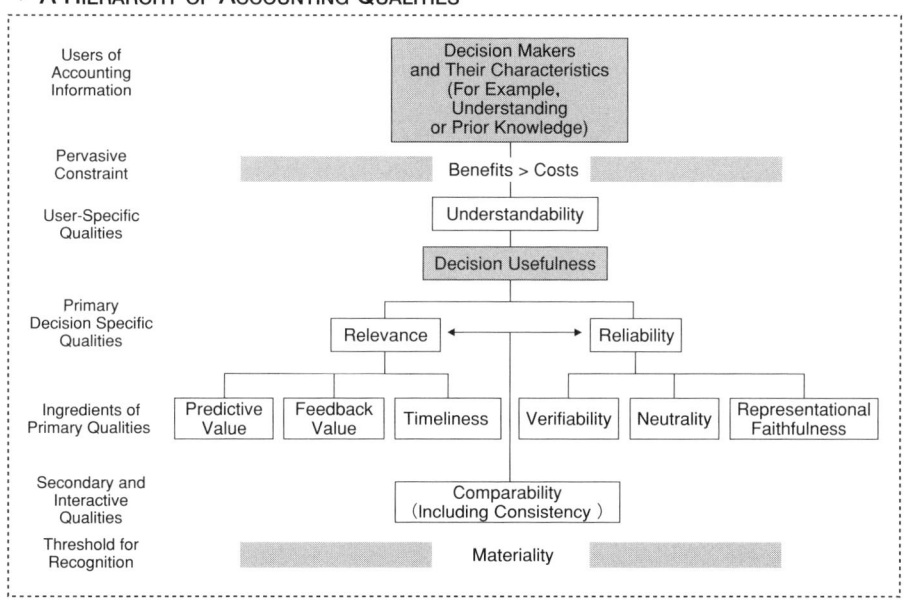

Users of Accounting Information	Decision Makers and Their Characteristics (For Example, Understanding or Prior Knowledge)
Pervasive Constraint	Benefits > Costs
User-Specific Qualities	Understandability
	Decision Usefulness
Primary Decision Specific Qualities	Relevance ↔ Reliability
Ingredients of Primary Qualities	Predictive Value, Feedback Value, Timeliness | Verifiability, Neutrality, Representational Faithfulness
Secondary and Interactive Qualities	Comparability (Including Consistency)
Threshold for Recognition	Materiality

a. Primary Decision Specific Qualities（第1義的要件）-Relevance and Reliability（目的適合性と信頼性）

図から読み取れるように，会計の基本の考え方は，情報が目的に適合（Relevant）すると同時に，信頼に耐え得る（Reliable）ものでなければなりませんが，以下この2つの特性を満たすための要素を説明します。

① **Relevance（目的適合性）**

会計の情報が意思決定にRelevant（目的に適合する）であるためには，その情報の有無が意思決定に違いを生じ得るものである必要があります。これを満たすために以下の3つの要素を有したものである必要があります。

ア．Predictive value（予測価値）

利用者が業績結果，および将来の業績を予測することが可能となることをいいます。

イ．Feedback value（フィードバック価値）

利用者が会計情報によって過去の予測の確認や修正し得ることをいいます。

ウ．Timeliness（迅速性）

利用者の意思決定に影響をあたえる時点までに財務情報を提供することをいいます。

② **Reliability（信頼性）**

会計の情報が検証可能（Verifiable）で，その測定値等が実際の取引を忠実に表現（Faithful representation）している際に信頼し得る（Reliable）情報であるといえます。

ア．Verifiability（検証可能性）

検証性が高いということは，ある会計事象について複数の測定者が測定した時でも，同一の測定値を得る可能性が高いことを意味しています。

これは，他の独立した測定者（Independent measurer）が測定した場合においても，ほぼ同様の測定結果が得られることを意味します。

イ．Representation faithfulness（表現の忠実性）

取引等の真実を忠実に反映した情報を提供することをいいます。

ウ．Neutrality（中立性）

偏向（Bias）のない情報を提供することいいます。

b．**Secondary and Interactive Qualities（第2義的要件）-Comparability and Consistency（比較可能性）**

① **Comparability（比較可能性）**

財務情報は企業間の期間比較（財務内容，業績など）が可能なものでなければならないことをいいます。

② **Consistency（継続性）**

同じ会計事象に関しては同じ会計処理を毎期連続して適用することをいい

第1章　財務諸表の概念と基準（Concepts and Standards for Financial Statements）

ます。

c．Constraint（一般的制約）

次に，Constraint について簡単に説明します。

① **Benefits>Cost（費用対効果）**

利用者が受ける Benefits は，会計情報を提供する Cost より多くなければならないことをいいます。

② **Materiality（重要性）**

重要性の判断は，基本的には量的性質のものをいいます。重要性に乏しい会計情報を提供する必要はないという条件です。

練習問題1（コンセプト）

According to the FASB conceptual framework, the usefulness of providing information in financial statements is subject to the constraint of

a. Reliability.

b. Consistency.

c. Representational faithfulness.

d. Cost-benefit.

答え　d

解法のポイント　これは，頻出問題。暗記しておくこと。Constraint とくれば，この答えしかありません。

解説

財務合計基準審議会（FASB）はその基本的フレームワーク（注）において，財務諸表が提供すべき情報に関して2つの制約をあげています。

（注）　SFAC として公表されています。

(1) 費用とそれに対する利益

　　情報提供による利益が情報提供にかかる費用を超えているか。

(2) 重　要　性

すなわち，情報提供にかかるコストがその情報が提供されることによる利益を超える場合，またはその情報が利用者の意思決定に影響を与えるほど重要でない場合は開示を要しないとしています。「継続性」（解答－b）は会計情報に関しての第二義的な要件です。「信頼性」（解答－a）は会計情報に関しての第一義的要件（primary quality）であり，「表現の忠実性」（解答－c）

は「信頼性」の構成要素です。概念階層図の concept の概要でそれぞれの位置関係を確認してください。

概念(階層)図

```
Decision marker and their characteristics
            │
       Cost＜Benefit
            │
      Understandability
            │
      Decision usefulness
         ╱     ╲
    Relevance ←→ Reliability
    ╱   │   ╲    ╱    │     ╲
Predictive Feedback Time- Verifi- Represen- Neutrality
value      value   liness ability tation
                                  faithfulness
         Comparability  Consistency
              Materiality
```

練習問題2(コンセプト)

According to the FASB conceptual framework, which of the following relates to both relevance and reliability?

a. Verifiability.
b. Comparability.
c. Timeliness.
d. Feedback value.

〈答え　b〉

〈解法のポイント〉　このあたりの概念はすべて暗記が必要。

〈解説〉

SFAC 2 では「比較可能性」を会計情報が有用であるための第一義的要件である「目的適合性」と「信頼性」の両方を満たすための必要条件であると規定しています。したがって、b が正解。c および d は不正解です。SFAC 2 によれば「迅速性」と「フィードバック価値」は「目的適合性」のための要件であり、信頼性の要件には規定されていません。a は不正解です。「検証可能性」は「信頼性」を確保するための要件です(概念(階層)図)。

第1章 財務諸表の概念と基準 (Concepts and Standards for Financial Statements)

練習問題3（コンセプト）

According to the FASB conceptual framework, which of the following situations violates the concept of reliability?

a. Financial statements include property with a carrying amount increased to management's estimate of market value.
b. Data on segments having the same expected risks and growth rates are reported to analysts estimating future profits.
c. Financial statements are issued 9 months late.
d. Management reports to stockholders regularly refer to new projects undertaken, but the financial statements never report project results.

＜答え　a＞

＜解法のポイント＞ 概念（階層）図をよく思い出して，解答してください。

＜解説＞

A hierarchy of accounting quality（会計情報の質を有用にするための階層）は下記のとおりです。

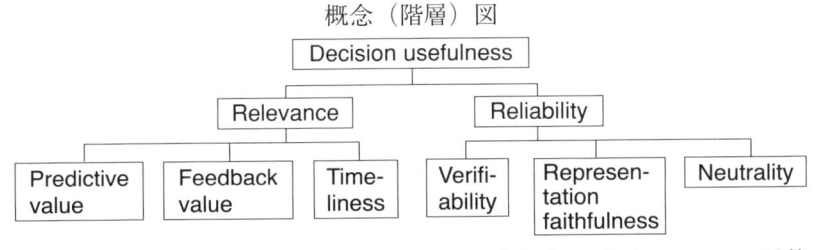

概念（階層）図

```
                Decision usefulness
                 /              \
            Relevance         Reliability
           /    |    \        /    |    \
   Predictive Feedback Time-  Verifi- Represen- Neutrality
   value     value    liness  ability tation
                                      faithfulness
```

この図は重要です。とくに Relevance を確保するための3つの要件，Reliability を確保するための3つの要件はしっかり暗記して頭の中で整理しておいてください（要，完全暗記）。

本問では Reliability に反するものを聞いているので a が Verifiability に反していることになります。

この verifiability とは複数の人間があるひとつの evidence（証拠）を見ても同一の結論に到達するということです。一方 a ではそれぞれの人間が異なった market value の見積りを行ってしまうという点で verifiability に違反します。

3 Elements of Financial Statements（財務諸表の構成要素）〈SFAC 6 号〉

Elements については，SFAC 6 号（3 号は廃止され，6 号が公布されました。したがって，3 号はありません）で説明されています。

このステートメントでは，以下の**10 個**の財務諸表の構成要素（Elements）を定義しています。

① 民間企業（Business enterprises）と非営利組織（Not-for-Profit organizations）に共通な 7 個の構成要素 — Assets（資産），Liabilities（負債），Equity（持分（営利企業）または純資産（非営利組織），Revenues（収益），Expenses（費用），Gains（利益）および Losses（損失）

② 営利企業の財務諸表のみに用いられる 3 個の構成要素 — Investments by owners（出資者による出資），Distributions to owners（出資者への分配），Comprehensive income（包括利益）

（3 号が営利企業の財務諸表の構成要素のみを定義していたので，これを改訂，6 号により非営利組織にまで拡張しました。）

練習問題 4（コンセプト）

Under FASB Statement of Financial Accounting Concepts 5, which of the following items would cause earnings to differ from comprehensive income for an enterprise in an industry not having specialized accounting principles?

a. Loss on exchange of similar assets.

b. Unrealized loss on investments classified as trading securities.

c. Loss on exchange of dissimilar assets.

d. Unrealized loss on investments classified as available-for-sale securities.

答え　d

解法のポイント　包括利益は最近の頻出事項です。Foreign Currency Translation Adjustment（外貨換算調整金額）と Pension Adjustment（年金にかかる調整額），Change in Fair Value of Derivative（デリバティブの公正価値の変動）も包括利益に入ってきますので，覚えておいてください。

解説

市場性のある資本証券（Marketable equity securities）のうち短期運用目的でないもの（Available-for-sale securities）の市場価値の変動による損益は包

括利益（Comprehensive income）に含まれますが，売却により実現するまでは当期利益（Earnings）からは除かれます。したがってdが正解です。a, b, cはいずれも当期利益（Earnings）に含まれます。

　市場性のある資本証券（Marketable equity securities）のうち短期運用目的に分類されるもの（Trading securities）の未実現損益は当期利益（Earnings）に含まれるので注意してください。

4　Recognition and Measurement Concepts（認識と測定）〈SFAC 5 号〉

　Recognition（認識）とは取引を正式に財務諸表に計上すると決定することをいい，Measurement（測定）とは認識されたその金額を確定することをいいます。

a．Measurability（測定可能性）- 5 Measurement attributes（5つの測定属性）

　現在，財務諸表において報告される項目は，項目の違いにより5つの異なる属性によって報告されています。

　以下，5つの属性とその代表的勘定科目を説明します。

① **Historical cost（Historical proceeds）（歴史的原価（実際現金受領額））**
　・Property, Plant, and Equipment（有形固定資産）and most inventory（ほとんどの棚卸資産）──Historical cost（adjusted after acquisition for amortization（取得後償却費で修正した金額））
　・Liabilities──負債の発生時，受け取った現金等

② **Current cost（現在原価）**
　・Some inventories──Current（Replacement）cost（再調達価額），同等の資産を取得するために，現在支払わなければならないとされる金額

③ **Current market value（現在市場価値）**
　・Investment in marketable securities（市場性のある有価証券に対する投資），および帳簿価額よりも低い価額でしか売却できないと予測される資産

④ **Net realizable（settlement）value（NRV，正味実現可能（決済）価額）**
　・Short-term receivable（短期の売掛債権）および Inventories（棚卸資産）──NRVとは，資産が営業活動中に換金される金額（ディスカウントをしない金額），マイナス直接費をいいます。

⑤ **Present（or discounted）value of future cash flows（将来のキャッシュフローの現在価値）**

・Long-term receivable（長期の売掛債権）

b．Capital maintenance concept（資本維持概念）

資本維持概念は，Return of capital（投資元本の回収）と Return on capital（投資からの利益）の2つを区別する上で重要になります。維持しなければならない資本の額を超える回収額が Return on capital，すなわち Earnings（稼得利益）として認識されることになります。

① **Financial capital maintenance concept（貨幣資本維持概念）**

資本として維持しなければならない金額は，投資家によって出資された金額であるとする考え方で，FASB も同様の立場を採用します。

② **Physical capital maintenance concept（物的資本維持概念）**

実体資本の維持をしようとする考え方。企業の物的資産は同じ能力に維持する必要がある。つまり，同一の生産能力を維持すべきであるとする考え方からきています。

この概念によれば，期末現在の物的生産力が期首現在の物的生産力を超過する場合にはじめて Earnings が生ずるとされ，Current cost accounting（時価主義会計）がその具体的適用例です。

c．Full set of Financial Statements（SFAC 5号により要求されている財務諸表により表示すべき情報）

① Financial position at end of period（期末現在の財務状況）
② Earnings for period（当期期間の稼得利益（純利益））
③ Comprehensive income for period（当期期間の包括利益）
   Comprehensive income とは，出資者からの出資および出資者への分配以外で，自己資本に影響を与えるすべての変化のことをいいます。
④ Cash flows for period（当期期間のキャッシュフロー）
⑤ Investment by and distributions to owners during period（当期期間中の出資者による出資および出資者への分配）

d．Recognition of revenues and gains, and expenses and losses（収益，利益，費用および損失の認識）

① **Revenues**

2つの要件を充足したときに認識します。

ア．Realized（実現した）または Realizable（実現可能）

イ．Earned（稼得した）

Realized（or Realizable）とは，商品等その他の資産がある現金額または現金請求権（Claims to cash）と交換された時点のことをいいます。

Earned とは，財産の引渡しまたは役務の提供等により義務を果たすことをいいます。

② **Gains**

Realized（or Realizable）時点で認識します。

Gains（利益）は通常，Earning process を伴わない取引から生ずるので注意が必要です。

③ **Expenses**

次のいずれかの場合に認識されます。

ア．Economic benefits are consumed（経済的便益が費消される），または，

イ．Future economic benefits are reduced or eliminated（将来の経済的便益が減少または消滅される）

④ **Losses-----Future economic benefits are reduced or eliminated.（将来の経済的便益が減少または消滅される）**

5 Using cash flow information and present value in accounting measurement（会計測定におけるキャッシュフロー情報，および現在価値の使用）

a．資産を初めて帳簿に計上すること（Initial Recognition）および再評価時における金額決定（Fresh-start Measurement）に関して，将来のキャッシュフローを使用することの枠組みを用意すること

b．Interest Method of Amortization の使用に関する枠組みを用意すること

第2章

流動資産と流動負債
(Current Assets and Current Liabilities)

本章での主要な学習ポイント

1. 流動資産のポイント
   ① Cash―定義
      ア．Cash（現金預金）
      イ．Cash Equivalents（現金等価物）
      ウ．Bank Reconciliation（銀行勘定調整表）
      エ．Bank Overdraft
   ② Marketable Securities－満期3カ月以内
   ③ Accounts Receivable
      －貸倒引当金の方法 ⟶ Direct-Write off Method
                        Allowance Method ─┬─ Percentage of Sales Method（Income statement base）
                                          └─ Aging Schedule（Balance sheet base）

2. 流動負債のポイント
   ① Accounts Payable
   ② Notes Payable-Refinance within 1 year（Reclassification）
   ③ Contingent Liabilities
      ア．Remote
      イ．Reasonably possible
      ウ．Probable
   ④ Contingent Liabilities-Warranty Costs

> ■ どの問題も基本的な問題であり，まんべんなくこなす必要があります。よく聞かれるところは，貸倒引当金の Expense と偶発債務です。貸倒引当金については，上記の方法がスラスラといえて，問題が解けないといけません。偶発債務はこれまで，Essay Problem にも出題されてきました。偶発債務の発生確率の違いによる計上の要件・仕訳等よく理解・暗記してください。Bank Reconciliation はパターンの理解と暗記で十分です。

1 流動資産（Current Assets）

流動資産とは，1年以内に現金化する可能性のある資産のことです。

下記の代表的な流動資産は，Prepaid Expenses（前払い費用）を除いては，CPA の試験ではどの項目もまんべんなくでますので，問題を解きながらひとつひとつ確実にマスターしてください。理解すれば，難しくはありませんので，得点源にしてください。

- Cash（現金）
- Accounts Receivable（売掛金）
- Marketable Securities（有価証券）
- Notes Receivable（手形）
- Inventories（商品在庫）
- Prepaid Expenses（前払い費用）

① Cash（現金）で重要な点は，Definition（定義），Cash Equivalents（現金等価物），Bank Reconciliation（銀行勘定調整表）の3点です。

② Accounts Receivable（売掛金）のポイントは，Bad Debts Expense（貸倒費用）の計上法です。

③ Marketable Securities（有価証券）のポイントは，他社の株や社債を投資目的で購入する場合の会計処理です。特に株式の場合，カテゴリーは持株比率により3つに分かれます。

- 持株比率 0～20％：このカテゴリーは Marketable Securities（有価証券）と呼ばれ，Cost method（原価法）で処理します。

- 20～50％：Equity Method（持分法）で処理します。税効果会計と連結の Topic で学習します。
- 50％以上の比率：連結ベースとなります。連結の Topic で学習します。

④ Notes Receivable（手形）の重要な点は，現在価値です。日本人受験生が一般的に苦手とする Topic です。

⑤ Inventories（商品在庫）では，なんといっても期末在庫の Pricing（値付け）でしょう。いろんな Method で 12 月 31 日の Inventories（商品在庫）残高を算出します。

⑥ Prepaid expenses（前払い費用）はあまり重要ではないかもしれません。いくつか過去問題が問題集にでていたりしますが，3 年に 1 回，1 問が出題されるぐらいの頻度です。

ここでは，① Cash（現金）と② Accounts Receivable（売掛金）について，詳しくみていきます。他の流動資産については，後述します。

① **Cash（現金）**

・**Definition（定義）**：

Free and Clear and Available to be spent in current operation（使途が制限されていない，いつでも支払いに利用できる）

Cash の同義語は下記です。

　Coins（貨幣），Petty Cash（小口現金），Currency（外貨），Checking Account Balances（当座預金），Checks（小切手），Money Orders（為替証書），Certified Checks（銀行の支払保証小切手），and Personal Checks（個人の小切手）。

☞ ここは重要!!「現金でないもの」

1. Security Deposits（保証金。使途に制限があるため）
2. Compensating Balance on Bank Loan（借入金見合いの預金。使途に制限があるため）
3. Certificate of Deposits（預金証書）

・**Cash Equivalents（現金等価物）**

Three Month Rule：Highly liquid securities（Cash ではありません）

> 1．Certificate of Deposits（預金証書）
> 2．Treasury Bills（T-Bills）（政府財務省証券）
> 3．Commercial Paper（コマーシャル・ペーパー）

If these securities have original maturity of three months or less, then consider them as cash equivalents. 換金が容易で，投資した時点から3カ月以内に満期（償還期日）が到来し，価格変動に対するリスクが僅少である証券に対する投資が，現金等価物として取り扱われます。たとえば，10年満期の国債（既発債）を購入したとしても，購入時点で償還まで3カ月以内であれば，現金等価物に含めます。

Balance Sheet の Cash に含まれる項目		B/S の Cash に含まれない項目
Cash（狭義）	Cash Equivalent	・Legally Restricted Cash ・Bond Sinking Fund Cash ・Compensating Cash Balance 満期日が3カ月超の短期投資
・Cash on hand ・Saving and ・Checking accounts ・Petty Cash ・Personal Checks	・Treasury Bills（TB） ・Commercial paper ・MMF 　満期が3カ月以内で制限のないもの （3カ月超は Short term Investment）	

> **例示1**
>
> Our company has a four-month Certificate of Deposits which mature in three weeks from one year end（決算日）. Can we consider this as cash? Answer No！ 決算期以降3週間で満期を迎える預金証書であっても，当初の投資時点で3カ月を超えていれば，Cash Equivalent とはなりません。

・**Bank Reconciliation**（銀行勘定調整表）
Deposits in Transit

帳簿の上では入金になっていますが，同じ月に Bank Statement のほうに入金にならなかったお金。理由は夜間金庫に月末に入金したため，翌月の入金になってしまったか，もしくは Mail（郵便）で銀行に入金しているので時間差で銀行側には月末の入金にならなかったためです。

Outstanding Checks

小切手を切ると帳簿上現金の支払いになりますが，小切手が銀行に持ち込まれて口座から引き落とされるまでには時間がかかります。そのため帳簿上今月支払いになった小切手で，今月銀行から引き落とされていない小切手は，Bank Statement でマイナスされておらず帳簿との差が生じます。

Note Collection

銀行が Note Receivable を会社の Agent になり回収した上で，会社の銀行口座に入金することをいいます。会社はこの回収の事実について Bank Statement が来るまでは知らず，帳簿にも反映されていないので帳簿に足します。

Interest earned

今月の Average 預金残高についた利子収入です。会社は Bank Statement で初めてこれを確認します。

Bank Service Charge

銀行手数料です。会社はこの手数料についても Bank Statement で初めて確認します。

☞ ここが重要!!「方程式を暗記する」

Balance per Bank	$xxx	Balance per Book		xxx
⊕：Deposits in Transit	xxx	⊕：Note Collection		xxx
⊖：Outstanding Checks	(xxx)	⊕：Interest earned		xxx
		⊖：NSF Checks		(xxx)
⊕ or ⊖ Adjusted Bank Balance	xxx	⊖：Bank service Charge		(xxx)
		⊕ or ⊖ Adjusted Book balance Charge		xxx

☞ 補足

Many Banks offer overdraft privileges on their checking accounts.

これは，もし Customer（会社）が当座預金残高を上回る額で小切手を切ったとしても銀行が自動的に "cover" してくれるという意味です。この約束によりその小切手が Bounce（不渡り）することを防げます。

ただ，Customer の銀行預金残高が Negative になるので Current Liabilities が発生します。さらに，もし Customer が複数の口座をみずほ銀行に開設していて，ある口座は Negative Balance，別の口座は Positive Balance であれば Net として表示することができます。

しかし，Customer が東京三菱銀行に Negative Balance の口座があり UFJ 銀行には Positive Balance の口座がある場合は Net とすることはできません。同じ銀行であればできますが，違う銀行ではできないのです。Positive のほうは Cash として，Negative のほうは Current Liabilities として表示します。

練習問題 1（現金）

X Company had the following account balances at December 31, 2001：

Cash in banks	$4,500,000
Cash on hand	250,000
Cash legally restricted for additions to plant (expected to be disbursed in 2002)	3,200,000

Cash in banks includes $1,200,000 of compensating balances against short-term borrowing arrangements. The compensating balances are not legally restricted as to withdrawal by X. In the current assets section of X's December 31, 2001 balance sheet, total cash should be reported at

a. $3,550,000
b. $4,500,000
c. $4,750,000
d. $7,950,000

〈答え　c〉

〈解法のポイント〉　自由にできる Cash はどれかについて，正確に理解することが大事です。

〈解説〉

Cash on hand（手元現金）$250,000 と cash in banks（預金）$4,500,000 は自由に使用でき即時決済機能があるので貸借対照表の current asset（流動資産）の部に cash（現金）として表示されます。

設備資金として法的に使途が限定されている（legally restricted）$3,200,000 は即時決済資金として使用できないので流動資産からは除外されます。Long-term assets（長期資産）の部に investment（投資等）として表示されます。したがって current asset（流動資産）として表示される cash（現金）は
$4,500,000 + $250,000 = $4,750,000

練習問題 2 （銀行残高調整表）

X, Inc. had the following bank reconciliation at March 31, 2003：

Balance per bank statement, 3/31/03	$93,000
Add deposit in transit	20,600
	113,600
Less outstanding checks	25,200
Balance per books, 3/31/03	$88,400

Data per bank for the month of April follow：

Deposits	$116,800
Disbursements	99,400

All reconciling items at March 31, 2003, cleared the bank in April. Outstanding checks at April 30, 2003, totaled $14,000. There were no deposits in transit at April 30, 2003. What is the cash balance per books at April 30, 2003 ?

a. $96,400
b. $105,800
c. $110,400
d. $117,000

〈答え a〉

〈解法のポイント〉 解説の式（解法）を思い出してください。

〈解説〉

'03/3/31 の balance per book（現金帳簿残高）は $88,400。これに 4 月中の cash receipt（現金収入）を足し，Cash disbursement（現金支出）を引けば 4 月末の帳簿残高が計算されます。

① 4 月の銀行の入金額 $116,800 には 3 月末時点の cash in transit（未達現金）$20,600 が含まれているので 4 月中の per book（帳簿上）の現金収入

額は $96,200（$116,800 － $20,600）。
② 4月の銀行の支出額は $99,400 には3月末時点の outstanding checks（未取付小切手）$25,200 が含まれていますが4/30 現在の未取付分 $14,000 は含まれていません。したがって帳簿上の現金支出額は $88,200（（$99,400 － $25,200）＋ $14,000）。
③ したがって4/30 現在の現金帳簿残高は

3/31	帳簿残高	$88,400
	＋帳簿現金支出額	$96,200
	－帳簿現金支出額	$88,200
4/30	残高	$96,400

別法としては
① まず4/30 の銀行口座上の残高を求めます。
 $93,000（3/31）＋ $116,800 － $99,400 ＝ $110,400
② 4/30 現在の未取付小切手（outstanding checks）は $14,000。
③ ①－② $110,400 － $14,000 ＝ $96,400

この問題は帳簿残高を聞いていますが，試験問題によっては balance per bank statement（銀行残高）を問う場合もあります。

② Accounts Receivable（売掛金）

ここでは，Bad Debts（貸倒れ損失）の理解が最も重要です。

計上している売掛金（A/R）が回収できない場合は帳簿から削除（Write-off）しなければいけません。この場合，削除した資産（A/R）は会社にとって損失になるため，その金額を貸倒れ損失として計上しなければいけません。ただ，使用する引当金の方式により損失計上の時期，金額が異なるので注意してください。

There are two methods to recognize bad debts expense（別名：uncollectible accounts expense）.

One method is Direct-Write off method.

例示 2

On June 2002, Mr. White bought merchandise from our company on account.
　We made the following journal entry：

第2章　流動資産と流動負債（Current Assets and Current Liabilities）　25

　　Dr. Accounts Receivable（A/R）　2,000
　　　　Cr. Sales　　　　　　　　　　　　2,000
　On March 2003, the company decided to write off Mr. White's accounts receivable. Mr. White apparently declared bankruptcy last week.
　　Dr. Bad Debts Expense　　2,000
　　　　Cr. A/R　　　　　　　　　　　2,000
　これで帳簿からMr. Whiteの売掛金は削除されて（Write-off）その金額を経費として計上します。Direct Write-off method（直接減額方式）は，会社が計上しているA/R（売掛金）の回収が不可能と判断した時ダイレクトにExpense（費用）を計上しA/R（売掛金）を帳簿から削除します。非常にシンプルなやりかたで，分かりやすさがあります。ただ，次の欠点もあります。

👉 **ここは重要‼**

　上の例題で，Mr. Whiteの売上は2002年に計上されていましたが，結果的には2003年に貸し倒れになってしまいました。理想的には決算の時点で2002年の売上を原因とするBad Debts Expense（貸倒れ損失）は，2002年の売上にマッチさせるべきです。
　しかし，2002年末の時点ではMr. WhiteのA/Rが本当に回収不能になるとはRecognize（認識）していなかったため，年を越してから損失を計上しました。このため損益計算書でひずみがでています。2002年に売上が計上され，貸倒れ損失は2003年に計上しています。

　このDistortion（ひずみ）を解消するやり方でポピュラーな方式がAllowance Method（引当金方式）です。Allowanceは引当金という意味があります。このMethod（方式）はよく出題されます。ポイントはThe company anticipates or estimates its bad debts expense. です。この意味はどういうことなのでしょうか。

＜例示3＞

　On July 2002, Our company sold $2,000 merchandise to Mr. White on account.

```
Dr. Account Receivable      2,000
    Cr. Sales                   2,000
```

12／31／02決算時に会社は＄100,000のA/R残高があると仮定します。いままでの経験から仮に10％のA/Rが貸倒れ損失になっているとした場合，会社は決算時に以下の仕訳を入れます。

```
Bad Debts Expense        10,000
    Allowance for Doubtful Accounts    10,000
```

この仕訳の重要なポイントは実際には貸倒れがまだ現実に発生していない段階で経験上予想される損失を計上していることです。つまりこれぐらいは損失が出るだろうと金額ベースで予想するわけです。これにより同じ会計年度に損失を計上することができます。Cr. の Allowance For Doubtful Accounts は貸倒引当金です。ここはA/Rにはなりません。なぜならこの時点ではだれが貸し倒れるかわかっていないからです。

Allowance が計上されたことにより Balance Sheet の Presentation は以下になります。

```
Accounts Receivable                        100,000
Less：Allowance for Doubtful Accounts    − 10,000
Net Realizable Value                        90,000
```

Allowance for Doubtful Accounts は A/R から Deduct（差し引き）するため逆の資産勘定とよばれています（Contra Asset Account）。

👍 暗記すべし！

Allowance は逆の資産勘定なので T-Account の Dr. は（−），Cr. は（＋）です。

そして，Mr. White の A/R が実際に貸し倒れた時点で以下の Write-Off の仕訳が入ります。

```
Dr. Allowance for Doubtful Accounts    2,000
    Cr. A/R                                2,000
```

👍 ここは重要‼

この時点で損失は計上されません。Allowance を Dr. することにより損失は計上されないのです。なぜなら，この分の損失はすでに前期の決算のとき

予想して計上されているからです。

Subsequent Recovery（すでに Write Off された A/R があとで回収された場合）

  Dr. A/R（Mr. White）   2,000
    Cr. Allowance for Doubtful Account 2,000

このように Write Off の仕訳をひっくりかえして再現します。そして最終的に cash を受取って取引完了します。

  Dr. Cash   2,000
    Cr. A/R   2,000

一般的には，A/R（売掛金）の全額が回収できるわけではない。→払わない顧客がいるため。

Direct write off Method	Allowance Method

実際に貸倒れが発生した時
Dr. Bad Debt Exp. XXX
  Cr. A/R XXX
 	
この方法では，前年の売上からの貸倒れが今年に発生した場合，費用収益対応の原則に反してしまう。
 売上→前年の損益計算書 利益過大
 費用→今年の損益計算書 利益過小
	End of the year
	Dr. Bad Debt Exp. XXX
	  Cr. Allowance XXX
	実際に貸倒れが発生した時
	Dr. Allowance XXX
	  Cr. A/R XXX
	すでに前期末に見積もり費用を計上しているので実際に貸倒れが発生した当期には損益勘定は使わず，損益に影響がでない。この方法ではより現実的な損益が開示され，費用収益も対応する。

つぎに重要なのは決算時の損失の計上額です。上の例題では A/R の Ending Balance（期末残高）10％で予測しました。これを Balance Sheet Approach といいます。厳密には2つの Approach がありますので以下に書きます。

1 Percentage of Sales Method（Income Statement Approach）（対売上に対する割合で貸倒引当金を決める方式：損益計算書をベースとする方法）

この Method は損益計算書上の掛売上に対して，予想でいくら損失を計上するかに重点をおきます。

例示 4

Our company estimates 5％ of credit sales will become uncollectible.

Assume this year's credit sales were $100,000.

12／31／X の仕訳は

Bad Debts Expense	5,000	
Allowance for Doubtful Accounts		5,000

Allowance（貸倒引当金）の見積り方法には2つある（例は10％がダメとした場合）

I/S approach
今期の売上**Credit Sales**の？％が貸し倒れるだろうと考える。

＋	A/R	－	
BB	300	Cash collected	800
CreditSales	**1,000**	Write off	50
EB	450		

当期のBad debt Exp.＝1,000×10％＝100

－	Allowance	＋	
Write off	50	BB	50
		当期Allowance	100
		EB	100

B/S approach
期末の売掛金**A/R**の？％が貸し倒れるだろうと考える。

＋	A/R	－	
BB	300	Cash collected	800
CreditSales	1,000	Write off	50
EB	**450**		

当期のBad debt Exp.＝450×10％＝45

－	Allowance	＋	
Write off	50	BB	50
		当期Allowance（差）	45
		EB	45

2　Aging Method（Balance Sheet Approach）（年齢調べによる方式：バランス・シートをベースにする方法）

　実務でも Popular なこの Method は，A/R の残高を，発生してからの期間で分類し，それぞれに予想される貸倒れ率（普通は時間が経過するほど高い）を掛け算して必要な引当金の金額をだしてから損失を算出します。

例示 5

　Aging Schedule ── 会社が決算時の A/R 残高を Invoice の日付をもとに新しいものから順に並べて表にしたものです。

Age	A/R Balance	% of Default	Amount
1 － 30days	50,000	1%	500
31 － 60days	40,000	5%	2,000
61 － 90days	8,000	10%	800
Over90	2,000	15%	300
合計	100,000		3,600

　この表により会社は年度末の A/R 残高 $100,000 に対して $3,600 の

Allowance（引当金）が必要なことが判明しました。もし，前期繰越の Allowance（引当金）がまったくないのであれば，仕訳は

  Dr. Bad Debts Exp.   3,600
    Cr. Allowance for Doubtful Accounts 3,600

もし，Allowance（引当金）の前期繰越の残高が Cr. で＄1,200 あるのであれば仕訳の金額は＄3,600 ではなく，＄2,400 になります。つまり＄3,600 という数字は Allowance（引当金）の残高として年度末に必要な金額であり Balance Sheet に Allowance（引当金）はこの金額で計上されなければいけないので，前期繰越の残高がある場合は足りない分だけ（＄3,600 が Target）を補充するような感じで仕訳の計上金額を決めます。

ここは重要!!

Aging Schedule でなくても A/R の残高に貸倒れ率を掛け算して算出された金額は最終的な Allowance（引当金）としての必要額なので前期繰越の Allowance（引当金）残高や，今期発生した write off を気にしながら今期計上すべき Allowance の不足金額を算出し，仕訳で計上します。

決算時の貸倒れ損失金額の算出は２つの方式があるので注意してください。CPA のテストではどの Method を使っているか明確に書いていませんので自分で判断をくだします。

暗記すべし！

貸倒れ率を Credit Sales に掛け算するのか，または A/R の期末残高に掛け算するのかで２つのメソッドのどちらを使うかがわかります。

練習問題 3（貸倒引当金繰入額）

At January 1, 2002, X Co. had a credit balance of $520,000 in its allowance for uncollectible accounts. Based on past experience, 2% of X's credit sales have been uncollectible. During 2002, X wrote off $650,000 of uncollectible accounts. Credit sales for 2002 were $18,000,000. In its December 31, 2002 balance sheet, what amount should X report as allowance for uncollectible accounts?

a. $230,000
b. $360,000
c. $490,000
d. $880,000

<答え　a>

<解法のポイント> この種の問題はできるだけT勘定で解くように心がけ，勘定に慣れるようにしておきましょう。

<解説>

この問題のT勘定は次の通りです。

Allowance for uncollectible account（貸倒引当金）

Write-offs 650,000	520,000	1/1/02
	360,000	Bad debt Expense ($18,000,000 × 2%)
	230,000	12/31/02

上記において貸倒引当金繰入れの仕訳は

　　　Dr. Bad debts expense　　　　　360,000
　　　　　Cr. Allowance for UA　　　　360,000

貸倒れの仕訳は

　　　Dr. Allowance for UA　　　　　 650,000
　　　　　Cr. Account receivable　　　650,000

Recovery of Written off

一度貸倒れ処理した売掛金があとから回収できた場合の処理。

①まず償却したときの仕訳を復活します。（一時的にA/Rは増加します。）

　Dr. A/R　　　　　XXX
　　Cr. Allowance　　　XXX

②次にCash回収時のA/Rの仕訳（ここではA/Rは再びなくなります。）

　Dr. Cash　　　　　XXX
　　Cr. A/R　　　　　XXX

練習問題 4 (売掛金担保借入, 売掛金譲渡)

X Co. factored its receivable without recourse with Y Bank. X received cash as a result of this transaction, which is best described as a

a. Loan from Y collateralized by X's accounts receivable.
b. Sale of X's accounts receivable to Y, with the risk of uncollectible accounts retained by X.
c. Sale of X's accounts receivable to Y, with the risk of uncollectible accounts transferred to Y.
d. Loan from Y to be repaid by the proceeds from X's accounts receivable.

〈答え　c〉

〈解法のポイント〉　Factor の意味を理解してください。

〈解説〉

Account receivable (売掛金) を Factor (売掛金買取会社) に without recourse (債務者が期日に決済できなくても X 社には償還義務がない契約) でファクタリングした場合, この取引は sale (売却) とみなされます。Without recourse においては Factor が回収のリスクを負い credit risk (信用リスク) をすべて負担するので sales として取り扱われることになります。したがって c が正解になります。

なお解答の b は with recourse (X 社が債権に責任を持つ契約) を説明している文章です。

本問の仕訳パターンは次の通りです。

　　　　Dr. Cash　　　　　　　　　　　　　xxx
　　　　　　Loss on sale of receivable　　　xxx
　　　　　　Factor's holdback receivable　　xxx
　　　　　　　Cr. Account receivable　　　　　　xxx

参考に with recourse の仕訳パターンは次の通りです。

　　　　Dr. Cash　　　　　　　　　　　　　xxx
　　　　　　Interest expense (※)　　　　　xxx
　　　　　　Factoring fee (※)　　　　　　 xxx
　　　　　　Factor's holdback receivables　xxx
　　　　　　Loss on sale of receivable (※)　xxx (※ 2)

　　　　　　　Cr. Account receivable　　　　　　　xxx
　　　　　　　　　Recourse obligation　　　　　　　xxx（※ 2 ）

（※）Interest expense, Factoring fee, Loss on sale of receivable の 3 つを合計して Loss on sale of receivables と計上してもかまいません。
（※ 2 ）同じ金額になります。
（注）Recourse obligation はその Fair value で計上します。

2　流動負債（Current Liabilities）

1　流動負債とは

　負債（Liability）とは，将来に資産を移転する現在の義務（Present Obligation）で，この義務を発生させた取引はすでに発生しているものを指します。資産と異なり，負債のほとんどの場合は貨幣性項目です。

　流動負債（Current Liabilities）は 1 年あるいは営業サイクル期間のいずれか，より長い方の期間内に支払われる貨幣性負債のことです。

　流動負債の代表的なものには，買掛金（Accounts Payable），未払賃金税（payroll tax Liability），支払手形（Notes Payable），未払配当金（Dividends Payable）などがあります。

練習問題 5 （流動負債の例示）

　X Co.'s payroll for the month ended January 31, 2002, is summarized as follows：

　Total wages　　　　　　　　　　　$20,000
　Federal income tax withheld　　　　2,400

　All wages paid were subject to FICA. FICA tax rates were 7% each for employee and employer. X remits payroll taxes on the 15th of the following month. In its financial statements for the month ended January 31, 2002, what amounts should X report as total payroll tax liability and as payroll tax expense ?

	Liability	Expense
a.	$2,400	$2,800
b.	$3,800	$2,800
c.	$3,800	$1,400
d.	$5,200	$1,400

<答え> d

<解法のポイント> FICA TAXの仕組みを理解する必要があります。(注)参照

<解説>

X社のpayroll tax liability（未払賃金税）は

Federal income tax withheld（所得税等預り金）	$2,400
FICA taxの従業員負担分（$20,000 × 7 %）	1,400
FICA taxの会社負担分	1,400
	$5,200

一方，payroll tax expense（賃金税金費用）として計上すべき金額はFICA taxの会社負担分のみのため $20,000 × 7 % = $1,400 になります。

(注) FICA tax（Federal Insurance Contribution Act tax）

Social security taxes（社会保障税）で雇用者は従業員負担分をwithhold（源泉徴収）して納付する義務があります。一方，雇用者も従業員と同額を負担しなければならないので納付額は従業員負担分と会社負担分の合計で源泉徴収額の倍になります。

上記の仕訳は次の通りです。

```
Dr. Payroll exp.           20,000
    Cr. Payroll payable             16,200
       Income tax payable            2,400……従業員負担分
       FICA tax payable              1,400……従業員負担分
Dr. Payroll exp.            1,400
    Cr. FICA tax payable            1,400……会社負担分
```

練習問題6（流動負債の例示）

X Co. provides an incentive compensation plan under which its president receives a bonus equal to 10% of the corporation's income before income tax

but after deduction of the bonus. If the tax rate is 40% and net income after bonus and income tax was $720,000, what was the amount of the bonus ?
   a. $72,000
   b. $120,000
   c. $132,000
   d. $180,000

〈答え　b〉

〈解法のポイント〉　数式の立て方を間違えないでください。

〈解説〉

ボーナス控除後，税引後の利益が $720,000 です。したがって税引前利益は
　　$720,000 ÷（1 － 40％）＝ $1,200,000
ボーナスは税引前，ボーナス控除後の利益の 10％になっています。
　この $1,200,000 は税引前かつボーナスの控除後の利益です。ボーナスはこの 10％ですから $1,200,000 × 10％ ＝ $120,000 になります。
　ボーナスの問題は通常は税引前かつボーナス控除前の利益（この問題では $1,320,000）が与えられてボーナスの金額を問う場合が多いのですが本問はその変形タイプです。

2 買掛金と支払手形（Accounts Payable and Notes Payable）

　流動負債の典型的な例は，買掛金（Accounts Payable）です。これらは商品およびサービスに対して支払いを行う口頭の約束で，通常は利息を伴いません。一方，支払手形（Notes Payable）は他人に支払いを行う書面の約束で，通常は利息を伴います。このため，支払利息を認識する仕訳が，各期に必要になります。
　銀行ローンでは，銀行が毎年決まった日に利子の支払いを求めるのではなく，ローンの実行時にローン期間にかかる利息分を差し引くことがあります。
　会社は，時には会社の短期負債を「借り換え（Refinance）」します。これは，支払期限の延長の許可を債権者から得て短期負債から長期負債へと「借り換える」ことを意味します。この場合，負債は流動負債から長期負債へと貸借対照表上で再区分（Reclassification）されます。
　しかし，会社が単に借り換える意思はあるけれども，まだ借り換えを実行していない場合はどうでしょうか？　再区分は必要でしょうか？　次の2つの条件を

満たされると流動負債（Current Liablities）から長期負債（Non-current Liabilities）に再区分することが可能となります。

・The company intends to refinance；and
　会社に短期負債から長期負債への借換えの意思がある。および
・The company has the ability to refinance.
　会社に借換えする能力がある。

借換えできる「能力」は次のいずれかによって証明可能です。

(a)　借換えが許される借入契約を銀行等と会社が締結する。あるいは
(b)　貸借対照表日後だが貸借対照表発行前に実際に負債を借り換える。

---

3 未払配当金（Dividends Payable）

　未払いの現金配当（Dividends Payable in Cash）は取締役会により配当宣言された時点で会社にとっての負債となり，通常1年以内（しばしば3カ月以内）に支払われます。このため流動負債として取り扱われます。しかし，会社の自己の株式による配当金（株式配当）の未払いは，取締役会により取消可能なので負債とみなされません。その代わりに，株主持分の一部として分類されます。

　累積的優先株式に対して，累積されたが配当宣言されていない配当金（累積未払配当金）（Accumulated but undeclared dividends on cumulative preferred stock-"Dividends in arrears"）は，取締役会によって正式の宣言が行われるまでは会社に支払義務がないので，負債とはなりません。他方，注記はされます。

4 偶発債務—定義（Contingent Liabilities—Defined）

　偶発事象（Contingency）とは，将来の利益（利益偶発事象）または将来の損失（損失偶発事象）を引き起こすかもしれない既存の状態あるいは条件で，期末時点で，利益または損失が実現するかどうかについては不確実な状態を指します。

　この生じる可能性のある利益を偶発利益（Gain Contingencies）といい，損失を偶発損失（Loss Contingencies）といいます。

　発生の可能性については，次の3つの段階があります。

① Remote ……………………発生可能性がほとんどない場合
② Reasonably Possible……発生可能性がある程度ある場合（発生可能性がほとんどない場合より強い）
③ Probable……………………発生可能性が大きい場合（発生可能性がある程度ある場合より強い）

偶発債務の開示方法と開示金額：

ア．偶発損失の発生可能性が大きく（Probable），かつ見積り可能な場合（Estimable），費用あるいは損失勘定に Dr. 記入します。一方，負債勘定に Cr. 記入の仕訳が行われ，費用と負債の両方が財務諸表に表示されます。
イ．見積りが1つではなくある範囲にまたがり，その範囲内のある見積り金額が他の見積りより合理的だと思われる場合，その見積り金額で未払計上が行われます。しかしその範囲内に合理的な見積り金額が1つもない場合は，その範囲内の最低額が未払計上され，最高額は単に注記されるにとどまります。
ウ．偶発事象の発生可能性が大きいか，もしくは見積り可能ではあるが，その両方に該当しないときには，その偶発事象の発生可能性がある程度あるならば，未払計上ではなく，注記する必要があります。
エ．可能性がほとんどない場合は，財務諸表に計上も注記もしない（してはいけません）。
オ．偶発利益（Gain Contingencies）については計上しません。但し，重要性がある場合は注記（disclose）する必要があります。

Loss Contingencies

Probability of loss	I/S & B/S?	Notes?
Probable,*** reasonably estimable	Yes	Yes
Reasonably possible	No	Yes
Remote possibility	No	No

*** If not reasonably estimable, note only

第 2 章　流動資産と流動負債（Current Assets and Current Liabilities）

練習問題 7（流動負債―偶発債務）

On January 17, 2002, an explosion occurred at a X Co. Plant causing extensive property damage to area buildings. Although no claims had yet been asserted against X by March 10, 2002, X's management and counsel concluded that it is likely that claims will be asserted and that it is reasonably possible X will be responsible for damages. X's management believed that $2,500,000 would be a reasonable estimate of its liability. X's $10,000,000 comprehensive public liability policy has a $500,000 deductible clause. In X's December 31, 2001 financial statements, which were issued on March 25, 2002, how should this item be reported ?

　a. As an accrued liability of $500,000
　b. As a footnote disclosure indicating the possible loss of $500,000.
　c. As a footnote disclosure indicating the possible loss of $2,500,000.
　d. No footnote disclosure or accrual is necessary.

＜答え　b＞

＜解法のポイント＞　Loss Contingency におけるキー・ワードは何でしたか？

＜解説＞

　Loss contingency（偶発損失）については，B/S 日においてその発生が probable（可能性が高く）で，かつその損失の金額が reasonably estimable（合理的に見積もられる）場合には当期の loss（損失）として計上します。

　本問の場合は probable ではなくて，単に発生が reasonably possible（合理的に可能性がある）という程度にとどまっているので，当期に損失を計上するのではなく，その損失の可能性を disclosure（開示）するのみにとどめます。

　将来発生するかもしれない損失については $500,000 の免責金額を超える部分はすべて保険金でカバーされるので，将来可能性がある損失としては $500,000 を開示します。

　Contingent liability の問題は，probable と reasonably estimable のキーワードが入っているかどうかに注意してください。この 2 つの単語が入っている場合のみ Accrual を行います。他の表現の場合は一般的には footnote disclosure と理解してください。

5 偶発債務─例：保証コスト
（Contingent Liabilities—Examples:Warranty Costs）

偶発債務（Contingent Liabilities）の例は，会社に対する裁判中の訴訟です。発生可能性が大きく（Probable）かつ見積り可能であれば（Estimable），次の仕訳により記帳します。

　　　　Dr. Estimated Loss on Lawsuit　　　XXX
　　　　　　Cr. Estimated Liability on Lawsuit　　　XXX

偶発債務の代表的な例は，製品欠陥を修理するために会社が支払う将来の推定保証コスト（Estimated Future Warranty Costs）です。これらは通常見積り可能かつ発生可能性が大きいため，実際の支払時ではなく，売上時に未払計上します。これは，費用収益対応の原則によるものです。

例示6

20X3年にホワイト社は200台の機械を販売し，今後の3年間の機能保証をします。ホワイト社はこれまでの経験に基づいて，将来の保証コストは機械1台につき平均$50で，売り上げた直後の3年間にわたって平均的（ほぼ均等）に発生すると推定します。20X3年12月31日までに，ホワイト社は欠陥機械の修理にすでに$3,000を使いました。仕訳は次の通りです。

　　　Dr. Warranty Expense　　　　　　3,000
　　　　　Cr. Cash　　　　　　　　　　　　3,000
　　　Dr. Estimated Warranty Expense　　7,000 ＊
　　　　　Cr. Estimated Warranty Llabllity　　7,000 ＊
　　　　＊［(200 machines × $50) − $3,000］

将来のコストの発生可能性が大きくかつ見積り可能なので，後の年度ではなく売上年度にすべてを認識します。

20X3年にホワイト社は損益計算書で$10,000（＝$3,000＋$7,000）の保証費用を計上し，貸借対照表では$7,000の負債を計上します。

第3章

棚卸資産
(Inventory)

本章での主要な学習ポイント

1. 棚卸資産とは
2. 継続記録法と棚卸計算法（Perpetual System vs. Periodic System）
3. 棚卸資産の取得原価
4. 棚卸資産の評価方法
    ① 個別法
    ② 加重平均法
    ③ 先入先出法（FIFO）
    ④ 後入先出法（LIFO）
5. その他の棚卸資産の評価方法
    ① 移動平均法
    ② 総利益法
    ③ 売価還元法　a．原価法
    　　　　　　　b．低価法
    ④ドル価値後入れ先出法（Dollar-Value LIFO）
6. 低価法
7. 長期請負工事
8. 棚卸資産に含められるもの
9. 委託販売

■棚卸資産はCPA試験ではM/Cは当然のこととして，過去のペーパーベース試験でのEssay ProblemやOther Objective Questionsにも2年に一度程度の割合で出題されてきた重要項目です。棚卸資産の評価方法は，計算問題

を理解しながら解いてください。分野としては，比較的基礎の部分であり，点数をとれるよう過去問を十分解いておいてください。

1 棚卸資産とは

棚卸資産（inventory）とは，販売するために仕入れた商品，または販売するために生産した製品で，まだ売れていない商品や製品のことを言います。つまり在庫のことです。

最近のキャッシュフローを重視する経営では，棚卸資産を多く持つことは，効率が悪いと言われています。なぜなら，在庫商品というのはキャッシュが姿を変えたものですので，順調に販売されてキャッシュが回収されない限り，在庫商品という形で自由に使えないキャッシュが増えてしまうからです。

ただあまりにも在庫を少なくしすぎると，顧客の注文に対して商品が欠品し，販売機会を逃すというリスクもあります。

最近では，ITを利用した在庫管理システムによってコントロールされていることが多いようですが，適正在庫を厳しくコントロールする方法としては，トヨタのカンバン方式が有名です。

| 仕入市場 | ➡ | 仕　入 | ➡ | 棚卸資産 | ➡ | 売　上 | ➡ | 販売市場 |

売上原価（Cost of Goods Sold：CGS）および期末棚卸資産（Ending Inventory：EI）の計算については，次の2つの方法があります。

1 継続記録法（Perpetual System）

継続記録法（Perpetual System）は，商品を仕入れるつど，Dr. Inventory（棚卸資産）で，資産計上していく記録方法です。商品が販売されるとDr. COGS（売上原価），Cr. Inventoryで，そのつど売上原価を計算します。一般的にこの方法を使っているのは，単価の高い商品，または販売回数の少ない商品を扱っている企業です。

・仕入時
    Dr. Inventory   XXX
        Cr. Accounts payable   XXX
・販売時
    Dr. COGS   XXX
        Cr. Inventory   XXX

2 棚卸計算法（Periodic System）

　棚卸計算法（Periodic System）は，量販店やスーパーなど，それほど単価が高くない商品を扱っており，販売回数が非常に多い店で使われる方法です。

　このような店では，商品を仕入れてもすぐに売れてしまうので，いちいち資産計上しません。その代わりに仕入れるつど Dr.Purchase（仕入）で費用計上していきます。そして期末に実地棚卸で期末棚卸資産を確定し，期首棚卸資産＋仕入－期末棚卸資産で COGS（売上原価）を算出します。

【仕入時】
    Dr. Purchases   xxx
        Cr. Accounts payable   xxx

【期　末】
    Dr. COGS   xxx
        Cr. B.Inventory   xxx
    Dr. E.Inventory   xxx
        Cr. COGS   xxx
    Dr. COGS   xxx
        Cr. Purchase   xxx

$$COGS = BI + P - EI$$

COGS	
BI	EI
P	

Cost of Goods Sold

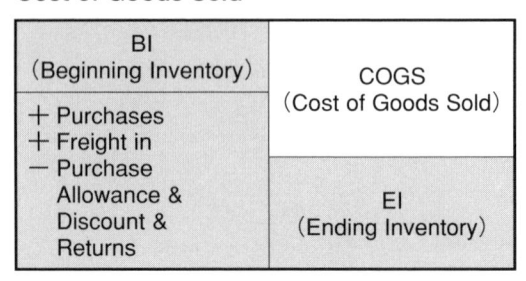

BI (Beginning Inventory)	COGS (Cost of Goods Sold)
＋Purchases ＋Freight in －Purchase Allowance & Discount & Returns	EI (Ending Inventory)

売上原価（COGS）は，当期仕入高から棚卸資産の当期純増減額を差し引いて計算できます。

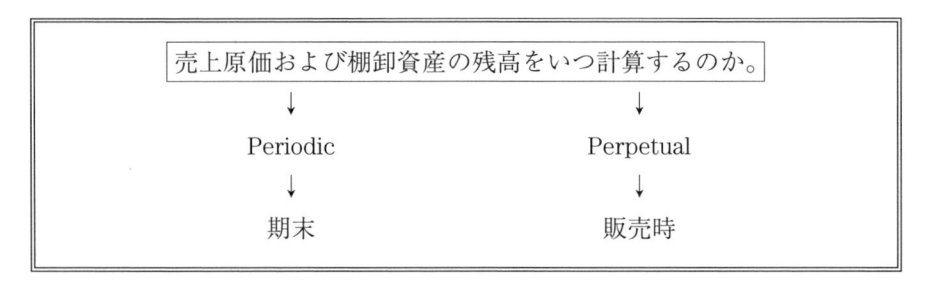

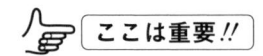

```
       売上原価および棚卸資産の残高をいつ計算するのか。
              ↓                    ↓
           Periodic             Perpetual
              ↓                    ↓
             期末                 販売時
```

☞ **ここは重要 !!**

企業は各企業の判断で，それぞれの組合せ方を選ぶことができます。一方，棚卸資産の評価方法との関係で，次の点に注意する必要があります。
① 棚卸資産の評価に平均法を使う場合は，それぞれ次の組合せでなければなりません。
　・Periodic Method（期末棚卸法）⇒ Weighted Average Method
　・Perpetual Method（継続記録法）⇒ Moving Average Method
② FIFO（先入先出法）では，物価の変動がある場合，どちらかの方法（Periodic or Perpetual）を使用しても期末棚卸資産の評価額は変わりません。一方，LIFO（後入先出法）では，どちらかの方法を使用するかにより，期末棚卸資産の評価額は変わってきます。

第3章 棚卸資産（Inventory）

FIFO	LIFO
期末棚卸資産(EI)の評価額はどちらでも変わりません。	期末棚卸資産(EI)の評価額はどちらを使用するかにより変わります。

下記の図でしっかりイメージをつくって下さい。

Weighted Average (Periodic only)

仕入れた商品の平均単価で払い出すと仮定する。

Moving Average (Perpetual only)

仕入の都度，加重平均単価が決まり，次の仕入まではその額で払い出すと仮定する。

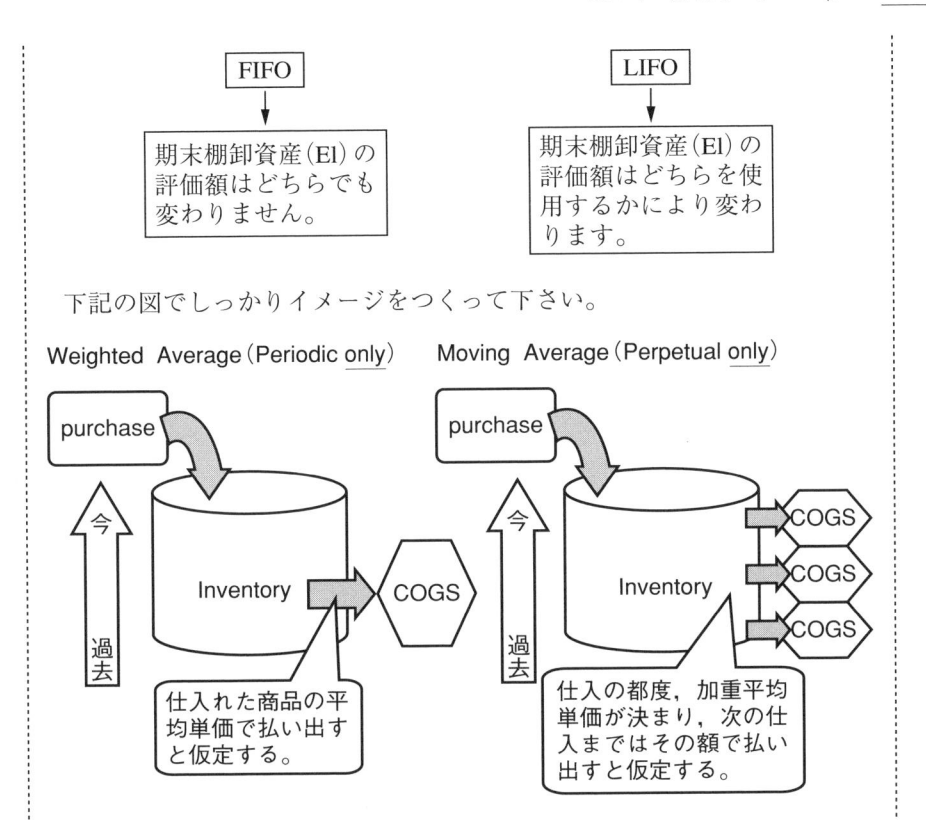

練習問題1（平均法）

The weighted-average for the year inventory cost flow method is applicable to which of the following inventory systems?

	Periodic	Perpetual
a.	Yes	No
b.	No	Yes
c.	No	No
d.	Yes	Yes

〈答え　a〉

〈解法のポイント〉　基本問題です。確実に解いて下さい。

> **解説**
> Weighted-average method（加重平均法）は
>
> $$\frac{期首棚卸金額＋当期仕入金額合計}{個数}$$
>
> で計算するので当期仕入金額の合計値が確定しなければ計算できません。したがって Periodic-inventory method（棚卸計算法）でしか計算はできません。
> （注）Average method（平均法）でも Moving-average method（移動平均法）では，商品を仕入れたつど新しい単価を計算するので Perpetual-inventory method（継続記録法）に採用されます。

2 棚卸資産の資産計上額（Inventory Cost）

　棚卸資産を資産計上する場合には，仕入価格だけでなく，商品として使えるようになるまでにかかったすべての費用も含めて合計額を資産計上します。例えば仕入運賃や保管費用などがこれにあたります。以下に具体例を示します。
- 保険料（Insurance）
- 倉庫費用（Warehousing）
- 仕入運賃（Freight-In）
- その他（商品の取得に関する費用）

```
                    付随費用
 仕入価格           ● 保険料（Insurance）        棚卸資産の
(Purchase Price  ＋ ● 倉庫費用（Warehousing）  ＝ 取得原価
 of Merchandise)    ● 仕入運賃（Freight-In）     (Inventory Cost)
                    ● その他
```

　ところで，仕入運賃（Freight-In）のほかに販売運賃（Freight-Out）も発生しますが，こちらは商品の販売に必要とされる費用なので販売費（Selling Expenses）になります。

3 棚卸資産の評価方法（Inventory Valuation Methods）

　期末棚卸資産の評価額は，売上原価に影響を与えるため大変重要です。意図的に期末棚卸資産の評価額を増やすと，売上原価が縮小し，当期純利益が増加します。逆に期末棚卸資産の評価額を減らすと，売上原価が拡大し，当期純利益が減少します。

　このように会社の経営成績に影響を与える数字なので，期末棚卸資産の評価方法にはいくつかの方法がありますが，原則として一度選択した方法は正当な理由がない限り変更できず，継続使用しなければいけないこととなっています。

　棚卸資産（Inventory）の評価額は，商品（Merchandise）の単価×個数で計算されます。棚卸資産の主な評価方法（Inventory Valuation Methods）は，個別法（Specific Identification），加重平均法（Weighted Average），先入先出法（First-In, First-Out：FIFO），後入先出法(Last-In, First-Out：LIFO）の4つです。

---

① 個別法（Specific Identification）
　どの商品が販売され，どの商品が売れ残っているのか個別に計算・把握します。
② 加重平均法（Weighted-Average）
　商品の総平均単価を求め，その値を用いて売上原価の計算をします。
③ 先入先出法（First-In, First-Out：FIFO）
　先に仕入れた商品から先に販売したと仮定して計算します。
④ 後入先出法（Last-In, First-Out：LIFO）
　後に仕入れた商品から先に販売したと仮定して計算します。

---

1 個別法（Specific Identification）

　個別法（Specific Identification）とは，棚卸資産の原価を1つひとつ個別に評価する方法です。つまり，どの商品が販売され，どの商品が売れ残ったのかを個々に判断し，棚卸資産の取得に要した費用をもって販売のつど利益を算出するのです。

　この方法は，棚卸資産が少量で，かつ高額な宝石や貴金属などのような棚卸資

産の評価に適しています。

2　加重平均法（Weighted-Average）

　加重平均法（Weighted-Average）は，期首在庫と当期仕入分のすべての棚卸資産の総平均単価を算出する方法です。これに期末棚卸資産の個数をかけて，期末棚卸資産の金額を算出する方法です。

$$\text{期末棚卸資産 (Ending Inventory)} = \text{期末棚卸資産 (Average Unit Cost)} \times \text{期末棚卸資産の個数}$$

$$\text{総平均単価 (Average Unit Cost)} = \frac{\text{期首棚卸資産の金額}+\text{仕入の金額}}{\text{期首棚卸資産の個数}+\text{仕入の個数}}$$

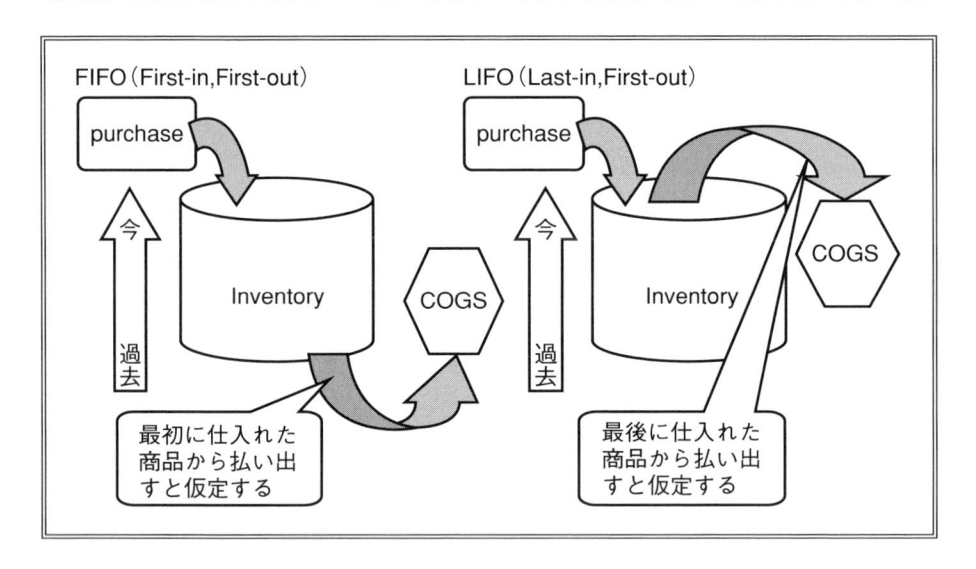

FIFO（First-in, First-out）
purchase → Inventory → COGS
今 ↑ 過去 ↓
最初に仕入れた商品から払い出すと仮定する

LIFO（Last-in, First-out）
purchase → Inventory → COGS
今 ↑ 過去 ↓
最後に仕入れた商品から払い出すと仮定する

3　先入先出法（First-In, First-Out：FIFO）

　先入先出法（First-In, First-Out：FIFO）とは，実際の物の流れとは無関係に，在庫のうちから先（First）に仕入れた（In）物が先（First）に売れ（Out），後から仕入れた物が売れ残って期末在庫になっていると仮定して，期末棚卸資産の評

価額を計算する方法です。

ここは重要!! 先入先出法（FIFO）の特徴

- 損益計算書（P／L）

 FIFOの特徴としては，物価上昇時には売上原価が小さくなり，売上総利益が大きくなることがあげられます。これは，物価上昇時には，後から仕入れた商品ほど単価が高くなるからです。このため，期末棚卸資産を計算する際の単価が高くなり，評価額が大きくなります。

- 貸借対照表（B／S）

 期末棚卸資産が時価に比較的近いことが特徴としてあげられます。これは，期末に残っている棚卸資産は仕入の新しいものによっているからです。

4 後入先出法（Last-In, First-Out：LIFO）

　後入先出法（Last-In, First-Out：LIFO）とは，実際の物の流れとは無関係に，後（Last）から仕入れた（In）物が先（First）に売れ（Out），先に仕入れた物が売れ残っていると仮定して，期末棚卸資産（Ending Inventory）の評価額を計算する方法です。

ここは重要!! 後入先出法（LIFO）の特徴

- 損益計算書（P／L）との関係

 LIFOの特徴としては，売上原価は物価上昇時には大きくなるため，売上総利益が小さくなることです。物価上昇時には，後から仕入れた商品になるほど仕入単価が高くなります。後入先出法では期末棚卸資産は先に仕入れた商品で構成されていると仮定しており，評価額を計算する際の単価が低くなるため，評価額が小さくなります。

- 貸借対照表（B／S）との関係

 期末棚卸資産が時価とかけ離れることが特徴としてあげられます。こ

れは，期末に残っている棚卸資産は仕入の古いものによっているからです。

4 その他の棚卸資産の評価方法（Inventory Valuation Methods）

1 移動平均法（Moving-Average）

加重平均法（Weighted-Average）と移動平均法（Moving-Average）では，平均単価を計算する点は同じですが，計算する時期が異なる点が重要です。

加重平均法（Weighted-Average）では期末に初めて最終的な総平均単価が決定されましたが，移動平均法（Moving-Average）では期中の段階で商品を仕入れるごとに平均単価を計算し直します。この点が大きな違いです。

〈移動平均法（Moving-Average）の特徴〉
メリット：期中に売上原価を容易に計算できます。
デメリット：計算を頻繁に行う必要があるため，手間がかかります。

2 売上総利益法（Gross Profit）

売上総利益法（Gross Profit）は，売上総利益率（Gross Profit Percentage）を利用することにより，売上原価を計算します。この後，差額により見積りで期末棚卸資産を計算する方法です。

たとえば，倉庫等が火事などの理由で消失し，実地棚卸ができないので，期末棚卸資産が計算できない場合などにこの方法を使って見積りを計算します。もしくは，期中などで期末棚卸資産のあるべき姿はどれくらいかを知りたいときに，簡単な計算方法として利用されることもあります。

〈売上総利益法の特徴〉
売上総利益法（Gross Profit）では，まず売上総利益率（Gross Profit Percentage）を利用して，売上原価を算出します。その後，販売可能な

商品の原価と売上原価との差額(Plug)として期末棚卸資産を算出します。

練習問題2 (先入先出法, 後入先出法)

X Company had 300 units of product A on hand at January 1, 2002, costing $42 each. Purchases of product A during the month of January were as follows：

	Units	Units cost
Jan.10	400	$44
18	500	46
28	200	48

A physical count on January 31, 2002, shows 500 units of product A on hand. The cost of the inventory at January 31, 2002, under the LIFO method is

a. $23,400
b. $22,200
c. $21,400
d. $21,000

答え c

解法のポイント どの数字を使うのか，間違わないでください。

解説

Last-in, first-out (LIFO, 後入先出法) は直近に仕入れたものから払い出されて売上原価を構成しています。つまり先に仕入れたもの (古いもの) が期末在庫として残っていると仮定して期末棚卸高を計算する方法なのです。

1/31/02 の期末在庫が 500 個ですからこの内訳は
(1) 1/1/02 現在のものが全部…300 個
(2) 残り 500 個 － 300 個 ＝ 200 個は 1/10/02 に仕入れたものが残っていると仮定します。したがって期末棚卸金額は 300units × $42 ＋ 200units × 44 ＝ $21,400

3 売価還元法 (Retail Method)

売価還元法 (Retail Method) では，棚卸資産 (Inventory) は売価 (Retail Value)

で評価し，それを売価と原価の比率（原価率：Cost / Retail Value）で原価（Cost）に割り引きます。

たとえば，売価が＄200，原価率（Cost / Retail Ratio）が60％であったとすると，原価（Cost）は＄120（＄200×60％）となります。

売価還元法（Retail Method）は，原価法（Cost Method）と低価法（Lower of Cost or Market：LCM）に分けられ，その上に原価法（Cost Method）と低価法（LCM）はそれぞれ平均法（Average Method）と先入先出法（FIFO）に分けられます。これを表にすると以下のようになります。

		期首棚卸資産を入れるかどうか	
		入れる＝平均法	入れない＝先入先出法
値下額の扱い	引く＝原価法	①平均法による原価法	③先入先出法による原価法
	引かない＝低価法	②平均法による低価法	④先入先出法による低価法

①**平均法による原価法**（Average Cost）：値上額と値下額を含め，期首棚卸資産を含めます。

②**平均法による低価法**（Average LCM）：値上額を含め，期首棚卸資産を含めます。

③**先入先出法による原価法**（FIFO Cost）：値上額と値下額を含め，期首棚卸資産を含めません。

④**先入先出法による低価法**（FIFO LCM）：値上額を含め，期首棚卸資産を含めません。

なお，上記のうち②平均法による低価法（Average LCM）の計算は"Conventional Retail Method"と表現されることがよくあり，試験でもそのように問われることがありますが，Average LCMであることを確認してください。

《売価還元法（Retail Method）の実際例》

	Cost	Retail
Beginning inventory（期首棚卸資産）	24,000	60,000
Purchases（仕入）	120,000	220,000
Net additional markups（純値上額）		20,000
Net markdowns（純値下額）		40,000
Sales revenue（売上収益）		180,000

この表の数値をもとに，売価還元法の 4 つの方法のそれぞれの計算方法を見ていくことにしましょう。

a．原価法（Cost Method）

① 平均法による原価法（Average Cost）

最初に，売価での期末棚卸資産（Ending Inventory）を求めます。このため，期首棚卸資産 $60,000，仕入額 $220,000，値上額（Markups）$20,000 と値下額（Markdowns）$40,000（値下額はマイナス）を合算した $260,000 から，売上収益 $180,000 を差し引きます。

$$60,000 + (220,000 + 20,000 - 40,000) - 180,000 = \$80,000$$

次に，原価率（Cost / Retail Ratio）を求めます。計算に際しては，原価法（Cost Method）なので，値上額（Markups）と値下額（Markdowns）を分母（Denominator）に含める必要があります。当然，期首棚卸資産（Beginning Inventory）も計算に含めます。

$$\frac{(24,000 + 120,000)}{(60,000 + 220,000 + 20,000 - 40,000)} \fallingdotseq 55\% \ (\text{Cost / Retail Ratio})$$

値下額なので引きます

上記の通り，期末棚卸資産の割合は 55％で算出されます。

$$\$80,000 \times 55\% = \$44,000$$

② FIFO による原価法（FIFO Cost）

最初に，売価での期末棚卸資産（Ending Inventory）を求めます。計算方法は，平均法による原価法（Average Cost）と変わらないので，期末棚卸資産は $80,000 となります。

$$60,000 + (220,000 + 20,000 - 40,000) - 180,000 = \$80,000$$

次に，原価率（Cost / Retail Ratio）を計算します。原価法（Cost Method）なの

で，値上額（Markups）と値下額（Markdowns）が分母（Denominator）に含まれる必要があります。しかし，期首棚卸資産（Beginning Inventory）は含めず，仕入のみを計算に含めます。

この計算は，FIFO（先入先出法）の，先に入った商品は先に売れているという考え方（物の動き）を反映するものです。

$$\frac{120,000}{(220,000 + 20,000 - 40,000)} = 60\% \text{（Cost / Retail Ratio）}$$

値下額なので引きます

上記の通り，期末棚卸資産の割合は60%で算出されます。

$$\$80,000 \times 60\% = \$48,000$$

b．低価法（LCM）
① 平均法による低価法（Average LCM）

最初に，売価での期末棚卸資産（Ending Inventory）を求めると，次のようになります。

$$60,000 + (220,000 + 20,000 - 40,000) - 180,000 = \$80,000$$

次に，原価率（Cost / Retail Ratio）の計算を行います。低価法（LCM）なので，分母（Denominator）には値上額（Markups）のみを含め，値下額（Markdowns）を除く必要があります。また，期首棚卸資産（Beginning Inventory）を計算に入れます。

$$\frac{(24,000 + 120,000)}{(60,000 + 220,000 + 20,000)} = 48\% \text{（Cost / Retail Ratio）}$$

上記の通り，期末棚卸資産の割合は48%で算出されます。

$$\$80,000 \times 48\% = \$38,400$$

② FIFOによる低価法（FIFO LCM）

まず，売価での期末棚卸資産（Ending Inventory）を計算します。計算方法は，平均法による原価法（Average Cost）と変わらないので，期末棚卸資産（Ending Inventory）は $80,000 となります。

$$60{,}000 + (220{,}000 + 20{,}000 - 40{,}000) - 180{,}000 = \$80{,}000$$

次に，原価率（Cost / Retail Ratio）の計算を行います。低価法（LCM Method）なので，値上額（Markups）のみが分母（Denominator）に含まれる必要があります。また，期首棚卸資産（Beginning Inventory）を含めず，仕入のみを計算に含めます。

$$\frac{(120{,}000)}{(220{,}000 + 20{,}000)} = 50\% \ (\text{Cost / Retail Ratio})$$

上記の通り，期末棚卸資産の割合は50%で算出されます。

$$\$80{,}000 \times 50\% = \$40{,}000$$

練習問題3（売価還元法）

X Company uses the retail inventory method to estimate its inventory for interim statement purposes. Data relating to the computation of the inventory at July 31, 2003, are as follows :

	Cost	Retail
Inventory, 2/1/03	$360,000	$500,000
Purchase	2,040,000	3,150,000
Markups, net		350,000
Sales		3,410,000
Estimated normal shop-lifting losses		40,000
Markdowns, net		250,000

Under the approximate lower of average cost or market retail method (conventional), X's estimated inventory at July 31, 2003, is
 a．$180,000
 b．$192,000
 c．$204,000
 d．$300,000

〈答え　a〉

〈解法のポイント〉　代表的な問題の1つです。この問題のほかに，他のMethod（棚卸法）も同時に整理しておいてください。

〈解説〉

Retail method（売価還元法）では
(1) 売価で棚卸金額を確定します。
(2) 売価棚卸高×原価率（cost-to-retail ratio $= \dfrac{\text{Cost}}{\text{Retail}}$）で期末棚卸高を確定します。
(3) Cost-to-retail ratio の計算式は（Average Retail method の場合）
　① Lower of cost or market（LCM，原価時価比較低価法）の場合
　〈Cost〉　　　　　Beginning inventory（BI）＋ Purchase
　〈Retail price〉　 Beginning inventory ＋ Purchase ＋ Markups
　　　　　　　　　　　　（BI）　　　　　　　　　　　　　（値上率）
　② Cost method（原価法）の場合
　〈Cost〉　　　　　BI ＋ Purchase
　〈Retail price〉　 BI ＋ Purchase ＋ Markups － Markdowns（値下げ率）
① LCM の場合と② Cost の違いは Cost の場合分母で　　　の Markdowns を引くことです。

LCM の分母で Markdowns を引かない理由は，このほうが分母が大きくなる→原価率が小さい→期末棚卸高が小さくなるからです。

本問は LCM ですから上記(1)(2)の流れで計算してみると，
(1) Inventory at retail price（売価棚卸高）
　$500,000 ＋ 3,150,000 ＋ 350,000 － 3,410,000 － 40,000 － 250,000$
　$= \$300,000$
(2) Cost-retail ratio（原価率）
　LCM ですから

$$\frac{\$360{,}000 + 2{,}040{,}000}{\$500{,}000 + 3{,}150{,}000 + 350{,}000} = \frac{2{,}400{,}000}{4{,}000{,}000}$$

$$\$300{,}000 \times \frac{2{,}400{,}000}{4{,}000{,}000} = \$180{,}000$$

(注) 本問は Average retail method ですから上記の算式でよいのですが，FIFO retail method の場合は Cost-retail ratio（原価率）は以下の算式で求めます。

① LCM の場合
〈Cost〉　　Purchase
〈Retail〉　Purchase ＋ Markups

② Cost の場合
〈Cost〉　　Purchase
〈Retail〉　Purchase ＋ Markups － Markdowns

Average と比較すると分子，分母とも BI は入りません。これは FIFO の場合は BI は全部売れて期末に残っているものは当期仕入分のみから成ると考えるので，原価率も当期仕入分のみで計算するからです。

(注) 1．Retail method を売価還元法と訳しておきましたが，日本では通常「売価還元原価法」といわれています。

2．Lower of average cost or market retail method（平均法による低価法）を Conventional retail method といいます。試験では本問のようにていねいな記述ではなく，単に Conventional retail method としか書いてない場合もあるのでこれは覚えておいてください。

4　ドル価値後入先出法（Dollar-Value LIFO）

　後入先出法（LIFO）が，単価と個数を用いるのに対して，ドル価値後入先出法（Dollar-Value LIFO）は，金額と価格指数（Index）を用いるところに特徴があります。このため，後入先出法（LIFO）の簡便法ともいわれています。

　具体的には，次の通り，期末棚卸資産の評価額を計算していきます。

《ドル価値後入先出法（Dollar-Value LIFO）の実際例》

〈Step 1〉

　最初に，当該年度の価格水準（Current Year Cost）による期末棚卸資産価額を，価格指数を用いて，基準年度ベースの価格による評価額（Base-Year Cost）に換算し直す必要があります。つまり，基準年度と同じ価格水準だったら，評価額はいくらになるかを計算によって求めるのです。

価格指数（Index）は，次のように算出されます。

$$\text{Index} = \frac{\text{期末ベースの価格による期末棚卸資産原価（EI at Current Year Cost）}}{\text{基準年度ベースの価格による期末棚卸資産原価（EI at Base-Year Cost）}}$$

実際例では，以下のようになります。

	EI at Current Year Prices	÷	Index	=	EI at Base-Year Prices
2001 (Base)	$ 80,000	÷	1.00	=	$ 80,000
2002	$ 115,000	÷	1.15	=	$ 100,000
2003	$ 144,000	÷	1.20	=	$ 120,000

〈Step 2〉

　基準年度の価格水準（Base Year Cost）のレベルで，期末棚卸資産の増加額（LIFO Layers）がどのぐらいになるかを決定します。これは，基準年度ベースの価格（Base Year Price）で期末と期首（＝前期末）の棚卸資産評価額を比べて，どれだけ増えたかを計算するということです。

実際例では，以下のようになります。

	EI at Current Year Prices	÷	Index	=	EI at Base-Year Prices	Changes as measured in Base-Year Dollars
2001 (Base)	$ 80,000	÷	1.00	=	$ 80,000	
2002	$ 115,000	÷	1.15	=	$ 100,000	$20,000
2003	$ 144,000	÷	1.20	=	$ 120,000	$20,000

〈Step 3〉

〈Step 2〉で計算した増加額について，もう一度，価格指数（Index）を使って期末ベースの価格（Current Year Price）に換算し直します。そして，これを基準年度（Base-Year）の期末棚卸資産に加算して期末棚卸資産評価額を再計算します。

期末棚卸資産（Ending Inventory：EI, 2003）

	EI at Current Year Prices	×	Index	=	EI at Base-Year Prices
2001（Base）	$80,000	×	1.00	=	$80,000
2002 増加分	$20,000	×	1.15	=	$23,000
2003	$20,000	×	1.20	=	$24,000
EI	$120,000				$127,000

5 低価法（Lower of Cost or Market：LCM）

1 低価法（Lower of Cost or Market：LCM）

低価法とは，米国会計基準で要求される棚卸資産の評価方法で，株主サイドの判断を誤らせないために，なるべく資産を過大評価しないという考え方に沿ったものです。

具体的には取得原価（これまでに見てきたいくつかの評価方法で計算された原価）と，合理的に算出された市場価格（時価）を比べて低いほうの額で資産計上するという方法です。

2 低価法における合理的な時価（Designated market）の決定

低価法における合理的な時価は，3つの要素の金額の大きさを比べて，真ん中にくる価格を採用するという方法で決定します。3つの要素とは，① NRV（正味実現可能価額）別名 Ceiling（天井），② NRV − Normal profit margin 別名 Floor（床），③ RC（再調達原価）の3つです。

a．正味実現可能価額（Net Realizable Value：NRV）

正味実現可能価額（Net Realizable Value：NRV）の意味するところは，棚卸資産（Inventory）の販売価格（Selling Price：SP）から販売コスト（Selling Cost：SC）を差し引いた額ということです。

> 　　　　販売価格　　　　　　販売コスト　　　　　　正味実現可能価格
> 　　（Selling Price:SP）－（Selling Cost:SC）＝（Net Realizable Value:NRV）

b．再調達原価（Replacement Cost：RC）

再調達原価（Replacement Cost：RC）とは，同じ棚卸資産を再度仕入れたときに要する原価です。

> **例示 1**
> 前年の 11 月にフランスからボジョレー・ワインを仕入れてきたとします。
> ● 今年これを売ろうとしたときの価格……………………売るときの時価
> ● 同じワインを再び仕入れようとしたときの価格……買うときの時価

棚卸資産（Inventory）の時価（Market Value：MV）を決定するための基本のステップは，次の通りです。

Step 1 時価を決める（Determine Market Value）

> 　　原則として，再調達原価（RC）を時価（MV）とします。ただし，再調達原価が上限（Ceiling〉と下限（Floor）の間でなければなりません。

①再調達原価（RC）が上限（Ceiling）以上の場合―――上限（Ceiling）が時価となります。

②再調達原価（RC）が下限（Floor）以下の場合―――下限（Floor）が時価となります。

第3章 棚卸資産（Inventory）

Market Value 決定の 3 パターン

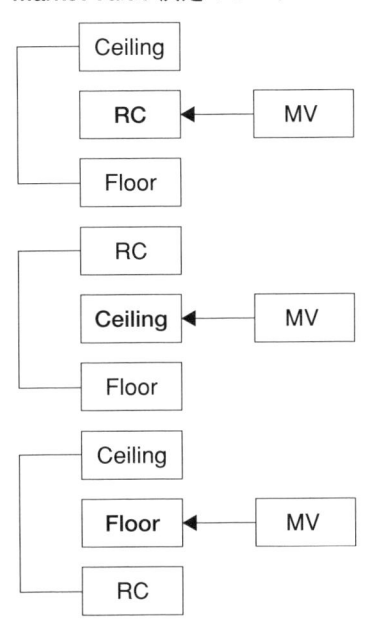

```
    ┌─ Ceiling
    ├─ RC      ← MV
    └─ Floor

    ┌─ RC
    ├─ Ceiling ← MV
    └─ Floor

    ┌─ Ceiling
    ├─ Floor   ← MV
    └─ RC
```

Step 2 原価を決定する（Determine Cost）

FIFO 等の評価方法に従い，原価（Cost）を算出します。ただし，低価法（LCM）の問題を試験で解く際には，原価の値が与えられているため，通常，原価（Cost）を計算する必要はありません。

Step 3 原価, 時価かどちらかを選択する（Select the Lower of Cost or Market）

原価（Cost）と時価（MV）を比較して，どちらか低い価格の方を選択します。

EX.

	RC	Ceiling	Floor	MV	Cost	LCM
A	100	120	90	100	110	100
B	120	110	90	110	95	95
C	90	120	115	115	120	115

☞ **ここは重要!! 陳腐化した棚卸資産の償却（Write - Off of Obsolete Inventory）**

技術革新による進歩などで時代遅れになってしまった棚卸資産を処分したり，価値の減少を認識する場合があります。上記の棚卸資産の原価

や価値の減少は，販売されたものの原価とはいえないため，売上原価（Cost of Goods）には含めず，損失（Loss）を計上します。

[仕訳]
  Dr. Loss XXX
    Cr. Inventory XXX

練習問題 4（低価法）

Based on a physical inventory taken on December 31, 2003, X Co. determined its chocolate inventory on a FIFO basis at $52,000 with a replacement cost of $40,000. X estimated that, after further processing costs of $24,000, the chocolate could be sold as finished candy bars for $80,000. X's normal profit margin is 10% of sales. Under the lower of cost or market rule, what amount should X report as chocolate inventory in its December 31, 2003 balance sheet?

 a. $56,000
 b. $52,000
 c. $48,000
 d. $40,000

答え　c

解法のポイント　この計算の仕組みはきっちりと理解しておいてください。

解説

棚卸資産の評価で Lower of cost or market（LCM，低価法）で計算する場合，Market value（時価）には Replacement cost（RC，再調達価額）が採用されます。

ただし，この RC が Ceiling（上限）または Floor（下限）を飛び越えてしまう場合はその上限または下限を Market value として計算します。この場合の「上限（Ceiling）」は：

Net realizable value（NRV，正味実現可能価額）＝
Estimated selling price（見積売価）－ disposal cost（販売費等の処分費）
で計算されます。

「下限 (Floor)」は：
NRV − Normal Profit (NR)（正味実現可能価額から正常利益を引いた金額）
本問を図で示すと，下記の通りになります。

Ceiling ── $80,000 − 24,000 = $56,000

Floor ── $56,000 − 80,000 × 10% = $48,000 ← Market value

RC ● $40,000

RC $40,000 は Floor $48,000 を飛び越えてしまうので Floor の $48,000 を Market value とします。ここで Cost（原価）と Market（時価）を比較すると，
→ $52,000 > $48,000
　　Cost　　Market
となり，低いほうの $48,000 が Inventory の価額になります。

6　契約条件による棚卸資産の所有権者の違い

　仕入先から購入者へ商品が発送される場合，契約の形態によってどの時点で所有権が移転するかが異なります。代表的な契約形態としては FOB shipping point（出荷した時点で所有権が移転する契約）と FOB Destination（購入者が受け取った時点で所有権が移転する契約）があります。試験で問われるのは，輸送中の商品が誰の棚卸資産で，仕入先と購入者のどちらのバランスシートに資産計上されるものなのかということです。

　FOB shipping point のときは出荷時点で所有権が移転しておりますので，輸送中の商品は購入者のものです。

　FOB Destination では，購入者が受け取るまで所有権が移転しませんので，輸送中の商品は仕入先のものです。次頁の図でよく理解しましょう。

棚卸資産に含められるもの

● FOB Shipping Point

東京 ➡ 商品の輸送 ➡ NY

東京で荷物を積んだ時点で所有権が移転します

● FOB Destination

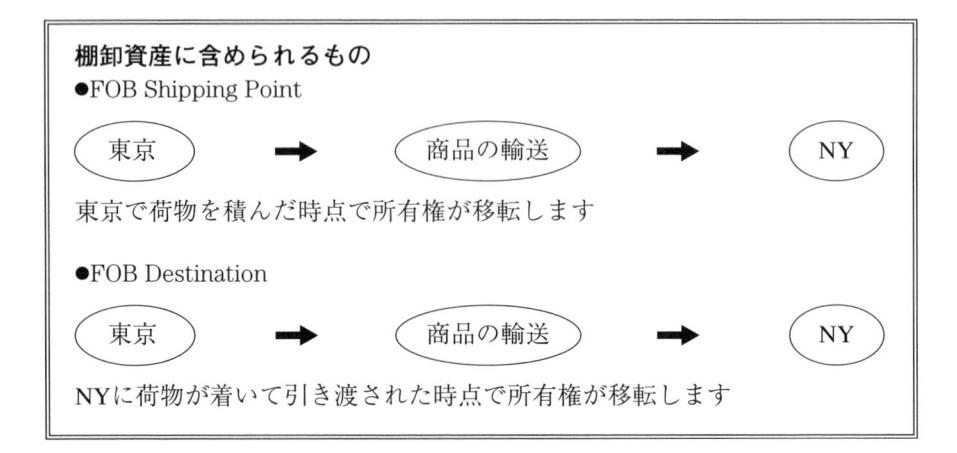

東京 ➡ 商品の輸送 ➡ NY

NYに荷物が着いて引き渡された時点で所有権が移転します

練習問題5（棚卸資産と売上原価）

On December 28, 2002, X Manufacturing Co. purchased goods costing $100,000. The terms were FOB destination. Some of the costs incurred in connection with the sale and delivery of the goods were as follows :

Packaging for shipment	$2,000
Shipping	3,000
Special handling charges	4,000

These goods were received on December 31, 2002. In X's December 31, 2002 balance sheet, what amount of cost for these goods should be included in inventory?

a. $109,000
b. $107,000
c. $104,000
d. $100,000

〈答え　d〉

〈解法のポイント〉　どこが Destination なのかが、ポイントになります。

〈解説〉

取引条件が FOB destination（貨物が到着時に所有権（title）が移転する FOB 価格による取引）においては、Seller（売り手）が輸送にかかるすべての費用

第3章　棚卸資産（Inventory）　63

を負担する（なぜなら輸送段階では商品は seller の所有物である）ので，本問に列挙されている費用はいずれも seller 負担となります。したがって買い手としては inventory（棚卸資産）の原価に算入すべき金額は $100,000 のみになります。

(注)　FOB：Free on board，本船渡し価格。逆は CIF：Cost, insurance and freight，運賃保険料込み価格。

練習問題 6（棚卸資産と売上原価）

On June 1, 2002, X Corp. sold merchandise with a list price of $10,000 to Y on account. X allowed trade discounts of 30% and 20%. Credit terms were 2/15, n/40 and the sale was made FOB Shipping point. X prepaid $400 of delivery costs from Y as an accommodation. On June 12, 2002, X received from Y a remittance in full payment amounting to

a. $5,488
b. $5,880
c. $5,888
d. $6,280

〈答え　c〉

〈解法のポイント〉　決済条件は，決済の指示に関する Technical Terms を理解すること。

〈解説〉

本問は取引条件が FOB shipping point（出荷時に所有権が移転する FOB 価格による取引）ですから delivery cost（発送費）$400 は Buyer（買手）が負担します。

決済条件は 30% and 20%，2/15, n/40 ですから 15 日以内に支払った場合は discount（割引）2％があり，支払期日は 40 日後です。

この 30% and 20% の trade discount（売上値引または仕入値引）は chain discount といわれているもので，まず list price（定価）から 30％値引きして，さらにその金額から 20％値引きします。

15 日以内に決済しているので買手の支払額はさらに discount（売上割引ま

たは仕入割引）を控除して

$10,000 ×（1 − 30%）= $7,000

$ 7,000 ×（1 − 20%）= $5,600　　$5,600 ×（1 − 2%）= $5,488

さらに買手は売手Ｘ社が立て替えた delivery cost$400 の支払義務があるので

$5,488 + 400 = $5,888

練習問題 7（棚卸資産となる項目）

X Co.'s accounts payable balance at December 31, 2002, was $4,400,000 before considering the following data :

・Goods shipped to X FOB shipping point on December 22 2002, were lost in transit. The invoice cost of $80,000 was not recorded by X. On January 7, 2003, X filed a $80,000 claim against the common carrier.
・On December 27, 2002, a vendor authorized X to return, for full credit, goods shipped and billed at $140,000 on December 3, 2002. The returned goods, were shipped by X on December 28, 2002. A $140,000 credit memo was received and recorded by X on January 5, 2003.
・Goods shipped to X FOB destination on December 20, 2002, were received on January 6, 2003. The invoice cost was $100,000.

What amount should X report as accounts payable in its December 31, 2002, balance sheet?

　a. $4,340,000
　b. $4,360,000
　c. $4,460,000
　d. $4,560,000

答え　a

解法のポイント　M/Cだけではなく，Other Objective Questions でも問われたことがあります。受渡しの時期をしっかりと認識しましょう。

解説
・FOB shipping point の取引では vendor の出荷時に所有権（title）が買手

であるX社に移転します。したがってX社は2002年に

  Dr.Purchase   80,000
   Cr.Account payable（A/P） 80,000

を計上すべきです。

- Purchase return（仕入戻し）

 Purchase returnの計上時期はその承認を得た（authorized）時に計上すべきです。したがって

  Dr. 12/28/02 A/P   140,000
   Cr. Purchase return   140,000

- FOB destinationでは到着時点で売手から買手に所有権が移転します。したがってX社のPurchase, A/Pの計上時期は2003年になります。

 したがって解答は

 $4,400,000 + 80,000 - 140,000 = \$4,340,000$

7．委託販売（Consignments）

　委託販売とは，販売力のある販売代理人（Consignee）に，委託者（Consignor）が商品を委託して販売してもらう契約のことです。たとえば，百貨店がさまざまなブランドショップの商品を扱うという形態が典型的なものです。この契約形態では，販売代理人は販売のために商品を預かっているだけで，所有権は常に委託するブランドショップ側にあります。つまり，常に委託する側（Consignor）の棚卸資産となります。

　販売代理人は，商品が売れると，販売手数料（Sales Commission）をもらいます。現金授受の流れは顧客→販売代理人→委託者になるのが通常ですので，販売代理人は，自分の販売報酬を引いた金額を委託者に払うかたちになります（Consignorに対して，顧客から受け取った額から販売マージンを引いた分をAccount Payableとして計上します）。

収益の計上時期 ➡ Consignee（受託者）が消費者に実際に販売した時点

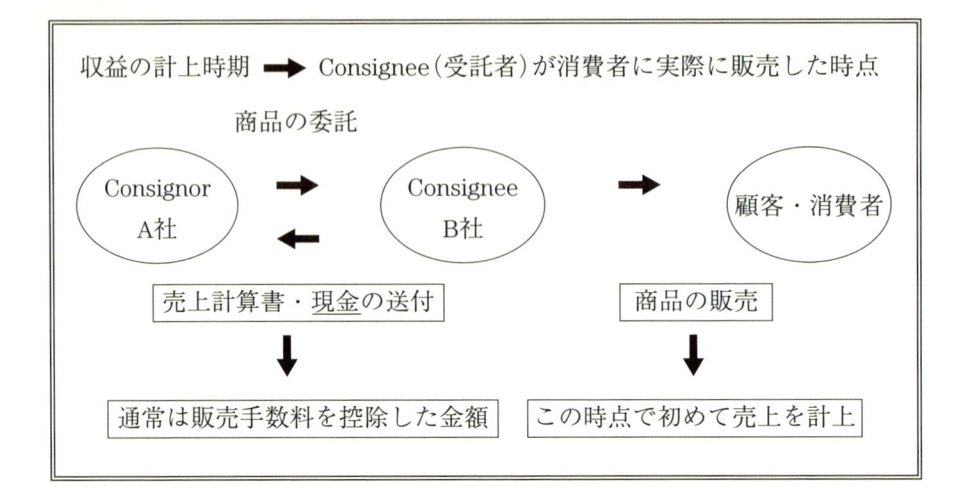

```
              商品の委託
   ┌─────┐  ➡   ┌─────┐   ➡   ┌─────┐
   │Consignor│      │Consignee│       │顧客・消費者│
   │  A社  │  ⬅   │  B社  │        │     │
   └─────┘      └─────┘        └─────┘
       │                │
   売上計算書・現金の送付    商品の販売
       ↓                ↓
   通常は販売手数料を控除した金額   この時点で初めて売上を計上
```

例示 2

委託者（Consignor）が受託者（Consignee）に商品を 200 個送ったと仮定します。

この時点では，委託者は，ただ商品を受託者に預けただけの状態です。そのため商品は，まだ委託者の棚卸資産としての勘定です。

その後，受託者は，商品 200 個すべてを販売しました。商品 1 個の値段を＄20 とすると，この時点で委託者は，＄4,000 の売上を認識することになります。

受託者の販売手数料を 15％とすると，受託者は＄600 の販売手数料を委託者から受け取ることになります。委託者は，この手数料を販売費（Selling Expense）として計上することになります。

👉 ここは重要!!「期末時の棚卸資産」

期末の時点で，受託者の手元に在庫として残っている委託商品（Consigned Goods）は，本来，受託者に預けただけの商品との位置づけなので，委託者の棚卸資産として，貸借対照表（B／S）に計上することになります。

練習問題 8 （委託販売）

The following items were included in X Co.'s inventory account at December 31, 2002：

Merchandise out on consignment, at sales price, including 40% markup on selling price	$80,000
Goods purchased, in transit, shipped FOB shipping point	72,000
Goods held on consignment by X	54,000

By what amount should X's inventory account at December 31, 2002, be reduced?

a. $206,000
b. $134,000
c. $102,000
d. $86,000

答え d

解法のポイント 委託販売では，品物は誰のもので，どこにあるのか，確認するようにしましょう。

解説

Consignment sales（委託販売）においては Consignee（受託者）の手元にある inventory は consignor（委託者）の所有物ですから consignor が inventory の計上を行います。

また consignee に発送して運送中の inventory も当然 Consignor に帰属します。

本問で注意したいところは，X 社は Consignor である場合と Consignee である場合の両方が記述されていることです。

- $80,000（X はこの商品については Consignor）は売価で計上されているので Cost（原価）に修正します。

    Cost は $80,000 ×（1 − 40%）= $48,000

    $80,000 − 48,000 = $32,000 減額

- $72,000

FOB shipping point なので X の在庫で正しい。
- $54,000（X は consignee）

  X の在庫ではなく consignor の在庫になります。

  → $54,000 減額

したがって減額は $32,000 + 54,000 = $86,000

第4章

固定資産と無形資産
(Fixed Assets and Intangible Assets)

本章での主要な学習ポイント

1. 固定資産とは
   ① 利息の資産計上—利息の資産計上の対象となる資産
   ② 資本的支出・収益的支出
   ③ 減価償却 ─┬─ 時間に基づく ─┬─────────── 定額法
   　　　　　　 │　　　　　　　　 │　　　　　　　┌─ 定率法
   　　　　　　 │　　　　　　　　 └─ 加速度法 ─┤
   　　　　　　 │　　　　　　　　　　　　　　　 └─ 級数法
   　　　　　　 └─ 活動量に基づく ──────── 生産高比例法
   ④ 資産の除却と価値の減損 ────── a. 資産の除却
   　　　　　　　　　　　　　　　　　b. 除却予定の資産
   　　　　　　　　　　　　　　　　　c. 資産価値の減損
   ⑤ 非貨幣資産から貨幣資産への強制転換
   ⑥ 減耗償却
2. 無形資産とは
3. スタートアップ・コスト
4. 研究開発費
5. 開業準備中の企業

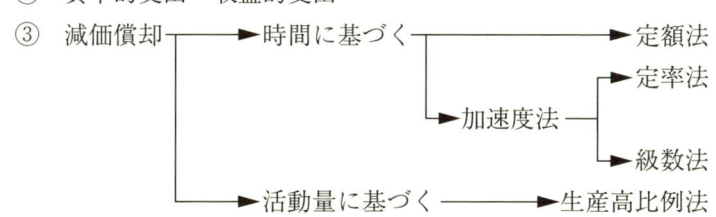

■固定資産は，CPA試験ではよく出題されるトピックです。ペーパーベースの試験でも，M/CならびにEssay Problem, Other Objective Questionsにコンスタントに出題されてきました。減価償却の方法については，どんな償却方法が問われてもよいように，しっかりと暗記しておく必要があります。

1 固定資産と無形資産（Fixed Assets and Intangible Assets）とは

　固定資産は，その資産の活用によって，新たな収益を得ることを目的として企業で保有される資産です。代表的なものは建物（Buildings），機械（Machine），土地（Land）などです。基本的に販売目的としたものではありませんので，たとえば同じ建物でも不動産業者が販売を目的として手に入れる場合や，機械商社が販売用の機械を仕入れる場合は，棚卸資産となります。

　無形資産は，基本的に形のない資産で，商標権（Trademark）や特許権（Patent），著作権（Copyright）等の権利がこれにあたります。特許権や著作権は，他人にその使用を許可する場合に使用料（ロイヤリティ）をもらうことができますので，収益を生み出す権利といえます。

> **例示1**
>
> 　営業マンが営業をするために乗る車は，この車を販売するためのものではなく，自分の営業活動のためのものです。この場合，車は固定資産となります。しかし，たとえば外国から車を輸入して日本で販売している会社が，販売のために保有している車は商品であり，当然のことながら，固定資産とはなりません。この場合は，棚卸資産となり，流動資産に分類されることになります。
>
> 　会社の営業活動に使用するために保有する有形資産　→　固定資産
>
> 　販売目的で保有する有形資産＝棚卸資産　→　流動資産

2 固定資産（Fixed Assets）の取得原価（Acquisition Cost）

　固定資産の資産計上額には，その固定資産が使用可能になるまでにかかったコ

ストをすべて含めて資産計上します。例えばマンションを購入して賃貸ビジネスをする場合，ただ購入しただけでなく，登記をしなければ他人に対して正当な所有権を主張できません。また，室内が汚れていれば，リフォームをしなければ使用可能にならないでしょう。このような登記費用やリフォーム費用は，すべてマンションの購入価額に加えて資産計上（Capitalize）します。

キーワードは "Make them ready for use"（その資産が使えるようになるまで）です。これが資産計上額の基本的な考え方です。

3　利息の資産計上（Capitalization of Interest）

固定資産は，一般的に金額が大きいことが多く，その取得資金については，借入れや，社債の発行などで賄うことがあります。この借入れや社債発行によって支払利息が発生し，損益上では営業外費用として利益を減少させる働きをしますが，ある条件に合致する場合，この利息を資産計上することになります。

この資産計上する場合の条件や，実際の資産計上可能額の計算方法について見てみましょう。

（利息の資産計上（Capitalization of Interest）の対象となる資産）
　　a．自社で使用するために建設または製造される資産
　　b．リースまたは販売のために製造される資産で，プロジェクトとして
　　　 明確に区別可能なもの

◆例示2◆
- 自社ビル建設のために実施した借入れから発生する利息
　―建物の取得原価の一部に含めた形で資産計上を行い，減価償却を通じて費用化されることになります。
- 販売を目的とした船を造船するために行った借入れから発生する利息を棚卸資産の原価の一部に含めて資産計上を行い，売却時に売上原価に含めて費用化されることになります。

（資産計上される利息の額）
実際に資産計上する利息額を計算する場合には，以下のようなステップを踏みます。

① この資産の建設がなければ，借入れや社債発行をせずにすみ，回避できたであろうと考えられる利息の額（Avoidable Interest）を合理的に算出します。

〈計算式〉

Weighted Average of Accumulated Expenditure（平均累積支出額）
× Interest Rate（利子率） × Construction Period（建設期間）

② 実際に発生した利息の額を算出します。(Actual Interest)

〈計算式〉

借入元本（または社債額面金額）×借入利子率×借入れ期間

③ Avoidable Interest と Actual Interest を比べて，「小さいほう」の額を資産計上します。

- Avoidable Interest ＞ Actual Interest ＝ Actual Interest を資産計上
- Avoidable Interest ＜ Actual Interest ＝ Avoidable Interest を資産計上

（Avoidable Interest の計算の仕方）

回避できたであろう利息（Avoidable Interest）の額は，次の式で算出されます。

| 平均累積支出額
Average Accumulated
Expenditures
during Construction | × | 利子率
Interest Rate | × | 建設期間
Construction Period |

ここは重要!! 利息が計上される期間

資産計上するのは，あくまでも建設期間中に発生した利息です。資産が完成した後に発生した利息は，当然のことながら資産計上されません。

練習問題1（支払利息の資産計上）

X Co. began constructing a building for its own use in January 2003. During 2003, X incurred interest of $100,000 on specific construction debt, and $40,000 on other borrowings. Interest computed on the weighted-average amount of accumulated expenditures for the building during 2003 was $80,000. What amount of interest cost should X capitalize?

a. $40,000

b. $80,000
　　c. $100,000
　　d. $140,000

〈答え〉　**b**

〈解法のポイント〉　支払利息の資産計上は，過去のペーパーベースの試験のEssay Problemでも問われたことがあります。Avoidable Interests等のキー・ワードもよく理解してください。

〈解説〉
　建物の建築につき発生した支払利息のうち資産計上ができる金額は次のうちいずれか低い金額となります。
　① avoidable interest（回避できたであろう支払利息）…当該建物の建設がなかったならば発生しなかったであろう利息。
　② actual interest（実際に発生した支払利息）
　　①のavoidable interest（回避できたであろう支払利息）は「建物建設費の支出額累計のweighted-average amount（加重平均値）×利率」で$80,000になります。
　一方，②の実際に発生したactual interest（支払利息）は$140,000（$100,000＋$40,000）ですから，資産計上すべき金額は①②の低いほうの$80,000になります。

4　非貨幣性固定資産の交換
　（Non Monetary Exchange）

　SFAS153によれば，原則として，非貨幣資産の交換（Non Monetary Exchange）では，相手から受け取った資産の取得価額（Cost）は引き渡した資産の公正価値（Fair Value）で記帳します。
　そして，引き渡した資産の簿価（Book Value）と，公正価値（Fair Value）の差額はGain or Lossとして認識します。
　ただし，引き渡した資産のFair Valueが不明確な場合で受取資産のFair Valueが明確な場合は，受取資産のFair Valueで記帳します。
　この原則が適用されるのはCommercial Substance（営利的実体）があるという状

況を前提としますが，Commercial Substance があるかどうかの判断には，その資産の交換により将来の Cash flows が大きく改善するかどうかを判断基準とします。

交換の際に現金（Boot）も受け取っている，または支払っている場合には，この現金も含めて仕訳を切ります。

例外としては次の3つがあり，そのいずれかに当てはまる場合には，引き渡した資産の簿価（Book Value）を取得価額（Cost）として受取資産を記帳します。

① 公正価値が合理的に決められない場合
② 棚卸資産の交換で，交換の当事者以外の顧客への売上を促進するために行われる場合
③ 取引に営利的実体（Commercial Value）がない場合。つまり交換によって将来の Cash flows が大きく改善しない場合。

> **ここは重要!!　SFAS153 での相手から受け取った資産の計上額**
>
> SFAS153 では，相手から受け取った資産は，原則として引き渡した資産の公正価値（Fair Value）で計上します。

例示3

資産 A の公正価値（FV）は $15,000 で，これを引き渡す代わりに公正価値のわからない資産 C を受け取ります。

ケース1：資産 A の簿価（BV）は $11,000 で交換の際には $2,000 の現金も支払います。仕訳は以下のようになります。

Dr.　Assets　C　　　　17,000
　Cr.　Assets　A　　　　11,000
　　　 Cash　　　　　　　2,000
　　　 Gain on Exchange　4,000

資産 C は，FV $15,000 の資産 A と現金 $2,000 によって手に入れたので合計の $17,000 で記帳します。

ケース2：資産 A の簿価（BV）は $11,000 で交換の際には $3,000 の現金を受け取ります。仕訳は以下のようになります。

Dr.　Assets　C　　　　12,000

第4章　固定資産と無形資産（Fixed Assets and Intangible Assets）

```
        Cash                    3,000
   Cr.  Assets  A              11,000
        Gain on Exchange        4,000
```
資産 A の FV は＄15,000 あり，これに対して資産 C と現金＄3,000 を受け取っているので，資産 C の価値は差額の＄12,000 となります。

ケース 3：資産 A の簿価（BV）は＄17,000 です。仕訳は以下のようになります。

```
Dr. Assets  C              15,000
    Loss on Exchange        2,000
    Cr. Assets  A          17,000
```
資産 A の簿価（BV）は＄17,000 なのに，交換価値は＄15,000 しかないと判断されているので Loss が＄2,000 です。

練習問題 2（交換）

In an exchange with commercial substance, ABC Co. traded a delivery truck and ＄5,000 cash for newer truck owned by XYZ Co. The following information relates to values of the trucks on exchange date:

	BV	FV
Old truck	$30,000	$45,000
New truck	$40,000	$50,000

What amounts should ABC report as gain on exchange of the truck ?

a. $15,000
b. $ 1,000
c. $ 700
d. $ 0

〈答え　a〉

〈解法のポイント〉　commercial substance があるので，新しいトラックは引き渡したトラックの FV ＋払った現金で記帳します。

〈解説〉
仕訳は以下のようになります。

```
Dr. New truck     50,000  ← (Old truck FV45,000+Cash paid 5,000)
    Cr. Old truck          30,000 (BV)
```

Cash	5,000	
Gain on Exchange	15,000	

　Assets（資産）の交換では，引き渡した資産のBVとFVを比べ，FVが大きい場合は差額をGainとし，FVが小さければ差額をLossとします。

　現金の授受（Boot）がある場合の受け取った資産の記帳金額は，以下のようにして決定します。

① 現金を受け取っている場合＝引き渡した資産のFV－現金受取額
② 現金を払っている場合＝引き渡した資産のFV＋現金受取額

例示4

　引き渡した資産のFVは＄100です。

ケース1：資産を引き渡す際に＄50もらいました。受け取った資産の記帳価額は以下のようになります。

　＄50＝FV100－50（Cash received）

ケース2：資産を引き渡す際に＄50払いました。受け取った資産の記帳価額は以下のようになります。

　＄150＝FV100＋50（Cash paid）

5　資産計上するコスト・費用計上するコスト　　（Capital Expenditures・Revenue Expenditures）

　固定資産は，一般的に購入後にもメンテナンス費用など維持コストが発生します。このコストについては，その性質により，資産計上するものと費用計上するものの2つに分けて会計処理を行います。

① 資産計上するコスト（Capital Expenditure）＝資本的支出

　キャピタルエクスペンディチャーとは，そのコストにより，固定資産の耐用年数が伸びたり，または機能が向上するコストのことです。

② 費用計上するコスト（Revenue Expenditure）＝収益的支出

　レベニューエクスペンディチャーとは，オイルを挿すなど，現状維持するためのメンテナンスコストのことです。

第4章　固定資産と無形資産 (Fixed Assets and Intangible Assets)

> **例示5**
> たとえば，資本的支出によって，年間 3,000 個しか生産できなかった機械が 4,500 個生産できるようになった場合や，機械の耐用年数が 5 年から 7 年になった場合が，資本的支出に該当します。

☞ **ここは重要!!**

具体的な会計処理方法としては，次の2つがあります。
①固定資産勘定を Dr. する会計処理方法
② Accumulated Depreciation（AD）を Dr. する会計処理方法（つまり AD を減らす）

　一般的には，資産の効率が上昇する場合には①の会計処理方法，主に耐用年数が延びるならば②の会計処理方法がとられます。資本的支出により AD を Debit する場合もあるので，注意しましょう。

①の場合　　Dr. Machine　　　xxx
　　　　　　　Cr. Cash　　　xxx
②の場合　　Dr. Accumulated Depreciation　　xxx
　　　　　　　Cr. Cash　　　　　　　　xxx

資本的支出と収益的支出
資本的支出（**資産の耐用年数を延ばしたり，機能を向上させたりするための支出**）→資産として支出額を計上します
収益的支出（資産の修理をするなど，**現状を維持するための支出**）→費用として支出額を計上します

6　減価償却 (Depreciation)

　減価償却の考え方の前提は，マッチングの原則です。
　長期にわたって収益をもたらす固定資産の取得にかかったコストを，初年度にすべて費用化すると，初年度は多大なコストが計上され，次年度以降は収益のみが記録されるというズレが発生します。この影響を損益計算書を読む側の立場で考えてみると，初年度の損益計算書は多額のコストにより収益性が悪化した状態

で表現され，次年度以降は収益性が過大に表現されることになります。これでは損益計算書を見るタイミングによってその企業の業績や，企業の収益力に対する判断が変わってしまう可能性があります。

　この判断のズレを防ぐため，固定資産の費用化については，その固定資産を使用できる年月を推測し，この使用可能な年月の中でコストを分配して費用計上していくことによりその固定資産が生み出す収益にマッチングさせるという方法を取ります。これが減価償却です。そして，このとき推測した使用可能期間を耐用年数（Useful Life）といいます。あくまでも推測の期間ですので，償却期間の途中で変更される場合もあります。この変更されたときの処理については第9章で学びます。

　減価償却の方法は複数あります。いずれもある仮定に基づいて，費用の配分方法を推測によって決定していきます。どの方法を使うのかは経営陣が判断します（日本の場合は主に税法によって決められています）。

　どの方法を使っても，費用化する総額は変わりませんが，期間ごとに配分される費用額は異なってきます。

　また，減価償却では，残存価額（Salvage Value）という概念がでてきます。

　これは，当初想定した耐用年数を過ぎても，その固定資産が持っているであろうと想定できる価値のことで，約束ごととしてこの残存価額は，固定資産を売却しない限りバランスシート上で残すようにしなければなりません。

　実際の減価償却の計算方法を見ていきましょう。

　（例）
- 定額法（Straight-Line：SL）
- 2倍定率法（Double-Declining-Balance：DDB）
- 級数法（Sum-Of-the-Years' Digits：SYD）
- 生産高比例法（Productive Output）

7 減価償却の方法 (Depreciation Methods)

```
                    減価償却方法
                   ┌──────┴──────┐
          時間の経過をベースに償却    活動量をベースに償却
          ┌──────┴──────┐              │
      定額償却法       加速償却法        生産高比例法
          │          ┌───┴───┐            │
     Straight line  DDB    SYD    Unit of Production
```

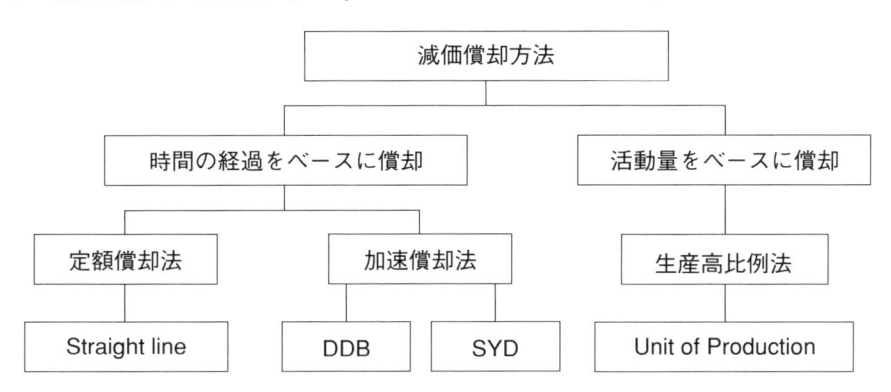

1 減価償却方法 (Depreciation Methods)

　減価償却には次の5つの償却方法があります。なお，b.とc.は初期により多くの減価償却をする方法で，これを加速度的な減価償却 (Accelerated Depreciation) といいます。

　　a．定額法 (SL：Straight-Line method)
　　b．2倍定率法 (DDB ＝ Double-Declining-Balance Method)
　　c．級数法 (SYD：Sum-of-the-Years' Digits Method)
　　d．比例法 (Activity Method)
　　e．総合償却 (Composite or Group Depreciation)

　定額法 (SL)，定率法 (DDB)・級数法 (SYD) による期毎の減価償却費のイメージを簡単な図で表すと次のようになります。

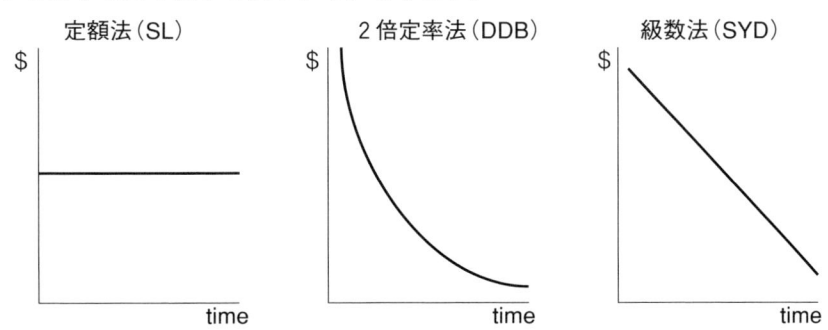

機械の例を使って減価償却費の計算を実際にやってみましょう。

1．取得原価（Cost）	$20,000
2．残存価額（Salvage Value）	2,000
3．耐用年数（Useful Life）	5 years
4．予定総稼動時間（Expected Productive Hours）	9,000 hours

a．定額法（SL：Straight-Line Method）

　定額法は，耐用年数の期間内で，固定資産の資産計上額から残存価額を差し引いた金額を均等に費用化していこうという考え方です。日本では毎期定額を償却していくので定額法と呼ばれますが，米国会計基準では，上記のような償却グラフ上で償却額が直線（Straight Line）を描くことからストレートラインメソッドと呼ばれています。

　計算式は以下のとおりです。

$$(\text{Cost} - \text{Salvage Value}) \times \frac{1}{\text{耐用年数}} \text{ (Useful Life)}$$

　計算式の最初で Cost － Salvage Value とするのは，あらかじめ残存価額をコストから差し引いておけば，残存価額を約束通り必ず残すことができるからです。

　計算イメージの図で確認してください。

◆ **Straight Line Method**（計算イメージ）

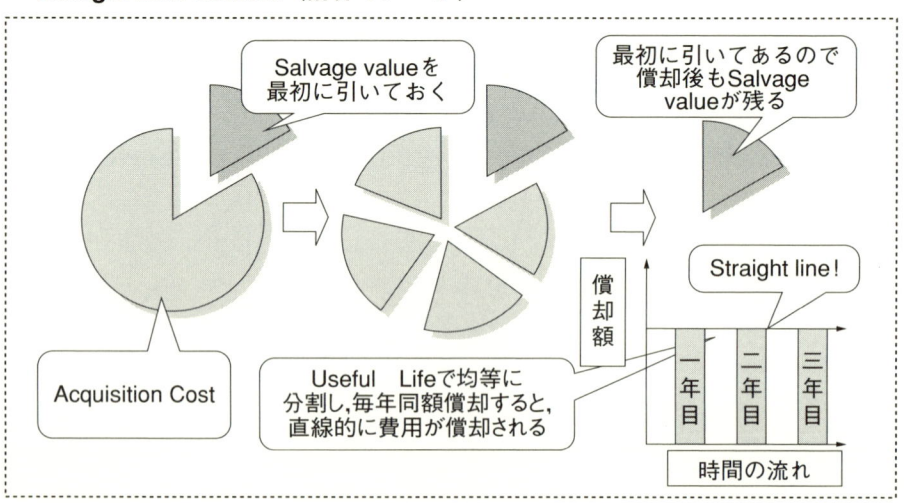

第4章　固定資産と無形資産（Fixed Assets and Intangible Assets）

練習問題3（減価償却）

On January 2, 2003, X Corp. bought machinery under a contract that required a down payment of $20,000, plus 24 monthly payments of $10,000 each, for total cash payments of $260,000. The cash equivalent price of the machinery was $220,000. The machinery has an estimated useful life of 10 years and estimated salvage value of $10,000. X uses straight-line depreciation. In its 2003 income statement, what amount should X report as depreciation for this machinery?

　a. $21,000
　b. $22,000
　c. $25,000
　d. $26,000

〈答え　a〉

〈解法のポイント〉　機械の取得価額の求め方をまず考えてください。

〈解説〉

機械の取得価額は cash equivalent price（現金取引価額）プラスその機械を事業の用に供するための費用の合計額で計上されます。したがってこの設問の仕訳は,

　　Dr. Machinery　　　　220,000　（Cash equiv.）
　　　　Discount on N.P.　　40,000　（240,000 N.P. － (220,000 Cash price － 20,000 Cash paid)）
　　Cr. Note payable　　　　　　　240,000　（24 × $10,000）
　　　　Cash　　　　　　　　　　　20,000

になります。

$40,000 の discount は将来の interest expense（支払利息分）を表しています（即時に現金で払わず note payable（支払手形）を渡して2年間にわたって支払う金利分です）。したがってこの discount 分は機械の取得原価には含まれません。

Straight-line（定額法）により depreciation expense（減価償却費）を計算するので

　　　　（取得価額－残存価額）÷ 耐用年数＝減価償却費
　　　　（$220,000 － $10,000 ）÷　10年　＝ $21,000

$$((\text{Cost} - \text{Salvage value}) \div \text{useful life} = \text{Depr. expense})$$

b．2倍定率法（DDB：Double-Declining-Balance Method）

2倍定率法は，初期に多額の費用を償却することを目的とした加速償却法の一つで，定額法の2倍の償却率で償却を行う方法です。

計算式は

$$\text{簿価（Cost} - \text{Accumulated Depreciation）} \times \frac{2}{\text{耐用年数（useful life）}}$$

です。

たとえば定額法は $\dfrac{1}{\text{耐用年数（Useful Life）}}$ の償却率で償却していくやり方です。5年で償却する場合は，計算式上で Cost − Salvage Value に $\dfrac{1}{5}$ をかけますが，2倍2倍定率法ではこの「倍の率」で償却していきますので $\dfrac{2}{\text{耐用年数}}$ になるのです。

2倍定率法で注意しなければいけないのは，計算式の中に残存価額を差し引く部分がないことです。つまり気をつけていないと償却の最終年度で残存価額を残さずに償却してしまったり，残存価額以上の額を残してしまったりする可能性があるということです。もし計算上でこのようなことが起きたら，計算結果よりも「残存価額を約束通り残す」ように調整してください。また，これは他の償却方法にも言えることですが，減価償却の公式で算出されるのは1年分の減価償却費です。もし固定資産を買ったのが9月1日のように期中だった場合，決算日が12月31日であれば，今期は4カ月分の減価償却費のみを計上し，残りの8カ月分は翌期の償却費として使用します。つまり翌期の9月1日分から再計算をするわけですが，定率法の場合は減価償却累計額が変化しておりますので注意してください。下記の計算表でこの計算イメージをつかんでください。

「Cost ＄20,000，Usefull Life 5年，Salvage Value ＄2,000 の場合」

Year	Book value (BB)	Rate	Depreciation	Accumulated Depreciation	Book value (EB)
1	$20,000	40%	$8,000	$8,000	$12,000
2	12,000	40	4,800	12,800	7,200

3	7,200	40	2,880	15,680	4,320
4	4,320	40	1,728	17,408	2,592
5	2,592	40	592*	18,000	2,000

＊残存価額は 2,000 ドルなので，5 年度の減価償却費は 592 ドルになります。

練習問題 4（減価償却）

X Co. purchased equipment on January 2, 2000, for $100,000. The equipment had an estimated 5-year service life. X's policy for 5-year assets is to use the 200% double-declining depreciation method for the first two years of the asset's life, and then switch to the straight-line depreciation method. In its December 31, 2002 balance sheet, what amount should X report as accumulated depreciation for equipment?

a. $60,000
b. $76,000
c. $78,400
d. $84,000

〈答え　b〉

〈解法のポイント〉　各減価償却法を理解し，完全暗記です。

〈解説〉

200％定率法（double declining balance ＝ DDB）の率は定額法による率の倍の率で定率法の計算を行います。$\frac{1}{5} \times 2 = \frac{2}{5} =$ 40％の定率法で計算を行うことになります。なお定率法であるので depreciation expense（減価償却費）の計算は

　　期首未償却残高×率

　　(Beginning-of-year book value × DDB rate)

になります。

　したがって

　　2000 年　$100,000 × 40％ ＝ $40,000
　　2001 年　($100,000 － $40,000) × 40％ ＝ $24,000　｝ 計 $64,000

2002年からはStraight-line（定額法）で償却を行うので，Book value（帳簿価額）$36,000（= $100,000 − $64,000）を3年で償却します。したがって2002年の減価償却費は $36,000 × $\frac{1}{3}$ = $12,000。2002年12月31日の減価償却累計額（accumulated depreciation）は $76,000（= $64,000 + $12,000）

> **ここは重要!!**
>
> 例題では期首に固定資産を購入しているが，期中で購入している場合は計算時に注意！
>
> 期中に購入した固定資産の減価償却では、減価償却計算の結果は1年分出るので、今年計上分だけを費用計上し、残りは翌年に繰り越していく。次年度は、繰越分が終わったところから再計算するが、減価償却累計額が変わっているので計算時に注意！
>
> | 計算結果は1年分が算出される | |
> | --- | --- |
> | 今年の分の計上額 | 2年目分 |
>
> 12/31
>
> | 2年目分 | 2年目再計算中の2年目分 | 3年度分 |
> | --- | --- | --- |
>
> | 3年度分 |
> | --- |

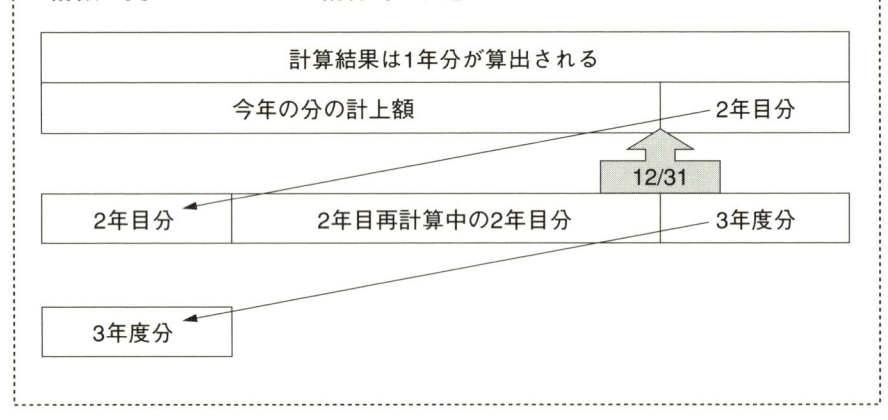

c．級数法（SYD：Sum-of-the-Years' Digits Method）

級数法は，加速償却を数学的に作り出す方法です。

計算式は

$$\frac{\text{Cost} - \text{Salvage Value} \times 残存年数}{級数}$$

です。

級数については具体的な数字で理解しましょう。たとえば耐用年数が3年の場合，1＋2＋3＝6を分母にして1年目にCost − Salvage Value の$\frac{3}{6}$を償却，2年目に$\frac{2}{6}$を償却，3年目に$\frac{1}{6}$を償却という形で償却すると，定率法のように初期に多く，後になるほど少なく償却することができます。

このとき分母の6のことを級数といいます。級数を分母にして，分子に残っている償却年数（例えば3年償却で初年度ならば3）を入れて計算すると，その年の償却額が計算されます。ここで級数を簡単に求める式をご紹介しましょう。

$$\frac{\text{Useful Life}\,(\text{Useful Life}+1)}{2}=級数$$

試験場ではこの式を使って素早く級数を導き出して計算してください。

「Cost ＄20,000，Useful Life 5年，Salvage Value ＄2,000 の場合」

$$\frac{n\,(n+1)}{2}=\frac{\text{Useful Life}\times(\text{Useful Life}+1)}{2}=\frac{5\times(5+1)}{2}=15$$

Year	Depreciable Amount	Rate	Depreciation	Accumulated Depreciation	Book value (EB*)
1	＄18,000 *	5／15	6,000	＄6,000	14,000
2	18,000	4／15	4,800	10,800	9,200
3	18,000	3／15	3,600	14,400	5,600
4	18,000	2／15	2,400	16,800	3,200
5	18,000	1／15	1,200	18,000	2,000

＊ Ending Balance
＊残存価値（＄2,000を考慮するため，＄18,000となります）

練習問題5（減価償却）

X Company takes a full year's depreciation expense in the year of an asset's acquisition, and no depreciation expense in the year of disposition. Data relating to one of X's depreciable assets at December 31, 2002 are as follows：

　　Acquisition year　　　　　　　2000
　　Cost　　　　　　　　　　　　＄220,000

Residual value	40,000
Accumulated depreciation	144,000
Estimated useful life	5 years

Using the same depreciation method as used in 2000, 2001, and 2002, how much depreciation expense should X record in 2003 for this asset?

a. $24,000
b. $36,000
c. $44,000
d. $48,000

〈答え a〉

〈解法のポイント〉 各減価償却法のくせを覚えてください。

〈解説〉

この場合 sum-of-the-year's digit（SYD）method（級数法）が採用されています。

級数法の分母の求め方は

$\dfrac{n(n+1)}{2}$（n は耐用年数（life））したがって $\dfrac{5(5+1)}{2} = 15$

3年間償却しているので Accumulated depreciation は

$\dfrac{5}{15} + \dfrac{4}{15} + \dfrac{3}{15} = \dfrac{12}{15}$

になります。

確認：$(220{,}000 - 40{,}000) \times \dfrac{12}{15} = 144{,}000$ になります。

したがって 2003 年分は

$(\$220{,}000 - 40{,}000) \times \dfrac{2}{15} = \$24{,}000$

d．比例法（Activity Method）

これまでに見てきた減価償却方法は「時間」を軸にして行うものでした。つまり，固定資産が使えなくなるであろうという時間の長さを決めて，その時間の中で費用を分配するという考え方でした。

生産高比例法（Unit of Production Method）はこれに対して機械であれば稼働時間，鉱物であれば推定埋蔵量を軸にして減価償却をする方法です。

たとえば10,000時間使用すると使えなくなってしまう機械の場合，すでに2,000時間使用したのであれば，（Cost － Salvage Value）の20％は償却されるべきであると考えます。10,000トン掘り出すと枯渇してしまうと推定される鉱物を2,000トン掘り出した場合も同様に20％を償却します。

P.80 ～ P.81の例では当期の操業時間を600時間とすると，当期の減価償却費は下記のように計算されます。

$$\frac{\langle 原価（cost）－残存価額（salvage\ value）\rangle \times 当期の操業時間（Hours）}{総稼動時間（Expected\ Productive\ Hours）}$$

$$= \frac{(20{,}000 - 2{,}000) \times 600}{9{,}000} = \$1{,}200$$

e．総合償却（Composite or Group Depreciation）

これまでの方法はすべて個別償却（Single-Unit Depreciation）という償却方法です。一方，総合償却とは用途・性質などの共通性によって複数の資産をグループ化し，それらを一括して償却する方法で個別償却とは異なるアプローチです。

総合償却のうち，異種資産の一括償却のことを"Composite Depreciation"，同種資産の一括償却のことを"Group Depreciation"といいます。

総合償却における償却は下記の通りに計算されます。

$$償却率（Rate）= \frac{個々の資産の定額法による年間償却費の累計（Sum\ of\ Annual\ SL\ Depreciation）}{全資産の取得原価合計（Total\ Original\ Cost）}$$

個別償却と総合償却の相違は，資産の除却や売却を行ったときに初めて生じます。

個別償却では各資産ごとに減価償却累計額が把握できるため，除却損益や売却損益の計算をすることが可能です。一方，総合償却では個別資産ごとの減価償却累計額の把握がその資産の性質上できないため，損益は認識されません。たとえば，資産グループの一部が売却された場合，資産の取得原価と売却収入との差額は，全額減価償却累計額のDr.に記帳されることになってしまいます。

```
Dr. Cash                        xxx          (proceeds)
    Accumulated depreciation    xxx          (plug)
  Cr.（Asset）                    xxx         (Original Cost)
```

2 期中に取得した資産の減価償却（Fractional Year Depreciation）

期中に取得した資産の減価償却の会計処理には多くの方法がありますが，主なものは下記の通りです。

1．取得年度→取得した日にかかわらず1年分を計上します
　　売却年度→減価償却費は計上しません
2．取得年度→取得した日にかかわらず半年分計上します
　　売却年度→売却した日にかかわらず半年分計上します
3．取得年度，売却年度とも月割で計上します

例示6

1998年5月25日に耐用年数（Useful Life）5年の資産を取得し，2003年5月24日に除却した場合を考えてみます。1998年および2003年にいくらの減価償却を計上するかは，上記の(1)(2)(3)の中から選ぶことができます。

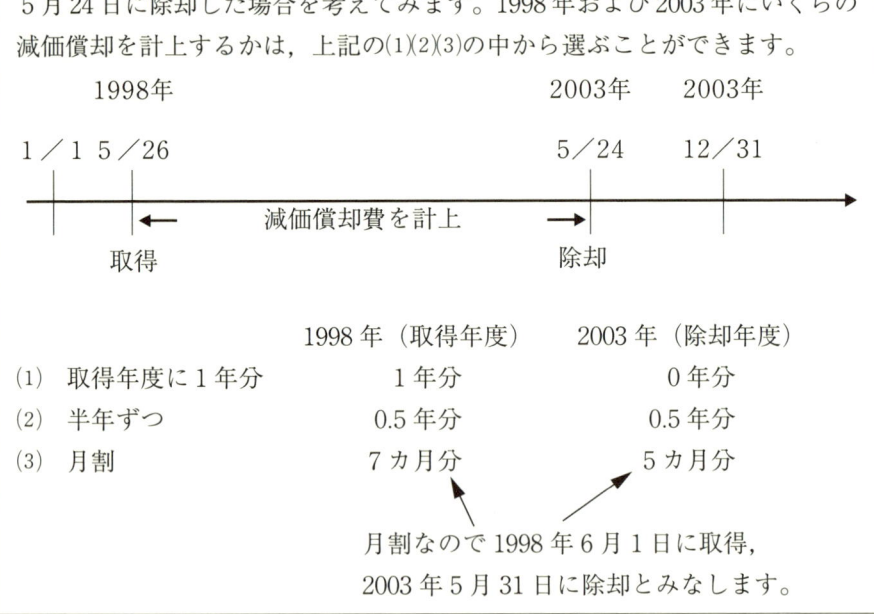

```
        1998年                          2003年      2003年
  1／1  5／26                           5／24      12／31
   |─────|──────────────────────────────|──────────|
          ←――――― 減価償却費を計上 ―――――→
         取得                            除却
```

		1998年（取得年度）	2003年（除却年度）
(1)	取得年度に1年分	1年分	0年分
(2)	半年ずつ	0.5年分	0.5年分
(3)	月割	7カ月分	5カ月分

月割なので1998年6月1日に取得，2003年5月31日に除却とみなします。

8 資産の除却と価値の減損
（Disposals and Impairment of Value）

1 資産の除却（Disposal of an Asset）

　資産の除却（Disposal of an Asset）とは，利用価値のなくなった固定資産を売却等によって処分することです。この場合，当然のことながら，実際の処分日までの減価償却費を計上してから，除却（売却であれば，売却）の仕訳を行います。

> **例示7**　　資産の除却（売却）の会計処理
>
> 　A社は，1999年1月1日に＄26,000で機械を購入しました。機械の耐用年数は10年，残存価額は＄2,000であり，減価償却の方法には定額法が使用されました。したがって，1カ月当たりの減価償却費は＄200となります。
> 〔（＄26,000 －＄2,000 残存価額）÷（10年×12カ月）〕
> 　もし，A社が2003年7月1日に＄16,000でこの資産を売却すると，①減価償却費の計上と②資産の売却の2つの仕訳が行われます。
> ①減価償却費計上の仕訳
>
> 　　Depreciation Expense　　　　　　　　1,200
> 　　　　Accumulated Depreciation　　　　　　　　1,200
> ● 2003年の期首から売却日までの6カ月分の減価償却費を計上します。
> ＄200 × 6カ月 ＝ ＄1200
> ②資産の売却の仕訳
>
> 　　Dr. Cash　　　　　　　　　　　　　16,000
> 　　　Accumulated Depreciation　　　　10,800
> 　　　　Cr. Equipment　　　　　　　　　　　　26,000
> 　　　　　Gain on Sale of Equipment　　　　　800（Plug）
> ・Equipment の取得原価は，＄26,000のままです。
> ・売却時の Accumulated Depreciation は，1999年から2003年までの4年分（48カ月）に①の仕訳で計上された6カ月分の減価償却費も含めた金額となります。
> ＄200 × 54カ月 ＝ ＄10,800

- したがって，Equipment の簿価は ＄15,200（26,000 － 10,800）になります。
- Equipment の簿価 ＄15,200 と受け取った現金の差額は，Gain on Sale of Equipment として利益が計上されます。

2 　除却予定の資産（Assets to be Disposed of）

　固定資産のうち，もう既に使用に供しておらず，除却することを予定している固定資産で，まだ除却を行っていない場合には，その資産は，簿価（Book Value），あるいは時価から除却費用を差し引いた金額（Fair Value － Selling Costs）（正味実現可能価額：NRV）のいずれか低いほうで評価されます。このような評価の切下げを "Write-down" といいます。もしも，正味実現可能価額（NRV）のほうが簿価（Book Value）よりも低い場合には，評価損（Loss）の計上を余儀なくされます。

　なお，このような，もう使用に供していない除却予定の資産は，減価償却を行いません。そして，貸借対照表（B／S）上は，"Other Assets" に分類されます（Property, Plant and Equipment の勘定ではなくなります）。

　また，資産の評価を切り下げた後に，時価が変動した場合は，それにともなって毎期，資産の評価替えを行う必要があります。

　一方，元の簿価（最初に資産の評価を引き下げる前の簿価）よりも高くすることはできません。つまり，それまでに計上したその資産の評価損失の額を超えない範囲で，評価額を増加させることができます。このような資産価値の切上げを，"Recovery" "Restoration" "Write-up" などといいます。

- 表示区分を "Other Assets" に変更
- 簿価（BV）と NRV のうちいずれか低いほうで評価されます
- NRV のほうが低い場合には，Loss を計上
　→ Income from Continuing Operations の一部
- Recovery は可能。ただし，元の簿価が上限（つまり，それまでに計上したその資産の評価損失の額を超えない範囲で）

第4章　固定資産と無形資産（Fixed Assets and Intangible Assets）

> **例示8** ── 除去（売却）予定の資産の会計処理

先に示した例で、資産を売却せずに、この資産を翌年度に＄10,480（正味実現可能価額：NRV）で売却する予定であったとします。この場合は、以下のように仕訳されます。

Dr. Loss on Planned Disposition	4,720	
Equipment to be Disposed of	10,480	
Accumulated Depreciation	10,800	
Cr. Equipment		26,000

- Equipment の簿価＄15,200（26,000 − 10,800）に対して、正味実現可能価額（NRV）は＄10,480なので、低いほうの正味実現可能価額（NRV）＄10,480に評価替えされ、"Equipment to be Disposed of" 勘定により、表示されることになります。
- Equipment の簿価＄15,200と正味実現可能価額（NRV）＄10,480の差額の＄4,720は、損失として計上されます。この損失は、損益計算書の継続事業利益（Income from Continuing Operations）の計算に含まれます。

なお、翌年度に正味実現可能価額（NRV）が上昇した場合、資産の評価額を切り上げることができます。ただし、いずれにしても、元の簿価（＄15,200）を超えることはできません。

3　資産価値の減損（Impairment）（Assets to be Held and Used）

減損（Impairment）とは、資産の市場価値が大幅に下落したり、その資産が生み出すと考えられる将来のキャッシュフローの見込みが大幅に減り、もう回復しないと見込まれたときに、資産の簿価を公正価値（Fair Value）の額まで引き下げ、その差額を費用として計上する会計処理のことです。

この計算処理により、バランスシート上の資産額は、より現実に近い数字になります。

実際の計算は2ステップで行われます。

① 減損テスト（Impairment Test）

固定資産の簿価（Cost − Accumulated Depreciation）とその固定資産が生み出すと予測される将来キャッシュフロー（現在価値に割り引かない金額なので注意）

を比べて、将来キャッシュフローの金額が低ければ「減損が生じている」と判断します。

② 減損額の決定と仕訳

実際に評価減を行う減損額は、簿価と公正価値（Fair Value）の差額になります。この2ステップの計算については、下記の図を参考にしてイメージをつかんでください。

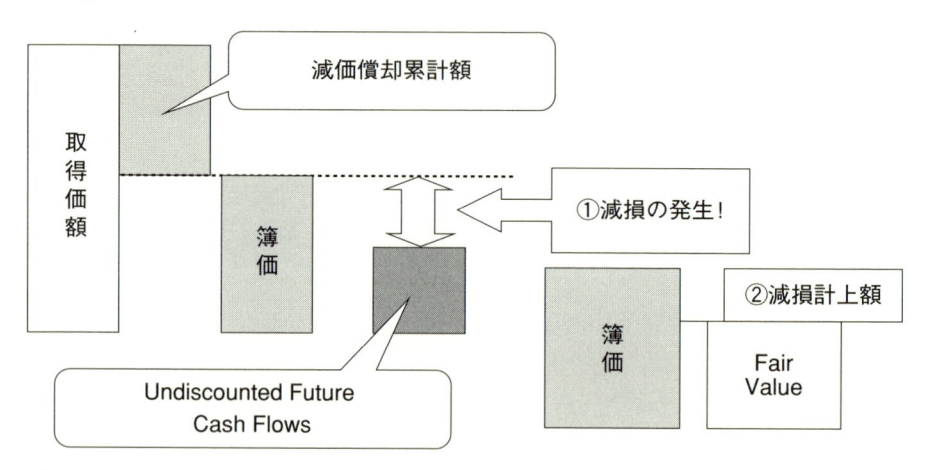

[図：取得価額、減価償却累計額、簿価、Undiscounted Future Cash Flows、①減損の発生！、②減損計上額、Fair Value]

仕訳は下記のようになります。

  Dr. Loss on Impairment   xxx
    Cr. Accumulated Depreciation   xxx

資産価値の切下げは、Accumulated Depreciation を Credit する（増やす）ことによって行われます（資産の簿価＝ Cost − AD なので、AD が増えれば当然のことながら、資産の簿価は低くなります）。

いったん資産の減損を記帳した後は、減損後の簿価（Carrying Value）をベースにして減価償却されます。また、将来、時価が上昇しても、切り上げることはできません。

 ※除却予定の資産の場合には、元の簿価までであれば切り上げることができましたが、使用中の資産の減損の場合には、切上げは認められません。

第4章　固定資産と無形資産（Fixed Assets and Intangible Assets）　93

- Impairment している可能性がある場合には，Impairment Test をまず行います
- BV ＞ Net Future Cash Inflows の場合には，資産を Fair Value で評価し，Loss を計上します
- 計算に使う Future Cash Flow は，現在価値に割り引きません（undiscounted）
- Impaiment を認識した後に，Recovery はできません

例示 9　資産価値の減損（Impairment）

前例を利用して，今度は資産の売却は行わず，この資産を今後継続的に使用し続けるものとします。2003 年 7 月 1 日において，減損のテストの結果，資産の簿価（Carrying Value）よりも，この設備により将来流入が期待されるキャッシュフローの純額のほうが低いことが判明しました。

したがって，このように，この資産は 2003 年 7 月 1 日の時点で減損されたことになります。たとえば，同日の設備の時価（Fair Value）は $ 10,480 で，残存価値はゼロと見積もられたとします。この場合，仕訳は以下のようになります。

Dr. Loss on Impairment　　　　　　　4,720
　　Cr. Accumulated Depreciation　　　　　　4,720

減損を認識する直前までの減価償却は実施するので，2003 年 7 月 1 日における簿価は $ 15,200（$ 26,000 － $ 10,800）となります。そこで，この簿価と時価 $ 10,480 の差額 $ 4,720（$ 15,200 － $ 10,480）の分だけ資産価値を下げ，損失を計上しなければなりません。

	2003／7／1				
Equipment	26,000	AD	10,800	BV	15,200
			↓	Loss	$ 4,720
		AD	15,520	BV	10,480

今後の減価償却費は，1 カ月当たり $ 159（$ 10,480 ÷ 66 カ月（残存期間）＝ $ 159）となります。

2008 年 12 月 31 日に A 社がこの設備を除却すると，次の仕訳が行われます。

Dr. Accumulated Depreciation	26,000	
Cr. Equipment		26,000

減損により設備が残存価値を持たなくなったことから，すべてのコストが償却されることになります。

9 非貨幣資産から貨幣資産への強制転換 (Involuntary Conversions of Nonmonetary Assets to Monetary Assets)

非貨幣資産から貨幣資産への強制転換(Involuntary Conversions of Nonmonetary Assets to Monetary Assets) とは，企業が非貨幣資産（Nonmonetary Assets）と交換した貨幣資産(Monetary Assets)を代わりのものに再投資したとしても，損益が認識される貨幣取引のことを意味します。

例示10 収用宣告（Condemnation）

ある資産が政府の収用権に基づいて収用された場合，たとえすぐに類似資産（Similar Asset）を購入したとしても，その資産の収用金額と簿価の差額は利益または損失として認識されます。

たとえば，ある会社が簿価$30,000の土地を持っていたところ，国が高速道路を建設するために，この土地は強制収用されました。一方，この会社が現金$40,000を受け取り，すぐに同じような土地に再投資したとしても，この土地の収用金額$40,000と，簿価$30,000の差額$10,000は利益（Gain）として認識されます。会計上，土地の収用金額を受け取ることと再投資することは，別々の取引としてとらえるからです。この会社は代用の土地を購入することになりますが，その価格は$50,000だったと仮定します。

$50,000 代用の土地の購入価格
 (Purchase Price of Replacement Land)
$40,000 収用報酬（Condemnation Award）
$10,000 認識される利益（Gain Recognized）
$30,000 収用された土地の簿価
 (Condemned Land's Book Value)

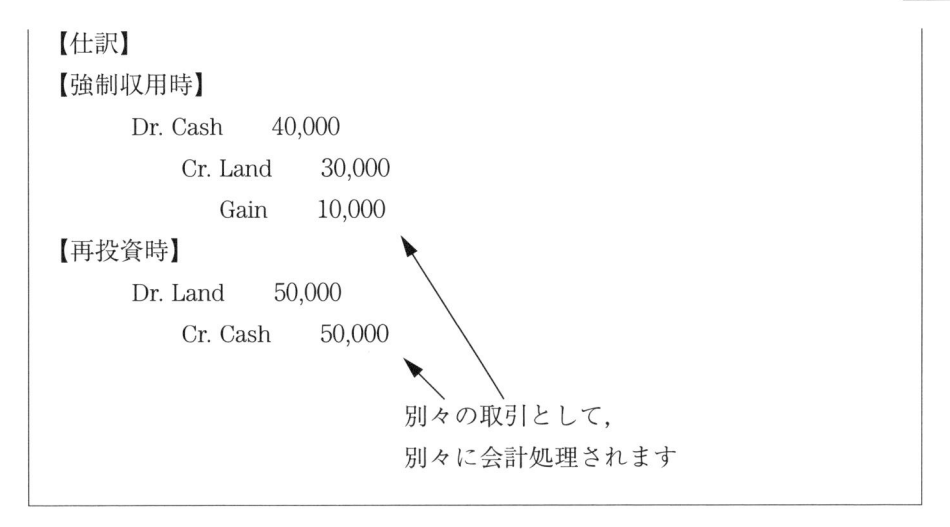

第 4 章　固定資産と無形資産（Fixed Assets and Intangible Assets）　95

【仕訳】
【強制収用時】
　　　Dr. Cash　　　40,000
　　　　　Cr. Land　　　30,000
　　　　　　Gain　　10,000
【再投資時】
　　　Dr. Land　　　50,000
　　　　　Cr. Cash　　　50,000

別々の取引として，
別々に会計処理されます

10　減耗償却（Depletion）

　減耗償却（Depletion）とは，石油，鉱石，天然ガスなど天然資源を対象にした減価償却のことです。天然資源は推定埋蔵量をすべて採掘してしまえばなくなってしまいますので，生産高比例法のような考え方でこの天然資源を供給できるようになるまでにかかったコストを費用化していく必要があります。

　このコストに含まれるものとしては，探索費（Exploring Cost），掘削費（Drilling Cost），発掘費（Excavation Cost），原状回復費用（Restoration Cost）などがあり，基本的に固定資産同様 Make them ready for use（使えるようになるまでにかかったコストすべて）を総コストとして考え，これを採掘量に応じて償却していきます。

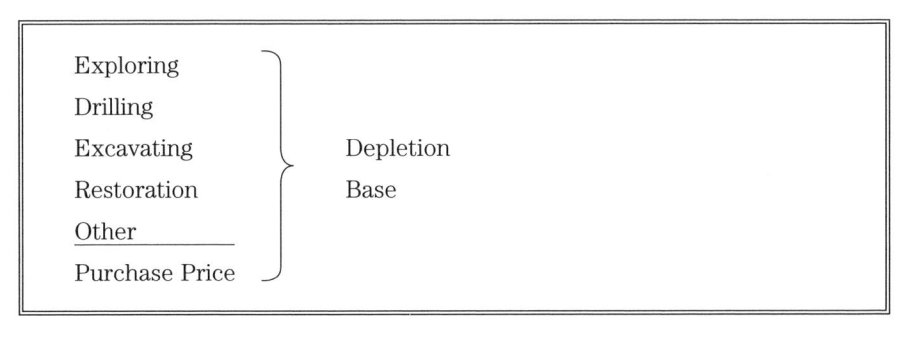

```
Exploring
Drilling
Excavating        Depletion
Restoration       Base
Other
Purchase Price
```

必要償却額は，一般的には，当期採掘量（Extracted Units）÷総見積採掘量（Total Expected Recoverable Units）の比率によって償却されます。

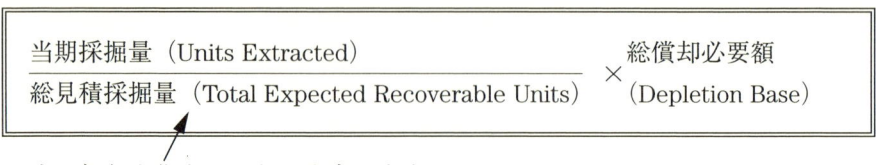

$$\frac{\text{当期採掘量（Units Extracted）}}{\text{総見積採掘量（Total Expected Recoverable Units）}} \times \text{総償却必要額（Depletion Base）}$$

比率は毎年変化することに注意します

特に注意すべき点は，当期に採掘される量と実際に販売される量が同じとは限らないということです。実際に販売された量が採掘された量より少ない場合，売れ残った分は棚卸資産（Inventory）として配分され，実際に販売された分のみが損益計算書で費用として計上されることになります。

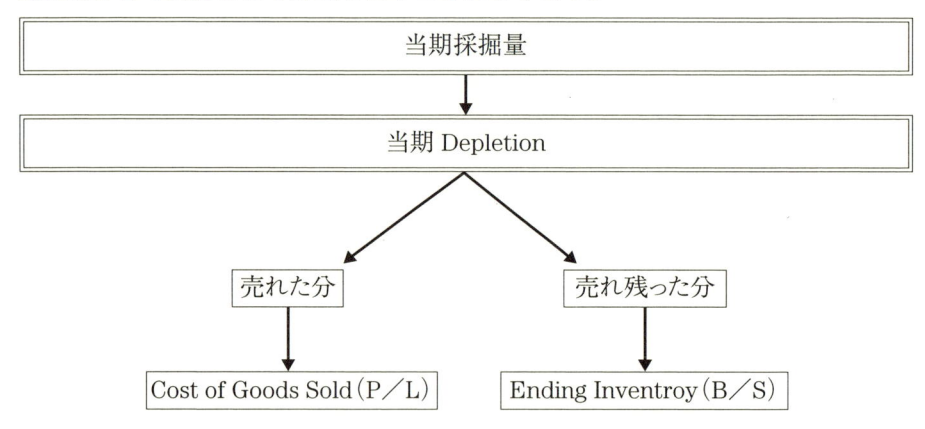

```
            当期採掘量
                ↓
           当期 Depletion
           ↙          ↘
       売れた分       売れ残った分
         ↓                ↓
Cost of Goods Sold（P／L）  Ending Inventroy（B／S）
```

たとえば，総償却必要額が＄8,000,000 の金鉱山の総見積採掘量が 40,000t で，当期に 10,000t 採掘され，そのうち 8,000t が売却されたとします。この場合，10,000t － 8,000t ＝ 2,000t は，棚卸資産となり，当期の損益計算書に計上される売上原価は，次のようになります。

$$\frac{8{,}000\text{t}}{40{,}000\text{t}} \times \$8{,}000{,}000 = \$1{,}600{,}000$$

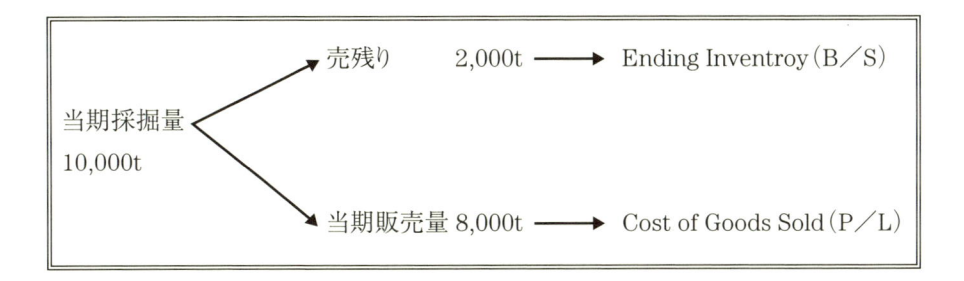

第4章　固定資産と無形資産（Fixed Assets and Intangible Assets）

```
                  ┌→ 売残り      2,000t ──→ Ending Inventroy（B／S）
当期採掘量       │
10,000t           │
                  └→ 当期販売量 8,000t ──→ Cost of Goods Sold（P／L）
```

11　無形資産（Intangible Assets）

1　無形資産（Intangible Assets）とは

　無形資産（Intangible Assets）の中心は，著作権（Copy Right），商標権（Trademark），特許権（Patent）など，実体としての形はないけれども，その権利を他人に使用させることによって，収益を生むことのできる権利です。
　このカテゴリにはこのような権利以外に企業を買収した場合の買収された企業が帳簿額以上に持っていた収益力であるのれん（Goodwill）なども記録されます。

2　無形資産の償却（Amortization of Intangible Assets）

　無形資産は，経済的有効期間（Useful Life）が明確でない場合は償却を行わず，毎期1回以上の減損テストによって減損が発生している場合のみ，減損処理を行います。経済的有効期間が確定している場合は，定額法でその期間内で償却行います。

> **例示 11**
> 　ある会社が特許権（Patent）を＄2,000で買った場合，仕訳は以下のようになります。
> 　1／1
> 　（Dr.）Patent（特許権）（B/S）2,000　／（Cr.）Cash（現金）（B/S）2,000
> 　もしこの特許権（Patent）の経済的有効期間（Useful Life）が10年間である場合，この期間にわたって償却（Amortization）する必要があります。
> 　12／31

(Dr.) Amortization Expense (償却費) (P/L) 200 ／ (Cr.) Patent (特許権) (B/S) 200

　無形資産の償却では，減価償却のようにCr. Accumulated Depreciationという勘定科目を使いません。例えばPatentであればCr. Patentにして直接無形資産を控除します。また残存価額についても考慮しません。

12 スタートアップ・コスト（Start-Up Costs）

　新しい事業の開始に伴って発生するスタートアップコスト（開業費）は，このコストが生み出す将来のベネフィットが不確実であるため，基本的に発生時に全額費用計上します。

13 研究開発費（Research and Development Costs : R & D Costs）

1 研究開発費とは

　研究開発費（Research & Development Cost）は，新たな技術を開発したり，今ある製品の改良品やより効率的な別の製造方法を開発する過程で発生するコストのことをいいます。このコストは将来生み出されるベネフィットと明確な関連づけが難しいので，発生した会計期間に全額費用計上するルールになっています。

2 例外的処理

a．研究開発費（R&D Costs）に含まれないもの
　研究開発費に含まれないものとしては，次のものがあります。

---
①商業用製品の品質管理（Quality Control）
②定期的な検査・修理に関する処理費（Trouble shooting）
③既存製品改良のための日常的業務（Routine, Ongoing Efforts）
④通常の生産能力の範囲内（Existing Capability）で特別注文品等の製造により生じた費用
---

b．自社以外のための研究開発費（R&D for Others）

自社以外のための研究開発費（R&D for Others）は，いったん資産計上され，収益と対応して認識することから，費用計上の必要がありません。たとえば，政府や他社から依頼されて行う研究開発など，第三者の代わりに行っている場合がこの例にあたります。

c．第三者から購入した特許権（Patent Purchased）と研究開発設備（R&D Equipment）

第三者から購入した特許権（Patent Purchased）のコストは，繰延べをして，資産の耐用年数で償却されます。第三者から購入した研究開発設備は，通常，費用として損益計算書に計上されますが，代替的に他の業務にも使用できるような場合，資産計上されます。

☞ ここは重要!! 代替的に他の業務にも使用できるような場合（Alternative Future Use）

代替的に他の業務にも使用できるような場合（Alternative Future Use）とは，たとえば，研究開発用に購入した設備ではあるものの，その研究開発が終了した後も，通常の製造活動にも使用できるような場合をさします。このような場合には，資産計上し，耐用年数の間，減価償却を行います。具体的には，研究開発期間中の減価償却費は，研究開発費として計上されます。一方，製造活動に使用されてからの減価償却費は，製造間接費として製造原価の一部に加算され，販売時に売上原価に含まれて費用計上されることになります。

コンピュータソフトウェアの開発の例で理解を深めましょう。

◆ Research & Development Cost（Computer Soft Wear）

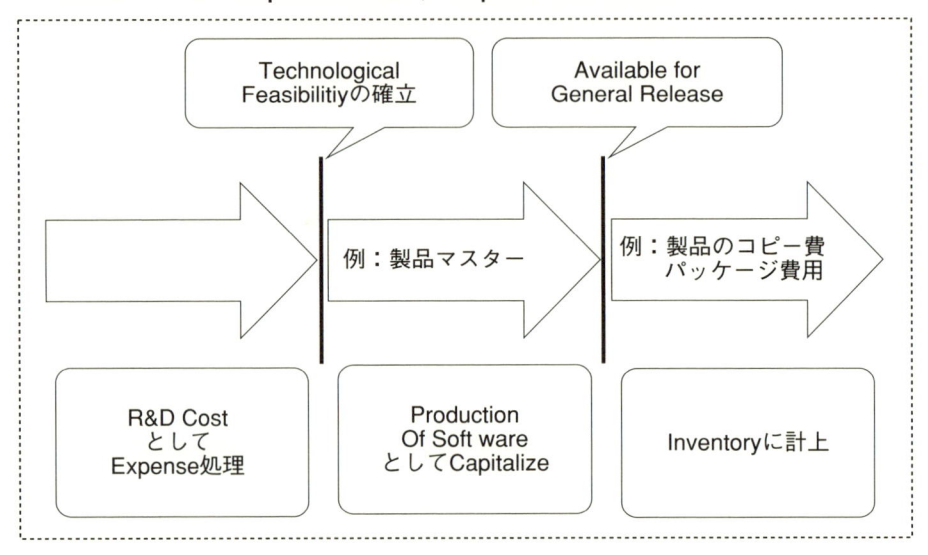

```
       Technological              Available for
       Feasibilitiyの確立           General Release
              ↓                          ↓
  ┌──────────→ │ 例：製品マスター │ 例：製品のコピー費 →
                                          パッケージ費用

   R&D Cost          Production          Inventoryに計上
   として            Of Soft ware
   Expense処理       としてCapitalize
```

14 開業準備中の企業（Development Stage Enterprises）

　開業準備中の企業（Development Stage Enterprises）とは，新しい事業（New Business）を立ち上げるための準備を継続的に行っているもので，次のいずれかに該当する企業のことをいいます。

> a．計画されている主たる活動が，開始されていない。
> b．計画されている主たる活動は，開始されてはいるが，収益があまり上がっていない。

※開業準備中の企業（Development Stage Enterprises）に対する言葉として，開業後の企業を"Established Operating Enterprise"といいます。
　開業準備中の企業といえども，一般に認められた会計原則（GAAP）に準拠していなくてはならず，通常の企業と同じ会計処理を行わなくてはなりません。さらに，開業準備中の企業は，次のような情報を開示する必要もあります。

- 貸借対照表には，活動開始からの累積的な損失（Cumulative Losses）を開示する必要があります。
- 損益計算書とキャッシュフロー計算書には，当期分および活動開始からの累積額の収益，費用，損失，資金収支を含めなくてはなりません。
- 財務諸表には，開業準備中の企業と記載される必要があります。また，開業前の段階が終わって初年度の財務諸表には，前期は開業前であったことをしっかりと明示する必要があります。

第5章

投 資
(Investment)

本章での主要な学習ポイント

1. 投資とは
2. 一時的保有投資
3. 長期投資 ─→ 債務証券
   　　　　　　持分証券 ─→ 原価法
   　　　　　　　　　　　　持分法
4. 債務証券に対する投資 ─→ 債務証券への投資の分類
   　　　　　　　　　　　　債務証券に対する投資の評価
5. 持分証券に対する投資 ─→ 持分証券に対する投資の分類
   　　　　　　　　　　　　持株比率が20%未満の場合
   　　　　　　　　　　　　持株比率が20%以上50%未満の場合
6. 投資分類の変更
7. 株式配当と株式分割
8. 生命保険の解約返戻金

■投資の区分は，M/Cではよく出題されるトピックです。どの問題も基本的な問題であり，難問はありませんので，取りこぼしがないようにしっかりと押さえてください。

1 投資証券（Investment Securities）とは

1 債務証券（Debt Securities）

　債務証券とは，社債（Bond）を代表的なものとして，連邦政府が発行する財務省証券（Governmental Bond），地方自治体が発行する地方債（Municipal Bond）など，発行者が借金証書のようなものを発行し，購入者からお金を借り入れる仕組みを持った証券のことをいいます。基本的に満期があり，発行者は利息とともに元本を返済する義務があります。

2 持分証券（Equity Securities）

　持分証券の代表は株です。株を買うということは，会社の所有権の一部を買うということです。具体的には普通株式（Common Stock）や優先株式（Preferred Stock）などがあり，新株引受権（Warrants）などもこれに含まれます。

2 債務証券に対する投資（Investments in Debt Securities）

1 債務証券への投資の分類

　債務証券への投資は，次の3つに分類されます。

a．満期保有目的証券（Held-to-maturity Securities）

　Held-to-maturity Securities とは，購入者にその証券を満期まで保有する意思（Intent）があり，また保有する能力（Abilities）もある証券を指します。

　保有する能力があるということは，途中で資金繰りに困って売却するようなことが生じないこと，つまり潤沢にキャッシュ・フローがあることを示しています。

　ここで注意すべきなのはこのカテゴリーに分類されるのは Debt Securities だけだということです。なぜなら Equity Securities には満期がないからです。

b．売買目的証券（Trading Securities）

　Trading Securities とは，キャピタルゲインを得ることを目的として，短期間のうちに売買を行う証券を指します。いわゆる金融機関のトレーダーが扱っている

証券のことです。

c．売却可能証券（Available for sale Securities）

Available for sale Securities とは，短期売買を目的とするか，満期保有するか，どちらとも決めかねているものです。つまり Held-to-maturity Securities および Trading Securities のどちらにも分類されなかった証券をいいます。

2 債務証券に対する投資の評価

債務証券に対する投資の評価方法をまとめると下記の通りになります。

証券の分類 Securities	期末の評価 Valuation	未実現保有損益 Unrealized holding gains/losses
①満期保有目的証券 Held-to-maturity	償却原価 Amortized cost	認識しない Not recognized
②売買目的証券 Trading	公正時価 Fair value	純利益に算入 Recognized in net income
③売却可能証券 Available-for-sale	公正時価 Fair value	その他の包括利益・その他の包括利益累計額（S/E）に計上 Recognized as "Other comprehensive income" and "Accumulated other comprehensive income（S/E）"

期末に時価で評価を行う際には，簿価と期末時価の比較は個別銘柄ごとに行うのではなく，各カテゴリーの簿価合計額と時価合計額を比較することによって行います。

（FASB 115 ルールによる 3 種類の証券ごとに違う会計処理）

a．Trading Securities（売買目的証券）は期末ごとに時価評価し，実際の売買を行っていなくても，期末の時価評価額と簿価との違いを Unrealized Holding Gain（未実現評価益）または Unrealized Holding Loss（未実現評価損）で Income Statement（損益計算書）の Other Revenue（その他の収益）または Other Expense（その他の費用）に計上します。

Trading Securities は，短期売買によって利ザヤを稼ごうとする目的で保有しているため，その損益は事業活動の一部として報告すべきものと考えられます。

実際に売買を行って損益が実現している場合は，当然今期の損益計算書に実現利益や実現損を計上すべきですが，実際には売買を行っていない状態でも，保有している証券の帳簿上の価値と，新聞等の証券欄に書かれている証券の価値を比べ，その差額を認識することで，含み益や含み損を情報開示するのです。

b．Held-to-maturity Securities（満期保有目的有価証券）は Book Value（簿価）で計上します。

ここで簿価とは，（取得原価－償却額（Amortization））のことです。

第6章で学習する社債などは，市場の価格と額面価額の差について償却を行いますので，この償却額を考慮した簿価で計上していくということです。

ただ，市場の価格が大幅に下落し，回復の見込みが難しい場合は，固定資産で学んだような減損処理を行いますので注意してください。

c．Available for sale Securities（売買可能証券）も期末ごとに時価評価し，実際の売買を行っていなくても，期末の時価評価と簿価との違いを Unrealized Holding Gain（未実現評価益）または Unrealized Holding Loss（未実現評価損）として計上します。ここで注意しなくてはいけないのは計上すべき場所は損益計算書ではなく包括利益計算書だということです。包括利益計算書の Other Comprehensive Income（その他の包括的利益）に計上します。これは Available for sale Securities は，短期間での売買によるキャピタルゲインを目的とする Trading Securities と違い，いつ売買するかについては曖昧ですので，今期の損益に影響させるには影響が大きすぎるという観点に立つ会計処理です。つまり損益計算書そのものには計上しませんが，包括利益計算書に計上し，Closing Entry（決算仕訳）によって最終的に利益や損が累積される資本の部のその他の包括利益累計額（Accumulated Other Comprehensive Income）に計上してその影響を認識しておくのです。

練習問題1（有価証券勘定）

The next 2 questions are based on the following：

The following data pertains to X Co.'s investments in marketable equity securities：

		Market value	
	Cost	12/31/02	12/31/01
Trading	$300,000	$310,000	$200,000

Available-for-sale   300,000   260,000   240,000

What amount should X report as unrealized holding gain in its 2002 income statement?

a．$100,000
b．$110,000
c．$120,000
d．$130,000

〈答え　b〉

〈解法のポイント〉　Trading Securities の Unrealized Holding Gain に注目してください。

〈解説〉

Trading securities（売買目的証券）は Fair market value（FMV, 時価）で B/S 価額が決定され，Unrealized gains and losses（未実現損益）が Income statement（損益計算書）に計上されます。したがって

$310,000 − $200,000 = $110,000

が損益計算書に表示されます。

練習問題 2 （有価証券勘定）

What amount should X report as net unrealized loss on marketable equity securities at December 31, 2002, in accumulated other comprehensive income in stockholders' equity?

a．$ 0
b．$20,000
c．$30,000
d．$40,000

〈答え　d〉

〈解法のポイント〉　Unrealized holding gain or loss が，B/S の Accumulated Other comprehensive income に入るのは，どの種類の Securities でしたか？

〈解説〉

Available-for-Sale securities（売却可能証券）の unrealized gain and loss は

earnings（利益）の構成要素には含まれず，accumulated other comprehensive income（その他の包括利益累計額）の構成要素として stockholders' equity の部に表示されます。

Available-for-Sale securities の Net loss$300,000 － 260,000 ＝ $40,000 が答えになります。

当期の unrealized holding gains または losses は statement of comprehensive income で other comprehensive income の1要素として表示されます。

練習問題3（有価証券勘定）

Information regarding X Co.'s portfolio of available-for-sale securities is as follows：

Aggregate cost as of 12/31/01	$340,000
Unrealized gains as of 12/31/01	8,000
Unrealized losses as of 12/31/01	52,000
Net realized gains during 2001	60,000

At December 31, 2000, X reported an unrealized loss of $3,000 in other comprehensive income to reduce these securities to market. Under the accumulated other comprehensive income in stockholders' equity section of its December 31, 2001 balance sheet, what amount should X report?

 a． $52,000
 b． $44,000
 c． $41,000
 d． $ 0

〈答え　b〉

〈解法のポイント〉　Other Comprehensive Income の問題ですね。

〈解説〉

Available-for-Sale securities は Market value（時価）で B/S に計上されます。Market value と Cost の差額（すなわち Unrealized holding gains, losses）は Accumulated other comprehensive income として B/S の資本の部に計上されます。

X 社は unrealized gain が $8,000, unrealized loss が $52,000 ですから，net unrealized loss は $52,000 − 8,000 = $44,000。したがって，2001年のB/S計上ではX社はB/S上accumulated other comprehensive incomeを$3,000から$44,000に増額させます。

3 持分証券に対する投資 (Investments in Equity Securities)

1 持分証券に対する投資の分類

持分証券（普通株式）に対する投資の評価方法を，持株比率の水準によってまとめると下記のようになります。

% of stock held	Description	Accounting treatment
< 20%	Passive, insignificant	FASB115（Cost Method）
20% - 50%	Significant	Equity method
>50%	Control	Consolidation

＊持分比率50パーセント超の場合に作成される連結財務諸表については，第14章で学習します。

2 持株比率が20%未満で，投資先会社に対する重要な影響力（Significant Influence）がない場合

この場合は前段で述べたFASB 115ルールにのっとって，購入時点で3種類のうちどれに分類するか決定し，会計処理を行います。3種類とは
- Trading Securities（売買目的証券）
- Available for sale Securities（売買可能証券）
- Held-to-maturity Securities（満期保有目的証券）の3つです。

重要な影響力とは，投資会社の経営方針や利益分配方法に関して，強い発言力があることをいいます。たとえば持株比率は10%しかない場合でも，投資先会社のオーナー社長の溺愛する一人娘が保有している場合，投資先会社の経営陣に対して重要な影響力があると推測できます。

3 持株比率が20％以上50％以下で，投資先会社に対して重要な影響力（Significant Influence）がある場合

この場合は持分法（Equity Method）を使って会計処理します。

このようなケースでは，投資会社は投資先会社に対して大変強い力を持っていると推測できますので，以下のような特殊な会計処理を行います。

① 投資先会社が利益を計上したり損を計上したりすると，投資会社の方も株式の持分に応じて，まるで自分に利益や損が生じたように会計処理を行います。具体的には利益が出れば持分に応じた利益額を計上し，Investment を同額増やします。逆に損が出れば持分に応じた損失額を計上し，Investment を同額減らします。

② 投資会社側では現金配当を受け取っても Cr. Dividend Income として利益を計上せず，Cr. Investment として投資勘定を減らす会計処理をします。

この考え方の前提は次のようなものです。

持分法が適用されるような場合，まず投資会社と投資先会社は非常に強い関係にありますので，連結とまではいかなくても，投資先会社の損益は投資会社側にも持分に応じて影響すると考えます。また，投資会社は投資先会社に対して強い支配力を持っているため，強制的に配当を出させ，自社の利益を操作することが可能です。これを防ぐためには，配当を受け取っても利益計上させず，Investment を減少させるような処理をして縛りを設けるべきであると考えるのです。

a．持分法の仕訳パターン

例を使って持分法の仕訳パターンを考えてみましょう。FASB 115 ルール（重要な影響力を持たず，また短期売買目的で取得したのでもないと仮定の上）の仕訳と比べてみてください。

持分法（Equity Method）	FASB 115 ルール（Cost Method）
① 7月2日X社はY社の発行済み普通株式の20%にあたる100株を1株28ドルで取得しました。取得時のB社の純資産の簿価は10,000ドルでした。	
Investment in stock of Y　　2,800 　　Cash　　　　　　　　　　　　2,800	Available-for-sale Securities　2,800 　　Cash　　　　　　　　　　　　2,800
② 当期Y社の純利益（Net income）は2,000ドルでした。純利益に対するX社持分は400ドル（$2,000×20%）です。	
Investment in stock of Y　　　400 　　Income from investment　　　400	No entry
③ 翌年7月末Y社は株主配当決議に従って合計1,600ドルの配当を行いました。X社は320ドル（$1,600×20%）の配当金を受取りました。	
Cash　　　　　　　　　　　　　320 　　Investment in stock of Y　　　320	Cash　　　　　　　　　　　　　320 　　Dividend Income　　　　　　　320

Equity MethodではFASB 115ルールのように期末でUnrealized Holding Gain（未実現評価益）またはUnrealized Holding Loss（未実現評価損）を認識しません。注意してください。

b．段階的投資が行われた場合の処理

　初年度は10%，次年度が10%というように被投資会社の株式を段階的に取得した場合，持株比率が20%に達し重要な影響力を持つに至った年度の比較財務諸表においては，過年度にさかのぼって持分法が適用されることになります（さかのぼることをRetroactive applicationといいます）。

　次の例で考えてみましょう。

例示1

　X社は2002年1月2日にY社の普通株式の10%，翌年度2003年1月2日にさらに20%追加取得し，重要な影響力を持つに至った。
　Y社に関する財務データは下記の通り。

	2002	2003
1．配当金の支払い（Dividends Paid）	$200	$400
2．純利益（Net Income）	1,000	1,600

2003年にX社が行う仕訳はどうなるのでしょう。投資差額は生じていないと仮定します。

まず，2002年の配当金受取時にX社が実際に行った仕訳を考えてみましょう。

 Dr. Cash   20
  Cr. Dividend income   20（$200 × 10%）

2003年にあわせて30パーセントの株式を取得したことにより，前年にさかのぼって持分法が適用されます。もし最初から持分法が適用されていたとするならば，どのような仕訳が行われていたはずでしょうか。

 Dr. Cash   20
  Cr. Investment in stock of Y   20
 Dr. Investment in stock of Y   100
  Cr. Income from Investment   100（$1,000 × 10%）

したがって，X社が実際に行った仕訳からこの仕訳に修正するために，次の修正仕訳（Adjusting entries）を行います。

 Dr. Investment in stock of Y   80（$100 − $20）
  Cr. Retained earnings   80

過年度の損益を修正するため，Cr. は損益勘定ではなく利益剰余金（R／E）となります。

2003年度分の配当金と純利益に関する仕訳は下記の通りになります。

 Dr. Cash   120
  Cr. Investment in stock of Y   120（$400 × 30%）
 Dr. Investment in stock of Y   480
  Cr. Income from Investment   480（$1,600 × 30%）

練習問題4（有価証券勘定）

On January 2, 2001, X Co. purchased 10% of Y, Inc.'s outstanding common shares for $800,000. X is the largest single shareholder in Y, and X's officers are a majority on Y's board of directors. Y reported net income of $1,000,000 for 2001, and paid dividends of $300,000. In its December 31, 2001 balance sheet, what amount should X report as investment in Y?

 a．$900,000
 b．$870,000

c．$800,000
　　d．$770,000

〈答え　b〉

〈解法のポイント〉　重要な影響力の定義は実質ベースで見ます。

〈解説〉

　投資会社が被投資会社に対して significant influence（重要な影響力）があるか否かは，通常投資会社が被投資会社の20%以上の株式を保有していれば significant influence があると考えます。significant influence を有する場合，投資会社は被投資会社に対する持分について Equity method（持分法）での処理が強制されます。

　本問の場合，X社はY社の株式の10%しか保有していませんが，largest single shareholder であり，かつY社の directors（取締役）の過半数はXの officer（経営陣）ですからX社はY社の board of directors（取締役会）をコントロールすることができます。したがってX社は significant influnce を有していると解し，Equity method により会計処理を行います。

　20%という基準はあくまでガイドラインにすぎないので，本問のような場合には実質的に significant influence があるかないかで判断します。equity method を仕訳で示すと，

　　1／2／01　　　Dr. Investment　　　　　　　800,000
　　　　　　　　　　　Cr. Cash　　　　　　　　　　　　800,000
　＝Y社の net income 確定時＝
　　　　　　　　　Dr. Investment　　　　　　　100,000
　　　　　　　　　　　Cr. Income from investment　　100,000
　　　　　　　　　　　（$1,000,000 × 10%）
　＝配当時＝
　　　　　　　　　Dr. Cash　　　　　　　　　　　30,000
　　　　　　　　　　　Cr. Investment　　　　　　　　30,000
　　　　　　　　　　　（$300,000 × 10%）

Investment	
800,000	30,000
100,000	

　　　　　　答え→ 870,000

4 その他の投資取引（Other Investment Transactions）

1 投資分類の変更（Transfer between categories）

債務証券に対する投資と持株比率20パーセント未満の持分証券に対する投資について，分類が変更された場合の処理方法を整理しましょう。

いずれの場合も分類変更時の時価に基づいて処理を行い，変更後は変更後の証券カテゴリーに通用される処理方法に従います。

---

a．Trading から AFS への変更

（Transfer from Trading to Available-for-Sale）

ⅰ）過年度に既に損益計算に含められた未実現保有損益を戻入れしない。

ⅱ）期首から変更日までの未実現保有損益は，実現損益として損益計算に含める。

b．AFS から Trading への変更

（Transfer from Available-for-Sale to Trading）

これまで資本の部に計上されていた未実現保有損益の全額を当期の損益計算に含める。

c．HTM から AFS への変更

（Transfer from Held-to-Maturity to Available-for-Sale）

未実現保有損益（償却原価と時価の差額）を資本の部（その他の包括利益累計額）に計上する。

d．AFS から HTM への変更

（Transfer from Available-for-Sale to Held-to-Maturity）

ⅰ）期首から変更日までの未実現保有損益を資本の部（その他の包括利益累計額）に計上する。

ⅱ）の結果得られる未実現保有損益の償却を，社債発行差額の償却とともに実効利息法によって社債期間にわたって行う。

2 株式配当 (Stock dividends) と株式分割 (Stock splits)

　株式配当とは，現金の代わりに，株主が保有している株式と同じ額面の自社の株式を発行もしくは交付することによって実施される利益配当をいいます。

　株式分割とは，株式の額面を減額してその分株式数を増加させることです。

　いずれの場合も株主からの追加払込はなく，被投資会社に対する持分比率は変化しないため，株式配当や株式分割を受けた会社の側では仕訳を行いません。

3 生命保険の解約返戻金 (Cash surrender value of life insurance)

　会社は，幹部社員 (Key employees) やオフィサー (Officers) の生命に被保険利益 (Insurable interest) を有しているので，会社を受取人 (Beneficiary) として生命保険をかけることが可能となっています。

　積立型の生命保険を中途解約した場合，支払った掛金 (Premiums) のうち所定の積立金額部分の返還を受けることができますが，これを「解約返戻金 (CSV：Cash surrender value)」といいます。解約返戻金は，長期投資 (Long-term investment) として資産計上されます。掛捨て型の保険の場合には，解約返戻金の計上は行われず，掛金は全額保険料 (Insurance expense) とされます。

　仕訳パターンは次のようになります。

a．毎期の掛金支払時の仕訳

```
Dr. Cash surrender value          xxx
    Insurance expense             xxx （premium － CSV）
    Cr. Cash                      xxx （premium）
```

　なお，保険証書 (Insurance policy) の定めに従って配当金を受け取った場合，収益に計上するのではなく，保険料 (Insurance expense) を減少させます。

```
Dr. Cash                          xxx
    Cr. Insurance  expense        xxx
```

b．被保険者が死亡し，保険金を受け取ったときの仕訳

```
Dr. Cash                          xxx （proceeds）
    Cr. Cash surrender value      xxx
        Gain on settlement of life insurance   xxx （proceeds － CSV）
```

練習問題 5（生命保険金の解約返戻金）

In 1997, X, Inc. purchased a $2,000,000 life insurance policy on its president, of which X is the beneficiary. Information regarding the policy for the year ended December 31, 2002, follows：

Cash surrender value, 1/1/02	$174,000
Cash surrender value, 12/31/02	216,000
Annual advance premium paid 1/1/02	80,000

During 2002, dividends of $12,000 were applied to increase the cash surrender value of the policy. What amount should X report as life insurance expense for 2002 ?

　a．$80,000
　b．$50,000
　c．$38,000
　d．$26,000

答え　c

解法のポイント
Cash Surrender Value も M/C で時々たずねられます。計算を確実にしておきましょう。

解説

Cash surrender value（CSV, 解約返戻金）とは，積立型の保険契約を途中解約すると返還される，積立部分の金額のことです。したがって資産（1 年以内に解約の予定がない場合は noncurrent）計上します。

CSV は $216,000 − $174,000 ＝ $42,000 増加しています。このうち $12,000 は dividends（配当）で増加しているので，現金 $80,000 を支払ったことによって増加した金額は $42,000 − $12,000 ＝ $30,000 です。したがって

Dr. CSV	30,000	
Insurance expense	50,000	
Cr. Cash		80,000
Dr. CSV	12,000	
Cr. Insurance expense		12,000

Dividends（契約者配当金）は Insurance expense と相殺します。

練習問題 6 （生命保険金の解約返戻金）

Upon the death of an officer, X Co. received the proceeds of a life insurance policy held by X on the officer. The proceeds were not taxable. The policy's cash surrender value had been recorded on X's books at the time of payment. What amount of revenue should X report in its statements ?

a ． Preoceeds received plus cash surrender value.
b ． None.
c ． Proceeds received less cash surrender value.
d ． Proceeds received.

答え　c

解法のポイント　Cash Surrender Value に関する基本事項です。

解説

Cash surrender value（CSV，解約返戻金）は資産計上されます（前問参照）。したがって被保険者が死亡して受け取った保険金の取扱いは「受取金額－CSV」が利益として計上されます。

CSV は元々資産であり，CSV 分はその資産が現金という別の資産になったわけですから，損益は発生しません。

第6章

社　債
(Bonds)

本章での主要な学習ポイント

1. 社債とは
2. 社債の発行────Par, Discount
3. 社債の発行────Premium
4. 利息の支払い（半期あるいは四半期）
5. 利息の未払い
6. 利息支払日の間における社債発行
7. 社債価格
8. 社債発行費
9. 社債の満期前の償還
10. 実効利息法による償却
11. 長期支払手形の現金発行
12. 商品あるいはサービスに対して発行される長期支払手形
13. 簿外の資金調達
14. 債務の再編

- 社債（Bonds）については，発行価格の Par, Discount, Premium の完全マスターが必要。M/C でも必ず出題される部分であり，基本事項の理解を徹底し，過去問で出題の形式に慣れておいてください。
- 社債以外にも，支払手形等についても，実効利息法で使う知識として，現在価値の概念に慣れ，表を見ながら簡単な計算ができる必要があります。

1 社債とは

　Bond（社債）とは借入れによる資金調達の一つの形態です。企業が発行する借金証書であるBondは，専門の市場で売買され，投資家は会社が発行したBondを買うという形で企業に融資を行います。企業はこのようにして集めた資金を元本として経営を行い，経営の結果として得た利益を利息という形で投資家に還元します。

　投資家のメリットはこの元本に対する利息を受け取ることです。満期になれば元本も返済されますので，株式と比較して安全性が高いといえます。

　Bondの学習では，次のようないくつかのテーマを攻略する必要があります。

① Bondの種類とその特徴について理解する。
② Bondを発行する時の発行価額においてPremiumとDiscountが発生することについて理解し，その仕訳が切れるようにする。
③ PremiumとDiscountの償却（Amotization）と，償却によって差額がなくなっていき，満期までに額面価額に調整されることを理解する。
④ 償却方法としてStraight Line MethodだけでなくEffective Interest Method（実効金利法）についても理解する。またPresent ValueによるBond市場価格の決定方法について理解する。
⑤ Bond Issue Cost（社債発行費用）について理解しAmortizationができるようにする。
⑥ Bondの額面に書かれた発行日と実際の発行日がずれた場合の処理について理解する。
⑦ Bondの早期償還（Early Retirement）とその会計処理について理解する。

　実際の問題では上記のテーマのいくつかが複合した問題が出ることもありますので，1つひとつのテーマをきっちり理解し，複合問題になっても慌てずに処理できるようにすることが重要です。

　ではまず①のBondの種類とその特徴について理解していきましょう。

　Bondの種類は，普通社債の中では「元本が守られているかどうか」「元本がどのようなスケジュールで返済されてくるか」という2つの観点で整理することができます。これ以外では「株式と関連した権利がついているかどうか」という観点で整理することができます。

それでは具体的に見ていきましょう。

Straight Bond（普通社債）はいわゆる普通の社債です。この普通社債は「元本が守られているかどうか」という観点で Secured Bond（担保付社債）と，Unsecured Bond（無担保社債）に分けられます。

Secured Bond（担保付社債）は，社債が満期になったときに手持ちのキャッシュが社債の返済額に満たない場合は，担保にしたものを売却して払うという約束がついています。

代表的なものは以下の2つです。
- Mortgage Bonds （不動産担保付社債）
- Collateral Trust Bonds （有価証券担保付社債）

一方，担保がついていないものを Unsecured（無担保社債）といい，これは別名 Debentures Bond といわれます。

「元本がどのようなスケジュールで返済されてくるか」という観点では，以下の2つに分かれます。
- Term Bonds （一括返済社債）： bonds which mature on a single date
- Serial Bonds （分割返済社債）： bonds which mature in installments

普通社債でない Non-straight Bonds の代表的なものとしては以下の2つがあります。
- Convertible Bonds （転換社債）
- Bonds with Stock Warrants （新株予約権付社債）

＊新株引受権だけを分離売却できる Detachable Bond と，分離売却できない Non-detachable Bond があります。

転換社債は，Common Stock（普通株式）に交換できる権利がついています。

Bonds with Stock Warrants（新株予約権付社債）は，企業が新たに株を発行する際に優先的に株を購入する権利がついています。この2つの違いは，転換社債は転換権を行使すると，すべて普通株式に転換してしまって元の社債はなくなりますが，新株予約権付社債は新たに株式を購入しますので元の社債はそのまま残っているというところにあります。

◆ Bond Premiums and Discounts

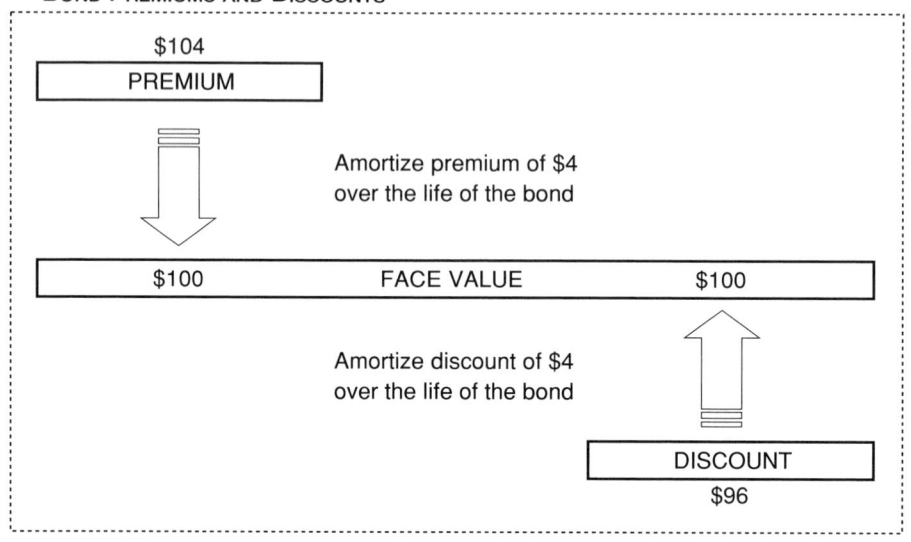

$104
PREMIUM

⬇ Amortize premium of $4 over the life of the bond

$100   FACE VALUE $100

Amortize discount of $4 over the life of the bond ⬆

DISCOUNT
$96

練習問題1（社債）

X Co.'s December 31, 2000 balance sheet contained the following items in the long-term liabilities section :

Unsecured
 9.375% registered bonds ($50,000 maturing annually
  beginning in 2004) $550,000
 11.5% convertible bonds, Callable beginning in 2009,
 due 2020 $250,000
Secured
 9.875% guaranty security bonds, due 2020 $500,000
 10.0% commodity backed bonds ($100,000 maturing
  annually beginning in 2005) $400,000

What are the total amounts of serial bonds and debenture bonds?

	Serial bonds	Debenture bonds
a.	$950,000	$ 800,000
b.	$950,000	$ 250,000
c.	$900,000	$ 800,000

d．　　　$400,000　　　　$1,300,000

> 答え　a

> 解法のポイント　　Bonds の基本問題です。ここでしっかり覚えてしまいましょう。

> 解説

　Serial bonds とは調達元本の一定額を毎期（毎年または半年ごと等）償還（つまり投資家に返済）していく社債をいいます。一方 term bonds とは何年後かの一定日を償還期日として社債の face value（券面額）全額を1度に償還するタイプの社債をいいます。

　Debenture bonds（あるいは単に debenture）とは無担保の社債のことです。

　したがって本問で serial bonds は

　　$550,000 + 400,000 = $950,000

　Debentures は

　　$550,000 + 250,000 = $800,000

2　社債の発行―額面発行と Discount 発行，Premium 発行（Issuing Bonds － Par, Discount and Premium）

　Bond は借金証書ですので，満期になったら返す金額と，満期までの間支払われる利息が明記されています。満期になったら返す金額を Face Value（額面価額）といいます。**満期が来たらこの金額通りに元本を返済することが約束ごととして決められています。**またこれは別名 Par Value とか Nominal Value ともいわれます。

　Bond に明記されている利息率のことを Stated Interest Rate または Coupon Rate といいます。この利息率に対して，市場の一般的な利回りのことを Effective Interest Rate（実効利率）といいます。通常この利回りは国債の利回りのことをいいます。

　市場の利回りと Bond に明記されている利回りが全く同じ場合は，Bond は額面通りの金額で発行することができます。

> 例示 1

　額面 $200,000，表面金利が年 10％ の社債が X 社によって発行されたと想

定します。市場金利も同じく10％の場合，発行価額は額面$200,000になります。発行日が2003年1月1日，利息支払日は毎年12月31日，期間4年と想定すると，仕訳は次の通りです。

```
Jan.  1, 2003    Dr. Cash                      200,000
                     Cr. Bonds  Payable              200,000
Dec. 31, 2003    Dr. Interest Expense           20,000
                     Cr. Cash                         20,000
```
（この仕訳は2006年まで毎年12月31日に繰り返されます。）

```
Jan.  1, 2007    On this date, X Corporation will pay back the principal
                 and make the following entry：満期日にX社は元本を払
                 い戻し，次の仕訳をします。
                 Dr. Bonds Payable             200,000
                     Cr. Cash                        200,000
```

　市場の利回りは常に変化します。たとえばBondに明記されている利息の率よりも，市場の利回りが高い場合はそのBondは魅力がないものに見えます。なぜならその国の国債を買ったほうが安定しており，利回りもいいからです。

　このような場合には，Bondを発行する会社側は低い利率が書いてある社債の証券を印刷し直すのではなく，明記されている金額よりも低い金額にDiscountして発行します。これをDiscount Issueといいます。

　逆に，市場の利回りよりもBondに明記されている利率の方が高い場合，そのBondは投資家にとって魅力的に見えます。

　このような場合にはBondを発行する会社側はBondに書いてある金額よりも高い金額で発行します。なぜなら利回りに魅力があるので，それでも買う人がいるからです。

　これをPremium Issueといいます。

　ここでちょっと整理しておきましょう。

```
Coupon rate > effective rate  ⟹  issue at premium
Coupon rate = effective rate  ⟹  issue at par
Coupon rate < effective rate  ⟹  issue at discount
```

それでは Discount の場合と Premium の場合の具体的な発行，償却の仕訳を見ていきましょう（このケースでは定額法で償却します）。

A calendar year company, XXX Inc., issues ＄800,000 of 10 year bonds at 97 (Issued at 97% of face value) on Jan 1.

On issue：
 Dr. Cash　（800,000 × 97％）　　　　　　776,000
  Discount on bonds payable　　　　24,000（差額）
  Cr. Bonds payable　　　　　　　　　　　　800,000

Each December 31, amortize discount：
 Dr. Bond interest expense　　　　　　　2,400
  Cr. Discount on Bonds payable　　　　　　2,400

ここで注意しなくてはならないのは，Discount（Bond の対照勘定）の償却（Amortized Discount）によって Interest Expense の追加支払い分が増えていくことです。Bond の Discount 部分は，この償却によって少しずつ減っていき，Bond の価値を減らしていた Discount が最後になくなったところで額面どおりに元本を返してこの取引は終了します。

次にプレミアムの場合について見ていきましょう。

A calendar year company, YYY Inc., issues ＄800,000 of 10 year bonds at 103 (issued at 103% of face value)　on Jan 1.

On issue：
 Dr. Cash　（800,000 × 1.03）　　　　　824,000
  Cr. Premium on bonds payable　　　　　24,000
   Bonds payable　　　　　　　　　　　800,000

Each December 31, amortize premium:
 Dr. Premium on Bonds payable　　　　　2,400
  Cr. Bond interest expense　　　　　　　　　2,400

Premium の償却仕訳をよく見てください。interest expense を減らしているのがわかりますか？　Premium 発行の場合は，額面金額よりも高い値段で売れましたが，満期に返済する金額は額面どおりに返す約束です。この差額を調整するためには，Interest Expense を減らすことで調整していくのです。

＊ Discount の場合でも Premium の場合でも満期までにこの差額は償却されて

なくなってしまい,「最後は額面どおりの金額で元本を返す」ということをもう一度確認しておいてください。

満期に元本を返済する仕訳は以下のようになります。

　　Dr. Bond payable　　　　　　　　　　　XXX
　　　　Cr. Cash　　　　　　　　　　　　　　　　XXX

それでは例示で理解を深めましょう。

> **例示 2**
>
> 　X社は2003年1月1日に,期間4年,$20,000の社債を発行します。表面金利は10％ですが,市場金利は12％に上昇しました。買い手に社債を買ってもらうために,同社は96でそれを売ります。社債用語では,これは額面の96％（102なら額面の102％）の価格を意味します。仕訳は次の通りです。
>
> 　Jan.1, 2003　　Dr. Cash　　　　　　　　19,200
> 　　　　　　　　　　 Bond Discount　　　　　 800
> 　　　　　　　　　　　　 Cr. Bonds Payable　　　　　20,000
>
> 　割引勘定は,負債である社債勘定の対照勘定です。この時点で同社は$19,200（=$20,000－$800）しか支払い義務はありません。しかしすぐに分かるように,割引勘定はゆっくりと減少し,満期日にゼロに達します。したがってその時点で対照勘定はなくなり,発行した会社は額面全額を払い戻すことになります。
>
> 　Dec. 31, 2003　　Dr. Interest Expense　　　　2,000
> 　　　　　　　　　　　　　 Cr. Cash　　　　　　　　　　　　2,000
>
> 　この$2,000は$20,000×10％=$2,000に基づいています。ここで暗記事項「常に社債に記載されている通りに支払う」を再確認してください。社債には$20,000, 10％と記載されていますが,$19,200や12％とは記載されていません。
>
> 　Dec. 31, 2003　　Dr. Interest Expense　　　　 200
> 　　　　　　　　　　　　　 Cr. Bond Discount　　　　　　 200
>
> 　前述したように,割引は低い表面金利の償いとなる買い手への実質的な追加利息です。この利息は満期日にいっぺんに多額を認識するのではなく,費用収益対応の原則によって社債年数にわたり少しずつ認識します。これを割引の償却（Amortizing the Discount）と呼びます。

毎年の減耗償却は，下記の通り，定額法で計算します。

$$\text{Amortization per year} = \frac{\text{Discount}}{\text{Bond Life}} = \frac{800}{4} = 200$$

> **例示 3**

本日を 2000 年 1 月 1 日とします。会社 X は＄20,000，期間 4 年の社債を販売しようとしています。表面金利は 10％ですが，市場金利は 8 ％です。このため価格は 104（＄20,000 × 104％＝＄20,800）に設定されます。これがプレミアムです。

```
            Dr. Cash              20,800
                Cr. Bonds Payable          20,000
                    Bond Premium              800
```

プレミアム勘定は社債勘定の対照勘定ではなく，付加勘定です。ただし，時間が経過するにつれてプレミアムはゆっくりと減耗償却され，満期日までにゼロになります。こうして，会社は額面＄20,000 だけを払い戻します。

```
Every Dec. 31   Dr. Interest Expense ＊    2,000
                    Cr. Cash                        2,000
                ＊ 10％ of 20,000
                Dr. Bond Premium ＊＊      200
                    Cr. Interest Expense             200
                ＊＊ 800 ÷ 4 ＝ 200
```

これにより，各年度の支払利息は，＄1,800（＝＄2,000 －＄200）のみになります。2000 年末に貸借対照表では次のように表示されます。

```
            Bonds Payable         ＄20,000
            Plus Premium               600  (800 － 200)
                                  ＄20,600
```

満期日に元本を払い戻す仕訳は次の通りです。

```
            Dr. Bonds Payable     20,000
                Cr. Cash                       20,000
```

3 半期あるいは四半期の利息支払い（Semiannual and Quarterly Interest Payments）

利息の取り扱いについてここで確認しておきましょう。通常情報として与えられる利息の％は，年利（Annual Interest Rate）です。これをベースに半年複利を考えるときは，半分の利息％で，倍のperiodの係数を選びます。また四半期複利（3カ月に1回支払いがくる）の場合は，4分の1の利息％で，4倍のperiodの係数を選びます。

> **例示4**
>
> 半年複利の利息8％を支払う社債の場合，1年に1回8％を支払う代わりに，1年に2回4％を支払います。同様に，年4回複利の利息8％の場合，1年に4回2％を支払います。このレートは常に年ベースで示され，「複利」という言葉は年に何回支払われるかを表します。

> **例示5**
>
> 2003年1月1日に半年複利8％，期間4年の社債$200,000が92で販売される場合，6月30日と12月31日の利息と割引の償却の仕訳は，下記の通りです。
>
> | June30 | Dr. Interest Expense ＊ | 8,000 | |
> | | Cr. cash | | 8,000 |
> | | ＊ $200,000 × 8％ × 1／2 | | |
> | | Dr. Interest Expense ＊＊ | 2,000 | |
> | | Cr. Bond Discount | | 2,000 |
> | | ＊＊ $16,000 discount ÷ 4 × 1／2 | | |
> | Dec. 31 | Same entries as on June 30. | | |

4 利息の未払い（Accruals of Interest）

利息の支払いが12月31日以外の場合は，決算日に利息の未払分が発生します

ので，Cr. Interest Payable でこの未払分を負債計上しておきます。
　決算日には，Discount や Premium の償却仕訳も行います。

> **例示 6**

　2000年5月1日，Y社は5％，期間4年の社債 $20,000 を96で発行します。社債は年2回11月1日と5月1日に利息を支払います。仕訳は次の通りです。

May 1, 2000	Dr. Cash	19,200	
	Bond Discount	800	
	Cr. Bonds Payable		20,000
Nov. 1, 2001	Dr. Interest Expense	500	
	Cr. Cash		500
	Dr. Interest Expense ＊	100	
	Cr. Bond Discount		100
	＊ 800 ÷ 4 years × 1／2 year		
Dec. 31, 2001	Dr. Interest Expense ＊＊	166.67	
	Cr. Interest Payable		166.67
	＊＊ 20,000 × 5 ％ × 2／12		

　会社が戻入仕訳を行うことにより，この仕訳は2002年1月1日に戻し入れられます。

Dec. 31, 2001	Dr. Interest Expense ＊	33.33	
	Cr. Bond Discount		33.33
	＊ 800 ÷ 4 × 2／12		

5　利息支払日の間における社債発行（Bonds Issued Between Interest Dates）

　実務では Bond に記載された日よりも実際に発行できた日が後になってしまうことがあります。このようなケースでも発行会社側は Bond に記載された約束どおりに利息を支払う必要があります。たとえば Bond には1月1日と7月1日が

利払日として記載されていて，実際の発行日が6月1日になってしまった場合，約束どおりの利息は6カ月分ですが，実際に顧客がもっていた期間は1カ月しかありません。このようなケースでも会社は約束どおりに6カ月分の利息を支払う義務があるのです。

発行会社はこの差額を解消するために，差になっている5カ月分を社債発行の際に社債価格に上乗せして受け取るようにします。そうすると，利払いを約束どおりに行っても，発行会社側は損をしなくてすむのです。この5カ月分の利息のことを端数利息（accrued interest）といいます。

> **例示 7**
>
> 利息支払日が12月31日と7月1日，期間5年，4％の社債＄200,000が，X社より，4月1日に額面プラス端数利息で発行されました。12月31日から4月1日の未払利息は＄2,000（＝＄200,000 × 4％ × 3／12）です。仕訳は次の通りです。
>
> | Apr.1 | Dr. Cash | 202,000 | |
> | | Cr. Bonds Payable | | 200,000 |
> | | Interest Expense | | 2,000 |
> | July 1 | Dr. Interest Expense | 4,000 | |
> | | Cr. Cash | | 4,000 |
> | Dec. 31 | Dr. Interest Expense | 4,000 | |
> | | Cr. Cash | | 4,000 |
>
> 発行価額を引き上げることで＄2,000が取り戻せたので，この年の支払利息は＄6,000（＝＄4,000＋＄4,000－＄2,000）のみとなります。
>
> プレミアムあるいは割引が含まれる場合，このプレミアムあるいは割引は当初予定した発行年月日ではなく，販売日から満期までの期間で償却します。

> **例示 8**
>
> 社債が104で販売されることを除いて，上記例と同じ条件を想定してください。発行日の仕訳は次の通りです。
>
> | | Dr. Cash | 210,000 | |
> | | Cr. Bonds Payable | | 200,000 |
> | | Bond Premium | | 8,000 |

| | Interest Expense | 2,000 | |

利息支払日の7月1日と12月31日の仕訳は上記例と同じですが，プレミアムを減耗償却するための仕訳を次のように行います。

| July 1 | Dr. Bond Premium ＊ | 421.05 | |
| | Cr. Interest Expense | | 421.05 |

＊ $8,000 ／ 57 × 3 months

| Dec. 31 | Dr. Bond Premium ＊＊ | 842.11 | |
| | Cr. Interest Expense | | 842.11 |

＊＊ $8,000 ／ 57 × 6 months

社債年数は，5年－3カ月＝57カ月です。

6 社債価格（Bond Price）

Bondの発行価格は現在価値を使って計算します。利回りを考慮したBondの現在の価値は2つのキャッシュ・フローの合計と考えられます。それは満期に返済される元本の現在価値と，満期までに複数回支払われる利息（年金）の合計額の現在価値を足したものになります。

この合計額が額面と同じ額であれば，額面発行。額面より大きければPremium発行になり，小さければDiscount発行になるのです。

Bond selling price ＝ Present Value of the principal
　　　　　　　　　　＋ present value of the interest payments

社債発行価額＝元本の現在価値＋利子支払いの現在価値（年金）

この利子の支払いは年金ですが，元本は年金ではありません。したがって，$1の現在価値の表と$1の年金の現在価値の表（ともにAppendix（P.144～145, P.148～149）にあります）の両方が使用されることになります。

例示9

Y社は期間4年，10％の社債$100,000を発行したいと考えています。利息は毎年支払います。予想に反して市場金利が12％に上がりました。社債を

割引発行しなくてはならないのはマーケット事情を見れば，はっきりしています。それでは，いくらで発行するべきなのでしょうか？　元本＄100,000および年金＄10,000（＝＄100,000×10％）の現在価値を求めます。現在価値の表（章末に掲載）によれば，次のとおりです。

Present value of ＄100,000, 4 periods, 12％ ＝　　　　.636
　　　　　　　　　　　　　　　　　　　　　×＄100,000
　　　　　　　　　　　　　　　　　　　　　＄63,600
Present value of ＄10,000 annuity, 4 periods, 12％ ＝　3.037
　　　　　　　　　　　　　　　　　　　　　×＄10,000
　　　　　　　　　　　　　　　　　　　　　30.370
The bond selling price is：　　　　　　　　＄93.970

表を調べる際に10％ではなく市場金利の12％を用いることに注意してください。

暗記すべし！

常に市場金利で表を調べるということが重要です。

7　社債発行費（Bond Issue Costs）

　Bond Issue Costs（社債発行費）には Printing Costs（印刷費），Legal / Accounting Fees（弁護士や会計士への報酬），Sales Costs（販売費）など多くのものが含まれます。この費用は，発行した期に一括処理するのではなく，いったん Unamortized Bond Issue Cost（未償却社債発行費）として繰延資産に計上し，Straight Line Method で満期までに定額償却します。

例示10
　2003年1月1日，X社は期間5年の社債＄200,000を額面で発行します。印刷コストとして＄4,000を支払います。仕訳は次の通りです。

　Jan. 1　　　　　Dr. Cash　　　　　　　　200,000

	Cr. Bonds Payable		200,000
	Dr. Unamortized Bond Issue Costs	4,000	
	Cr. Cash		4,000
Dec. 31	Dr. Bond Issue Expense	800	
	Cr. Unamortized Bond Issue Costs		800

5年にわたって＄4,000を償却します。

8　社債の満期前の償還（Early Retirement of Bonds）

　Early Extinguishment（社債の早期償還）は，Callable Bondなど社債に企業の早期償還権がついている場合で，過去の社債発行時の金利よりも，今の金利がかなり低い場合に起こります。このような場合，会社としては満期まで高い金利を払い続けるよりも，途中で社債を買い戻し，新たに低い金利で借入れをしたほうが得なのです。

　この場合は，単純に現金を払って社債をなくすという仕訳だけでは済みません。なぜならUnamortized Bond Issue Cost（未償却社債発行費）やUnamortized Bond Premium or Dicount（未償却のプレミアムやディスカウント）が残っているからです。これらを逆仕訳を切ってなくした上で，Dr.に差額が出ればLoss，Cr.に差額が出ればGainを計上して取引を完了します。

例示11

　2001年1月1日，Y社は社債＄200,000（期間5年）を103で発行しました。2年後に（社債証書で規定されていることに従い）104で社債償還しました。この結果，簿価は＄203,600（＝＄200,000＋＄3,600）です。償還価格が＄208,000（＝1.04×＄200,000）なので，＄4,400の差額は損失です。仕訳は下記の通りです。

Dr. Bonds Payable	200,000	
Bond Premium	3,600	
Loss on Retirement	4,400	
Cr. Cash		208,000

未償却の社債発行費がある場合この時点で償却するので，結果として損失

134　財務会計 (Financial Accounting)

が大きくなります。利益がある場合はその利益を減少させることになりますので，注意してください。

9　実効利息法による償却 (The Effective Interest Method of Amortization)

◆ EFFECTIVE INTEREST METHOD

Bond issued at:	Effective interest rate	× Carrying value	= Amount of interest income/expense
(ディスカウント発行の際) Discount	Constant	Increasing	Increasing
(プレミアム発行の際) Premium	Constant	Decreasing	Decreasing

☞ ここがポイント！

　実効利息法（Effective Interest Method）を学ぶ際，上記の表をよく理解してください。理解すれば，暗記する必要はありません。また，理解すれば，それほど難しいトピックではありません。別に参考として，「現在価値のテーブル表」を APPENDIX としてこの章の最後にのせておきますので，使い方等慣れておいてください。実際の試験では，このテーブル表を見なくても解答できるよう数字が与えられると思われますが，テーブル表の理解は現在価値を理解する上で必須です。

　これまでは，割引あるいはプレミアムの償却に定額法を使いました。償却の，より複雑な方法は実効利息法です。たとえば，社債発行差金（プレミアムまたは割引のことです）の償却はこの実効利息法が用いられます。
　毎期の償却の計算には，償却表を作ると役立ちます。

例示12
　Y社は，期間4年，表面金利8％で年2回払い（4％）の社債 $100,000 を発行しました。市場金利は10％とし，年2回払い（5％）です。公式を使

うと，発行価額は，次の通り $93,552 になります。表は下記を参照してください。

	(A) Interest Paid Interest [4% of Par]	(B) Interest Expense [5% of Book Value]	(C) [Amortization]	(D) [Discount Balance]	(E) [BookValue]
Period					
Issue Date	—	—	—	$6,448	$93,552
1	$4,000	$4,678	678	5,770	94,230
2	4,000	4,712	712	5,058	94,942
3	4,000	4,747	747	4,311	95,689
4	4,000	4,784	784	3,527	96,473
5	4,000	4,824	824	2,703	97,297
6	4,000	4,865	865	1,838	98,162
7	4,000	4,908	908	930	99,070
8	4,000	4,930 *	930	0	100,000

（四捨五入の誤差 $24 を調整済です。）

A欄は毎期支払われる実際の利息つまり $100,000 の4％を表しています。

B欄は本当の支払利息つまり市場金利5％×簿価を表しています。

重要な欄はC欄で，毎期の償却を示します。その金額はB欄マイナスA欄です。一定額となる定額法とは異なり，償却額が毎期変化することに留意する必要があります。

D欄は割引勘定の残高を表しています。E欄は簿価で，$100,000 の額面からD欄の割引残高を差し引いた額に相当します。

練習問題2（社債）

On January 2, 2000, X Co. issued 9% bonds in the amount of $1,000,000, which mature on January 2, 2010. The bonds were issued for $939,000 to yield 10%. Interest is payable annually on December 31. X uses the interest method of amortizing bond discount. In its June 30, 2000 balance sheet, what amount should X report as bonds payable?

a．$ 939,000

b. $ 940,950
c. $ 942,050
d. $1,000,000

〈答え　b〉

〈解法のポイント〉　実効利息法の償却方法を思い出してください。

〈解説〉

本問は Bonds（社債）を discount（割引）で発行している例ですが，discount の償却も premium と同様 effective interest method で償却します。

1/1/00	Dr. Cash	939,000	
	Discount on B/P	61,000（plug）	
	Cr. Bonds payable		1,000,000
6/30/00	Dr. Interest exp.	46,950（*1）	
	Cr. Discount on B/P		1,950（plug）
	Interest payable		45,000（*2）

（*1）$\$939,000 \times 10\% \times \dfrac{6}{12} = \$46,950$

（*2）$\$1,000,000 \times 9\% \times \dfrac{6}{12} = \$45,000$

Bonds の carrying value（実価）＝ Book value（簿価）は Face value − Unamortized discount で求められますから（premium 発行の場合は FV + Unamortized premium）

$1,000,000 −（61,000 − 1,950）＝ $940,950

10　長期支払手形の現金発行（Long-Term Notes Issued for Cash）

　長期手形は，貸借対照表日から起算して１年あるいは営業サイクルのどちらか長い期間の後の支払期日となります。特定の満期日があり，記載された利率またはみなし利率があるという点で，長期手形は社債によく似ています。通常，中小企業は手形を発行し，大企業は手形と社債の両方を発行しています。手形は，通常，証券市場では社債ほどには簡単に流通しません。

手形が現金発行され，表面金利と市場金利が同じである場合，額面で発行されます。そうでなければ，割引またはプレミアムがあり，手形の期間にわたって実効利息法を用いて償却しなくてはなりません。このあたりの処理は上記でも述べた通り，社債と酷似しています。

11 商品あるいはサービスに対して発行される長期支払手形（Long-Term Notes Issued for Good Services）

手形は，商品あるいはサービスと引換えに発行されます。表面金利が公正な場合，手形はその額面で記帳されます。一方，手形が無利息や非現実的に低いレートであったり，手形の額面金額が商品あるいはサービスの時価と著しく異なる場合，割引とみなし，商品あるいはサービスの時価で借方記入されます。

例示13

時価 $120,000 の機械に対して $200,000 の無利息手形を発行します。$120,000 の価値しかないものに $200,000 を支払う人は皆無に近いため，この差額の $80,000 は，実際のところは隠れた利息となります。機械を $200,000 で記帳することは，いわば機械という資産を過大表示し，支払利息を過少表示することになります。正しい仕訳は次の通りです。

　Dr. Machine　　　　　　　　　　120,000
　　Discount on Note　　　　　　　 80,000
　　　Cr. Notes Payable　　　　　　　　　　　200,000

割引には実効利息法を適用し，手形年数にわたり支払利息に償却します。資産の時価が不明な場合，信用格付に基づいて買い手が現時点のマーケット状況で支払わなければならない利率を用いて，手形の現在価値を Dr. 記入します。これはみなし利息と呼ばれます。

12 簿外の資金調達（Off-Balance-Sheet Financing）

簿外の資金調達とは，貸借対照表上に負債を計上しないで資金を外部から調達することです。結果として，貸借対照表の内容は見かけの上では向上し，より簡

単に低コストで信用が得られることになります。

このような資金調達の典型的な例の1つとして，プロジェクト・ファイナンス契約があります。この場合，2つの会社がプロジェクトのためにあらたに第3の会社を設立します。この第3の会社はプロジェクトのためにお金を借り，プロジェクトの収入を担保にして返済することに同意します。さらに，この新しい会社が債務不履行になった場合は，上記の2社が借入金の支払いを保証します。

この契約の結果，上記の2社は貸借対照表に債務を計上するのを回避できます。というのも，この2社は法的には借り手ではなく単なる保証人にすぎないからです。しかし実質的には借入れに直接関係しています。

> **例示14**
>
> X社とY社は共同で工場を建設することを検討しています。このプロジェクトを進めるための十分な資金はありませんが，2社ともB／S上の負債を増加させることになるので借入れを希望していません。
>
> その代わりに新会社Z社を設立します。Z社がお金を借り入れ，その工場で生産された商品を原資として返済することに同意します。もし，Z社が債務不履行になった場合は，X社とY社が借入金の支払いを保証する内容です。この負債は，X社やY社ではなくZ社の貸借対照表に計上されます。これが簿外の資金調達といわれます。

FASB47号において，次のすべての条件が満たされる場合，長期無条件債務の開示が求められています。

> ① 解除不可能かあるいは第三者の許可が解除条件として必要である。
> ② 契約上の商品やサービスを提供する予定の施設のプロジェクトファイナンス契約の一部となっている。
> ③ 残存期間が1年以上ある。
>   これらの条件を満たす場合，次の開示が（注記にて）必要である。
>   ア．債務の内容と条件
>   イ．貸借対照表日における今後5年間の各年度の長期債務
>   ウ．債務変動の内容
> ④ 損益計算書で示され，期間ごとのテイク・オア・ペイ契約の債務の

もとで購入される金額
テイク・オア・ペイ契約では，商品の引渡しが行われていなくても，親会社は商品に対する最低限の支払いを保証しなくてはなりません。

13 債務の再編（Debt Restructurings）

会社（債務者）が財務的に苦しいとき，債権者による債権の一部免除などを含む債務の再編が行われるケースがあります。このような債務の再編が行われた場合の処理の内容を基準書15号（SFAS No.15）（一部 SFAS No.145 により修正）に従って説明します。

1 債務の清算（Settlement of Debt）

会社が負っている債務の部分的な弁済のみをもって，債権者が残債務を免除してくれることを債務の清算といいます。

> **例示15**
>
> X社（債務者）が所有している土地をY社（債権者）に譲渡することにより，1,000ドルの借入債務全額が清算される場合を説明しましょう。
> 1．借入金　　　　　　$1,000
> 2．未払利息　　　　　　200
> 3．土地の簿価　　　　　750
> 4．土地の評価　　　　　900
>
> 債務の清算の対価として現金以外の財産を譲渡する場合の処理のポイントは下記の通りです。
>
> a．譲渡される財産を時価に評価替えします。
> つまり，簿価との差額である評価損益を計上します。
> b．清算による損益を計上します。
> 債務の一部免除を受ける会社（債務者）の仕訳は下記の通りになります。
>
> Dr. Land　　　　　　　　　　150
> 　　Cr. Gain on transfer of assets　　　　150　（$900 − $750）
> Dr. Loan payable　　　　　　1000

Interest payable	200	
Cr. Land		900
Gain on settlement of debt		300

Cr. の債務の清算から生じた損益は，SFAS 145 により特別損益項目としては表示しないことになりました。

2 融資条件の変更（Modification of Terms）

a の清算とは異なり，利率の引下げ，未払利息の放棄，元本の減額など，債権者との合意に基づいて変更された融資条件（Modification of terms）に従って返済が継続される場合があります。

例示16

180 ドルの借入債務を負っている会社が債権者と融資条件変更の合意に達し，新しい条件で返済を継続する例で説明しましょう。

1．減額後の借入元本　　　　　　　　　$120
2．放棄された未払利息　　　　　　　　 20
3．新条件によって支払われる利息合計額　50

Dr. Loan payable	180	
Interest payable	20	
Cr. Loan payable		170 （$120+$50）
Gain on restructure of debt		30

注意すべき点は，あらたに貸方に計上される「借入金（Loan payable）」には，減額された借入元本だけでなく，支払予定の利息の全額を含めるということです。 したがって，将来利息の支払いを行ったときの仕訳の借方には，支払利息（Interest expense）ではなく借入金（Loan payable）が計上されます。

Appendix 利率表

APPENDIX

【Table A】 Future value of $1

Periods	0.5%	1%	1.5%	2%	3%	4%	5%	6%	7%
1	1.005	1.010	1.015	1.020	1.030	1.040	1.050	1.060	1.070
2	1.010	1.020	1.030	1.040	1.061	1.082	1.103	1.124	1.145
3	1.015	1.030	1.046	1.061	1.093	1.125	1.158	1.191	1.225
4	1.020	1.041	1.061	1.082	1.126	1.170	1.216	1.262	1.311
5	1.025	1.051	1.077	1.104	1.159	1.217	1.276	1.338	1.403
6	1.030	1.062	1.093	1.126	1.194	1.265	1.340	1.419	1.501
7	1.036	1.072	1.110	1.149	1.230	1.316	1.407	1.504	1.606
8	1.041	1.083	1.126	1.172	1.267	1.369	1.477	1.594	1.718
9	1.046	1.094	1.143	1.195	1.305	1.423	1.551	1.689	1.838
10	1.051	1.105	1.161	1.219	1.344	1.480	1.629	1.791	1.967
11	1.056	1.116	1.178	1.243	1.384	1.539	1.710	1.898	2.105
12	1.062	1.127	1.196	1.268	1.426	1.601	1.796	2.012	2.252
13	1.067	1.138	1.214	1.294	1.469	1.665	1.886	2.133	2.410
14	1.072	1.149	1.232	1.319	1.513	1.732	1.980	2.261	2.579
15	1.078	1.161	1.250	1.346	1.558	1.801	2.079	2.397	2.759
16	1.083	1.173	1.269	1.373	1.605	1.873	2.183	2.540	2.952
18	1.094	1.196	1.307	1.428	1.702	2.026	2.407	2.854	3.380
20	1.105	1.220	1.347	1.486	1.806	2.191	2.653	3.207	3.870
22	1.116	1.245	1.388	1.546	1.916	2.370	2.925	3.604	4.430
24	1.127	1.270	1.430	1.608	2.033	2.563	3.225	4.049	5.072
26	1.138	1.295	1.473	1.673	2.157	2.772	3.556	4.549	5.807
28	1.150	1.321	1.517	1.741	2.288	2.999	3.920	5.112	6.649
30	1.161	1.348	1.563	1.811	2.427	2.243	4.322	5.743	7.612
32	1.173	1.375	1.610	1.885	2.575	3.508	4.765	6.453	8.715
34	1.185	1.403	1.659	1.961	2.732	3.794	5.253	7.251	9.978
36	1.197	1.431	1.709	2.040	2.898	4.104	5.792	8.147	11.424
40	1.221	1.489	1.814	2.208	3.262	4.801	7.040	10.286	14.974
44	1.245	1.549	1.925	2.390	3.671	5.617	8.557	12.985	19.628
48	1.270	1.612	2.043	2.587	4.132	6.571	10.401	16.394	25.729

第6章 社債（Bonds）

8%	9%	10%	12%	14%	16%	18%	20%
1.080	1.090	1.100	1.120	1.140	1.160	1.180	1.200
1.166	1.188	1.210	1.254	1.300	1.346	1.392	1.440
1.260	1.295	1.331	1.405	1.482	1.561	1.643	1.728
1.360	1.412	1.464	1.574	1.689	1.811	1.939	2.074
1.469	1.539	1.611	1.762	1.925	2.100	2.288	2.488
1.587	1.677	1.722	1.974	2.195	2.436	2.700	2.986
1.714	1.828	1.949	2.211	2.502	2.826	3.185	3.583
1.851	1.993	2.144	2.476	2.853	3.278	3.759	4.300
1.999	2.172	2.358	2.773	3.252	3.803	4.435	5.160
2.159	2.367	2.594	3.106	3.707	4.411	5.234	6.192
2.332	2.580	2.853	3.479	4.226	5.117	6.176	7.430
2.518	2.813	3.138	3.896	4.818	5.936	7.288	8.916
2.720	3.066	3.452	4.363	5.492	6.886	8.599	10.699
2.937	3.342	3.797	4.887	6.261	7.988	10.147	12.839
3.172	3.642	4.177	5.474	7.138	9.266	11.974	15.407
3.426	3.970	4.595	6.130	8.137	10.748	14.129	18.488
3.996	4.717	5.560	7.690	10.575	14.463	19.673	26.623
4.661	5.604	6.727	9.646	13.743	19.461	27.393	38.338
5.437	6.659	8.140	12.100	17.861	26.186	38.142	55.206
6.341	7.911	9.850	15.179	23.212	35.236	53.109	79.497
7.396	9.399	11.918	19.040	30.167	47.414	73.949	114.475
8.627	11.167	14.421	23.884	39.204	63.800	102.967	164.845
10.063	13.268	17.449	29.960	50.950	85.850	143.371	237.376
11.737	15.763	21.114	37.582	66.216	115.520	199.629	341.822
13.690	18.728	25.548	47.143	86.053	155.443	277.964	492.224
15.968	22.251	90.913	59.136	111.834	209.164	387.037	708.802
21.725	31.409	45.259	93.051	188.884	378.721	750.378	1469.722
29.556	44.337	66.264	146.418	319.017	685.727	1454.817	3047.718
40.211	62.585	97.017	230.391	538.807	1241.605	2820.567	6319.749

【Table B】 Present value of $1

Periods	0.5%	1%	1.5%	2%	3%	4%	5%	6%	7%
1	0.995	0.990	0.980	0.980	1.030	0.962	0.952	0.943	0.935
2	0.990	0.980	0.971	0.961	1.061	0.925	0.907	0.890	0.873
3	0.985	0.971	0.956	0.942	1.093	0.889	0.864	0.840	0.816
4	0.980	0.961	0.942	0.924	1.126	0.855	0.823	0.792	0.763
5	0.975	0.951	0.928	0.906	1.159	0.822	0.784	0.747	0.713
6	0.971	0.942	0.915	0.888	1.194	0.790	0.746	0.705	0.666
7	0.966	0.933	0.901	0.871	1.230	0.760	0.711	0.665	0.623
8	0.961	0.923	0.888	0.853	1.267	0.731	0.677	0.627	0.582
9	0.956	0.914	0.875	0.837	1.305	0.703	0.645	0.592	0.544
10	0.951	0.905	0.862	0.820	1.344	0.676	0.614	0.558	0.508
11	0.947	0.896	0.849	0.804	1.384	0.650	0.585	0.527	0.475
12	0.942	0.887	0.836	0.788	1.426	0.625	0.557	0.497	0.444
13	0.937	0.879	0.824	0.773	1.469	0.601	0.530	0.469	0.415
14	0.933	0.870	0.812	0.758	1.513	0.577	0.505	0.442	0.388
15	0.928	0.861	0.800	0.743	1.558	0.555	0.481	0.417	0.362
16	0.923	0.853	0.788	0.728	1.605	0.534	0.458	0.394	0.339
18	0.914	0.836	0.765	0.700	1.702	0.494	0.416	0.350	0.296
20	0.905	0.820	0.742	0.673	1.806	0.456	0.377	0.312	0.258
22	0.896	0.803	0.721	0.647	1.916	0.422	0.342	0.278	0.226
24	0.887	0.788	0.700	0.622	2.033	0.390	0.310	0.247	0.197
26	0.878	0.772	0.679	0.598	2.157	0.361	0.281	0.220	0.172
28	0.870	0.757	0.659	0.574	2.288	0.333	0.255	0.196	0.150
30	0.861	0.742	0.640	0.552	2.427	0.308	0.231	0.174	0.131
32	0.852	0.727	0.621	0.531	2.575	0.285	0.210	0.155	0.115
34	0.844	0.713	0.603	0.510	2.732	0.264	0.190	0.138	0.100
36	0.836	0.699	0.585	0.490	2.898	0.244	0.173	0.123	0.088
40	0.819	0.672	0.551	0.453	3.262	0.208	0.142	0.097	0.067
44	0.803	0.645	0.519	0.418	3.671	0.178	0.117	0.077	0.051
48	0.787	0.620	0.489	0.387	4.132	0.152	0.096	0.061	0.039

第6章 社債 (Bonds)

8%	9%	10%	12%	14%	16%	18%	20%
0.926	0.917	0.909	0.893	0.877	0.862	0.847	0.833
0.857	0.842	0.826	0.797	0.769	0.743	0.718	0.694
0.794	0.772	0.751	0.712	0.675	0.641	0.609	0.579
0.735	0.708	0.683	0.636	0.592	0.552	0.516	0.482
0.681	0.650	0.621	0.567	0.519	0.476	0.437	0.402
0.630	0.596	0.564	0.507	0.456	0.410	0.370	0.335
0.583	0.547	0.513	0.452	0.400	0.354	0.314	0.279
0.540	0.502	0.467	0.404	0.351	0.305	0.266	0.233
0.500	0.460	0.424	0.361	0.308	0.263	0.225	0.194
0.463	0.422	0.386	0.322	0.270	0.227	0.191	0.162
0.429	0.388	0.350	0.287	0.237	0.195	0.162	0.135
0.397	0.356	0.319	0.257	0.208	0.168	0.137	0.112
0.368	0.326	0.290	0.229	0.182	0.145	0.116	0.093
0.340	0.299	0.263	0.205	0.160	0.125	0.099	0.078
0.315	0.275	0.239	0.183	0.140	0.108	0.084	0.065
0.292	0.252	0.218	0.163	0.123	0.093	0.071	0.054
0.250	0.212	0.180	0.130	0.095	0.069	0.051	0.038
0.215	0.178	0.149	0.104	0.073	0.051	0.037	0.026
0.184	0.150	0.123	0.083	0.056	0.038	0.026	0.018
0.158	0.126	0.102	0.066	0.043	0.028	0.019	0.013
0.135	0.106	0.084	0.053	0.033	0.021	0.014	0.009
0.116	0.090	0.069	0.042	0.026	0.016	0.010	0.006
0.099	0.075	0.057	0.033	0.020	0.012	0.007	0.004
0.085	0.063	0.047	0.027	0.015	0.009	0.005	0.003
0.073	0.053	0.039	0.021	0.012	0.006	0.004	0.002
0.063	0.045	0.032	0.017	0.009	0.005	0.003	0.001
0.046	0.032	0.022	0.011	0.005	0.003	0.001	0.001
0.034	0.023	0.015	0.007	0.003	0.001	0.001	<.001
0.025	0.016	0.010	0.004	0.002	0.001	<.001	<.001

【Table C】 Future value of an ordinary annuity $ 1

Periods	0.5%	1%	1.5%	2%	3%	4%	5%	6%	7%
1	1.000	1.000	1.000	1.000	1.000	1.000	1.000	1.000	1.000
2	2.005	2.010	2.015	2.020	2.030	2.040	2.050	2.060	2.070
3	3.105	3.030	3.045	3.060	3.091	3.122	3.153	31.84	3.215
4	4.030	4.060	4.091	4.122	4.184	4.246	4.310	4.375	4.440
5	5.050	5.101	5.152	5.204	5.309	5.416	5.526	5.637	5.751
6	6.076	6.152	6.230	6.308	6.468	6.633	6.802	6.975	7.153
7	7.106	7.124	7.323	7.434	7.662	7.898	8.142	8.394	8.654
8	8.141	8.286	8.433	8.583	8.892	9.214	9.549	9.897	10.260
9	9.182	9.369	9.559	9.755	10.159	10.583	11.027	11.491	11.978
10	10.228	10.462	10.703	10.950	11.464	12.006	12.587	13.181	13.816
11	11.279	11.567	11.863	12.169	12.808	13.486	14.207	14.972	15.784
12	12.336	12.683	13.041	13.412	14.192	15.026	15.917	16.870	17.888
13	13.397	13.809	14.237	14.680	15.618	16.627	17.713	18.882	20.141
14	14.464	14.947	15.450	15.974	17.086	18.292	19.599	21.015	22.550
15	15.537	16.097	16.682	17.293	18.599	20.024	21.579	23.276	25.129
16	16.614	17.258	17.932	18.639	20.157	21.825	23.657	25.673	27.888
18	18.786	19.615	20.489	21.412	23.414	25.645	28.132	30.906	33.999
20	20.979	22.019	23.124	24.297	26.870	29.778	33.066	36.786	40.995
22	23.194	24.472	25.838	27.299	30.537	34.248	38.505	43.392	49.006
24	25.432	26.973	28.634	30.422	34.426	39.083	44.502	50.816	58.177
26	27.692	29.526	31.514	33.671	38.553	44.312	51.113	59.156	68.676
28	29.975	32.129	34.481	37.051	42.931	49.968	58.403	68.528	80.698
30	32.280	34.785	37.539	40.568	47.575	56.085	66.439	79.058	94.461
32	34.609	37.494	40.688	44.227	52.503	62.701	75.299	90.890	110.218
34	36.961	40.258	43.933	48.034	57.730	69.858	85.067	104.184	128.259
36	39.336	43.077	47.276	51.994	63.276	77.598	95.839	119.121	148.913
40	44.159	48.886	54.268	60.402	75.401	95.026	120.800	154.762	199.635
44	49.079	54.932	61.689	69.503	89.048	115.413	151.143	199.758	266.121
48	54.098	61.223	69.565	79.354	104.408	139.263	188.025	256.565	353.270

第6章 社債（Bonds）

8%	9%	10%	12%	14%	16%	18%	20%
1.080	1.000	1.000	1.000	1.000	1.000	1.000	1.000
2.080	2.090	2.100	2.120	2.140	2.160	2.180	2.200
3.246	3.278	3.310	3.374	3.440	3.506	3.572	3.640
4.506	4.573	4.641	4.779	4.921	5.066	5.215	5.368
5.867	5.985	6.105	6.353	6.610	6.877	7.154	7.442
7.336	7.523	7.716	8.115	8.536	8.977	9.442	9.930
8.923	9.200	9.487	10.089	10.730	11.414	12.142	12.916
10.637	11.028	11.436	12.300	13.233	14.240	15.327	16.499
12.488	13.021	13.579	14.776	16.085	17.519	19.086	20.799
14.487	15.193	15.937	17.549	19.337	21.321	23.521	25.959
16.645	17.560	18.531	20.655	23.045	25.733	28.755	32.150
18.977	20.141	21.384	24.133	27.271	30.820	34.931	39.581
21.495	22.953	24.523	28.029	32.089	36.786	42.219	48.497
24.215	26.019	27.975	32.393	37.581	43.672	50.818	59.196
27.152	29.361	31.772	37.280	43.842	51.660	60.965	72.035
30.324	33.003	35.950	42.753	50.980	60.925	72.939	87.442
37.450	41.301	45.599	55.750	68.394	84.141	106.740	128.117
45.762	51.160	57.275	72.052	91.025	115.380	146.628	186.688
55.457	62.873	71.403	92.503	120.436	157.415	206.345	271.031
66.765	76.790	88.497	118.155	158.659	213.978	289.494	392.484
79.954	93.324	109.182	150.334	208.333	290.088	405.272	567.377
95.339	112.968	134.210	190.699	272.889	392.503	566.481	819.223
113.283	136.308	164.494	241.333	356.787	530.312	790.948	1181.882
134.214	164.037	201.138	304.848	465.820	715.747	1103.496	1704.109
158.627	196.982	245.477	384.521	607.520	965.270	1538.688	2456.118
187.102	236.125	299.127	484.463	791.673	1301.027	2144.649	3539.009
259.057	337.882	442.593	767..091	1342.025	2360.757	4163.213	7343.858
356.950	481.522	652.641	1211.813	2271.548	4279.546	8076.760	15233.592
490.132	684.280	960.172	1911.590	3841.475	7753.782	15664.259	31593.744

【Table D】 Present value of an ordinary annuity of $ 1

Periods	0.5%	1%	1.5%	2%	3%	4%	5%	6%
1	0.995	0.990	0.985	0.980	0.971	0.962	0.952	0.943
2	1.985	1.970	1.956	1.942	1.913	1.886	1.859	1.833
3	2.970	2.941	2.912	2.884	2.829	2.775	2.723	2.673
4	3.950	3.902	3.854	3.808	3.717	3.630	3.546	3.465
5	4.926	4.853	4.783	4.713	4.580	4.452	4.329	4.212
6	5.896	5.795	5.697	5.601	5.417	5.242	5.076	4.917
7	6.862	6.728	6.598	6.472	6.230	6.002	5.786	5.582
8	7.823	7.652	7.486	7.325	7.020	6.733	6.463	6.210
9	8.779	8.566	8.361	8.162	7.786	7.435	7.108	6.802
10	9.730	9.471	9.222	8.983	8.560	8.111	7.722	7.360
11	10.677	10.368	10.071	9.787	9.253	8.760	8.306	7.887
12	11.619	11.255	10.908	10.575	9.954	9.385	8.863	8.384
13	12.556	12.134	11.732	11.348	10.635	9.986	9.394	8.853
14	13.489	13.004	12.543	12.106	11.296	10.563	9.899	9.295
15	14.417	13.865	13.343	12.849	11.938	11.118	10.380	9.712
16	15.340	14.718	14.131	13.578	12.561	11.652	10.838	10.106
18	17.173	16.398	15.373	14.992	13.754	12.659	11.690	10.828
20	18.987	18.046	17.169	16.351	14.877	13.590	12.462	11.470
22	20.874	19.660	18.621	17.658	15.937	14.451	13.136	12.042
24	22.563	21.243	20.030	18.914	16.936	15.247	13.799	12.550
26	24.324	22.795	21.399	20.121	17.877	15.983	14.375	13.003
28	26.068	24.316	22.727	21.281	18.764	16.663	14.898	13.406
30	27.794	25.808	24.016	22.396	19.600	17.292	15.372	13.765
32	29.503	27.270	25.267	23.468	20.389	17.874	15.803	14.084
34	31.196	28.708	26.482	24.499	21.132	18.411	16.193	14.368
36	32.871	30.108	27.661	25.489	21.832	18.908	16.547	14.621
40	36.172	32.835	29.916	27.355	23.115	19.793	17.159	15.046
44	39.408	35.455	32.041	29.080	24.254	20.549	17.663	15.383
48	42.580	37.974	34.043	60.673	25.267	21.195	18.077	15.650

7%	8%	9%	10%	12%	14%	16%	18%	20%
0.935	0.926	0.917	0.909	0.893	0.877	0.862	0.847	0.833
1.808	1.783	1.759	1.736	1.690	1.647	1.605	1.566	1.528
2.624	2.577	2.531	2.487	2.402	2.322	2.246	2.174	2.106
3.387	3.312	3.240	3.170	3.037	2.914	2.798	2.690	2.589
4.100	3.993	3.890	3.791	3.605	3.433	3.274	3.127	2.991
4.767	4.623	4.486	4.355	4.111	3.889	3.685	3.498	3.326
5.389	5.206	5.033	4.868	4.564	4.288	4.039	3.812	3.605
5.971	5.747	5.535	5.335	4.968	4.639	4.344	4.078	3.837
6.515	6.247	5.995	5.759	5.328	4.946	4.607	4.303	4.031
7.024	6.710	6.418	6.145	5.650	5.216	4.833	4.494	4.192
7.499	7.139	6.805	6.495	5.937	5.453	5.029	4.656	4.327
7.943	7.536	7.161	6.814	6.194	5.660	5.197	4.793	4.439
8.358	7.904	7.487	7.103	6.424	5.842	5.342	4.910	4.533
8.745	8.244	7.786	7.367	6.628	6.002	5.468	5.008	4.611
9.108	8.559	8.061	7.606	6.811	6.142	5.575	5.092	4.675
9.447	8.851	8.313	7.824	6.974	6.265	5.668	5.162	4.730
10.059	9.372	8.756	8.201	7.250	6.467	5.818	5.273	4.812
10.594	9.819	8.129	8.514	7.469	6.623	5.929	5.353	4.870
11.061	10.201	9.442	8.772	7.645	6.743	6.011	5.410	4.909
11.469	10.529	9.707	8.985	7.784	6.835	6.073	5.451	4.937
11.826	10.810	9.929	9.161	7.896	6.906	6.118	5.480	4.956
12.137	11.051	10.116	9.307	7.984	6.961	6.152	5.502	4.970
12.409	11.258	10.274	9.427	8.055	7.003	6.177	5.517	4.979
12.647	11.435	10.406	9.526	8.112	7.035	6.196	5.528	4.985
12.854	11.587	10.518	9.609	8.157	7.060	6.210	5.536	4.990
13.035	11.717	10.612	9.677	8.192	7.079	6.220	5.541	4.993
13.332	11.925	10.757	9.779	8.244	7.105	6.233	5.548	4.997
13.558	12.077	10.861	9.849	8.276	7.120	6.241	5.552	4.998
13.730	12.189	10.934	9.897	8.297	7.130	6.245	5.554	4.999

第7章

株主資本
(Shareholders' Equity)

本章での主要な学習ポイント

1. 株主資本とは
2. 株式発行
3. 株式引受
4. 株式の抱き合わせ発行
5. 自己株式 ─→ 原価法
            ─→ 額面法
6. 追加払込
7. 優先株式の特徴
8. 株式による報酬
9. 新株引受権
10. 会社の破産・更生・準更生

- M/C に対しては，基本的な問題を落とさないように，仕訳の流れを確実にする必要があります。EPS の計算もよく練習しておきましょう。

1 株主資本カテゴリーの構成要素

　株主資本のカテゴリーは，多くの要素で構成されています。それぞれの構成要素についても問われますが，まずはカテゴリー全体としてどのような構成となっているのかについて理解しておく必要があります。

　まず下の図で全体構想を把握しましょう。

> Stockholder's Equity（株主資本カテゴリー）
> Contributed Capital（拠出資本）
>   Common Stock（普通株式）
>   Preferred Stock（優先株式）
>   Additional Paid In Capital（APIC）（資本剰余金）
> Retained Earnings（利益剰余金）
> Accumulated Other Comprehensive Income（包括利益）
>   Foreign Currency Translation Adjustment（外貨換算調整）
>   Unrealized Holding Gain or Loss on A/F/S（売買可能証券未実現利益）
>   Pension Adjustment（年金にかかる調整額）
> Treasury Stock（自己株式）

まずStock（株式）について理解していきましょう。株式を購入するということは，会社の所有権を分割して購入することです。

株式を所有している場合，一般的には下記の権利があると考えられます。

> a．損益に対して比例的な権利を有する。
> b．取締役会の選任決議を行う。
> c．清算時に資産に対して比例的な権利を有する。
> d．同種の新株発行に対して比例的な権利（新株引受権）を有する。

株式には大きく分けてCommon Stock（普通株式）と，Preferred Stock（優先株式）の2種類があります。

Common Stock（普通株式）は，株主総会で1票を投じることができる権利です。株式会社とは，投資家が株に出資することで会社の所有権の一部を購入し，この所有権を株主総会で行使することでプロ経営者たち（役員）を選出し，彼らが経営活動を行った結果発生した利益を，配当という形で分配する投資システムであるといえます。

ここで覚えておかねばならないのは，投資家の責任は出資額が限度であるということです。会社が倒産した場合でも，出資額を超えて投資家に責任を求めることはできません。これを有限責任制度といいます。

額面金額がある株式を額面価額以上の金額で発行できた場合，その差額はAdditional Paid In Capital（通常は APIC と略します）という資本剰余金勘定を使って処理します。具体的な仕訳については後で見ていきましょう。

Preferred Stock（優先株式）は Dividends や会社清算（Liquidation）の時に，優先権を持つ株式です。通常配当率については額面の何パーセント，または1株あたり何ドルというように発行時に決められています。

Preferred Stock（優先株式）には，さまざまな種類がありますので代表的なものを見ていきましょう。

- Participating Preferred Stock（Fully, Partially）　普通株式と同率になるまで優先配当を積み足せる，または差額の何割かが積み足せる優先株式。
- Cumulative Preferred Stock　配当が見送られてもその権利が繰り越され，次年度以降の配当時にもらえる優先株式。見送られた配当分を Dividends in Arrears という。
- Convertible Preferred Stock　普通株式に転換できる。
- Redeemable Preferred Stock　発行会社が買い戻す権利がついている。償還益は APIC に足す。償還損は R/E から引く（損益を認識しない）。

> **例示1**
> X社は，200,000株発行する権限を有しています。同社は50,000株を発行し，その後10,000株を買い戻します（これらは自己株式（Treasury Shares）と呼ばれます）。この場合，授権株式は200,000株，発行済株式は50,000株，正味発行済株式は40,000株となります。

2　株式発行（Stock Issuances）

それでは，Common Stock（普通株式）を発行する際の会計処理を見ていきましょう。

〈額面金額が株式に記載されている場合の発行時仕訳〉

　　　Dr. Cash　　　　　　　　　　XXX（実際の発行価格）
　　　　Cr. Common Stock　　　　　　XXX（額面金額×株数）
　　　　　APIC　　　　　　　　　　　XXX（差額）

＊無額面株式の場合は発行価額全額が資本に組み入れられます。

> **例示 2**
>
> 額面 $ 100 の普通株式 200 株を額面発行する場合，仕訳は次の通りです。
> Dr. Cash　　　　　　　　　　　　　20,000
> 　　Cr. Common Stock　　　　　　　　　　　20,000
> これらの株を 1 株当たり $ 110 で発行する場合，これはプレミアム状態で，仕訳は次の通りです。
> Dr. Cash　　　　　　　　　　　　　22,000
> 　　Cr. Common Stock　　　　　　　　　　　20,000
> 　　　APIC　　　　　　　　　　　　　　　　2,000
> 普通株式あるいは優先株式勘定は常に額面で記帳するというのが重要な法則です。
> この場合，資産と資本が $ 22,000 増加します。資本の増加は普通株式勘定と払込剰余金勘定という 2 つの資本勘定に分けることになります。
> 前例において 1 株当たり $ 80 で株式発行された場合，仕訳は下記の通りです。
> Dr. Cash　　　　　　　　　　　　　16,000
> 　　APIC（Discount）　　　　　　　　4,000
> 　　Cr. Common Stock　　　　　　　　　　　20,000
> ここでは資産と資本が $ 16,000 増加します。この場合，資本剰余金勘定は普通株式勘定に対する対照勘定（Contra Account）になります。
> 株式が割引発行されると，株主には割引金額に対して偶発的債務が負うことになります。万が一会社が債務不履行になった場合，債権者は株主の個人資産から割引相当額を回収できます。よって前例で株式のコストが $ 16,000 のみだったとしても，株主は $ 20,000 を失うことになるわけです。

普通株式の代わりに優先株式に貸方記入することを除いて，優先株式も同じ仕訳をすることに注意してください。

> **練習問題 1（株式）**
>
> On April 1, 2002, X Corp., a newly formed company, had the following stock

第7章　株主資本（Shareholders' Equity）

issued and outstanding:
・Common stock, no par, $ 1 stated value, 40,000 shares originally issued for $30 per share.
・Preferred stock, $10 par value, 12,000 shares originally issued for $50 per share.

X's April 1, 2002, statement of stockholders' equity should report

	Common stock	Preferred stock	Additional paid-in capital
a.	$ 40,000	$120,000	$1,640,000
b.	$ 40,000	$600,000	$1,160,000
c.	$1,200,000	$600,000	$ 0
d.	$1,200,000	$120,000	$ 480,000

〈答え　a〉

〈解法のポイント〉　Stock の仕訳は，どの勘定（資本金か，資本剰余金か等）に入れるかを注意してください。

〈解説〉
Common stock（普通株式）の発行の仕訳は，Par（額面金額）×発行株式数を common stock（資本金）勘定に，（発行価額 － Par）×発行株式数を Additional paid-in capital（資本剰余金）勘定にそれぞれ貸方記入します。無額面株式の場合は，上記計算は Par を Stated value にして読み替えます。したがって

Dr. Cash　　　　　　　　　　　1,200,000
　　Cr. Common stock　　　　　　　　40,000
　　　　APIC　　　　　　　　　　　1,160,000

Preferred stock（優先株式）についても上記と同じ方法で仕訳を切ります。したがって

Dr. Cash　　　　　　　　　　　600,000
　　Cr. Preferred stock　　　　　　　120,000
　　　　APIC　　　　　　　　　　　480,000

上記2つの仕訳よりaが正解です。（注意：Additional paid-in capital（APIC）は，$1,160,000 ＋ 480,000＝$1,640,000 になります。）

3 株式引受（Stock Subscriptions）

　株式は，購入時に全額を払い込まなくても購入することが可能です。つまり分割で支払っていくことができます。これを株式の引受発行といいます。
　このとき株式を発行する会社側では，株主からの払い込みが全額完了するまで株券を預かっておき，払い込みが完了したときに株券を渡します。実際には取引が完了しない状態が続くので，株式引受未収金勘定と，普通株式引受勘定という一時的な勘定を使って処理します。仕訳例を見てみましょう。

> **例示 3**
>
> 　額面 $100 の普通株式 200 株が $110 で引受発行され，3 カ月後と 6 カ月後の 2 回，$110 ずつ支払われると仮定します。売出し期間における仕訳は下記の通りです。
>
> 　　Dr. Stock Subscriptions Receivable　　22,000
> 　　　　Cr. Common Stock Subscribed　　　　　　20,000
> 　　　　　　APIC　　　　　　　　　　　　　　　　2,000
>
> 　株式引受未収金勘定（Stock Subscriptions Receivable Account）は売掛金に類似した資産勘定で，このためB／S上の資産区分に表示されます（しかしSEC（証券取引委員会）はこの扱いに同意せず株主持分区分で資本勘定の対照勘定として示すよう求めていることを記憶しておく必要はあります）。
> 　普通株式引受勘定（Common Stock Subscribed Account）は一時的な普通株式資本勘定で，後に普通株式勘定に置き換えられます。したがって，額面で貸方記入することになります。
> 　分割払いの回収時に，下記の通りに仕訳を行います。
>
> 　　Dr. Cash　　　　　　　　　　　　　11,000
> 　　　　Cr. Stock Subscriptions Receivable　　11,000
>
> 　最後の段階で，すべての分割払いを受け取り，株券を引き渡すと，下記の通り普通株式引受勘定を普通株式に置き換えます。
>
> 　　Dr. Common Stock Subscribed　　　20,000
> 　　　　Cr. Common Stock　　　　　　　　　　　20,000

4　株式の抱き合わせ発行（Lump – Sum Sales of Stock）

　株式の抱き合わせ発行とは，普通株式と優先株式をまとめていくらという形で発行するやり方です。この際，普通株式と優先株式それぞれをいくらで計上するかという問題が発生します。このようなケースで両方の市場価格がわかる場合は，それぞれの「市場価格×株式数」の合計額を分母とし，この分母に対してそれぞれの「市場価格×株式数」が何％になるのかを求め，この比率で発行価額を按分して計上します。

> **例示 4**
> 　X社は，額面 $ 10 の普通株式 1,000 株と額面 $ 20 の優先株式 2,000 株を $ 200,000 で抱き合わせ発行します。時価は 1 株当たりそれぞれ $ 40 と $ 60 です。これにより，時価総額は普通株式 $ 40,000 と優先株式 $ 120,000 です。$ 200,000 の割当ては下記の通り行われます。
>
> | | | | |
> |---|---|---|---|
> | Common | $ 40,000 | 40 ／ 160 × $ 200,000 = | $ 50,000 |
> | Preferred | 120,000 | 120 ／ 160 × $ 200,000 = | $ 150,000 |
> | Total | $ 160,000 | | $ 200,000 |

　1種類だけ株式の時価が判明している場合は，その株式は時価の通りに割り当てられ，残りがもう一方の株式となります。これを逐次法（Incremental Method）と呼びます。

> **例示 5**
> 　前例の場合，普通株式の時価総額が前述のように $ 40,000 で，優先株式の時価が不明な場合，$ 200,000 の抱き合わせのうち $ 40,000 が普通株式となり，残額の $ 160,000 が優先株式となる取り扱いとなります。

5　株式発行費（Stock Issuance Costs）

　株式発行に関連して発生した Stock Issue Costs（株式発行費）は，Expense を

使わずに，APIC を Dr. することで控除します。この Stock Issue Costs には Printing Expense（印刷費用），Attorney's Fee（弁護士費用），Underwriter's Fee（証券会社の報酬），Accountant Fee（会計士の報酬）などがあります。

仕訳は以下のようになります。

　　Dr. APIC　　　　　　　　　　　　　XXX
　　　Cr. Cash　　　　　　　　　　　　　　　　XXX

参考：日本基準では発生時に費用処理，または繰延資産に計上して3年以内に毎期均等額以上を償却します。

例示6

Y社が額面 $100 の普通株式 2,000 株を1株当たり $150 で発行するのに，$2,000 の株式発行費がかかることになります。株式発行の仕訳は下記の通りです。

　　Dr. Cash　　　　　　　　　　　　300,000
　　　Cr. Common Stock　　　　　　　　　　200,000
　　　　APIC　　　　　　　　　　　　　　　100,000

発行費の仕訳は下記の通りです。

　　Dr. APIC　　　　　　　　　　　　　2,000
　　　Cr. Cash　　　　　　　　　　　　　　　2,000

6　自己株式―原価法（Treasury Stock － Cost Method）

Treasury Stock（自己株式／金庫株）とは，すでに市場で発行した自社の株式を買い戻すことです。自社の株式を買い戻す理由は大きく2つあります。

1つ目は，敵対的買収（Hostile Take Over Bid ［TOB］）を防ぐためです。市場に流通してる株式が多い場合，発行済み株式の51％以上を自社を買収しようという会社に買われると，会社は乗っ取られてしまいます。これを防ぐために流通株式数を減らす目的で買い戻します。

2つ目は，1株当たり利益（EPS）を高めるためです。会社の収益力を示す指標である EPS は，会社が生み出した利益を市場で流通している株式数で割って求めますので，流通株式数を減らせば，EPS が高まるのです。

第7章　株主資本（Shareholders' Equity）　159

　Treasury Stock は，会計処理上では Common Stock の Contra Account になります。つまり普通株式を減らす効果があるのです。そしてこれをいくらでバランスシート上に計上していくかについては，買戻し価額で計上する Cost Method（原価法）と額面金額で計上していく Par Value Method（額面法）の2つの方法があります。株主持分の総額は変わりませんが，内訳が変わってきますので注意してください。

　また，Treasury Stock は，再発行しないで帳簿から償却することもできます。これを Retire（消却）といいます。会計処理としては Common Stock と Treasury Stock，この2つに関連する APIC を逆仕訳を切ってなくし，差額が出る場合には Dr. が足りなければ Retaind Earnings で調整し，Cr. が足りなければ，APIC-Retired Stock で調整します。

　ではまず Cost Method（原価法）から見ていきましょう。

　Cost Method（原価法）では，自己株式の買戻し価額で Treasury Stock を計上します。仕訳例を見てみましょう。

〈EX．額面価額 100，発行価額 130　買戻し取得価額 120 の場合〉
- 発行時
  Dr. Cash　　　　　　　　　130
  　　Cr. Common Stock　　　　100
  　　　　APIC-CS　　　　　　　 30
- 買戻し時
  Dr. Treasury Stock　　　　120
  　　Cr. Cash　　　　　　　　120
- 再売却時（150 で売却の場合）
  Dr. Cash　　　　　　　　　150
  　　Cr. Treasury Stock　　　120（買戻し取得価額）
  　　　　APIC-TS　　　　　　　 30（差額）
- 再売却時（80 で売却の場合）
  Dr. Cash　　　　　　　　　 80
  　　R/E ＊　　　　　　　　　 40（不足差額分を R/E で埋める）
  　　Cr. Treasury Stock　　　120（買戻し取得価額）

＊貸方に APIC-TS 勘定の残高があれば，まずこれを借方記入し，足りない分は R/E を借方記入します（本 Ex. では APIC-TS の残高がないので＄40 全額を

Dr. R/E. としています)。詳しくは次の「例示7」を参照して下さい。
- 取得した自己株式を償却

　Dr. Common Stock　　　　　100
　APIC-CS　　　　　　　　　　30
　　Cr. Treasury Stock　　　　　　120　（買戻し取得価額）
　　　APIC-Retired Stock　　　　 10　（差額）

＊差額が Dr. に出るときは APIC-TS，APIC-Retired Stock の残高で調整し，足りない場合は R/E で差額を埋める。

では，例示で理解を深めましょう。

例示7

X社が当初額面＄10の普通株式2,000株を＄15で発行しました。当初の仕訳は次の通りです。

　Dr. Cash　　　　　　　　　　　30,000
　　Cr. Common Stock　　　　　　　　20,000
　　　APIC-CS　　　　　　　　　　　　10,000

会社は＄20で1,200株を買い戻しました。仕訳は次の通りです。

　Dr. Treasury Stock　　　　　　24,000
　　Cr. Cash　　　　　　　　　　　　　24,000

この仕訳では，額面＄10と当初の発行価額＄15を無視することに留意してください。

会社はその後＄25で600株を再発行します。仕訳は次の通りです。

　Dr. Cash　　　　　　　　　　　15,000
　　Cr. Treasury Stock　　　　　　　　12,000
　　　APIC-TS　　　　　　　　　　　　 3,000

自己株式への＄12,000の貸方記入は，＄20のコストに600株をかけた金額によります。

さらに＄12で400株を再発行します。仕訳は下記の通りとなります。

　Dr. Cash　　　　　　　　　　　4,800
　　APIC-TS　　　　　　　　　　3,000
　　Retained Earnings　　　　　　　200
　　　Cr. Treasury Stock　　　　　　　　8,000　（400×＄20）

再発行価額とコストの差額は＄3,200（＄8,000 − ＄4,800）となり，自己株式からの資本剰余金勘定（APIC-TS）には＄3,000しかないので，残額＄200はR/E（留保利益）をDr. 記入することで充当します。

自己株式はマイナスの資本勘定で，貸借対照表上では株主持分区分に拠出資本の減少として表示されます。自己株式からの資本剰余金勘定も通常の資本勘定として同じ区分に表示されます。自己株式は収益項目として扱わず，よってP／L上には表示されません。

7　自己株式一額面法（Treasury Stock − Par Value Method）

Par value method（額面法）では，額面価額でTreasury Stockを計上します。仕訳例を見てみましょう。

〈EX. 額面価額100，発行価額130の場合〉
- 発行時

    Dr. Cash　　　　　　　　　130
    　　Cr. Common Stock　　　　100
    　　　　APIC-CS　　　　　　　 30
- 買戻し時（110で取得）

    Dr. Treasury Stock　　　　100（発行時の金額を元に戻す）
    　　APIC-CS　　　　　　　　 30（発行時の金額を元に戻す）
    　　Cr. Cash　　　　　　　　110（取得額）
    　　　　APIC-TS　　　　　　　 20（差額）
- 買戻し時（150で取得）

    Dr. Treasury Stock　　　　100（発行時の金額を元に戻す）
    　　APIC-CS　　　　　　　　 30（発行時の金額を元に戻す）
    　　R/E＊　　　　　　　　　 20（差額はR／Eを減額して処理）
    　　Cr. Cash　　　　　　　　150（取得額）

＊ APIC-TSが貸方に残があれば，まずそれを取り崩してからR/Eを記帳します。
- 再売却時（130で売却）

    Dr. Cash　　　　　　　　　130（売却額）

Cr. Treasury Stock　　　　　　　100（額面価額）
　　　　APIC-CS　　　　　　　　　　　30（差額）
● 取得した自己株式を償却
　Dr. Common Stock　　　　100
　　　Cr. Treasury Stock　　　　　　　100（額面価額）
では，例示で理解を深めましょう。

> **例示 8**

　Y社は当初額面＄100の普通株式2,000株を＄120で発行します。よってプレミアムは1株当たり＄20です。当初の仕訳は次の通りです。
　Dr. Cash　　　　　　　　　　240,000
　　　Cr. Common Stock　　　　　　　200,000
　　　　APIC-CS　　　　　　　　　　40,000
その後，＄110で1,200株を買い戻します。仕訳は下記の通りです。
　Dr. Treasury Stock（par）　　120,000
　　　APIC-CS　　　　　　　　　 24,000
　　　Cr. Cash　　　　　　　　　　　132,000
　　　　APIC-TS　　　　　　　　　　 12,000
後にさらに＄160で400株を買い戻すことを決めます。仕訳は下記の通りです。
　Dr. Treasury Stock（Par）　　40,000
　　　APIC-CS　　　　　　　　　　8,000
　　　APIC-TS　　　　　　　　　 12,000
　　　Retained Earnings　　　　　4,000
　　　Cr. Cash　　　　　　　　　　　 64,000
　仕訳の貸借の均衡を保つために＄16,000の借方記入が必要となり，自己株式からの資本剰余金は＄12,000しか吸収できないので，残額＄4,000は留保利益にDr. 記入します。
　その後＄130で400株を再発行します。仕訳は次の通りです。
　Dr. Cash　　　　　　　　　　 52,000
　　　Cr. Treasury Stock（Par）　　　40,000
　　　　APIC-TS　　　　　　　　　　12,000

第 7 章　株主資本（Shareholders' Equity）　163

最後にさらに＄90 で 800 株を再発行します。仕訳は次の通りです。
Dr. Cash　　　　　　　　　　　72,000
　　Retained Earnings ＊　　　　 8,000
　　　Cr. Treasury Stock　　　　　　　　80,000（par）
＊自己株式からの資本剰余金はこの時点で残高がゼロなので，留保利益に Dr. 記入することになります。

練習問題 2（株式）

On incorporation, X Inc. issued common stock at a price in excess of its par value. No other stock transactions occurred except treasury stock was acquired for an amount exceeding this issue price. If X uses the par value method of accounting for treasury stock appropriate for retired stock, what is the effect of the acquisition on the following?

	Net common stock	Additional paid-in capital	Retained earnings
a.	Decrease	Decrease	Decrease
b.	Decrease	No effect	Decrease
c.	No effect	Decrease	No effect
d.	No effect	Decrease	Decrease

〈答え　a〉

〈解法のポイント〉　Par Value Method の仕訳を思い出してください。

〈解説〉
Common stock（普通株）の時価発行の仕訳は
Dr. Cash　　　　　　xxx（受取金額）
　　Cr. Common stock　　　　xxx（額面×株式数）
　　　　Additional paid-in
　　　　Capital（APIC）　　　xxx（(発行価額－額面)×株式数）

上記株式を Treasury stock（自己株式）として時価発行価額よりも高く購入した場合の Par value method の仕訳は
Dr. TS　　　　　　xxx（額面）
　　APIC　　　　　xxx（時価発行価額－額面）

```
            Retained earnings        xxx （購入価額－時価発行価額）
        Cr. Cash                     xxx （支払金額）
    したがって答は a. になります。
```

8　追加払込（Assessment on Stock）

　米国の州の中には，会社が株主に当初の拠出額を上回る追加払込を求めることができる州があります(商法は州法なので州により取り扱いが異なります)。株式が当初に割引発行された場合，新たな拠出は割引を減額することになるので，割引勘定に貸方記入します。逆に当初の発行がプレミアム発行の場合，払込の結果プレミアムは拡大するので，プレミアム勘定に貸方記入します。

> **例示 9**
>
> 　Y社から普通株式が当初＄1,000の割引で発行されました。この後，株主に＄75の追加払込を求めます。仕訳は下記の通りです。
> ```
> Dr. Cash                       75
>     Cr. APIC（Discount）              75
> ```
> 　株式が当初額面発行された場合，株式追加払込からの資本剰余金と呼ばれる勘定に株式追加払込の受領額を貸方記入します。

9　優先株式の特徴（Feature of Preferred Stock）

　Preferred Stock（優先株式）のなかに Cumulative Preferred Stock（配当が見送られてもその権利が繰り越され，次年度以降の配当時にもらえる優先株式）があれば要注意です。
　なぜなら，会社が配当宣言をしない年でも，その年に使われなかった権利が翌年以降も繰り越されているからです。
　例を見てみましょう。

第7章 株主資本（Shareholders' Equity）　165

> **例示10**
>
> X社に，額面$100，6%の正味発行済優先株式1,000株と額面$200の正味発行済普通株式1,000株があると想定します。配当宣言額は$18,000で，累積未払配当金はありません。
>
> 優先株主は6％×$100×1,000＝$6,000を受け取ります。残額$12,000（＝$18,000－$6,000）は普通株主が受け取ることになります。

> **例示11**
>
> 昨年の配当が未払いになっていることを除いて，前例と同じ状況と仮定します。優先株式が累積的である場合，優先株主は$12,000（今年分$6,000と昨年分$6,000）を受け取り，残額$6,000を普通株主が受け取ります。
>
> 優先株が非累積的である場合，優先株主は今年分の$6,000のみ受け取り，$12,000は普通株主が受け取ります。

優先株式が固定金額に加えて追加の配当を得られることがよくあります。これを参加型優先株式（Paricipating Preferred Stock）と呼びます。完全参加型（Fully Paricipating）または部分的参加型（Partially Participating）があります。完全参加型では，次のステップに従います。

> a．第一に，優先株主に固定されたパーセンテージを割り当てます。
> b．第二に，普通株主に同じパーセンテージを割り当てます。
> c．残額を額面の比率に従って割り当てます。

> **例示12**
>
> Y社が，額面$100，10%の優先株式1,000株と額面$200の普通株式1,000株を所有しています。配当宣言額は$48,000です。完全参加型優先株と想定すると，割り当ては下記の通りとなります。
>
> | | Preferred | Common | Total |
> |---|---|---|---|
> | 1. | 10,000 | | 10,000 |
> | 2. | | 20,000 | 20,000 |
> | 3. | 6,000 | 12,000 | 18,000 |
> | | $16,000 | $32,000 | $48,000 |

まず優先株主は10％ × $100 × 1,000 ＝ $10,000 を受け取ります。次に普通株主は額面 $200 の10％，つまり 10％× $200 × 1,000 ＝ $20,000 を受け取ります。残額 $18,000 は額面の比率に従って，次のように割り当てます。

	Par	
Preferred	$100,000	＝ 1／3 × $18,000 ＝ $6,000
Common	200,000	＝ 2／3 × $18,000 ＝ $12,000
Total	$300,000	

部分的参加型優先株の場合，その額面を超えるパーセンテージ分にのみ参加します。例えば5％の優先株式が8％に参加する場合，額面の3％を追加して受け取ります。

部分的参加優先株式の割り当ては，次のステップに従う必要があります。

> a．第一に，優先株主に固定されたパーセンテージを割り当てます。
> b．第二に，普通株主に同じパーセンテージを割り当てます。
> c．第三に，優先株主に追加の参加を割り当てます。
> d．最後に，残額を普通株主に割り当てます。

次の表を参照して，配当金や株式分割の実施による留保利益の動きと資本勘定の動きを理解してください。実際の試験では，完全な理解が前提になります。

◆ TOTAL STOCKHOLDERS' EQUITY

	RETAINED EARNINGS	PAR VALUE PER SHARE	TOTAL PAR VALUE	ADD'L. PAID-IN CAPITAL	# OF SHARES OUTST.	TOTAL S.H. EQUITY
Small stock dividend	⇓ by FV of shares issued	X	⇑	⇑	⇑	X
Large stock dividend	⇓ by par value of shares issued	X	⇑	X	⇑	X
Stock split	X	⇓	X	X	⇑	X

⇑ = increase
⇓ = decrease
✗ = no change

練習問題 3（株式）

On March 1, 2002, X Corp. issued 2,000 shares of its $20 par value common stock and 4,000 shares of its $20 par value convertible preferred stock for a total of $160,000. At this date, X's common stock was selling for $36 per share, and the convertible preferred stock was selling for $27 per share. What amount of the proceeds should be allocated to X's convertible preferred stock?

a．$120,000
b．$108,000
c．$96,000
d．$88,000

答え　c

解法のポイント　FMV で按分することを忘れずに。

解説

Common stock と Preferred stock を一緒に発行した場合は，これらの2種類の株式発行により受け取る対価の総額をそれぞれの FMV（時価）の比で按分して，Common stock と Preferred stock の計上額を確定します。

(1) FMV of Common stock　　$36 × 2,000 = $ 72,000
(2) FMV of Preferred stock　　$27 × 4,000 = $108,000
　　Total　　　　　　　　　　　　　　　　$180,000

したがって，それぞれの計上額は

(1) Common stock　$160,000 × $\dfrac{\$72,000}{\$180,000}$ = $\underline{\$64,000}$

(2) Preferred stock　$160,000 × $\dfrac{\$100,000}{\$180,000}$ = $\underline{\$96,000}$

> **練習問題 4（配当，株式の償却，株式分割，利益の積立て）**

How would a stock split in which the par value per share decreases in proportion to the number of additional shares issued affect each of the following?

	Additional paid-in capital	Retained earnings
a.	Increase	Decrease
b.	Increase	No effect
c.	No effect	No effect
d.	No effect	Decrease

> **答え c**

> **解法のポイント** Stock Split の内容を思い出せば簡単です。

> **解説**

Stock split（株式分割）は資本の部に影響を与えません。たとえば旧株1株に対して新株2株を交付する stock split では par（額面）が2分の1に，株式数が2倍になるのみです。

この場合，memo entry のみで仕訳記入はありません。

10 一株当たり利益（EPS, Earnings per share）

EPS (Earnings Per Share) は，税引き後の当期利益を，市場に流通している株式数で割った額をいいます。簡単にいうと Common Stock 一株当たりの収益力のことです。

異業種間での企業力を比較する場合にでも活用できるため，投資の判断などによく使われる指標です。

EPS (Earning Per Share) は，Income Statement の下記4項目の段階についてそれぞれ計算し，表示します（下記 1. 4. は I/S 本体に表示する（強制））。

1. Income from continuing operation
2. Discontinued operation

3. Extraordinary Item
4. Net Income

1 EPS の表示の仕方

a. Simple capital structure（資本構造が単純な場合）

Simple capital structure とは，その企業が EPS を稀薄化する可能性のある証券等を発行していない場合をいいます。

b. Complex capital structure（資本構造が複雑な場合）

Complex capital structure とは，その企業が EPS を稀薄化する可能性のある証券等（Potentially dilutive securities outstanding）を発行している場合をいいます。

Potentially dilutive securities とは，普通株式（Common stock）になる可能性のある証券（Securities）をいい，下記のものがあります。

① Convertible bonds and Convertible preferred stock（転換社債，転換優先株式）
② Stock option, Warrants and Rights（ストックオプション，新株引受権，新株式優先購入権）

①，②のいずれも，それぞれの権利の保持者がその権利を行使した場合は，発行済普通株式数が増えるので，一株当たりの利益は小さくなる可能性があります。

このため，Complex capital structure である企業においては，2種類の EPS を表示します。これを Dual presentation EPS といい，Basic EPS（基本一株当たり利益）と Diluted EPS（稀薄化後一株当たり利益）の2つの EPS を表示します。

2 基本一株当たり利益（Basic earnings per share）

下記の算式で計算します。

$$\text{Basic EPS (Common Stock のみ発行の場合はこれだけでよい)} = \frac{\text{Net Income} - \text{Preferred Dividends（優先株式配当金*）}}{\text{Weighted-average Number of Common share Outstanding}}$$
（加重平均流通普通株式数**）

* Cumulative Preferred Stock がある場合は，配当決議がなくても引く。
** Common Stock − Treasury Stock で計算。株式配当，株式分割があった場合は，期中実施でも期首に実施されたとして計算（ただし，

今期中に発行された株式配当は発行日に株式配当、株式分割が実施されたとして処理）。

① Treasury stock（自己株式）は Shares issued（発行済株式）だが Shares outstanding（流通株式数）ではないので、分母の株数には含めない。
② Stock dividends（株式配当）、Stock splits（株式分割）については、いつ実施されたかに関係なく期首に行われたとして株式数を求める。

練習問題 5（1株利益）

X co. had the following capital structure during 2000 and 2001：
　Preferred stock, $10 par, 4 % cumulative,
　　50,000 shares issued and outstanding　　　　　$500,000
　Common stock, $ 5 par, 400,000 shares issued
　　and outstanding　　　　　　　　　　　　　　2,000,000

X reported net income of $1,000,000 for the year ended December 31, 2001. X paid no preferred dividends during 2000 and paid $32,000 in preferred dividends during 2001. In its December 31, 2001 income statement, what amount should X report as basic earnings per share?

　a．$2.42
　b．$2.45
　c．$2.48
　d．$2.50

〈答え　b〉

〈解法のポイント〉　Basic EPS の計算式は？

〈解説〉
Basic EPS の計算式は

$$\frac{\overset{\text{Net income}}{\$1,000,000} - \overset{\text{preferred dividends（優先配当）}}{\$20,000}}{400,000 \text{ common shares outstandings}} = 2.45$$

分子の計算では Preferred stock（優先株式）が cumulative（累加式）ですから、Preferred dividend をいくら払ったかには関係なく、また配当宣言があ

ろうとなかろうと支払うべき金額 $500,000 × 4％＝ $20,000 を控除します。
　ただし preferred stock が Non cumulative（非累加式）の場合は，配当宣言があった場合だけ preferred dividend を控除するので，この部分は注意して問題を読んでください。

3 稀薄化後一株当たり利益（Diluted earnings per share）

　Diluted EPS（Convertible bond や Warrant を発行している場合）は，株式転換，権利行使によって株式数（EPS 計算の分母）が増加し，EPS が薄まる（つまり一株当たりの利益が少なくなる可能性がある）場合に計算されるものです。このような状態の場合は，Basic EPS に加えて Diluted EPS も表示する必要があります。

a．Treasury Stock Method（ストックオプション，ワラントがある場合）

　この方法では，ストックオプションやワラントが期首に行使されたとして株式数を計算します（期中発行の場合は，発行日に行使されたとして計算）。

Diluted EPS（希薄化後一株あたり利益）

$= \dfrac{\text{Net Income}-\text{Preferred Dividends（優先株式配当金）}}{\text{Weighted-Average Number of Common Shares Outstanding}+\text{株式転換，権利行使による純増加株数}*}$

＊純増加株数とは，「権利行使によって増える株式数」から「権利行使によって会社があらたな株発行の対価として受け取る現金で期中平均株価で自社株を購入 すると仮定した場合に購入可能な株式数」をマイナスした株式数

---

b．If-Converted Method（転換社債，転換優先株式がある場合）

　この方法は，転換社債や転換優先株式がある場合に使われます。分母の株式数の計算については，実際には転換が行われなくても，期首に転換権が行使されたとして株式数を計算します（期中発行の場合は，発行日に行使されたとして計算）。これにより株式数は増加します。
　次に分子の計算では，その転換社債等に支払った支払利息や優先配当を Net Income に足し戻して計算します。これは転換権が行使されると，社債や優先株

式は普通株式に転換されてなくなりますので、転換が起きたと仮定してその分を足し戻して調整するのです。

Convertible Bond の場合と Convertible Preferred Stock の場合では、分子の調整内容が違いますので注意してください。

〈**Convertible Bond の場合**〉

$$= \frac{\text{Net Income} - \text{Preferred Dividends} + \text{Interest Exp. (net of Tax)}}{\text{Weighted-Average Number of Common Shares Outstanding} + \text{転換による増加株数}}$$

〈**Convertible Preferred Stock の場合**〉

$$= \frac{\text{Net Income} - \text{Preferred Dividends} + \text{Preferred Dividends (足し戻し)}}{\text{Weighted-Average Number of Common Shares Outstanding} + \text{転換による増加株数}}$$

ここは重要!!

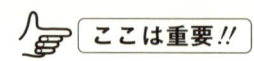

Preferred dividends は配当ですから、税引後の利益を優先配当として支払います。したがって、Preferred dividends には税効果は発生しないので注意してください。転換により新たに発行する普通株式数を分母にプラスすることは Convertible bond と同じです。

練習問題6（1株利益）

X Corp.'s capital structure was as follows：

	December 31	
	2001	2002
Outstandng shares of stock：		
Common	220,000	220,000
Convertible preferred	20,000	20,000

During 2002, X paid dividends of $3.00 per share on its preferred stock. The preferred shares are convertible into 40,000 shares of common stock and are considered common stock equivalents. Net income for 2002 was $1,700,000. Assume that the income tax rate is 30%. The diluted earnings per share for 2002 is

  a．$7.45
  b．$7.08
  c．$6.54
  d．$6.31

〈答え　c〉

〈解法のポイント〉　Diluted EPS と Basic EPS の違いは？

〈解説〉

　Diluted EPS（稀薄一株当たり利益）の計算は，会社が普通株式への convertible securities（転換証券，転換可能な証券）を発行してしいる場合はこれらの証券が転換されたものと仮定して発行済流通株式数を計算します。ただしこの仮定計算を行うのは，この計算により Basic EPS（BEPS，基本一株当たり利益）よりも一株当たり利益が小さくなる場合に限っており，逆に一株当たり利益が大きくなる（反稀薄，Antidilutive）場合はこの仮定計算は行いません。

　試験問題は通常は，すべての潜在株式が普通株化された時にEPSが最小になるように作成されています

(1) BEPS（基本EPS）　$\dfrac{\overset{NI}{\$1,700,000} - \overset{pref.\ div}{\$60,000}}{220,000\ 株} = \$7.45$

(2) Convertible preferred stock（転換優先株式）が転換されたと仮定した場合。
  ① 転換されるのですから preferred stock はなくなります。したがって(1)の分子の preferred dividend（優先配当）を取り消します。
  ② 転換により普通株式数は 40,000 株増加します。
  したがって EPS は
  $\dfrac{\$1,700,000 - \$60,000 + \$60,000}{220,000 + 40,000} = \$6.54$

  (1)＞(2)なので Diluted EPS は $6.54 になります。

練習問題 7 (1株利益)

In determining earnings per share, interest expense, net of applicable income taxes, on convertible debt that is dilutive should be

a．Added back to net income for diluted earnings per share.
b．Deducted from net income for diluted earnings per share.
c．Deducted from weighted-average common shares outstanding for diluted earnings per share.
d．Added back to weighted-average common shares outstanding for diluted earnings per share

〈答え　a〉

〈解法のポイント〉　Diluted EPS の定義です。ここでしっかりと理解しておいてください。

〈解説〉

会社が Convertible debt (転換負債証券，一般的には convertible bonds (転換社債)) を発行している場合の Diluted EPS (稀薄一株当たり利益) の計算は (これが dilutive (稀薄的) であると仮定した場合)

$$\frac{\text{NI} + \text{Interest exp.} \times (1 - \text{tax rate})}{\text{Weight Average of common stock outstanding} + \text{Number of common stock issued by conversion}}$$

で行います。

① 分母は，Convertible debt が転換されれば会社は common stock を発行するのでその分を足します。

② 分子の計算は NI (税引後利益) はこの convertible debt の interest expense (支払利息) が控除されて算出されています。この convertible debt が転換されたと仮定すれば debt はなくなります→したがって利息不要です→ Income before tax (税引前利益) は増加します→ Income tax expense が増加します。

したがって上記算式になります。つまり interest expense を net of tax (税引き後) で分子に加算します。

(注) convertible preferred stock (転換優先株式) の場合の分子は NI － Preferred dividend ＋ Pref.div. で Income tax expense は関係しません。

> dividend は利益の配当ですから税効果は発生しないので注意してください。

11 株式による報酬（Stock – Based Compensation）

ここでは，株式を利用して役員や従業員に報酬を与えた場合の会計処理方法を見てみましょう。

1 ストック・オプションとは

Stock Option とは，所属している企業の株式を，あらかじめ定めた Exercise Price（権利行使価格）と株数で，将来の一定期間に購入できる権利です。権利行使の時点（つまり約束の金額で約束の株数を購入する時点）で，市場の株価が権利行使価格より高ければ，株を購入してすぐに市場で売却することによりキャピタルゲインが得られます。

ストック・オプションの会計処理には，従来 APB 25 ルールによる会計処理と，SFAS 123 による会計処理の2種類がありました。

ただ，2004年12月に発表された SFAS 123（R─改訂版）により，今後は APB 25 ルールに基づく会計処理ができないことになり，本書でも SFAS 123 のみを解説します。

なお，SFAS 123 は，Employee share ownership plan（従業員による株式所有制度）以外の全ての Share-based payment transaction（株式による支払取引）を対象としています。

具体的には，次のものを対象としています。
① 従業員等に対し，株式，ストック・オプション，その他の持分金融商品（Equity Instrument）を発行したり，負債を発生させること。
② 一部でも，関係企業の株価やその他の Equity Instrument の価格に基づいて金額が計算されること。
③ または，関連企業の資本に分類される株式やその他の Equity Instrument を発行すること，決済される（もしくは可能性がある）こと。

2 SFAS 123「Fair Value Method」

この方法では，オプション付与時のオプション自体のFMV（ブラック＝ショールズモデルで算定。問題文の中でこの数字は提示されます。）と権利行使価格との差を報酬費用として認識します。

オプション自体のFMV×権利行使株数＝報酬費用

> ☞ **ここは重要!! ストック・オプションの報酬費用（Fair Value Method）**
>
> ストック・オプションの報酬費用は，自社株を安く買える権利（オプション）の公正価値（Fair Value）×権利行使株数で計算します。

その他の資本の部の要素についてポイントとなる部分を簡単にまとめておきましょう。

a．Retained Earnings（利益剰余金）のAppropriation（配当以外の処分）について

Retained Earningsは配当原資になりますが，利益処分決議により，～積立金のように一定額の使い道が確定した場合は，配当その他の用途に転用できないように，配当制限をつけます。仕訳は以下の通りです。

　　Dr. Unappropriated R/E　　XXX（未処分利益剰余金）
　　　　Cr. Appropriated R/E　　　　XXX（処分制限付利益剰余金）

b．Stock Dividends（株式配当）について

現金の代わりに自社株を無償交付して配当をすることです。株式配当を受けた株主側では，「所有株式数が増加するだけ」で仕訳や収益の認識はしません。

① 低率の株式配当（流通株式の20～25％未満の株式配当）は「時価で仕訳処理」します。

- 額面金額100，市場価額120の場合，決議時の仕訳

　　Dr. R/E　　　　　　　　　　　　120
　　　　Cr. Stock Dividend Distributable　　　100（資本勘定）
　　　　　　APIC　　　　　　　　　　　　　　20

- 株式交付時の仕訳

```
Dr. Stock Dividend Distributable        100
    Cr. Common Stock                          100
```
② 高率の株式配当（流通株式の20〜25％超の株式配当）は「額面金額で仕訳処理」します。
```
Dr. R/E                                 100
    Cr. Stock Dividend Distributable          100 （資本勘定）
```
● 株式交付時の仕訳は低率の場合と同じ
```
Dr. Stock Dividend Distributable        100
    Cr. Common Stock                          100
```

オプションのFMVは以下の要素で計算されます。

---
① 権利行使価格（Exercise price）
② 予定配当金（Expected dividends）
③ 株価の価格変動率（volatility of the underlying stock）
④ オプション期間（Expected life）
⑤ 安全利子率（Risk-free rate）
---

⑤の安全利子率とは，将来のキャッシュ・インフローの不確実性またはリスクに対するプレミアムをいっさい含まない利子率のことです。ちなみに，米国では，一般的に財務省証券等（Treasury Bills）の利率をさします。

公正価値基準法は，従来の本源的価値基準法と異なり，オプションの時間価値を計算要素に含めるため，たとえ測定日の株価が権利行使価格を下回っている場合でも報奨費用が認識されることになりますので，注意が必要です。

なお，公正価値基準法ではいつも測定日は権利付与日となります。

c．最小価値法（Minimum value method）一別名，簡便法ともいわれる

非公開会社は，オプション価格決定モデルによる正確な計算ではなく，最小価値法と呼ばれる簡便法を採用することが認められます。最小価値法では，次のように報奨費用が計算されます。

測定日の株価（Market price on measurement date）		$ xxx
オプションの時価（Fair value of options）:		
権利行使価格の現在価値	$ xxx	
（PV of exercise price）		
予定配当金の現在価値	xxx	− xxx
（PV of expected dividends）		
報奨費用（Compensation expense）		$ xxx
株式数（Number of shares optioned）		× xxx shares
総報奨費用（Total compensation expense）		$ xxx

　測定日はいつも権利付与日です。権利行使価格の現在価値とは，権利行使が可能となる将来の年度の株式購入価格を安全利子率で割り引くことによって得られた現在価値をさします。また，予定配当金の現在価値とは，会社が権利付与日から権利行使日までの数年間にわたって配当金同等物（Dividends equivalents）を支払う場合，その配当金を安全利子率で割り引くことによって得られる現在価値をいいます。

12 新株引受権（Stock Rights）

1 新株引受権（Stock Rights）とは

　会社が増資に伴い新株を発行する場合，第三者に優先して，既存の株主に対して，持株比率に応じた新株を引き受ける権利を与えることがよくあります。これを新株引受権（Stock rights）といいます。

　新株引受権を与える目的は，持株比率の維持にあります。つまり，株主に持株比率に応じた新株引受権を付与することによって，予期せぬ持株比率の低下を防止するものです。

第7章　株主資本（Shareholders' Equity）　179

2　仕訳のパターン

a．新株引受権発行日

Memorandum entry（備忘記録のみ）

b．権利行使日

Dr. Cash　　　　　　　　　　　　xxx
　　Cr. Common stock　　　　　　　　　　xxx（par）
　　　　APIC from common stock　　　　　xxx（plug）

c．権利行使期間終了日

No entry

13　その他の資本の部の要素

1　Accumulated Other Comprehensive Income（その他の包括的利益）について

Accumulated Other Comprehensive Income（その他の包括的利益）の各要素については，それぞれ別の章で詳しく学習しますので，ここでは，要素として以下の4つが含まれることを覚えてください。

- Foreign Currency Translation Adjustment（外貨換算調整額）
- Unrealized Holding Gain or Loss on AFS Securites（未実現損益／売買可能有価証券）
- Pension Adjustment（年金にかかる調整額）
- Derivative（デリバティブ）

2　Stock Split（株式分割）について

株価が高すぎると投資家が買いにくくなるので，流通性を回復するために株式を分割します。（例）1株を2株に分割→額面価額を半分にし，発行済み株式数を2倍にします。発行会社は仕訳の必要はありません。Footnoteで情報開示をするにとどめます。

14 会社の破産・更生・準更生（Corporate bankruptcy・Reorganization・Quasi-Reorganization）

1 会社の破産（Corporate bankruptcy）

会社が支払不能に陥り破産の申立てが行われると，連邦破産法・第7章清算（Liquidation），チャプター・セブンの手続きによる破産手続きが開始されることになります。

a．債務者である破産会社は，財産状態報告書（Statement of affairs）を作成し，保有するすべての財産を時価に評価替えします。

b．会社の破産財団（Estate）が確定すると次の価先順位で配当がなされます。破産財団とは債務者である会社の財産の集合体のことで，債権者への配当財源となるものです。配当財源がなくなった場合には，下位の債権者は配当を受けられません。

　ⅰ）優先債権（Preferred claims）を持つ債権者

　　破産管財人（Trustee）や会計士・弁護士に支払われる管財費用（Administration costs）などが含まれます。

　ⅱ）債権全額が担保により保全されている債権者（Fully secured creditors）

　ⅲ）債権の一部が担保により保全されている債権者（Partially secured creditors）

　ⅳ）無担保債権者（Unsecured creditors）

　ⅴ）株主（Stockholders）

c．破産財団の管理を行う破産管財人は，未記帳の資産や負債を計上する場合，破産財団持分（Estate equity）を相手勘定として記帳します。破産財団持分は破産会社における損益を処理するための集合勘定となっています。

2 会社の更生（Reorganization）

連邦破産法・第11章更生（Reorganization），チャプター・イレブンによる会社の更生とは，チャプター・セブンのように会社を清算するのではなく，事業継続を前提に，更生計画（Reorganization plan）に従って債務の減額や支払期限の延期などによって会社を再建することをさします。

たとえば，債務（借入金）の一部を金銭と株式交付によって弁済した結果，貸方に差額（債務免除益）が生じた場合の仕訳は下記の通りになります。

Dr. Loan payable	xxx	
Cr. Cash		xxx
Common stock		xxx
APIC from common stock		xxx
Gain on settlement of debt		xxx

3　会社の準更生（Quasi-Reorganization）

2 のチャプター・イレブンのように法的手続きによるのではなく，主に会計処理によって自力で会社を再建することを準更生と呼びます。

準更生を行う目的は，累積した未処理損失（Deficit in retained earnings）を減少させることです。一般的に，下記の通りの手続きが実施されます。

ａ．資産の再評価（Revaluation of assets）

Dr. Retained earnings	xxx	
Cr.（Assets）		xxx

ｂ．額面価額の切下げ（Reduction of par）

Dr. Common stock	xxx	
Cr. APIC from common stock		xxx

ｃ．未処理損失の補填（Elimination of deficit）

Dr. APIC from common stock	xxx	
Cr. Retained earnings		xxx

借方残となっている利益剰余金（R／E），言い換えると，未処理損失を資本剰余金（APIC）を取り崩すことによって補填する処理になります。

第8章

損　益
(Revenues, Costs and Expenses)

本章での主要な学習ポイント

1. 収益の認識とは
2. 引渡し時点における収益認識
3. 引渡し前の収益認識
4. 工事完成基準
5. 工事進行基準
6. 生産完成基準
7. 引渡し後の収益認識—割賦基準
8. コスト・リカバリー法

■ 各基準の違い等を正確に暗記してください。M/Cでは，必ず聞かれてくる所でありますが，過去問をきっちりとこなしておけば，特に難問はないと思います。Other Objective Questionsでも時々出されたことがありますが，この場合，収益認識のベースや各基準のあり方をしっかりと身につけた上で，的確に解答する必要があります。

1　収益の認識とは

発生主義会計による収益の認識は，2つの状況を前提に判断されます。

a）　Realized or realizable （i.e. payment or the right to payment）
　　（収益の実現。商品またはサービスの提供が行われ）相手に対してその対価を請求する権利が発生した状態。

b） Earned （i.e. substantially all of the necessary work has been done）
　収益の稼得。相手に対して商品を引渡した，またはサービスの提供が行われたこと。

収益認識に関するルールとしては，SFAC 5（財務会計概念書第5号）がありますが，SEC（証券取引委員会）は1999年12月に職員会計公報101号を公表し，SFAC 5で規定されている収益認識要件をベースに，収益認識する前に下記のように要件を満たす必要があるとしています。

　1） There is persuasive evidence of an arrangement
　　契約が成立したことを示す説得力のある証拠の存在
　2） Delivery has already occurred or services have been rendered
　　商品を買い手に届け済み，サービス提供済み
　3） The seller's price to the buyer is fixed or determinable
　　売り手が買い手に販売する価格が確定している
　4） Collectibility is reasonably assured
　　代金の回収がほぼ確実

収益の認識については，Income Statementに直接的に影響があるため，取引のどの時点で収益を認識するのかという問題が重要です。

ここでは，商品やサービスの引渡し時，引渡し前，引渡し後という3つの時点での収益認識について学びます。

2　引渡し時点における収益認識（Revenue Recognition at Delivery）

　一般的に発生主義会計で収益を認識するのは，商品引渡し時，またサービス提供時点です。それはこの時点で所有権が移転するとともに会計上の請求権が発生し，通常この引渡しと同時に相手への請求行動（請求書を渡すまたは現金を受け取るなど）も起こされるからです。

　しかし相手に返品の権利がある場合は，収益の計上に対して返品のリスクも考慮しなくてはいけません。この判断についてはSFAC 5ルールで定められており，下記の6つの条件がすべて満たされた場合にのみ売上に収益認識するとされています。

第8章 損益（Revenues, Costs and Expenses）

要注意事項

a．売上日に，買い手に対する売り手の価格が実質的に決まっている。
b．買い手が売り手に支払い済みか，あるいは支払いが義務づけられていてかつその義務が買手による製品の再販に依存しない。
c．買い手の義務は盗難あるいは製品の損害の場合にも不変である。
d．買い手には売り手から独立している経済的な実体がある。
e．売り手には，直接買い手による製品の再販をもたらす将来の業績に対する重要な義務がない。
f．将来の返品額を合理的に見積もることができる。

練習問題1（売上に係る収益）

X Co., a distributor of machinery, bought a machine from the manufacturer in November 2003 for $20,000. On December 30, 2003, X sold this machine to Y for $30,000, under the following terms： 2 % discount if paid within 30 days, 1 % discount if paid after 30 days but within 60 days, or payable in full within 90 days if not paid within the discount periods. However, Y had the right to return this machine to X if Y was unable to resell the machine before expiration of the 90-day payment period, in which case Y's obligation to X would be canceled. In X's net sales for the year ended December 31, 2003, how much should be included for the sale of this machine to Y?

a．$　　0
b．$29,400
c．$29,600
d．$30,000

答え　a

解法のポイント　売上の基本ですので，しっかり理解してください。

解説

次の6つの条件すべてを満たした時にSales revenueを認識（recognize）します（SFAS 48）。

(1) 金額が確定していること。

(2) 買手は無条件に支払義務があること。無条件とは買い手が購入した商品が将来売却できるということを支払義務発生の条件としないということ。
(3) 支払義務は購入後に盗難，破損があっても免除されないこと。
(4) 売手と買手は独立していること（例：親子会社でないこと ── 連結上は親子会社の売上と売上原価を相殺します）。
(5) 買手が商品（製品）を再販売できるよう，売手が何らかの援助をしなければならない等売手の将来の行動について義務を負っていないこと。
(6) 将来の（売上）戻り額を合理的に（reasonably）見積もる（estimate）ことができること。

本問は上記の(2)を満たしていないので X Co. は Sales を計上することができません。よって，答はゼロとなります。

なお，上記(1)～(6)は特に暗記する必要はありません。M/C の問題文を読んだ時に(1)～(6)が欠落しているかどうか分れば十分です。

3　引渡し前の収益認識－はじめに（Revenue Recognition Before Delivery － Introduction）

長期にわたる請負工事などでは，引渡しの前から収益を段階的に認識するという特殊なルールも適用されます。このような工事契約での収益の認識は，「工事完成基準」と「工事進行基準」の2つの収益認識基準があり，「工事完成基準」では工事が完成するまで収益が認識されませんが，「工事進行基準」では，工事の進行度合いに応じて毎期末ごとに推測で収益を段階的に認識していきます。

> a．契約において，供給される商品またはサービスに関する権利と交換される対価が明白に規定されている。
> b．すべての契約義務を満たすことが買い手に期待できる。
> c．契約義務を実行することが売り手に期待できる。

上記の条件が満たされない場合は，工事完成基準によって収益を認識します。どちらの基準を選択しても総額の利益は同じであることに注意してください。ど

のタイミングで利益を認識していくのかが違うだけです。

4　工事完成基準（The Completed-Contract Method）

工事完成基準では完成日まで収益を認識しません。建設期間中の Cost は，Construction in Process（コンストラクションインプロセス）という勘定で資産計上しておきます。これは棚卸資産の一種です。

支払請求額については Dr. に Account Receiveble を計上するとともに Cr. に Billing in Construction（未完成工事未収金）という未収金勘定（Construction in Process の Contra Assets）を計上します。

工事が完成すると Construction in Process と Billing in Construction の勘定を締め切り，この差額によって Gross Profit（売上総利益）を計上します。

>　例示 1

X社は，2003 年 1 月 1 日に Y 社と＄200,000 で船舶を造る契約を結びます。プロジェクトは 3 年と推定されます。下記の資料はこの期間に発生した取引を示します。

	2003	2004	2005	Total
Construction costs	$ 40,000	$ 50,000	$ 50,000	$ 140,000
Billings	50,000	70,000	80,000	200,000
Cash collections	40,000	40,000	120,000	200,000
Estimated completion costs				
As of year-end	90,000	50,000	—	—

最終利益が＄60,000（＝＄200,000 －＄140,000）であることに注意してください。また，最終的な利益の見積りが 2003 年と 2004 年の間に変化したことにも注意してください。2003 年には，＄70,000（＝販売価格＄200,000 －これまでの発生コスト＄40,000 －見積完成コスト＄90,000）でした。2004 年には，＄60,000（＝＄200,000 －＄40,000 －＄50,000 －＄50,000）になりました。

この 3 年間の仕訳は下記の通りです。

```
                                  2003              2004              2005
Dr. Construction in Process  40,000         ...50,000          ...50,000
    Cr. Miscellaneous ＊            40,000             50,000             50,000
Dr. Accounts Receivable     50,000         ...70,000          ...80,000
    Cr. Blllings on Construction   50,000             70,000             80,000
Dr. Cash                    40,000         ...40,000          120,000
    Cr. Accounts Receivable        40,000             40,000            120,000
No entry for profit recognition    No entry for profit recognition
＊現金または材料や労働などの製造タイプの勘定です
完成時の仕訳は以下のようになります。
2005
Dr. Construction exp.            140,000
    Cr. Construction in process          140,000
Dr. Billing on Construction      200,000
    Cr. Construction revenue             200,000
（ここで Gross profit $200,000 － 140,000 ＝ $60,000 が計上されます）
```

Construction in Process － Billing in Construction の残高がプラスの場合は，この差額を流動資産として計上します。マイナスの場合は流動負債として計上します。

例示 2

前例で，2003 年と 2004 年の貸借対照表は次のように表示されます。

	2003	2004
Dr. Current Liabilities:		
Cr. Billings on Construction	$ 50,000	$ 120,000
Less Construction in Process	(40,000)	(90,000)
	$ 10,000	$ 30,000

収益や利益の項目は完成まで繰り延べられるため，2003 年と 2004 年の損益計算書では収益も利益も記帳されないことになります。

第8章 損益 (Revenues, Costs and Expenses)

> **例示 3**
> 2001年にX社に＄60,000の未成工事支出金と＄48,000の未成工事未収金がある場合，貸借対照表は下記の通りとなります。
> Dr. Current Assets：
> 　　Cr. Construction in Process　　　＄60,000
> 　　　Less Billings on Construction　　(48,000)
> 　　　　　　　　　　　　　　　　　　 12,000

5　工事進行基準 (The Percentage of Completion Method)

工事進行基準では，毎期末に認識すべき収益について下記の4 stepで計算していきます。

Step 1：Measure cost to date
　　　　（現在までに発生した原価の測定）
Step 2：Divide by total expected cost
　　　　（現在までに発生した原価を最新見積総原価で割る。この比率を工事進行率とする。つまり，全体の推定原価のうち，すでに使った原価分は工事が進行したと推測して，工事進行率を算出する）
Step 3：Multiply by total contract price
　　　　（工事進行率に契約金額をかける）
Step 4：Subtract income already recognized in previous periods to give Income to be recognized this period
　　　　（Step 1 から3までで計算した金額から，現在までにすでに認識されている収益の額を引く）

> 収益＝（現在までの原価÷最新見積総原価）×契約金額－現在までに認
> 　　　　　＜工事進行率＞　　　　　　　　　　識された収益

毎期末の仕訳は工事完成基準と同じですが，利益を認識するための仕訳を加えます。Dr. に Construction in Process を計上し，Cr. に Income from Construction を計上します。

前記例示と同じ前提を利用します。利益を認識する 2003 年の仕訳は下記の通りです。

  Dr. Construction in Process   21,538
    Cr. Income from Construction   21,538

The calculation is : $\dfrac{40,000}{40,000 + 90,000} \times 70,000 - 0 = \$21,538$ (rounded)

この時点では，期待利益は $\$70,000$（＝販売価格 $\$200,000$ －過去の費用 $\$40,000$ －将来の費用 $\$90,000$）となります。

この $\$21,538$ は 2003 年の P ／ L 上に記されます。2004 年には，利益の認識は下記の通りとなります。

$$\dfrac{40,000 + 50,000}{40,000 + 50,000 + 50,000} \times 60,000 - \$21,538 = \$17,034 \text{ (rounded)}$$

全体の期待利益が，予想コストの変化によって $\$70,000$ から $\$60,000$ に変わったことに注意してください。これは建設業界でよく起こることです。

期待利益総額 $\$60,000$ は下記の通りに計算されます。

  $\$200,000$ selling price
  (90,000)   past costs
  (50,000)   future costs
  $\$60,000$

2004 年の損益計算書では $\$17,034$ の利益が記され，仕訳は次の通りです。

  Dr. Construction in Process   17,034
    Cr. Income from Construction   17,034

In 2005 :

$$\dfrac{40,000 + 50,000 + 50,000}{40,000 + 50,000 + 50,000} \times 60,000 - 21,538 - 17,034 = \$21,428$$

この金額について仕訳を起こします。

2005 年末にこの勘定を検討すると，下記の通りとなります。

第8章 損益 (Revenues, Costs and Expenses) 191

Construction in Process		Billings on Construction	
Cost	40,000		50,000
Profit	21,538		70,000
Cost	50,000		80,000
Profit	17,034		200,000
Cost	50,000		
Profit	21,428		
	200,000		

　この方法では，2つの勘定の残高が同額（＄200,000）であることに注意してください。これはCostruction in Process勘定がコストと利益の両方を含んでいるためです。

　2005年末にこの2つの勘定を締め切るために，最後の仕訳が行われます。

　　Dr. Billings on Construction　　　　200,000
　　　　Cr. Constructlon in Process　　　　　200,000

　建設期間中のある時に（見積コスト総額が販売価格より高いことが予想されるので）プロジェクトで損失が起こると推定される時は，損失勘定にDr. 記入し，棚卸資産勘定にCr. 記入してその損失を認識することになります。その上に，これまでに工事進行基準のもとで利益が認識された場合，本年に戻入仕訳を行って利益認識を無効にします。

例示 4

　X社は5年の建設プロジェクトに工事完成基準を採用していました。このため，利益は5年目まで認識されません。3年目に会社はプロジェクト全体で＄100,000の純損失になると認識しました。会社は直ちに下記の仕訳を行います。

　　Dr. Loss on Construction　　　　100,000
　　　　Cr. Construction in Process　　　　100,000

例示 5

　前例で，X社は工事進行基準を採用し，最初の2年にそれぞれ＄20,000と＄40,000の利益を認識したと想定します。3年目に損失＄100,000を発見すると，この損失を認識する仕訳を行い，前の利益を無効にする必要がありま

す。仕訳は下記の通りとなります。

 Dr. Loss on Construction   160,000 ＊
  Cr. Construction in Process   160,000
 ＊ 20,000 ＋ 40,000 ＋ 100,000

6 引渡し後の収益認識―割賦基準（Revenue Recognition After Delivery ― The Installment Method）

 Installment sales method（割賦販売基準）では，通常の販売活動に比べて現金回収の見込みが薄いため，収益認識においては特別な方法が採用されます。
 それは Gross Profit（売上総利益）を先々に繰り延べし，Cash の回収ごとに Gross Profit を少しずつ認識していくというやり方です。繰延べの際には「Deferred Profit」という売上総利益の繰延べを意味する勘定を Cr. に計上し，Cash Collection とともにこれを Dr. 計上してなくしていきながら，Realized Gross profit を Cr. 計上して売上総利益を計上していきます。
 例題で理解を深めていきましょう。

例示 6

 X 社は，2002 年と 2003 年の割賦販売に関して次のデータがあります。

	2002	2003
Installment sales	$ 200,000	$ 400,000
Cost of goods sold	140,000	300,000
Gross profit	$ 60,000	$ 100,000
Gross profit percentage	$\dfrac{60,000}{200,000}=30\%$	$\dfrac{100,000}{400,000}=25\%$
Collections on 2002 sale	$ 120,000	$ 80,000
Collections on 2003 sales	None	$ 240,000

 2002 年の仕訳は下記の通りです。
  Dr. Accounts Receivable   200,000
   Cr. Sales   200,000
  Dr. Cost of Goods Sold   140,000

        Cr. Merchandise Inventory   140,000

この時点で＄200,000の収益勘定（売上）と＄140,000の費用勘定（売上原価）があり，＄60,000の利益となります。しかし，この時点ではこの利益を認識しません。したがって，期末にこれらの2つの勘定を締め切ります。

    Dr. Sales   200,000
        Cr. Cost of Goods Sold   140,000
           Deferred Gross Profit   60,000

多くの会社は繰延売上総利益を未収収益と同じような負債勘定とみなします。しかし，FASBは売掛金勘定の対照資産勘定（Contra Asset to the Accounts Receivable Account）とみなすべきだとしました。このため，本書でも同様な取り扱いとします。

For the cash collection：

    Dr. Cash   120,000
        Cr. Accounts Receivable   120,000

＄120,000を回収すれば，売上総利益率に従って利益を認識します。このため，認識する利益は＄120,000×30％＝＄36,000となり，この仕訳は下記の通りです。

    Dr. Deferred Gross Profit   36,000
        Cr. Realized Gross Profit   36,000

実現売上総利益（Realized Gross Profit）は収益（利益）勘定です。このため，2002年のP／Lでは利益＄36,000を計上し，貸借対照表には下記の通りに記帳されます。

Accounts Receivable	＄80,000 （200,000 － 120,000）
Less Deferred Cross Profit	24,000 （60,000 － 36,000）
Net Receivable	＄56,000

練習問題2（割賦基準）

Since there is no reasonable basis for estimating the degree of collectibility, X Co. uses the installment method of revenue recognition for the following Sales：

	2003	2002
Sales	$1,800,000	$1,200,000
Collections from:		
2002 sales	200,000	400,000
2003 sales	600,000	—
Accounts written off:		
2002 sales	300,000	100,000
2003 sales	100,000	—
Gross profit percentage	40%	30%

What amount should X report as deferred gross profit in its December 31, 2003, balance sheet for the 2002 and 2003 sales?

　a． $300,000
　b． $320,000
　c． $450,000
　d． $500,000

〈答え　d〉

〈解法のポイント〉　割賦基準は代金回収が重要です。

〈解説〉

Installment method（割賦基準）においては，割賦販売した商品代金を回収した分だけ gross profit（売上総利益）を認識し，未回収部分は Deferred gross profit（繰延割賦売上利益）として繰り延べます。

(1)　2002年販売分の繰延額は

$$\$1,200,000 - \underbrace{400,000}_{\text{'02 collection}} - \underbrace{100,000}_{\text{'02 write off}} - \underbrace{200,000}_{\text{'03 collection}} - \underbrace{300,000}_{\text{'03 write off}}$$
$= \$200,000$

$\$200,000 \times \dfrac{GP\%}{30\%} = \$60,000$

(2)　2003年販売分の繰延額

$\$1,800,000 - \underbrace{600,000}_{\text{Collection}} - \underbrace{100,000}_{\text{Write off}} = \$1,100,000 \times 40\% = \$440,000$

(3)　(1)+(2)＝ $500,000

Write Off（貸倒償却）分は将来回収できないので，繰延の計算では当然控

練習問題3 (割賦基準)

X., which began operations on January 1, 2002, appropriately uses the installment method of accounting to record revenues. The following information is available for the years ended December 31, 2002 and 2003:

	2002	2003
Sales	$2,000,000	$4,000,000
Gross profit realized on sales made in:		
2002	300,000	180,000
2003	—	400,000
Gross profit percentages	30%	40%

What amount of installment accounts receivable should X report in its December 31, 2003, balance sheet?

a. $2,450,000
b. $2,600,000
c. $3,400,000
d. $3,550,000

答え c

解法のポイント 割賦基準では，基本問題の一つです。

解説

Deferred gross profit (繰延割賦売上利益) の残高に対応する Installment sales (割賦売上高) 分が未回収ですから Installment account (Installment AR) として当期末に残っていることになります。

(1) 2002年売上分

$$\underbrace{\$2,000,000 \times 30\%}_{\text{Total gross profit (GP)}} - \underbrace{300,000}_{\text{'02 realized}} - \underbrace{180,000}_{\text{'03 realized}} = \$120,000$$

Installment AR = $120,000 ÷ 30% = $400,000

(2) 2003年売上分

$$\underline{\$4{,}000{,}000 \times 40\%}_{\text{Total GP}} - \underline{400{,}000}_{\text{Realized GP}} = \$1{,}200{,}000$$

Installment AR $= \$1{,}200{,}000 \div 40\% = \$3{,}000{,}000$

(3) (1)+(2)$= \$3{,}400{,}000$

7 コスト・リカバリー法 (The Cost Recovery Method)

　売掛金回収の不確実性がかなり高い時，コスト・リカバリー法を使うことが可能です。このやり方においては，全コストを取り戻すまで利益は認識されないことになっています。仕訳は割賦基準と同じ方法で行われます。

例示 7

　Y社は，$\$20{,}000$のコストの商品を$\$44{,}000$で販売し，$\$14{,}000$，$\$20{,}000$，$\$10{,}000$の分割払いで3年にわたって受領します。初年度は，コストがまだ完全に取り戻されていないためで，利益は認識されません。2年目に$\$6{,}000$が回収されるとすぐにコストは取り戻され，よって残りの$\$14{,}000$（$=\$20{,}000-\$6{,}000$）の回収は利益として認識されることになります。3年目には，$\$10{,}000$の回収全額が利益とみなされます。

　回収の不確実性がかなり高く，コスト・リカバリー法の使用が許可される時は，専門家が判断して決定する必要があります。

練習問題 4 （原価回収法）

The following information pertains to a sale of real estate by X Co. to Y Co. on December 31, 2002：

Carrying amount　　　　　　　　　　　　　　$4,000,000

Sales price：
　Cash　　　　　　　　　$600,000
　Purchase money
　　mortgage　　　　　　$5,400,000　　Total $\underline{\$6{,}000{,}000}$

The mortgage is payable in nine annual installments of $600,000 beginning

December 31, 2003 plus interest of 10%.The December 31, 2003, installment was paid as scheduled, together with interest of $540,000. X uses the cost recovery method to account for the sale. What amount of income should X recognize in 2003 from the real estate sale and its financing ?

a ． $1,140,000
b ． $ 740,000
c ． $ 540,000
d ． $ 0

〈答え　d〉

〈解法のポイント〉　原価回収法で覚えることは，「コスト回収までは利益なし」ということです。

〈解説〉

　Cost recovery method（原価回収法）では売上金の受取額の累計が売却した資産の cost（原価）を超えるまでは一切利益（profit）を計上しません。したがって 2003 年は gross profit 総額 $2,000,000（$6,000,000 − 4,000,000）も interest income $540,000 も利益として計上しないで，cash collection の累計が $4,000,000 を超えるまで繰り延べ（defer）ます。したがって答えはゼロになります。

第9章

非経常損益項目
(Nonrecurring Items)

本章での主要な学習ポイント

1. （3種類の）非経常損益項目とは
   ・損益計算書のフォーム
2. 非継続事業項目に伴う損益
   ①事業項目・部門の廃止
   ②事業項目・部門の廃止損益の計算方法
   ③損益計算書への開示方法
3. 特別損益項目
   ①特別損益とは
   ②特別損益の例示
   ③特別損益として扱われないもの
4. 会計上の変更
   ①会計上の変更とは
   ②会計処理方法の変更による
      累積的影響額 → a. 会計処理方法の変更 → ・修正再表示による方法
                 → b. 会計上の見積りの変更
                 → c. 会計報告主体の報告
5. 誤謬の訂正 → a. 棚卸資産金額の自動修正
             → b. 過年度修正

■ この項目は最近の試験では，よく問われている内容です。順序立てて暗記するようにしてください。暗記用に Summary of the Presentation of an Income Statement を利用するとよいでしょう（後記参照）。特に，次の CDE

を覚えておいてください。試験で役立ちます。
- C　Continuing Operations
- D　Discontinued Operations
- E　Extraordinary Items

　企業の営業活動の結果は、毎年の損益計算書（P／L）に集約される形で表れます。企業外部の投資家や債権者はこのP／Lを多角的に分析しながら、企業活動の結果を検証するのです。この損益計算書に記載される収益および費用については、大別すると、毎期経常的に発生するものと非経常的または臨時的に発生するものに分けることができます。

　ここでは、APBオピニオン30号・経営成績の報告（Reporting the Results of Operations）に基づき、非経常損益取引が生じた場合の処理方法と開示方法を学んでいきます。

1　2種類の非経常損益項目（Two Types of Nonrecurring Items）

1　非経常損益項目とは

　下記の2つの項目が非経常損益です。経常損益項目とは区別して報告することが必要です。

> ①　非継続事業項目に伴う損益（Income or Loss from Discontinued Operations）
> ②　特別損益（Extraordinary Gains or Losses）

　臨時的な性質を持つこれらの項目が発生した場合、P／Lでは始めに経常損益項目による継続的事業による利益（Income from Continuing Operations）を計算します。正常な営業活動を前提として計算される利益です。

　次の手順として、継続事業利益に上記の非経常損益項目を加減することによって純利益を計算するようにします。

　最後に、純利益にその他の包括利益（Other Comprehensive Income）を加減す

ることによって包括利益（Comprehensive Income）を計算する手順となります。

2 損益計算書のフォーム（非経常損益項目を含む）

2種類の非経常損益項目がすべて発生したと仮定した場合の損益計算書のフォームを最初に考えてみます。

実務では，通常，損益計算書は3年（当期と前2期）の比較形式で作成されますが，分かりやすくするために，下記の損益計算書で考えてみます。

非経常損益項目は，a．非継続事業項目に伴う損益，b．特別損益の順に記載することが必要です。

Printing company
STATEMENT OF INCOME AND RETAINED EARNINGS

	Year ended December 31,	
	20X7	20X6
Net sales	$600,000,000	$500,000,000
Costs and expenses:		
Cost of goods sold	490,000,000	400,000,000
Selling, general and administrative expenses	73,000,000	66,000,000
Total costs and expenses	563,000,000	466,000,000
Income before income taxes	37,000,000	34,000,000
Income taxes	16,800,000	15,800,000
Net income	20,200,000	18,200,000
Retained earnings at beginning of period	134,000,000	126,000,000
Dividends on common stock	12,000,000	10,000,000
Dividends on preferred stock	200,000	200,000
Retained earnings at end of period	$142,000,000	$134,000,000

◆ INCOME STATEMENT FORMATS (ASSUMED AMOUNTS)

SINGLE-STEP FORMAT		
Revenues:		
Sales revenue	$500,000	
Other revenues, gains	20,000	
Total revenues		$520,000
Expenses:		
CGS	350,000	
Selling	80,000	
Administrative	30,000	
Other expenses, losses	10,000	
Income taxes	5,000	
Total expenses		475,000
Income before extraordinary items		45,000
Extraordinary gain, net of $1,200 applicable taxes		7,000
Net income		$ 52,000

MULTIPLE-STEP FORMAT		
Net sales		$500,000
Less CGS		350,000
Gross margin		$150,000
Less operating exp.		
Selling	80,000	
Administrative	30,000	
Total operating exp.		110,000
Operating income		40,000
Other revenues, gain	20,000	
Other exp., losses	10,000	10,000
Income before taxes & extraordinary items		50,000
Income taxes		5,000
Income before extraordinary items		45,000
Extraordinary gain, net of $1,200 applicable taxes		7,000
Net income		$ 52,000

2 非継続事業項目に伴う損益 (Income or Loss from Discontinued Operations)

1 事業項目・部門の廃止 (Discontinued Operations)

　企業の内部では，地域別，製品別など色々に分化した複数の事業部門があります。通常は，それぞれに包括的な裁量権が与えられているとともに，1つひとつの部門が，利益に対して責任を負う利益責任単位として機能しています。
　このような部門が不採算部門となった場合，経営者は事業部門の閉鎖，切捨てや他部門との統合，売却等により，事業や事業資産の再構築・廃止をすることになります。

2 事業項目・部門の廃止損益の計算方法

　非継続事業項目として処理される資産の会計処理については，SFAS144において規定されている「売却目的での保有」と判断されるための次の条件を満たした初年度において，非事業継続項目として分類されることを必要とします。言い換えると，この条件が満たされないと，非継続事業項目とみなされないということ

です。

> ① 経営陣が処分計画を決定している。
> ② 当該資産は売却が可能である。
> ③ 買手を積極的に探す手順に着手した。
> ④ 売却の可能性が高い。
> ⑤ 当該資産は市場にて時価で売却される。
> ⑥ 処分計画の大きな変更はない。

「売却目的での保有」と分類された固定資産は，「簿価（Carrying Amount））」と「時価から販売に伴うコストを差し引いた額（Fair Value less Costs to Sell）」（＝正味実現可能価格（Net Realizable Value; NRV））の少ないほうの金額となります。

「売却目的での保有」の基準に合致し，同じ会計年度に処分した場合，非継続事業の処分による損益は実現損益（Actual Gain or Loss）となります。一方，「売却目的での保有」の基準が処分前の期間において合致した場合，（もし処分されれば）処分による損失金額は，資産を見積時価（Estimated Fair Value）に評価を切り下げた結果生じる見積損失（Estimated Loss）の金額となります。ただし，処分前の見積利益（Estimated Gain）を認識することは許されていません。

次の具体例で，説明しましょう。

〈実際発生額と見積額の例〉

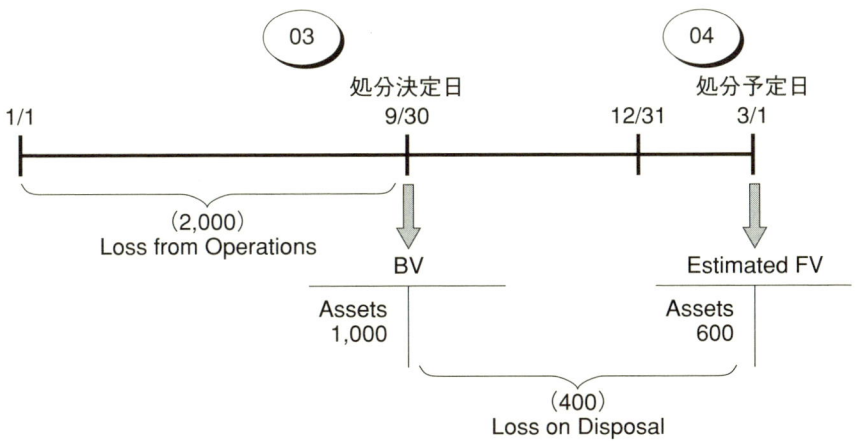

```
            03                           04
         処分決定日                    処分予定日
1/1       9/30              12/31       3/1
|----------|------------------|----------|
    (2,000)                         
 Loss from Operations              
              ↓                          ↓
              BV                    Estimated FV
            Assets                    Assets
            1,000                      600
              |_____|
                       (400)
                  Loss on Disposal
```

2003年9月30日に，非継続事業項目・資産が「売却目的での保有」の基準に合うとすれば2003年1月1日より9月30日の (2,000) が Loss from Operations となります。2003年においては，資産は処分予定日の2004年3月1日に予想される見積時価に評価切下げが見込まれるため，(400) の Loss on Disposal を計上します。

このため，非継続事業項目で報告する Loss from Operations, including Loss on Disposal は (2,400) となります。

一方，資産が売却目的で保有されている間に，新評価・情報によって，見積利益を計上することは可能です。ただし，その金額は以前に認識した金額を上限に限定されます。つまり，資産が「売却目的での保有」の基準を満たす時，**資産は評価を切り上げることはできるものの，元の簿価（Carrying Amount）を超えることはできないのです。**

3 損益計算書への開示方法

事業部門の廃止損益の損益計算書への表示方法のポイントは下記の点です。

---

a．継続事業利益（Income from Continuing Oerations）の次に表示する（C，D，Eの順番を思い出そう）。
b．税引き後（Net of Tax）の金額で表示する。
c．比較損益計算書（Comparative Income Statement）において，非継続事業項目を開示する場合，表示された各過年度のI／Sは，当期のI／Sと比較できるように，遡及的に調整（Adjust Retroactively）する必要がある。

---

3 特別損益項目（Extraordinary Items）

1 特別損益（Extraordinary Items）とは

特別損益項目とは，異常かつ臨時的な性質を持つ項目をいいます。

次の2つの要件を満たす重要な事象または取引から生じた損益は，非経常損益項目として「事業部門の廃止（Discontinued Operations）」の次にあらたな区分を

設けて表示する必要があります。

> a. 異常な性質を有していること（Unusual in Nature）
> b. 発生の可能性がかなり低く，臨時的なこと（Infrequent in Occurrence）

　この2つの要件に該当するかどうかは，その事例と企業の個別状況を考慮することによって決定されますが，この2つの条件に合致するものは，きわめてまれです。また，同一事例でも，特別損益項目とする企業もあれば，経常損益項目として扱う企業も理論上ありうるのです。
　これら要件のうち1つしか満たしていない場合には，経常損益計算区分に「異常または臨時的損益項目（Unusual or Infrequent Items）」の区分を設けて記載されます。

2 特別損益の例示

　特別損益項目の例には下記のようなものがあります。

> a. 災害によって起こされる損失（Loss from Casualties）
> b. 外国政府による資産没収によって引き起こされた損失（Loss from Expropriation of Assets）
> c. 新たな法規制に基づく禁止令（Prohibition under a Newly Enacted Law or Regulation）

　aの「災害による損失」とは，地震，ハリケーン，洪水など企業にとってコントロール不能な自然現象によって発生した損害です。このケースでは，地震やハリケーンの発生が，損害を受けた企業にとって異常かつ臨時的な性質を持っている必要があります。つまり，ある程度日常的に地震を体験している地域では，臨時的という条件がそろわないため特別損益に計上することはできないのです。
　これらの損益は，損益計算書の最下段に税引後の金額で記載されます。

3 特別損益として扱われないもの

　以下の項目は特別損益として扱われず，経常損益計算区分に記載されます。

a．資産の売却損益（Gain or Loss on Sale of Assets）
b．資産の評価切下げ・消却によって生ずる損失
　（Write-down or Write-off of Assets）
c．為替差による損益
　（Gain or Loss from Exchange or Translation of Foreign Currencies）
d．従業員のストライキによって生じる損失（Effects of Strike）
e．ローン（借入）の期限前返済（Prepayment）
　従来は特別損益として取扱われていたが，現在は特別損益の項目ではない。

練習問題1（損益計算書）

X Co. had the following transactions during 2003：
・$2,400,000 pretax loss on foreign currency exchange due to a major unexpected devaluation by the foreign government.
・$1,000,000 pretax loss from discontinued operations of a division.
・$1,600,000 pretax loss on equipment damaged by a hurricane.

This was the first hurricane ever to strike in X's area. X also received $2,000,000 from its insurance company to replace a building, with a carrying value of $600,000, that had been destroyed by the hurricane.

What amount should X report in its 2003 income statement as extraordinary loss before income taxes?

a．$　200,000
b．$2,600,000
c．$3,600,000
d．$5,000,000

〈答え　a〉
〈解法のポイント〉　特別損益項目は，具体例で覚えてください。
〈解説〉
　Extraordinary（X/O）items（特別損益項目）はその性格が unusual and infrequent なものに限られます。3番目の例は first hurricane ですから

unusual and infrequent に該当します。したがって Extraordinary loss は

 Loss on equipment $1,600,000
 Building gain
 ($2,000,000 － 600,000) (1,400,000)
            $200,000

Gain or loss on foreign currency exchange（為替差損益）は APB30 により Extraordinary でない項目として列挙されています（この機会に覚えておくとよいでしょう）。

$1,000,000 Loss from discontinued operation は Discontinued operation として処理されるので Extraordinary ではありません。

4　会計上の変更（Accounting Changes）

1　会計上の変更とは

　財務諸表の作成においては，期間比較の観点から継続的な会計処理方法の使用を前提としています。なので，会計処理方法を変更した場合には，その影響が財務諸表を読む側で判断できなければなりません。

　新しいルールである FASB154 では，そのための情報を開示するように規定されています。

　会計上の変更とは，大きく以下の3つをいいます。

---

 a．Change in Accounting Principle（適用する会計処理の変更）
 b．Change in Accounting Estimate（会計上の見積りの変更）
 c．Change in Reporting Entity（報告主体の変更）

2　Change in Accounting Principle（適用する会計処理の変更）

　適用する会計処理方針の変更を行った場合には，実務上不可能な場合を除き，自発的（Voluntary）な会計方針の変更は過去に遡って，新しい会計処理が過去にも適用されていたように過去の財務諸表も修正する（Retrospective Application）

必要があります。

　そして累積的な影響額は税引き後（Net of Tax）で期首の利益剰余金（(BB of R/E）を修正します。

　ただし，遡及修正により間接的にキャッシュフローなどに影響が出る場合は，この影響は変更を行った期にのみ認識し，遡及修正に含めません。

　遡及修正が Impracticability(不可能)な場合は以下のいずれかの修正を行います。

① 各期間への個別配分は不可能だが，影響額全体は算定可能な場合，実務上可能な最も古い会計期間の資産，負債の BB を修正し，その期の R/E の BB および OCI を修正。

② 影響額が算定不可能な場合は，実務上可能な最も古い日から将来に向けて修正

　そして，変更の概要と理由，新方針が望ましい理由。変更の方法および，①修正前の情報，②継続事業からの収益，純利益，EPS への影響，③表示される最も古い R/E への影響，④遡及が不可能な場合の理由と代替方法，間接的な影響について，情報を開示しなくてはなりません。

　☆減価償却方法の変更は，新しいルールでは，Change in Accounting Estimate（会計上の見積りの変更）として処理されます。

☞ **ここは重要!!　会計上の変更の新しいルール**

　新しいルールでは，適用する会計方針の変更（Change in Accounting Principle）の影響は，原則として過去の財務諸表を修正します(Retrospective Application)。また，減価償却方法の変更は会計上の見積りの変更（Change in Accounting estimate）として処理されるように変わりました。

3 Change in Accounting Estimate（会計上の見積りの変更）

　見積りの変更とは，

① 減価償却方法，耐用年数，残存価額の見積額の変更

② 債権の回収可能性に関する見積りの変更

③ 製品保証費用の見積りの変更

などを指します。

このような変更があった場合には，過去の数字は修正せず，変更が当期にのみ影響する場合は当期の損益として処理し，将来にも影響する場合には今期と将来に向けて修正処理（Prospective Treatment）します。

そして，変更の概要と理由，継続事業からの収益，純利益，EPSへの影響について変更の影響を情報開示します。

4 Change in Reporting Entity（報告主体の変更）

会計報告主体の変更には下記のような例があります。

---
① 個別 F/S → 連結 F/S or 総合 F/S
② 連結対象子会社の変更
③ 総合 F/S に含める会社の変更

報告主体の変更が行われた場合には，過年度の財務諸表にさかのぼって修正表示（Retrospective Application）を行う必要があります。

練習問題 2

On January 3, to better reflect the variable use of its only machine.

ABC Company elected to change its method of depreciation from the straight-line method to the unit of production method. ABC should report the accounting change in its financial statement as a (an)

a. Change in accounting principle
b. Change in accounting estimate
c. Correction of an error
d. Neither an accounting change nor a correction of an error

〈答え　b〉

〈解法のポイント〉　新しいルールでは減価償却方法の変更は Change in accounting estimate です。

〈解説〉
以前のルールでは，減価償却方法の変更は Change in accounting Principle でしたが，新しいルールでは Change in accounting estimate です。

練習問題 3

On January 1, Year 2, ABC Construction company changed to the percentage-of-completion method of income recognition for financial statement reporting. ABC can justify this change in accounting principle.

As of December 31, Year 1, ABC complied data showing that income under the complete-contract method aggregated $700,000. If the percentage-of-completion method had been used, the accumulated income through December 31, Year1, would have been $880,000. Assuming an income tax rate of 40% for all years, the cumulative effect of this accounting change should be reported by ABC in the Year 2

　a． Retained earnings statement as a $180,000 credit adjustment to beginning balance.
　b． Income statement as a $180,000 credit.
　c． Retained earnings statement as a $108,000 credit adjustment to the beginning balance.
　d． Income statement as a $108,000 credit.

答え　c

解法のポイント　Change in accounting principle の影響額は税引き後（Net of tax）で期首の利益剰余金（R/E）を修正します。

解説
工事完成基準から工事進行基準に変更した累積的な影響額は，$180,000の増加（880,000 － 700,000）なので，この税引き後の金額 $108,000（180,000 × 60%）について期首の利益剰余金額を修正します。

練習問題 4（会計上の変更）

A company has included in its consolidated financial statements this year a subsidiary acquired several years ago that was appropriately excluded from consolidation last year. This results in

　a． Neither an accounting change nor a correction of an error.

b．An accounting change that should be reported prospectively.
　　c．An accounting change that should be reported by restating the financial statements of all prior periods presented.
　　d．A correction of an error.

〈答え　c〉

〈解法のポイント〉　連結の場合，過去にさかのぼるのがポイントになります。

〈解説〉
　本問は連結財務諸表に含まれる子会社の構成が変わった（今まで連結していなかった子会社を連結の対象にした）例ですから change in reporting entity （報告実体の変更）に該当します。
　Change in reporting entity の会計処理は restating the financial statements of all prior periods presented（比較目的で公表する前年以前のすべての財務諸表を修正再表示する）ですから c．が正解です。

5　誤謬の訂正（Correction of Errors）

1　誤謬の訂正とは

　誤謬の訂正とは，すでに公表された過年度の財務諸表の誤謬を当期に正しく修正することをいいます。これを Prior Period Adjustment（過年度損益修正）といいます。
　2005年5月に発表された SFAS 154（会計上の変更および誤謬の訂正）は，この誤謬の訂正と既に説明した会計処理の変更による遡及適用との違いを区別しており，その内容を確認しておくことが必要です。
　会計上の誤謬には，次のものがあります。

---

① 会計処理上本来認められていない会計方法による処理
② 期末棚卸資産額の計算もしくは記帳ミス
③ 固定資産の取得原価や減価償却費の計算もしくは記帳ミス
④ 勘定科目の分類ミス

2 誤謬の訂正方法

a．棚卸資産金額の自動修正（Self-Correction）

期末棚卸資産の計算を間違っても，当期と次期の2会計期間を通じて正しい金額に自動修正されます。自動修正とは言葉の通り，とくに何をしなくとも正しい数字に変更されることをいいます。この点を次の例によって考えてみましょう。

> **例示1**
>
> 2002年の期末棚卸資産の金額を200ドル過小表示してしまったと仮定します。これが，当期純利益や利益剰余金にどのような影響を与えるか考えてみましょう。
>
> | | 2002 | | 2003 | |
> |---|---|---|---|---|
> | Sales | | $ xxx | | $ xxx |
> | Cost of Goods Sold | | | | |
> | 　Beginning Inventory | $ xxx | | $ 200 ↓ | |
> | 　Purchase | xxx | | xxx | |
> | 　Less：Ending Inventory | $ 200 ↓ | 200 ↑ | xxx | 200 ↓ |
> | Net Income | | $ 200 ↓ | | $ 200 ↑ ② |
> | Retained Earnings（B／S） | | $ 200 ↓ ① | | $ xxx ①＋② |
>
> まず，2002年の損益計算書で期末商品棚卸高（EI）が200ドル過小表示されたことにより，売上原価（COGS）が200ドル過大表示されます。よって，2002年度の純利益は200ドルの過小表示になります。また，純利益と利益剰余金の金額は同方向に動きますので，2002年度末の利益剰余金も200ドル過小表示されることになります。
>
> さらに2003年度の動きはどうでしょう。前期末の棚卸資産はそのまま期首商品棚卸高（BI）になります。期首商品棚卸高が200ドル過小表示されていることによって，売上原価も同様に200ドルの過小表示となります。売上原価の過小表示は，2003年度の純利益に200ドルの過大表示をもたらすことになります。この結果，利益剰余金は2会計期間を通じて正しい数字に戻ります。

①+②= \$200 ↓ + \$200 ↑ = 0

練習問題 5 (誤謬修正)

Which of the following errors could result in an overstatement of both current assets and stockholders' equity ?

a. Holiday pay expense for administrative employees is misclassified as manufacturing overhead.
b. An understatement of accrued sales expenses.
c. Noncurrent note receivable principal is misclassified as a current asset.
d. Annual depreciation on manufacturing machinery is understated.

答え　a

解法のポイント　誤謬による影響の出方を理解しておきましょう。

解説

Administrative expense（一般管理費）として本来全額費用計上すべき Holiday pay expense を manufacturing overhead（製造間接費）として処理した場合は

製造原価の構成要素になり　→　一部（売れた分）は CGS（売上原価）に
　　　　　　　　　　　　　↘　一部（売れ残った分）は Ending inventory
　　　　　　　　　　　　　　　（期末棚卸資産）になります。

EI が過大　→　(1)　current assets が過大
　　　　　↘　(2)　CGS が過小 → Net income (NI) が過大
　　　　　　　→ Retained Earnings (Stockholders' equity の構成要素)
　　　　　　　　が過大になります。

(注) CGS になるものは本来 Administrative expense として費用計上されるものの一部が CGS という別の勘定で費用になっているのでこの部分の NI に対する影響は考慮不要です。(費用同士)

b は current liabilities が understatement になるので誤りです。

c は current assets が over statement になりますが assets 同士の分類が違っているだけで stockholders' equity に対する影響はないので誤りです。

d は Inventory (current assets) が understatement になるので誤りです。

b．過年度修正（Prior Period Adjustment）

誤謬の訂正のポイントは，損益計算書を経由せず過年度修正勘定を使って期首の利益余剰金残高を修正することです。

下記に，これまでの会計上の変更，誤謬の訂正にかかわる取り扱い内容をまとめてありますので，再度良く見て，暗記するようにしてください。なお，さらに全体のまとめと損益計算上のどこに各項目が現れてくるのかを整理するための要約を付けてあります（Summary of the Presentation of an Income Statement）。暗記のツールとして，本章の冒頭のまとめで説明した通り，CDE の大文字を利用して，忘れにくくなっていますので活用するようにしてください。

Treatment	内 容	処理方法の名称	ケース
Prospectively	過去の数字は修正せず，今期と将来に向けて修正処理		Change in Accounting Estimates
Retrospective	今期表示する分については，過年度の分も変更後の条件で財務諸表を修正し，再表記	Retrospective Application	Change in Accounting Principle Change in Reporting Entity
Prior Period Adjustment	期首の R/E を修正して処理	Prior Period Adjustment	Correction of Errors

◆ SUMMARY OF THE PRESENTATION OF AN INCOME STATEMENT

Item	Criteria	Examples	Placement
Unusual or infrequent gains or losses	Unusual or infrequent but not both	Write-down or write-off of receivables, inventories, equipment leased to others, other gains or losses from the sale or abandonment or impairment of property, plant, or equipment used in the business	**C** D E
Changes in estimate	A revision of an accounting measurement	Changing the useful life of a depreciable asset from 5 to 7 years	**C** D E
Discontinued operations	The disposal of a component of the entity which represents separate operations and cash flows.	A component that has been sold, abandoned, or spun-off. The component's operations and cash flows must be clearly distinguished.	C **D** E

| Extraordinary items | Both unusual and infrequent in nature | Casualty gains and losses | C
D
E |

6 包括利益（Comprehensive Income）

FASB は SFAC5, 6 によって Comprehensive income という概念を導入してきましたが，GAAP にこれまで反映されることはありませんでした。

ただし，SFAS130 により，その具体的処理および表示方法が下記の通り制定されました。最近の試験でも，よく問われる内容ですので，よく理解しておきたい分野です。

1 包括利益とは

企業実体にとって当期中に自己資本に影響を及ぼすすべての取引をいいます。ただし，オーナー・株主からの出資およびオーナー・株主への分配は除きます。

2 表示方法

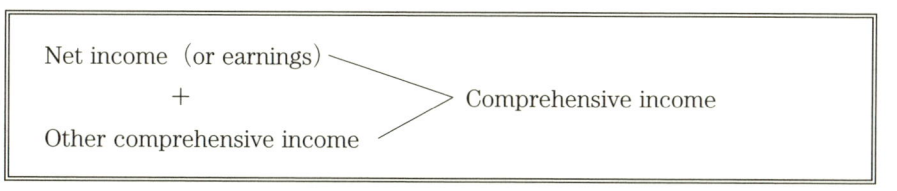

```
Net income (or earnings) ─┐
            +              ├─ Comprehensive income
Other comprehensive income ─┘
```

具体例は，後記の Statement 等の表示例を参照してください。

Revenues, Expenses, Gains, Losses で Comprehensive income に含まれるもののうち，Net Income には含まれないものが，次の例のように Other comprehensive income として表示されます。

◆ COMPREHENSIVE INCOME REPORTING

```
Net Income                                                                    $XXX
Other Comprehensive Income:
  Foreign currency adjustments, net of tax of $XXX              $XXX
  Unrealized Gain/Loss on Marketable Securities:
    Unrealized holding gain/loss arising during period,
      net of tax of $XXX                                $XXX
    Reclassification adjustment,
      net of tax of $XXX, for gain/loss included in net income   XXX    XXX
  Pension adjustment, net of tax of $XXX                                XXX    XXX
Comprehensive Income                                                          $XXX
```

3 Other Comprehensive Income

a．Foreign currency translation adjustment（外貨換算調整額）（計算は第15章参照）

b．Unrealized holding gains and losses on available-for-Sale securities（未実現損益／売買可能有価証券）（計算は第5章参照）

c．Pension adjustment（年金にかかる調整額）（計算は第11章参照）

（注）SFAS130は，Other comprehensive income がない会社および Not-for-Profit organization には適用されません。

● Reclassification adjustment（組替修正額）の表示●

Available-for-Sale（AFS）securities を売却したときは，この証券に係る既に計上済の Unrealized gains or losses（未実現損益）の金額を Other comprehensive income から外して，Realized gains or losses（すなわち，Net earnings の構成要素）として表示し直します（Gain or loss を Net earnings に算入するのに，これを Other comprehensive income の区分から外さないと，この分が二重計上になってしまうからです）。

〈例示〉

	2000	2001
Cost	$4,000	$4,000
Market value	$4,400	$4,600
2000 Unrealized gain	$4,400 − $4,000 = $400	
2001 Unrealized gain	$4,600 − $4,400 = $200	
累計	⟶ $600	

これを2002年期首に$4,600で売却したと仮定すると，このAFSにかかる損益

は以下のようになります。

	2000	2001	2002	
Net earnings	—	—	$600	← $4,600 − $4,000
Other comprehensive income	$400	$200	($600)	← Reclassification
Comprehensive income	$400	$200	None	Adjustment として表示される

上記の例で明らかなように，売却価額（すなわち，Market value）$4,600 と Cost $4,000 の差額の $600 の Realized gain（実現利益）は，2000年，2001年で既に Unrealized gain（未実現利益）として Comprehensive income に計上されています。Realized gain（実現利益）を2002年に Net earnings として計上するので，このままでは Comprehensive income $600 が二重計上になります（Net earnings も Comprehensive income の構成要素です）。これを避けるために，2002年に Other comprehensive income（$600）を計上します。

4　Balance Sheet Presentation

Other comprehensive income の合計額は，過去の累積額と合計してB／Sの資本の部に Accumulated other comprehensive income として Retained earnings の下に表示されます。かつ，その内訳についてはB／S上に，または注記として開示します。すなわち，下記の通りになります。

I/S Items	Transferred to	B/S
Net earnings	➡	Retained earnings
Other comprehensive income	➡	Accumulated other comprehensive income

〈B／S表示例〉

Equity（資本）	
Common stock	xxx
Additional paid − in capital	xxx
Retained earnings	xxx
Accumulated other comprehensive income	xxx
Total equity	xxx

F／Sのジャンルでは，Other comprehensive income の各項目の計算そのものの出題はまずありえません（計算それ自体は Foreign currency translations,

Investments, Pension のジャンルで出題されるためです）。

したがって、受験者は、Other comprehensive income として表示する項目名、表示方法（I／S, Statement of Comprehensive Income, B／S）を覚えておけば十分です（それぞれの項目の計算結果は問題に書いてあります）。

5 Balance Sheet（B／S, 貸借対照表）

B／Sの問題を解く上で特に注意すべき事項としては、Current（流動）と Non-Current（固定）の区別をすることです。

Current assets とは、現金およびその他の資産で、基本的には、Normal Operating cycle（正常営業循環）で現金等に決済されるもの、もしくは売却または消費されるものをいい、Current liabilities とは、現存する Current assets を使用して決済されるもの、もしくは Normal operating cycle の期間内であらたに他の Current liabilities を生み出すものをいいます。期間としては、通常１年以内です。これ以外のもの、すなわち決済までに Normal Operating cycle を超えるものが Noncurrent として区分されます。期間としては、１年超となります。

Normal operating cycle とは、仕入から販売をし対価を現金で回収する期間をいいます。

下記に、Balance Sheet の例をのせておきますので、各項目が理解できるようにしてください。

Printing Company
BALANCE SHEET

	December 31, 20X7	December 31, 20X6
Assets		
Current assets:		
Cash	$ 3,500,000	$ 3,600,000
Trading securities	13,000,000	11,000,000
Accounts receivable, net of allowance for doubtful accounts	105,000,000	95,000,000
Inventories, lower of cost or market	126,000,000	154,000,000
Prepaid expenses	2,500,000	2,400,000
Total current assets	250,000,000	266,000,000
Property, plant, and equipment, net of accumulated depreciation	311,000,000	308,000,000
Investments, at equity	2,000,000	3,000,000
Long-term receivables	14,000,000	16,000,000
Patents and other intangibles, net of accumulated amortization	13,000,000	15,000,000
Total assets	$590,000,000	$608,000,000
Liabilities and Stockholders' Equity		
Liabilities		
Current liabilities:		
Notes payable	$ 5,000,000	$ 15,000,000
Accounts payable and accrued expenses	63,500,000	76,000,000
Payments due within one year on long-term debt	6,500,000	7,000,000
Total current liabilities	75,000,000	98,000,000
Long-term debt	169,000,000	180,000,000
Deferred income tax liability	83,000,000	75,000,000
Total liabilities	$327,000,000	$353,000,000
Stockholders' Equity		
Common stock, par value $1.00 per share; authorized 20,000,000 shares;		
issued and outstanding 10,000,000 shares	10,000,000	10,000,000
5% cumulative preferrred stock, par value $100.00 per share;		
$100.00 liquidating value; authorized 50,000 shares;		
issued and outstanding 40,000 shares	4,000,000	4,000,000
Additional paid-in capital	107,000,000	107,000,000
Retained earnings	142,000,000	134,000,000
Total stockholders' equity	263,000,000	255,000,000
Total liabilities and stockholderss' equity	$590,000,000	$608,000,000

第10章

税効果会計
(Deferred Taxes)

本章での主要な学習ポイント

1. 会計と税法の差異
2. 一時的差異と永久的差異 ── 一時的差異
   　　　　　　　　　　　　└── 永久的差異
3. 繰延税負債と繰延税資産 ── 繰延税負債
   　　　　　　　　　　　　├── 繰延税資産
   　　　　　　　　　　　　└── 税率の変化
4. 税法上の課税所得の算出
5. 財務諸表上の表示 ── 流動と固定に分類
   　　　　　　　　　└── 純流動額と純固定額に分類

・税効果会計では，一時的差異や永久的差異の該当するケースはどれか等，基本になる事項を十分理解してください。理解し，必要な事項を暗記すれば，それほどの難問はありません。過去問を十分解いておくこと，そうすれば，試験場でもあわてる必要はありません。

1　Net Income（会計上の利益）と Taxable Income（課税所得）

　米国会計基準（US GAAP）にのっとって作成される会計上の税引前利益（Income Before Income Taxes）と，米国税法（IRS）によって算出される課税所得（Taxable Income）は，基本的に一致しません。その理由は，主に次のような

ものです。

a. 会計上の税引前利益を算出するにあたってプラス項目である利益の中に，税法上は益金としてプラスしなくても良いものがあり，またマイナス項目である費用の中に税法上損金としてマイナスにできないものがあるからです。

b. 発生主義で処理を行っている会計の収益，費用と，現金主義で処理を行っている税法上の益金，損益の違いにより，計上する会計期間がずれてしまうことがあります。また，減価償却などで会計上と税法上で違う償却方法を使った場合，(たとえば会計上は定額償却，税法上は加速償却) 総額としての償却額は同じですが，いつ，どの位の税金を払うかについては以下のような差が生じます。

① 償却期間の初期においては税法上の損金の方が会計上の費用より大きくなるため Income Before Income Taxes よりも Taxable Income は小さくなり，支払うべき税金額が少なめに計算されます。

② 償却期間の後期においては税法上の損金の方が会計上の費用より小さくなるため Income Before Income Taxes よりも Taxable Income の方が大きくなり，支払うべき税金額が多めに計算されます。

このような会計上の税引前利益 (Income Before Income Taxes) と，米国税法 (IRS) によって算出される課税対象利益 (Taxable Income) の差について調整を行い，その情報を開示する方法が「税効果会計」という考え方です。

この差については，永久にその差が解消されない永久的差異 (Permanent Difference) と，差は一時的なもので，時間の経過とともに解消される一時的差異 (Temporary Difference) の2種類があります。

将来に向けての繰延税金資産 (Deferred Tax Assets) や繰延税金負債 (Deferred Tax Liabilities) を考えなければいけないのは，Temporary Difference (一時的差異) だけですので，よく理解しましょう。

まず，この章を学習するにあたって，覚えておくべき基本用語を整理しておきましょう。

Taxable (課税される)，Non-Taxable (課税されない)，Future Taxable (将来課税される)，Deductible (控除できる)，Non-deductible (控除できない)，Future Deductible (将来控除できる)。

また，繰延税金資産 (Deferred Tax Assets) は，将来税金を減らす効果を資産として計上することをいいます。繰延税金負債 (Deferred Tax Liabilities) は将来

税金が増える効果を負債として計上することをいいます。

それでは具体的な内容と会計処理を見ていきましょう。

◆ TEMPORARY DIFFERENCES

	REVENUES AND GAINS	EXPENSES AND LOSSES
INCLUDED FOR TAX FIRST	FUTURE DEDUCTIBLE AMOUNT	FUTURE TAXABLE AMOUNT
INCLUDED IN FINANCIAL STATEMENT FIRST	FUTURE TAXABLE AMOUNT	FUTURE DEDUCTIBLE AMOUNT

2 一時的差異（Temporary Differences）と永久差異（Permanent Differences）

1 Temporary Differences（一時差異）

　Temporary Differences（一時差異）とは，US GAAPと米国税法（IRS）の違いにより認識する期間がずれ，一時的に差異が発生しますが，最終的には解消される項目のことです。将来に向けての繰延税金資産（Deferred Tax Assets）や繰延税金負債（Deferred Tax Liabilities）を計上する必要が発生しますので，注意しましょう。

　代表的なものは以下のようなものです。

① Bad Debt Expense（貸倒引当金）
　　会計上：引当金計上期に費用計上（発生主義）
　　税務上：実際に貸倒が発生し，Cash outした期に損金計上（現金主義）
② Estimated Warranty Liabilities（製品保証引当金）
　　会計上：引当金計上期に費用計上（発生主義）
　　税務上：実際に保証費用が発生し，Cash outした期に損金計上（現金主義）
③ Depreciation Expense（減価償却費）
　　会計上と税務上で違う減価償却方法を使っている場合に差異発生
④ Unearned Rent / Royalty Revenue（前受家賃，前受ロイヤリティ）
　　会計上：まず負債に計上し，実現した期に収益計上（発生主義）

税務上：現金受領期に計上（現金主義）
⑤ Installment Sales（割賦販売）
会計上：販売期に現金授受と関係なく計上（発生主義）
税務上：現金決済時点ごとに益金計上（現金主義）

2 Permanent Differences（永久差異）

Permanent Differences（永久差異）とは，US GAAPと米国税法（IRS）の違いにより発生し，永久に差異が解消されない項目のことです。永久に差が解消しませんので，将来に向けての繰延税金資産（Deferred Tax Assets）や繰延税金負債（Deferred Tax Liabilities）を計上する必要はありません。代表的なものは以下のようなものです。

① Life Insurance Premium when the Corporation is a Beneficiary
（会社が受取人となる支払保険料）
会計上：費用計上
税務上：控除できない

② Life Insurance Proceeds received by Corporation
（保険金の会社側での受取）
会計上：収益計上
税務上：益金にしなくてよい

③ State & Municipal Bond Interest Income
（州債，地方債からの受取利息）
会計上：収益計上
税務上：益金にしなくてよい

④ DRD（Dividend Received Deduction）
（受取配当金）
会計上：収益計上
税務上：受取額の80％は益金から控除できる。受取額の20％のみ益金計上（詳しくは，20％＜持分割合＜80％の場合がDRD80％です。持分割合≧80％の場合はDRDは100％，持分割合≦20％の場合はDRDは70％になります）

⑤ Payment of Penalty or Fine
（罰金，科金）
会計上：費用計上

税務上：損金として控除できない

練習問題1（永久差異，一時差異）

X Co.'s 2002 income statement reported $180,000 income before provision for income taxes. To compute the provision for federal income taxes, the following 2002 data are provided：

Rent received in advance	$32,000
Income from exempt municipal bonds	40,000
Depreciation deducted for income tax purposes in excess of depreciation reported for financial statements purposes	20,000
Enacted corporate income tax rate	30%

If the alternative minimum tax provisions are ignored, what amount of current federal income tax liability should be reported in X's December 31, 2002, balance sheet?

 a． $36,000
 b． $45,600
 c． $51,600
 d． $57,000

〈答え　b〉

〈解法のポイント〉　まず，Asset か Liability か確かめてください。次は，税効果会計の計算式に慣れることです。

〈解説〉

Current tax liability（＝ Income tax payable）（未払法人税等）は「Taxable income × tax rate」（課税所得×税率）で計算できます。

このような問題では Accounting income から temporary difference（一時差異），Permanent difference（永久差異）を調整してまず taxable income を求めます。

Accounting income	$180,000
Rent received in advance	32,000
Municipal bonds interest	(40,000)

Excess tax depreciation	(20,000)
Taxable income	$152,000

Rent received in advance（前受家賃）は会計上は実現の時点で計上します（したがって会計上は revenue として計上していません）が税務上は Cash を受け取った時に taxable（temporary difference）ですから足します。

Municipal bonds interest（地方債の受取利息）は，会計上は revenue ですが永久に課税されない（permanent difference）ので引きます。

Depreciation expense のうち会計上の費用よりも税務上の損金の方が大きい分（temporary difference）については，その大きい分だけ課税所得を求める過程で控除します。

Current tax liability ＝$152,000（Taxable income）×30%（tax rate）＝ $45,600
(Income tax payable)

3　繰延税負債（Deferred Tax Liability）と繰延税資産（Deferred Tax Asset）

一時的差異が生じる場合において，繰延税負債（Deferred Tax Liability）勘定や繰延税資産（Deferred Tax Asset）勘定が計上されることになります。

1　繰延税負債（Deferred Tax Liability）

例示 1

会計上で，2001 年に $2,000 の収益（Revenue）を計上したとします。一方，この収益についての実際の受取額はそれぞれ 2001 年に $800，2002 年に $600，2003 年に $600 であると仮定します。税法上は，Cash を受け取った年度に課税されるため，一時的差異が発生することになります。

＜Deferred Tax Liability（繰延税負債）＞

Year（年度）	01	02	03
A／C（会計上）	2,000	0	0
Tax（税法上）	800	600	600
（差額）	1,200		

30%の税率とすると $1,200 × 30% ＝ $360

となり、$360が会計上、繰延税負債として計上されます。

ただし、会計上でも税法上でも最終的に課税額として認識される合計額については、不変です。

会計上	01年	$2,000	×	30%	=	$600 ③
税法上	01年	$800	×	30%	=	$240 ①
	02年	$600	×	30%	=	$180
	03年	$600	×	30%	=	$180 → $360 ②
		$2,000				$600

しかし、会計年度ごとにこの差異は調整される必要があります。当期に徴収される法人税は、当期に実際に受取りのあった金額$800に対して課税されるもので、$240の法人税が徴収されます。

また、来期以降に徴収される法人税は、税法上の収益を超える会計上の収益の超過分、つまり$1,200に対する課税額$360となります。

$1,200 × 30% = $360

このため、下記の通りに、当期に徴収される額と来期以降徴収される額とが、別々に仕訳され区別されることになります。

　　Dr. Tax Expense － Current（当期法人税）(P／L)　　240 ①
　　　　Cr. Current Tax Liability（当期税負債）(B／S)　　　240
　　Dr. Tax Expense － Deferred（繰延法人税）(P／L)　　360 ②
　　　　Cr. Deferred Tax Liability（繰延税負債）(B／S)　　　360

法人税（Tax Expense）

① 240	
② 360	
③ 600	

↑
会計上の当期の法人税額

なお、繰延税金負債（Deferred Tax Liability）の計算は、以下のようにB／S approachという計算手法で行います。（以下B／S approachの①、②は計算の順序を示しています。＜重要＞）

01年分

年度	01	02	03
会計上	2,000	0	0
税法上	800	600	600
差額		(600)	(600)

(1,200)

マイナス（　）は Deferred Tax Liability（DTL）を表す。

① (1,200) × 30% = $ (360) ← 01年のDTLの期末残高（EB）を確定する。

ここでDTLのa／cを書くと

```
      (−)        DTL         (+)
                        0     BB（期首残高）
                              ←②差額が
                                 当期計上額
                      360     EB  ①で確定
```

⇩

```
      (−)        DTL         (+)
                        0     BB（期首残高）
                              ←②差額
                      360
                      360     EB  ①で確定
```

Dr. Tax exp.-Deferred　　360
　　Cr. DTL　　　　　　　　360

ポイントは翌年以降の差額を計算することです。

02年分

年度	01	02	03
会計上	2,000	0	0
税法上	800	600	600
差額		(600)	(600)

(600) × 30% = (180)

① $ (600) × 30% = $ (180) ← 2年目のDTLのEBを確定する。

第10章 税効果会計 (Deferred Taxes)　229

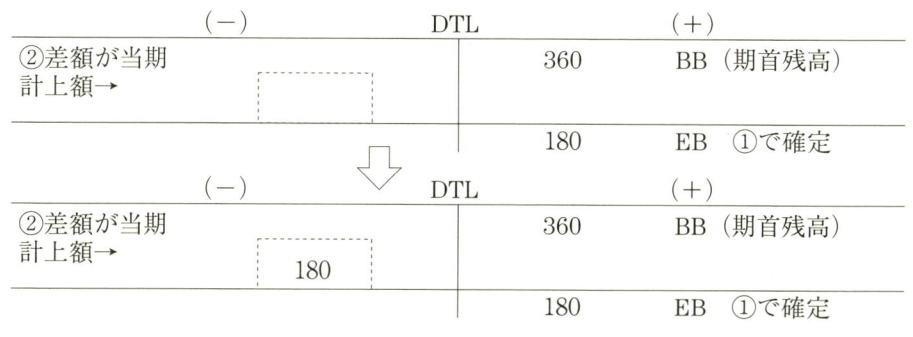

	(−)	DTL		(+)	
②差額が当期計上額→		360	BB	(期首残高)	
		180	EB	①で確定	

⇓

	(−)	DTL		(+)	
②差額が当期計上額→	180	360	BB	(期首残高)	
		180	EB	①で確定	

Dr. DTL　　　　　　　180
　Cr. Tax exp-deferred　　180

このように B／S approach とは、EB − BB で当期計上額を算出する計算手法です。

Deferred Tax Liabilities（繰延税負債）

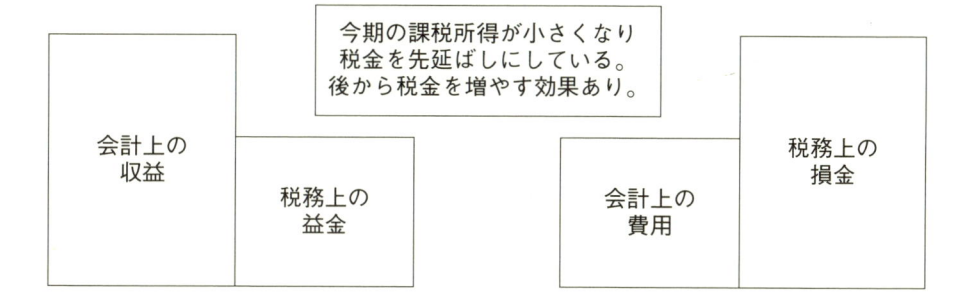

今期の課税所得が小さくなり税金を先延ばしにしている。後から税金を増やす効果あり。

会計上の収益／税務上の益金／会計上の費用／税務上の損金

2　繰延税資産（Deferred Tax Asset）

例示2

　会計上，2001年に＄800，2002年に＄600，2003年に＄600計上されるべき収益が，2001年に＄2,000一括で受取りがなされたと仮定します。会計上は，2001年の収益として＄800しか計上されませんが，税法上は実際にCashを受け取った額＄2,000に対して課税されるため，一時的差異が発生することになります。

＜Deferred Tax Asset（繰延税資産）＞
Year（年度）　　　　01　　02　　03

A／C（会計上）	800	600	600
Tax（税法上）	2,000	0	0
（差額）	(1,200)		

　　　　　　　　　　30％の税率から，$1,200 × 30\% = \$360$ となり，
　　　　　　　　　　$360 が会計上，繰延税資産として計上されます。

　一方，会計上でも税法上でも最終的に課税額として認識される合計額には変わりがありません。

会計上	01年	$ 800	×	30%	=	$ 240	③
	02年	$ 600	×	30%	=	$ 180	
	03年	$ 600	×	30%	=	$ 180	$360 ②
		$2,000				$ 600	
税法上	01年	$2,000	×	30%	=	$ 600	①

　しかし，会計年度ごとにこの差額は調整される必要があります。会計上の当期の法人税は，当期の収益計上額$800に対してなので，$240となります。
　一方，当期に徴収される法人税は，当期に実際に受取りのあった金額$2,000に対して課税されるので，$600の税が徴収されます。つまり，来期以降に会計上で収益として計上される分も，税法上ではすでに課税所得の計算に含まれ，法人税として支払ったことになります。

　　$600 － $240 ＝ $360（来期以降の会計上の収益に対応する税金）

会計処理する場合，当期に徴収された額$600と来期以降の会計上の収益と対応すべき額$360とは，別々に仕訳され区別されることになります。

　　Dr. Tax Expense － Current（当期法人税）（P／L）　　　600 ①
　　　　Cr. Current Tax Liability（当期税負債）（B／S）　　　　　600
　　Dr. Deferred Tax Asset（繰延税資産）（B／S）　　　360
　　　　Cr. Tax Expense － Deferred（繰延法人税）（P／L）　　360 ②

法人税（Tax Expense）

①	600	360	②
③	240		

　　↑
　　会計上の当期の法人税額

Deferred Tax Assets（DTA繰延税資産）

> 今期の課税所得が大きくなり
> 税金を前払いしている。
> 後から税金を減らす効果あり。

```
        税務上の                会計上の
        益金                    費用
 会計上の                              税務上の
 収益                                  損金
```

DTA の計算も DTL と同様に B／S approach の計算手法で行います。

01 年分

年度	01	02	03
会計上	800	600	600
税法上	2,000	0	0
差額		600	600

　　　　　　　　　　　　　　1,200

プラスは Deferred Tax Assets（DTA）を表す。

① $1,200 \times 30\% = \$360$ ← 01 年の DTA の期末残高（EB）を確定する。

ここで DTA の a／c を書くと

	（＋）	DTA	（－）
BB（期首残高）	0		
②差額が 当期計上額→			
EB　①で確定	360		

⇩

	(＋)	DTA	(－)
BB（期首残高）	0		
②差額が当期計上額→	360		
EB ①で確定	360		

Dr. DTA　　　　　　　　360
　　Cr. Tax exp-deferred　　360

ポイントは翌年以降の差額を計算することです。

02年分

年度	01	02	03
会計上	800	600	600
税法上	2,000	0	0
差額		600	600

$600 × 30\% = \$180$

① $\$600 × 30\% = \$180$ ← 2年目のDTLのEBを確定する。

	(＋)	DTL	(－)
BB（期首残高）	360	②差額が当期計上額→	
EB ①で確定	180		

⇩

	(＋)	DTL	(－)
BB（期首残高）	360	②差額が当期計上額→	180
EB ①で確定	180		

Dr. Tax exp-deferred　　180
　　Cr. DTA　　　　　　　180

3 税率（Tax Rate）の変化

繰延税負債や繰延税資産を計算するときに使用される税率（Tax Rate）は，必ずしも一定の税率ではなく，その課税される年度により変わることが考えられま

す。この場合，それぞれの課税年度の税率を使用して繰延税負債や繰延税資産を計算することになります。

計算式は

- Deferred Tax Assets
  = Future Deductible Amount × Future Tax rate
- Deferred Tax Liabilities
  = Future Taxable Amount × Future Tax rate

例示 3

会計上で，2001年に＄2,000の収益を計上したとします。しかし，この収益についての実際の受取りは，それぞれ2001年に＄800，2002年に＄600，2003年に＄600であると仮定します。税法上は，受け取った年度に課税されるため，一時的差異が発生することになります。

また，税率が1年目は30％，2年目は20％，3年目は25％と変わるものとします〔先ほどの繰延税負債（Deferred Tax Liability）の例で，税率が変わるものとします〕。

＜繰延税負債（Deferred Tax Liability）＞

Year （年度）	01	02	03
A／C（会計上）	2,000	0	0
Tax（税法上）	800	600	600
（差額）	1,200	(600)	(600)
（税率）	30％	20％	25％

税法上，徴収される税金は次の通りになります。

```
税法上  01年  $800 × 30％ = $240    ← 当期の徴収額
        02年  $600 × 20％ = $120  ┐
        03年  $600 × 25％ = $150  ┘ $270
                              ─────    来期以降の徴収額
                              $510
```

この場合も，当期に徴収される額と来期以降徴収される額とが別々に仕訳されます。

Dr. Tax Expense − Current（当期法人税）（P／L）　240
　Cr. Current Tax Liability（当期税負債）（B／S）　　　　240

```
Dr. Tax Expense － Deferred（繰延法人税）(P／L)   270
    Cr. Deferred Tax Liability（繰延税負債）(B／S)         270
```

01 年分

年度	01	02	03
会計上	2,000	0	0
税法上	800	600	600
差額		(600)	(600)

(600)×20%＝(120)　(600)×25%＝(150)

マイナスは Deferred Tax Liability（DTL）を表す。

① 0（120）＋（150）＝ $(270) ← 01 年の DTL の期末残高（EB）を確定する。

ここで DTL の a／c を書くと

```
       (－)       DTL       (＋)
                        0      BB（期首残高）
                                 ←②差額が
                                    当期計上額
                      270      EB  ①で確定

       (－)       DTL       (＋)
                        0      BB（期首残高）
                                 ←②差額
                      270
                      270      EB  ①で確定
```

Dr. Tax exp.-Deferred   270
　　Cr. DTL   270

02 年分

年度	01	02	03
会計上	2,000	0	0
税法上	800	600	600
差額		(600)	(600)

(600)×25%＝(150)

① $(600) × 25% = $(150) ← 2年目のDTLのEBを確定する。

	(−)	DTL		(+)	
②差額が当期計上額→			270	BB	（期首残高）
			150	EB	①で確定

⇩

	(−)	DTL		(+)	
②差額が当期計上額→		120	270	BB	（期首残高）
			150	EB	①で確定

Dr. DTL　　　　　　　　120
　Cr. Tax exp-deferred　　120

4　税法上の課税所得（Taxable Income）の算出

会計上の税引前利益から一時的差異と永久的差異を足し引きし，税法上の課税所得を算出する方法を学んでいきます。

> **例示 4**
>
> X社の2003年の税引前利益は$24,000でありました。
> 追加情報は次の通りです。
>
> | 1．地方債等の利息収入 | $400 |
> |---|---|
> | 2．支払生命保険料 | $300 |
> | 　受取人は会社です | |
> | 3．税法上の減価償却費 | $1,800 |
> | 　会計上の減価償却費 | $800 |
> | 4．会計上計上された製品保証費 | $600 |
> | (Estimated Warranty Expenses) | |

(1) 永久的差異（Permanent Differences）
- 地方債等の利息収入（Municipal Bond Interest Income）は税法上，非課税ですが，会計上は$400が収益として認識されているので，税引前利益から$400を引く必要があります。

- 税法上，受取保険金は課税所得に含まれないので，支払生命保険料（Life Insurance Premium Expense）は損金として控除できません。しかし，会計上の税引前利益では $300 が費用計上されているので，$300 を足す必要があります。

(2) 一時的差異（Temporary Differences）
- 会計上の減価償却費（Depreciation Expense）は $800 で，税法上の減価償却費は $1,800 と差異が認められます。会計上は減価償却費として $800 しか計上していないので，$1,000 をさらに引く必要があります。
- 製品保証費（Estimated Warranty Expense）は，会計上は見積りで $600 が費用計上されていますが，税法上では見積計上が認められていないため，$600 を足す必要があります。

税法上の課税所得は下記の通りに算出されます。

税引前利益	$24,000
永久的差異	
地方債等の利息収入	(400)
支払生命保険料	300
一時的差異	
減価償却費	(1,000)
製品保証費	600
課税所得	$23,500

（注意）

課税所得（Taxable Income）の算出には，永久的差異（Permanent Difference）および一時的差異（Temporary Differences）の両方が計算に含まれることに注意する必要があります。

練習問題 2 （永久差異，一時差異）

X Co., organized on January 2, 1998, had pretax accounting income of $1,000,000 and taxable income of $1,600,000 for the year ended December 31, 1998. The only temporary difference is accrued product warranty costs which

are expected to be paid as follows：
    1999 $200,000
    2000   100,000
    2001   100,000
    2002   200,000

X has never had any net operating losses (book or tax) and does not expect any in the future. There were no temporary differences in prior years. The enacted income tax rates are 35% for 1998, 30% for 1999 through 2001, and 25% for 2002. In X's December 31, 1998, balance sheet, the deferred income tax asset should be
　a．$120,000
　b．$140,000
　c．$170,000
　d．$210,000

〈答え　c〉

〈解法のポイント〉　税効果会計の計算式も覚えてしまえば簡単です。

〈解説〉

Deferred tax asset は将来 deductible（損金算入）になる temporary difference（一時差異）に，その損金になる時点での tax rate（税率）を掛けて計算します。

	Future deductible amounts	Tax rate	Deferred tax asset
1999	$200,000	30%	$ 60,000
2000	100,000	30%	30,000
01	100,000	30%	30,000
02	200,000	25%	50,000
total	600,000		$170,000 ←（答）

5 財務諸表上の表示（Financial Statement Presentation）

〈貸借対照表〉

繰延税金の負債と資産の分類は2段階の過程を通して行われます。

1 流動（Current）と固定（Noncurrent）に分類

繰延税金資産（Deferred Tax Assets）と繰延税金負債（Deferred Tax Liabilities）は，将来税金を増やしたり，減らしたりする効果を資産や負債として計上するものですが，その原因がどのようなものから発生したかによって Current（流動）と Noncurrent（固定）に分類されます。たとえば Depreciation は固定資産を原因として発生しますので，ここから発生した Deferred Tax Liabilities は Non current（固定）に分類されます。また Bad Debt Expense は売掛金（Account Receivable）を原因として発生しますので，ここから発生した Deferred Tax Assets は current（流動）に分類されます。

2 純流動額（Net Current Amount）と純固定額（Net Noncurrent Amount）に分類

いったん分類が決定されると，すべての流動額は純流動資産または負債を得るために合算されます。さらに，固定額も同様に純固定額を得るために合算されます。

たとえば，流動繰延税資産（DTA：Deferred Tax Asset-Current）＄200 と流動繰延税負債（DTL：Deferred Tax Liability-Current）＄800 がある場合，これらの流動額は相殺され，流動繰延税負債（Deferred Tax Liability-Current）＄600 となります。また，同様に固定繰延税資産（Deferred Tax Asset-Noncurrent）＄1,000 と固定繰延税負債（Deferred Tax Liability-Noncurrent）＄600 がある場合，これらの固定額は相殺され，固定繰延税資産（Deferred Tax Asset-Noncurrent）＄400 となります。

〈財務諸表上の表示〉
- DTL, DTA を Current と Noncurrent に分類します
  STEP 1—関連する資産・負債の属性

STEP 2 — いつ Reverse するか
- DTL, DTA が両方ある場合
  → Current 同士, Noncurrent 同士で Net します

練習問題 3 （繰延税金の B/S への表示方法）

X Co. applies Statement of Financial Accounting Standards No. 109, Accounting for Income Taxes. At the end of 2001, the tax effects of temporary differences were as follows :

	Deferred tax assets (liabilities)	Related asset Classification
Accelerated tax depreciation	($150,000)	Non current asset
Additional costs in inventory for tax purposes	50,000	Current asset
	($100,000)	

A valuation allowance was not considered necessary. X anticipates that $20,000 of the deferred tax liability will reverse in 2002. In X's December 31, 2001, balance sheet, what amount should X report as noncurrent deferred tax liability?

a．$ 80,000
b．$100,000
c．$130,000
d．$150,000

〈答え　d〉

〈解法のポイント〉　Current と Noncurrent の違い, よく理解しておいてください。

〈解説〉

Deferred tax asset, liability は, その Deferred tax asset または Liability が発生する基因となる資産, 負債が Current (流動) か Noncurrent (固定) で

あるかによって Current と Noncurrent に区分されます。

　Depreciation（減価償却）により発生する deferred tax liability はその基因となる資産が Noncurrent ですから Noncurrent に区分されます。

　Inventory（棚卸資産）により発生する deferred tax asset はその基因となる資産が Current ですから Current に区分されます。

　Deferred tax asset, liability の B/S への表示は, Current どうしは asset と liability を相殺し asset または liability のいずれかを計上します。

　Noncurrent どうしも asset, liability を相殺し同様の取扱いとします。

　本問の場合は Deferred tax liability-Noncurrent, $150,000 と Deferred taxasset-Current, $50,000 ですから asset, liability を相殺することはできません。したがって Noncurrent deferred tax liability は $150,000 です。

第11章

年金会計
(Pensions)

本章での主要な学習ポイント

1. 年金会計とは
   (1) 年金制度の関連当事者間の現金の流れ
   (2) 2つのタイプの年金制度 ─┬─→ 確定拠出型年金制度（DCP）
                          └─→ 確定受給型年金制度（DBP）
   (3) ERISA
2. 予定年金債務（PBO）
3. 年金基金
4. 当期年金費用および仕訳 ──→ SIPPA FASB を暗記
5. 当期勤務費用，利子費用，年金資産の利回り ─┬─→ 当期勤務費用
                                      ├─→ 利子費用
                                      └─→ 年金資産の利回り
6. 過去勤務費用の償却
7. 未認識の利益または損失額の償却
8. 最少債務金額（MPL）─┬─→ 累積年金債務
                    └─→ 追加年金債務の記帳

- 年金は，見慣れない言葉が出てくるため，一見難しく感じるかもしれません。ただ，実際は問題自体がかなりパターン化されているため，キーワードを理解して覚えてしまえれば，むしろ得点源にできるテーマです。日本でも，現在，年金については世の中の関心が高いテーマであり，皆さんも強い関心を持って早期に本テーマをマスターしてください。
- 現実の年金会計は複雑な面（Actuary〈保険数理人〉と呼ばれる人たちが複

雑な計算をします）がありますが，CPA試験では必要な数字は基本的にはすべて与えられます。このため，基本的な公式をきっちりと暗記して計算できれば，難しいことはありません。

1 年金会計とは

Pension Plan（退職年金制度）は，従業員の労働対価として企業が従業員の在職中に支払ったContribution（拠出金）を，年金基金（Pension Fund）という運用組織において運用し，従業員の退職後にこの拠出金に運用で得られた金額を加えたものを財源として，年金を支払っていく制度です。

このテーマでは，「Plan」は制度，「Benefit」は年金として理解してください。

1 年金制度の関連当事者間の現金の流れ（Flow of Cash Among Pension Plan Participants）

企業年金の仕組みは下記の図のようになっています。

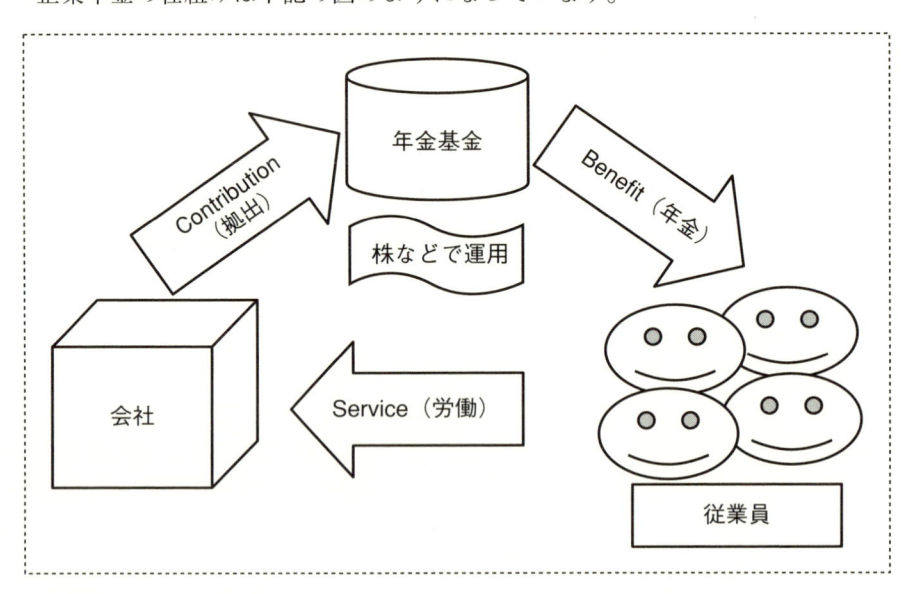

会社は従業員の労働対価として定期的に年金基金にContributionを拠出します。年金基金は企業から独立した別法人であり，Contributionを原資として株や債権

に投資を行い、運用益を上げる使命があります。会社はたとえ資金不足になっても、いったん拠出したContributionにアクセスすることはできません。このようにして退職年金が原資不足にならないよう守っているのです。

従業員が退職すると、退職年金は勤めていた会社からではなくこの年金基金から支払われていくのです。

2　2つのタイプの年金制度（Two Types of Pension Plan）

年金制度には、大きく、Defined Contribution Pension Plan（確定拠出型年金）とDefined Benefit Pension Plan（確定給付型年金）の2種類があります。

a．Defined Contribution Pension Plan（確定拠出型年金）

拠出金が決まっています。給付額（掛金＋運用収益）は運用次第で決まります。従業員側が運用リスクを負います。

日本でも、日本版401（k）の俗称で、この制度が正式に取り入れられ、採用企業も増えてきています。

確定拠出型年金制度の仕訳は以下のようになります。なお、確定拠出型年金制度では、この仕訳を暗記しておけば充分です（試験の際は、これ以上、仕訳を複雑にできないので、必ずこの仕訳に立ち戻ってください）。

〈拠出金（Contribution）を会計期末に支払った場合〉

　　Dr. Pension Expense　　　　　　XXX
　　　Cr. Cash　　　　　　　　　　　　　XXX

〈拠出金（Contribution）を会計期末にファンディングしなかった場合〉

　　Dr. Pension Expense　　　　　　XXX
　　　Cr. Accrued Pension Expense　　　XXX

〈上記の未払額を支払った場合〉

　　Dr. Accrued Pension Expense　　XXX
　　　Cr. Cash　　　　　　　　　　　　　XXX

b．Defined Benefit Pension Plan（確定給付型年金）

給付額が決まっています。確定拠出に該当しないものは、すべて確定給付になります。会社側が運用リスクを負います。

この制度では従業員の受取り年金額が決まっているため、会社側にはこの年金

額が受け取れる状態を維持する義務があります。つまり、会社側は年金基金の残高が退職後に支払うべき年金額になるように、資金を支払う債務を負っているといってもよいでしょう。

3 Employee Retirement Income Security Act（ERISA，従業員退職所得保障法）

米国では ERISA 法（従業員退職所得保障法）によって退職後の従業員の保護を行うとともに、会社が年金基金に対し、将来年金不足にならないよう、拠出を行うことを規定しています。

ほとんどの年金基金では、将来の給付義務を現在価値に直した金額のうち当期の勤務に対応する部分を拠出することを規定しています。

期末の拠出額が上記の金額より低い場合は、Underfunded（拠出不足）といい、上記の金額より高い場合は Overfunded（拠出超過）といいます。

退職年金額は、一般的に下記の式で計算されます。

Final Salary × Service Year ×　　　Rate　　　＝退職年金額
（退職時給与）（勤続年数）　（会社の決めた掛率）

---

2 Defined Benefit Pension Plan での 3 種類の Pension Obligation（年金債務）

① PBO（Projected Benefit Obligation）

従業員全員（受給権のないものも含めて）について、将来の昇給も見込んで退職時の給与額を算定し、これを基礎として期末時点での退職給付債務を算出するもの。「将来の退職年金給付額の現在価値」

② ABO（Accumulated Benefit Obligation）

従業員全員（受給権のないものも含めて）について、将来の昇給は考慮せず現在の給与によって退職時の給与額を算定し、これを基礎として期末時点での退職給付債務を算出するもの。

※ PBO ＞ ABO

③ VBO（Vested Benefit Obligation）

受給権を獲得している従業員について将来の昇給は考慮せず現在の給与によって退職時の給与額を算定し，これを基礎として期末時点での退職給付債務を算出するもの。

下記の図でそれぞれのイメージをつかんでください。

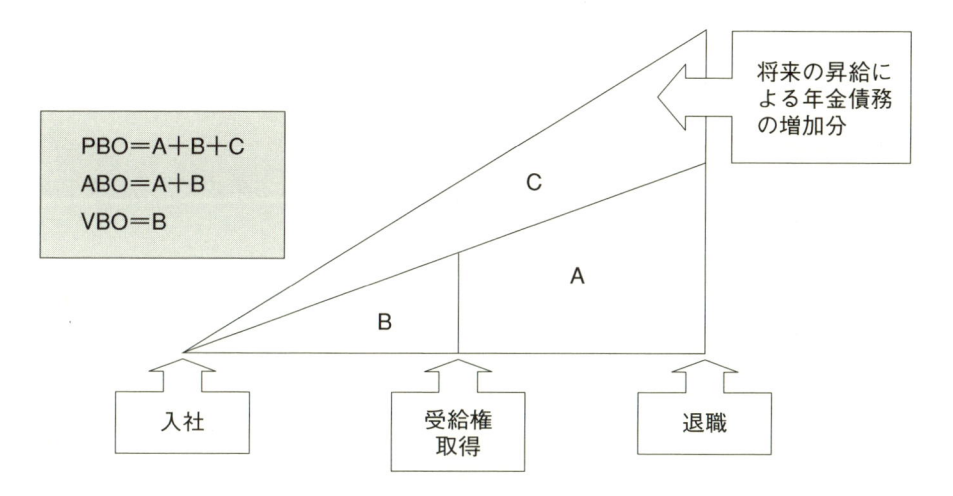

PBO＝A＋B＋C
ABO＝A＋B
VBO＝B

将来の昇給による年金債務の増加分

入社　受給権取得　退職

3 Net Periodic Pension Cost（当期に必要な年金費用）の算定方法

①～⑥の頭文字をとって「SIPPA　FASB」（シッパ　ファスビー）と覚えましょう。

どの項目がどのように計算で作用するか（プラスになるのかマイナスになるのか）について，よく理解しましょう。

Net Periodic Pension Cost（当期に必要な年金費用）＝①～⑥の合計額
① Service Cost（＋）　　　　　　　　　　　当期勤務費用
② Interest on PBO（＋）　　　　　　　　　 利子費用
③ Plan Assets return（－）運用損なら（＋）　年金資産の実質利回り
④ Prior Service Cost Amortization（＋）　　　過去勤務費用の償却費
⑤ Actual Gain（－）or Loss（＋）　　　　　実際運用益と期待運用益の差額

⑥ FASB87 Adjustment Over funded（－）　　FASB87 の適用で発生
　　　　　　　　　　　　　　　　　　　　　　　した差額
　　　　　　　　　　　　Under funded（＋）

① **Service Cost（＋）勤務費用**
　当期に従業員が Service を提供したことによって発生した PBO 増加分の現在価値（通常，問題文で数字が提示されます）。

② **Interest Cost on PBO（＋）利息費用**
　Interest Cost ＝ 期首 PBO × Settlement Rate で計算されるもので，期首の PBO が当期 1 年で増加する額のことです。
　下記の図でイメージをつくって理解しましょう。

◆ **今期の PBO の期首残高計算**

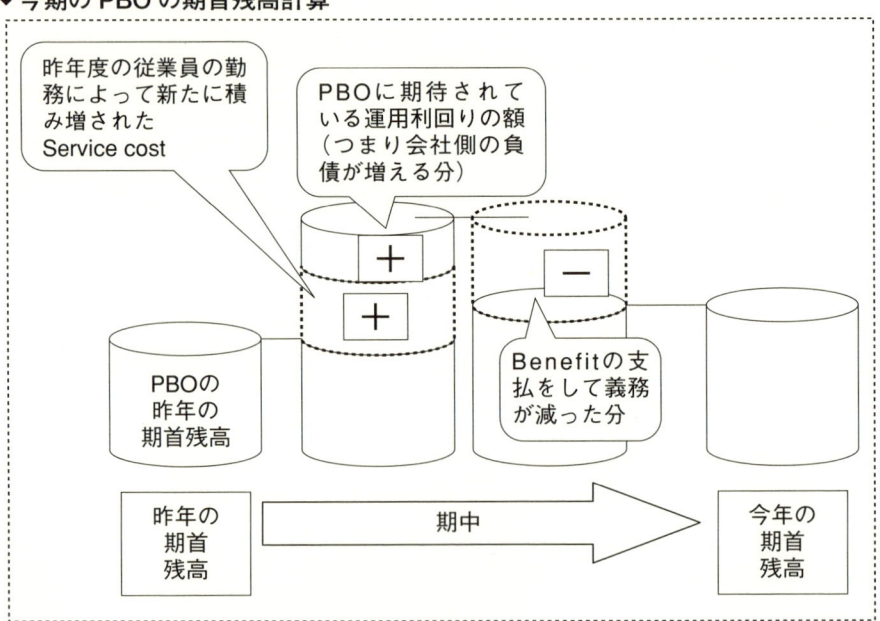

昨年度の従業員の勤務によって新たに積み増された Service cost

PBO に期待されている運用利回りの額（つまり会社側の負債が増える分）

Benefit の支払をして義務が減った分

PBO の昨年の期首残高

昨年の期首残高 → 期中 → 今年の期首残高

③ **Plan Assets return（－）実際の運用収益**
　＝期末 Plan Assets －期首 Plan Assets ＋ Benefit － Contribution
　　　　　　　　　　　　　　　　　　（今期支払額）（今期拠出額）
　次頁の図でイメージをつくって理解しましょう。

◆ Actual return on Plan assets

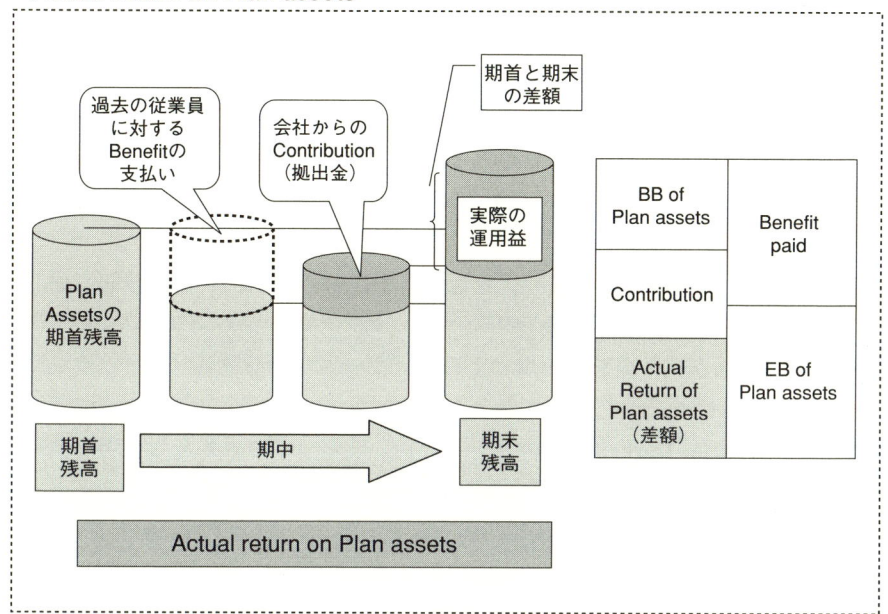

[図: Plan Assetsの期首残高、過去の従業員に対するBenefitの支払い、会社からのContribution（拠出金）、期首と期末の差額、実際の運用益、期末残高、BB of Plan assets / Benefit paid / Contribution / Actual Return of Plan assets（差額）/ EB of Plan assets — Actual return on Plan assets]

④ Prior Service Cost or Credit Amortization （＋）

年金制度の Amendment（改定）があり，給付水準が引き上げられた場合には，以前の年金制度で計算されていた PBO との間に不足分の差額が生じます。この差額を Prior Service Cost（PSC 過去勤務費用）といいます。これを単年度で費用化すると影響が大きすぎるので，長期にわたって徐々に償却して年金費用にします。償却方法としては，平均残存勤務期間による定額法で償却します。この PSC は発生時には Other Comprehensive Income（OCI）で処理します。そして④の PSC amortization として償却した分だけ（つまり Net periodic pention cost の構成要素として費用となった分だけ）OCI を取り崩します（貸方記入）。

例①　PSC ＄1,000 が発生した時点

Dr. OCI　　　　　　　　　　　　　1,000
　　Cr. Underfunded Pension Liability　　1,000

例②　後にこのうち ＄100 を④の PSC amortization とした時点（Pension exp. ＄500，＄300 funded とした場合）

```
Dr. Pension exp.                    500
    Cr. OCI                              100
       Cash                              300
       Pension Liability                 100
```

なお，次の⑤の Gain or Loss も OCI を使って PSC と同様の処理をします。

⑤ **Actual gain（−）or Loss（＋）アクチュアリー（年金数理士）の推測と実際運用状況との調整額**

アクチュアリー（年金数理士）の推測と，実際の運用状況との調整額。推測の変更で Gain を増えるなら，年金費用を減らす効果となるため，ここではマイナスで計算し，Loss なら年金費用を増やすので，プラスで計算する。

この差額は，徐々に償却してインカムステートメントに計上していくが，その方法は，① PBO と Market-related value of Plan assets（年金基金の市場価値）の大きいほうの数字を選んで，その10％を計算する。②計算した金額と，Actuarial gain /loss との差額分を平均勤務期間で定額償却する。

⑥ **FASB87 Adjustment Overfunded（−）**
    Underfunded（＋）

これは1985年以前に設立した会社がFASB87の適用によって発生した拠出額不足分の償却の調整につかう項目です。拠出額不足を計上する必要がなかった昔のルールで会計処理をしていた企業が，不足分を債務処理するルールに移行する際，一度にこれを費用計上すると影響が大きすぎるため，平均残存勤務年数によって均等償却することを認めたものです。

均等償却の年数は，平均勤務期間が15年以下なら，15年で均等償却することができます。例えば平均勤務期間が10年でも15年で償却できるため，毎年の償却額はより小さくすることができます。平均勤務期間が15年より長ければ，その年数で償却します。つまり，平均勤務期間が20年なら20年で償却するということです。

Plan Assets が期首から期末にかけてどのように変化していくのかについて，前頁の図でイメージをつかんでください。

練習問題1（企業退職年金会計）

The following information pertains to X Corp.'s defined benefit pension plan for 2002：

第11章　年金会計（Pensions）　249

Service cost	$320,000
Actual and expected gain on plan assets	70,000
Unexpected loss on plan assets related to a 2002 disposal of a subsidiary	80,000
Amortization of prior service cost	10,000
Annual interest on pension obligation	100,000

What amount should X report as pension expense in its 2002 income statement?

a．$500,000
b．$440,000
c．$420,000
d．$360,000

〈答え　d〉

〈解法のポイント〉　SIPPA です。

〈解説〉

Pension expense（当期ペンション費用）は以下の数式（太字の SIPPA を思い出してください）で計算されます。

(1)	**S**ervice cost	$320,000
(2)	**I**nterest cost	100,000
(3)	Actual return on **p**lan assets	(70,000)
(4)	Amortization of **p**rior service cost	10,000
(5)	**A**ctuarial gain or loss	
①	Return adjustment	0
②	Amortization of gain or loss	0
Net periodic pension cost		$360,000

Net periodic pension cost（当期ペンション費用）の上記計算式は重要ですから terminology（用語）と一緒に必ず書けるようにしておきましょう。

なおこの計算式は費用計算をしていますからプラスの actual return はマイナス項目になります。ここをプラスにしてしまうと不正解の a を選んでしまうので特に注意してください。

なお Unexpected loss $80,000 は Loss on disposal の構成要素であり，pension expense にはなりません。

練習問題2（企業退職年金会計）

ABC Company has a defined benefit pension plan. Data relating to the plan at January 1, year 7, are as follows :

Accumulated benefit obligation $500,000

Projected benefit obligation $600,000

Fair value of plan assets $630,000

Market-related value of plan assets $650,000

Actuarial loss accumulated in OCI $80,000

Average remaining service period 10 years

The amount of actuarial loss accumulated in OCI that ABC should include in the calculation of net pension cost recognized for the year ended December 31, year 7, is :

  a．$1,500
  b．$1,700
  c．$2,000
  d．$8,000

答え　a

解法のポイント

PBOとMarket-related value of plan assetsの大きい方の10％を計算し，Actuarial gain /lossとの差額を平均勤務期間で定額償却します。

解説

Actuarial gain /lossの償却の問題です。PBOとMarket-related value of plan assetsの大きい方は$650,000でこの10％は$65,000，Net loss $80,000との差額が$15,000なので，これを平均勤務期間の10年で割って$1,500を毎年償却していきます。

Projected benefit obligation（PBO）	$600,000
Market-related value of plan assets	$650,000
10% of larger number	$65,000
Less : Net loss	$80,000
Balance（loss）	$15,000

$15,000/10（avg remaining service period）

Minimum amortization of gain/or loss on I/S （＋）　　　$ 1,500

練習問題3（企業退職年金会計）

An employer sponsoring a defined benefit pension plan should
- a．Disclose the projected benefit obligation, identifying the accumulated benefit obligation but not the vested benefit obligation.
- b．Disclose the projected benefit obligation, identifying the vested benefit obligation but not the accumulated benefit obligation.
- c．Not disclose the projected benefit obligation.
- d．Disclose the projected benefit obligation, identifying the accumulated benefit obligation and the vested benefit obligation.

〈答え　d〉

〈解法のポイント〉　定義に近いところなので、しっかり確認しましょう。

〈解説〉

　Defined benefit pension plan（確定給付型年金制度）を採用している企業は、funded status（年金債務に対する年金原資（資産）のファンディングの状況、すなわち「PBO － FV of plan assets」と、B/Sに計上されている年金資産（または年金負債）との照合表をdisclose（開示）しなければなりません。

　このdiscloseにはProjected benefit obligation, Accumulated benefit obligation, Vested benefit obligationの金額も表示すべきことになっています。

4　B/Sに計上すべき年金負債（Pension Liability）

　最新の年金会計基準であるFASB158によれば、企業はPBO（従業員の昇給を見込んだ将来年金負債の現在価値）とFMV of Plan assets（年金基金の市場価値）の差額について認識し、年金負債額としてバランスシートに計上すべきとしてい

ます。

最新の年金会計基準である FASB158 によれば，企業は PBO（従業員の昇給を見込んだ将来年金負債の現在価値）と FMV of Plan assets（年金基金の市場価値）の差額について認識し，年金負債額としてバランスシートに計上すべきとしています。

```
                    FASB 158 Recognition

            ┌─────────────────┬──────────────────┐
            │  FMV of         │                  │
            │  Plan assets    │      PBO         │
            │                 │                  │
            │    $80          │     $100         │
            │                 │                  │
            ├─────────────┐   │                  │
            │   $20不足    │   │                  │
            └─────────────┴───┴──────────────────┘

  PBO と FMV of Plan assets の差額（年金負債に対して，年金基金のFMVが
  積み立て不足分となっている金額）について，その他の包括利益を減らし，
  年金負債を負債計上する。

        Dr. OCI         $20
            Cr. Pension liabilities    $20
  OCI=Other comprehensive Income
```

例示： FASB 158 Recognition

At December 31, a company has a projected benefit obligation of $16,000,000. The FV of plan assets is $12,000,000.

期末に，この企業は，PBO が $16,000,000 で FV of plan assets が $12,000,000 だった。つまり年金基金の市場価値は PBO の額まで，$4,000,000 足りない状況です。

Projected benefit obligation （PBO）	$16,000,000
Less： FV of plan assets	$12,000,000
PBO is under funded	$4,000,000

Check current pension asset/liability account

Let's say there is already an under funded pension liability of $1,500,000 on the balance sheet.

ここで現在の Pension asset や Pension Liability を確認すると，すでに Pension liability は $1,500,000 計上されているので足りないのはあと $2,500,000 ということになります。そこでこの追加すべき負債額を以下のような仕訳で計上します。

Record liability
Dr：OCI　　　　　　　　　　$2,500,000
　　Cr：Underfunded Pension Liability　　$2,500,000

Now let's say instead there is an over funded pension asset of $200,000 on the balance sheet.

こんどは状況を変えて，Pension asset が $200,000 積まれている場合を考えて見ましょう。Pension liability を $4,000,000 にするためには，すでにある Pension asset 200,000 分を加算した金額を OCI として計上する必要があります。

Record Liability
Dr：　OCI　　　　　　　　　$4,200,000
　　Cr：　Overfunded Pension asset　　$200,000
　　Cr：　Underfunded Pension Liability　　$4,000,000

練習問題4（企業退職年金会計）

At December 31, year 7, the following information was provided by the Kerr Corp.

pension plan administrator：

Fair value of plan assets	$3,450,000
Accumulated benefit obligation	$4,300,000
Projected benefit obligation	$5,700,000

What is the amount of the pension liability that should be shown on Kerr's

December 31, year 7 balance sheet ?
　　a． $ 5,700,000
　　b． $ 2,250,000
　　c． $ 1,400,000
　　d． $　 850,000

〈答え　b〉

〈解法のポイント〉　PBO と FV of plan assets の差額を Pension liability として計上します。

〈解説〉

PBO と FV of plan assets の差額を Pension liability として計上します。本問では，すでに記録されている Pension assets や Pension liability がないので，差額を全額記録します。

Projected benefit obligation （PBO）	$ 5,700,000
Less： FV of plan assets	$ 3,450,000
Liability required on balance sheet	$ 2,250,000

仕訳は以下のようになります。

　　Dr： OCI　　　　　　　　　　　$ 2,250,000
　　　Cr： Underfunded pension liability　　　$ 2,250,000

第12章

リース会計
(Leases)

本章での主要な学習ポイント

1. リース取引とは
2. 資産賃貸借型リース（Operating Lease）
3. 資産計上型リース（Capital Lease）---TO BOP 75 90 を暗記
4. 直接金融型リース（Direct Financing Lease）
5. 販売型リース（Sales Type Lease）
6. 割安買取権（Bargain Purchase Option）
7. 残価（Residual Value）→ 無保証残価
   　　　　　　　　　　　　→ 保証残価
8. リース取引のまとめ
9. セールス・アンド・リースバック（Sales-Leaseback）

■ リース取引も CPA 試験ではよく出題されるトピックですが、出題される箇所は比較的決まっているため、基本事項の理解と必要な要件の暗記ができれば、それほど怖くありません。

1　リース取引とは

　リース取引とは、固定資産をある一定期間貸して、借り手から報酬をもらうビジネスのことです。車、機械、建物などの賃貸ビジネスがこの対象となります。
　リース取引で固定資産を貸す側を Lessor, 借りる側を Lessee といいます。試験で多く問われるのは借りる側である Lessee の方です。リース取引の会計処理に

は，取引を単なる賃貸と見るか，販売と同等と考えるかによって，大きく2種類あります。

① Operating Lease（資産の賃貸借としてのリース，いわゆる賃貸取引）
② Capital Lease（資産計上型リース，賃貸取引を売買と見なして処理する）

法的には，賃貸ビジネスでは常に所有権は Lessor（貸し手）側にあります。しかし，アメリカの会計では，賃貸される資産の実質的な所有権が借り手側に移動しているとみなされるような取引の場合は，法的な所有権はどうであろうと実質的な所有権が借り手側に移動しているとみなして会計処理を行います。

なぜなら財務諸表を読む側から見れば，そのように会計処理をした方が実質的な企業の収益力や財務状態を正しく判断することができるからです。

それではそれぞれの取引について，具体的な会計処理を見ていきましょう。

◆ リース取引の分類

Benefit and Risk	Lessee （借り手からみた場合）	Lessor （貸手から見た場合）
Lessor （貸手に帰属する）	Operating Lease	Operating Lease
Lessee （借手に移転する）	Capital Lease	① Sales type Lease ② Direct Financing Lease

2　資産の賃貸借型のリース（Operating Lease）

Operating Lease はいわゆる賃貸ビジネスの取引です。所有権は常に Lessor（貸し手側）にあり，固定資産の減価償却についても Lessor 側で行います。Lessee（借り手）側では賃貸料について Expense 処理します。前払い処理がある場合には，発生主義会計に基づいた処理を行います。

つまり Lessor（貸し手側）は Unearned Rent を Liabilities（負債）として計上し，賃貸期間に応じて収益を分配計上します。Lessee（借り手側）では，Prepaid Rent を Assets（資産）計上し，賃貸期間に応じて費用を分配計上します。

練習問題1（リース会計　オペレーティング・リース）

X Co. leased a new machine to Y Co. on January 1, 2002. The lease expires on January 1, 2007. The annual rental is $180,000. Additionally, on January 1,

2002, Y paid $100,000 to X as a lease bonus and $50,000 as a security deposit to be refunded upon expiration of the lease. In X's 2002 income statement, the amount of rental revenue should be

 a．$280,000
 b．$250,000
 c．$200,000
 d．$180,000

<答え> c

<解法のポイント>　まず，Capital lease と Operating lease の違いを分かりましょう。

<解説>

 Operating lease（オペレーティング・リース）においては，lessor（賃貸人）は rental revenue（賃料収益）を通常は straight line（定額法）で認識します。よって lease bonus $100,000 は 02/1/1の取得時においては unearned revenue（前受収益）に計上し，将来 5 年間にわたって rent revenue に振り替えます。

 したがって rent revenue は $200,000 {$180,000 ＋（$100,000 ÷ 5）} になります。

 なお security deposit（受入保証金）はリース期間満了時に返却するので，これは収益には関係なく deposit として long-term liability（長期負債）に計上します。

3　資産計上型リース（Capital Lease）

 Capital Lease では，この賃貸取引を売買と見なして会計処理します。あくまでも所有権は Lessor 側にありますが，4 つの条件のどれか 1 つ以上を満たしているような取引では，実質的な所有権が Lessee に移転したと見なして会計処理をした方が，現実的な企業の収益力を示すことができるからです。

 Capital Lease かどうかを判断するためには 4 つの条件について暗記し，問題文中から，判断できるようにすることが非常に重要です。

 以下の条件を 1 つでも満たす場合，Lessee 側では Capital Lease として扱います。

> ① TO　　Transfers Ownership at the end of Lease　リース期間終了後にリース資産の所有権が Lessee に移転する契約内容がある場合。
> ② BOP　Bargain Purchase Option　リース期間終了後に FMV よりかなり安い価格でリース資産を購入する権利が Lessee に与えられる場合。
> ③ 75　　リース期間がリース資産の耐用年数の 75％ 以上ある。
> ④ 90　　PV of Minimum Lease Payments（MLPs）≧ 90％of FMV of Leased Assets　リース料支払額の現在価値がリース試算の公正市場価値の 90％以上あること。

Capital Lease と判断された場合，この賃貸ビジネスでの賃貸料の支払は，購入価格の分割払いとして処理を行っていきます。

実際の会計処理（Capital Lease Lessee 側の仕訳）を見てみましょう。

① **リース開始時**

PV of Minimum Lease Payment（最低リース支払額の現在価値）を計算し，下記仕訳で計上します。

　　Dr. Lease Assets　　　　　　xxx
　　　　Cr. Lease Obligation　　　　xxx

PV of Minimum Lease Payment（最低リース支払額の現在価値）の計算方法

> ＋ PV of Rental Payment（annuity）　支払リース料（年金）の現在価値
> ＋ PV of BOP　割引購入権の現在価値
> ＋ PV of Guaranteed Residual Value　保証残存価額
> ＝ PV of Minimum Lease Payment　最低リース支払額の現在価値

「PV of Rental Payment」における，支払リース料には以下の 3 つの Excutory cost（履行費用）を含みません。

　① Property Tax（資産税）
　② Insurance（支払い保険料）
　③ Repair & maintenance（修繕費用）

「PV of BOP」とは，「BOP」の条件で Capital Lease になった場合の，割引購入

権の現在価値です。「90」「75」の条件で Capital Lease になった場合は足しませんので注意してください。

「Guaranteed Residual Value」とは，Lessee がリース資産の返却の際にリース資産の価値があまりにも低下してしまうのを防ぐために，Lessee が保証している価値の金額のことです。リース資産返却時に資産がこの価値に満たない場合は Lessee が差額を現金で支払います。

また，この残価については，Lessee 側では，保証している場合のみ MLPs の構成要素としてその金額が Lease Obligation の金額に含まれます（Lessor については後述）。

この PV of Minimum Lease Payment（最低リース支払額の現在価値）の各要素を計算するとき，現在価値に割り引くための Discount Rate は，Lessee の Incremental Borrowing Rate（限界借入利子率）と Lessor の Implicit Rate（包括利子率，貸手がこのリース取引で目標にしている利回り率）で小さいほうを使います。

② リース料支払時

　　Dr. Interest Exp.　　　　　xxx ← BV of Obligation × Effective Interest Rate
　　　　Lease Obligation　　　xxx（差額）
　　　　　Cr. Cash　　　　　　　　xxx

③ 期末の会計処理

償却期間は Capital Lease の条件によって異なりますので，Useful Life と Lease Team のどちらの年数で償却するのか，しっかり判断しましょう。

A：「TO」，「BOP」条件の場合，最終的に Lessee が所有者になるので
→　Useful Life で償却

B：「75」，「90」条件の場合，最終的にはリース資産を返却するので
→　Lease Team で償却

〈仕訳〉

　　Dr. Depreciation Exp.　　xxx
　　　　Cr. Accumulated Depreciation　xxx

Lessee 側では，4つの条件のどれか1つに該当すれば，即 Capital Lease と判断して会計処理ができますが，Lessor 側では，さらに2つの条件を満たさないと Capital Lease にはなりません。

その条件とは，

① リース料の回収が合理的に確実であること
② リース契約の締結後に、追加で費用が発生しないこと
の2つです。

Lessee 側と Lessor 側で、Capital Lease にできる条件が違うため、それぞれが違う会計処理をする場合もあるということを覚えておいてください。

厳密に定義すると、資産計上型リース（Capital lease）という単語は賃借人に対して使われる言葉であり、賃貸人は直接金融型リース（Direct Financing Lease）と資産販売型リース（Sales Type Lease）の2つに大別されることになります。

これをまとめると、下記のようになります。

Lessor（賃貸人）
Operating Lease
Direct Financing Lease
Sales Type Lease

Lessee（賃借人）
Operating Lease
Capital Lease

練習問題2（キャピタル・リース）

Lease M does not contain a bargain purchase option, but the lease term is equal to 90% of the estimated economic life of the leased property, Lease P does not transfer ownership of the property to the lessee at the end of the lease term, but the lease term is equal to 75% of the estimated economic life of the leased property. How should the lessee classify these leases?

	Lease M	Lease P
a.	Operating lease	Operating lease
b.	Operating lease	Capital leases
c.	Capital lease	Capital leases
d.	Capital lease	Operating lease

〈答え c〉

〈解法のポイント〉 Capital lease の TO BOP 75 90 を思い出してください。

〈解説〉
以下の4つの criteria（基準）のうち1つでも満たせば Capital lease として処理します。

(1) The lease transfers ownership to the lessee, at the end of the lease（リース期間満了時にリース資産の所有権が Lessor から Lessee に移転すること）

(2) The lease contain a bargain purchase option (BPO).（リース契約に BPO があること）

(3) The lease term is ≧ 75％of an asset's economic life（リース期間がリース資産の耐用年数の75％以上であること）

(4) The present value of the minimum lease payments (MLPs) is ≧ 90％of the fair market value of the leased asset（MLPs の現在価値がリース資産の FMV の90％以上であること）

Lease M も P もいずれも上記基準の(3)を満たしているので capital lease になります。

練習問題3（キャピタル・リース）

X, Inc. leased a machine from Y Leasing Co. The lease qualifies as a capital lease and requires 10 annual payments of $20,000 beginning immediately. The lease specifies an interest rate of 12% and a purchase option of $20,000 at the end of the tenth year, even though the machine's estimated value on that date is $40,000. X's incremental borrowing rate is 14%.

The present value of an annuity due of 1 at：
　　12% for 10 years is 6.328
　　14% for 10 years is 5.946

The present value of 1 at：
　　12% for 10 years is .322
　　14% for 10 years is .270

What amount should X record as lease liability at the beginning of the lease term?

　a．$124,320
　b．$129,720
　c．$133,000
　d．$139,440

〈答え c〉

〈解法のポイント〉 TO BOP 75 90 をやはり思い出してください。

〈解説〉
　本リースには Bargain purchase option（BPO, 割安買取権）があるので Capital lease に該当します。

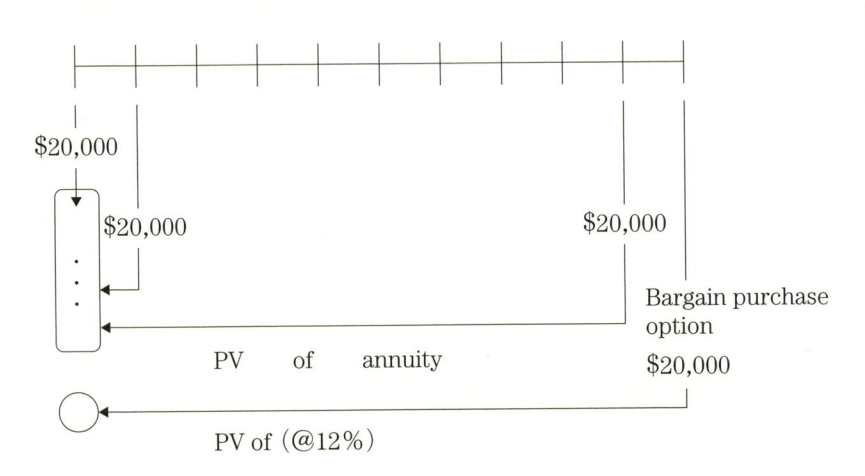

```
        |   |   |   |   |   |   |   |
   $20,000
    ↓
      $20,000                    $20,000
        ⋮                     Bargain purchase
                              option
                              $20,000
         PV  of  annuity
    ○←────────────────────────
        PV of (@12%)
```

Capital lease の基準を満たす場合，

　　Leased machine　　　　　　　xxx
　　　　Obligation under capital lease　　　xxx

として計上すべき金額は「Present value of minimum lease payments」です。「Minimum lease payments」とは

(1) Rent payments（excluding executory cost and contingent rentals）（支払リース料，ただし履行費用および条件付リース料を除く）
(2) Bargain purchase option（BPO, 割安買取権）
(3) Guaranteed residual value（保証残価）
(4) Penalty for failure to renew（未更新損害賠償金）

を言います。
　これらを PV にすればリース開始時における obligation（あるいは liability）の金額が計算されます。
　なお，PV にするための discount rate（割引率）は lessee の incremental borrowing rate（lessee が借入れを起こす場合，要求される利率）と lessor の

implicit rate（包括利子率）のうち小さいほうの利率を用います（ただし lessor の implicit rate が lessee 側にわかっている場合です）。

したがって上図のようになるので，

PV of rentals （$20,000 × 6.328）＝ $126,560
PV of BPO （$20,000 × 0.322 ）＝ 　6,440
$133,000

になります。

仕訳は

①開始時：

Dr. Leased machine　　　　　　　133,000
　　Cr. Obligation under capital lease　　　　133,000

②１回目リース料支払時（前払リースなので開始時と同日付）：

Dr. Obligation under capital lease　20,000
　　Cr. Cash　　　　　　　　　　　　　　20,000

4　直接金融型リース（Direct Financing Lease）

　Direct Financing Lease は Lessor が金融機関（銀行，リース会社，保険会社など）の場合の Capital Lease です。この場合，Lessor である金融機関は，Lessee が固定資産を購入するために必要な金額を融資したような取引になっています。このような取引では，Lessor が収益として手に入れるのは融資に対する利息分であると考えて会計処理を行います。

　通常 Capital Lease はリース取引を販売と見なして会計処理しますので，Lessor がメーカーや販売会社（Manufacturer or Dealer）である場合は Sales（売上）と COGS（売上原価）が計上されて Gross Profit（売上総利益）が出ます（**5** で後述）。しかし，Direct Financing Lease は Lessor が金融機関なので，これを融資と考えます。従って在庫にもうけ（profit）をつけずに顧客に渡したような処理をします。

　仕訳は Capital Lease での Lessee の仕訳の逆になります。

◆ **Direct Financing Lease Example**

```
                    Manufacture
          Leased Assets ↙   ↘ Purchase Price
    Lessee  ── Lease Payment ──▶  Lessor
```

リース会社，保険会社，銀行等金融機関の行うリースで，売上総利益を計上しない形態。仕訳はCapital LeaseのLesseeの仕訳の逆になる。

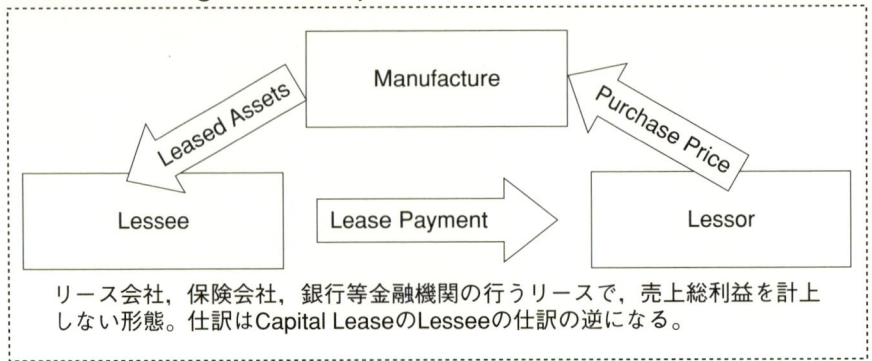

Lessor は，次の算式によって毎年（または毎月）のリース料支払額（Lease Payment）を決定します。

$$\frac{\text{Selling Price（現金販売価額）}}{\text{Present Value of Annuity, at Rate i, for n Periods（利率 i \%，期間 n の年金現価）}}$$

5　販売型リース（Sales Type Lease）

Sales Type lease は，メーカーや商社が販売の一形態として行うリースです。販売と同様の仕訳をし，売上総利益を計上します。リース期間にわたって長期間での回収になりますので，リースによる受取利息も計上します。Lessor から見ると２つの収益が得られます。

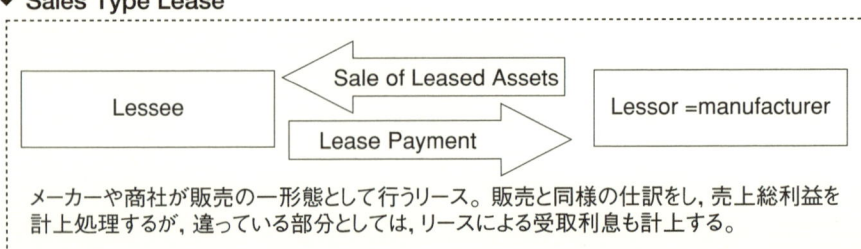

◆ **Sales Type Lease**

```
    Lessee  ◀── Sale of Leased Assets ──  Lessor = manufacturer
            ── Lease Payment ──▶
```

メーカーや商社が販売の一形態として行うリース。販売と同様の仕訳をし，売上総利益を計上処理するが，違っている部分としては，リースによる受取利息も計上する。

〈販売時〉
① Dr. Lease Receivable　　　xxx
　　　Cr. Sales　　　　　　　　　　xxx
　　　　Unearned Interest　　　　xxx
② Dr. COGS　　　　　　　　xxx
　　　Cr. Inventory　　　　　　　　xxx

＊この時点で①のSalesと②のCOGSからGross Profitが計算されます。

〈期末時点〉
Dr. Cash　　　　　　　　　xxx
　　Unearned Interest　　　　xxx
　　Cr. Lease Receivable　　　　　xxx
　　　Interest Income　　　　　　　xxx

　Direct Financing LeaseであれSales Type Leaseであれ、Dr.Lease receivableとして計上する金額は「PV of MLPs ＋ Unguaranteed residual Value」です（Lesseeは「PV of MLPs」で算式がちがうので注意して下さい）。

　この算式にすることにより、Lessor側は残価（residual value）がLesseeの保証の有無に関係なくLease receivable a/cに算入されることになります。

6　Sales − Leaseback（セールス・アンド・リースバック）

　セールス・アンド・リースバックは、現在所有し、使用している固定資産を売却し、売却後もそのまま使い続けるリース契約を同時に結ぶ取引です。Lesseeの側では、固定資産の所有権を失いますが、そのまま使い続けていくことができますし、売却によるCashが入ってきますので、これを新たな投資に回すことができるメリットがあります。

　次頁の図で取引のイメージをつかんでください。

◆ Sales and Lease Back

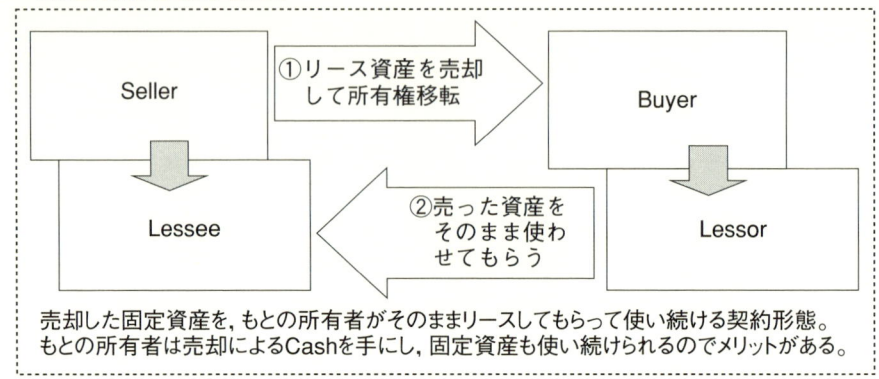

```
①リース資産を売却して所有権移転
Seller ──────→ Buyer
  │                │
  ↓                ↓
Lessee ←────── Lessor
      ②売った資産を
       そのまま使わ
       せてもらう
```

売却した固定資産を、もとの所有者がそのままリースしてもらって使い続ける契約形態。もとの所有者は売却によるCashを手にし、固定資産も使い続けられるのでメリットがある。

セールス・アンド・リースバック取引では、lessor側は、固定資産を購入した取引と、今までに学習したlessor側でのリース取引（Operating LeaseまたはDirect Financing Lease）について仕訳を切る処理をするだけです。

Lessee側ではリースバックした資産をどの程度使用するのかによって3つに区分しそれぞれ違う会計処理をします。

3つの区分とは、

① Minor（リース料のPVが売却したリース資産のFMVの10％以下である場合。リースバックの期間が短いとリース料のPVはFMVよりも非常に小さく（≦10％）なります。

② More than Minor But Less than Substantially All（リース料のPVが売却したリース資産のFMVの10％以上であるが、90％以下でもある場合）

③ Substantially All（リース料のPVが売却したリース資産のFMVの90％以上ある場合。つまりリース資産のほとんど（の期間）をLesseeが使用していると考えられるような場合）

この3つの区分については、下記の表で整理しておきましょう。

① Minor	リース料のPV ≦ 売却資産のFMVの10％
② More than Minor But Less than Substantially All	売却資産のFMVの90％ ≧ リース料のPV ≧ 売却資産のFMVの10％
③ Substantially All	リース料のPV ≧ 売却資産のFMVの90％

具体的なそれぞれのケースでの会計処理は次頁の表のようになります。

① Minor	実質的な使用権がないと判断し，資産売却の処理 Dr. Cash　　　　　XXX（Selling Price） 　Cr. Assets（BV）　　　XXX 　　Gain（差額）　　　　XXX →今期全額計上	
② More than Minor But Less than Substantially All	①と②のミックスで処理 リースバック＝Operating Lease。売却益のうちリース料のPV 　　　　　（PV of Rentpayments）までの金額を繰り延べ， 　　　　　これを超える部分は売却時に利益計上 リースバック＝Capital Lease。売却益のうちPV of MLPsまで 　　　　　を繰り延べ，これを超える部分は売却時に利益 　　　　　計上	
③ Substantially all	資産の売却とリースバックをひとつの取引として処理し，利益は全て繰り延べてリース期間償却する（利益操作を防ぐ） 売却時　Dr. Cash　　　　　XXX 　　　　　Cr. Assets　　　　　XXX 　　　　　　Deferred Gain　　XXX（繰り延べ） 決算時　リースバック＝Operating Lease 　　　　Dr. Deferred Gain　XXX 　　　　　Cr. Rent Exp.　　　　XXX 　　　　リースバック＝Capital Lease 　　　　Dr. Deferred Gain　XXX 　　　　　Cr. Depreciation Exp.　XXX	

　つまりMinorの場合はリースバックした資産をほとんど使っておりませんので，取引の当日の売却であると判断して処理を行い，販売によって発生したGainは今期に全額計上します。

　一方Substantially allの場合は，リースバックした資産の大半をまだ使用していますので，一時的に資産を他社に動かしてすぐ取り戻した取引になっています。これを売却と見なしてGainを計上することを許してしまうと，このような取引を何度も行うことにより利益操作が行われる可能性が出てきてしまいます。

　そこでSubstantially allの場合は，利益操作を防ぐため，この取引によって発生したGainはすべて繰延べしてリース期間で償却する処理を行います。

　この中間形態であるMore than Minor But Less than Substantially Allの場合はMinorの場合とSubstantially allの場合をミックスしたような処理になります。

　試験対策としては，まず問題文の取引が3つのうちどのカテゴリーに入るのかを判断し，次にそのカテゴリーならではの会計処理を行うことができるようにトレーニングをすることが重要です。それでは例題で理解を深めましょう。

練習問題 4（セールス・アンド・リースバック）

On December 31, 2002, X Corp. sold Y Corp. an airplane with an estimated remaining useful life of 10 years. At the same time, X leased back the airplane for 3 years. Additional information is as follows :

Sales price	$1,200,000
Carrying amount of airplane at date of sale	$200,000
Monthly rental under lease	$12,660
Interest rate implicit in the lease as computed by Y and known by X （this rate is lower than the lessee's incremental borrowing rate）	12%
Present value of operating lease rentals （$12,660 for 36 months @ 12%）	$381,162

The leaseback is considered an operating lease. In X's December 31, 2002 balance sheet, what amount should be included as deferred revenue on this transaction ?

a．$　　　 0
b．$ 　381,162
c．$ 　618,838
d．$1,000,000

答え b

解法のポイント　Sales-leaseback 取引で大事な公式は？

解説

Sales-leaseback 取引が operating lease になる場合で，下記の状況の場合は，

・More than minor part but less than substantially all of the remaining use of the leased asset is retained （リースバックした部分が資産の小部分ではないが資産のほとんど全部でもない場合）

　　すなわち 10% × FMV of the asset < PV of the lease payments < 90% × FMV of the assets

この場合は，Total gain のうち PV of the lease payments までの金額は deferred gain として処理し，それを超えている部分は Gain とします。

本問では

$10\% \times \$1,200,000 < \$381,162 < 90\% \times \$1,200,000$

したがって仕訳は

Dr. Cash	1,200,000	
Cr. Airplane		200,000
Gain		618,838
Deferred gain		381,162

〔追加〕

リースバックした部分がsubstantially all of the asset（資産のほとんど全部）である場合はgainは全額deferred gainとして処理します。Substantially allとは

$90\% \times$ FMV of the asset $\leq$ PV of the lease payments

の状況をいいます。

1 Sale（売却）によってLoss（損失）が発生する場合

Sales-leasebackを行った時点で，固定資産の公正時価がその資産の帳簿価額よりも低い場合は，前記①，②，③の全ての場合において，その資産の公正時価と帳簿価額の差額について直ちに，損失を計上することになっています。

第13章

キャッシュ・フロー計算書
(Statement of Cash Flows)

本章での主要な学習ポイント

1. キャッシュ・フロー計算書とは—PRINC DIV I TS と PIPE を暗記
2. 営業活動によるキャッシュ・フロー間接法
3. 投資活動によるキャッシュ・フロー
4. 財務活動によるキャッシュ・フロー
5. 完全なキャッシュ・フロー計算書—間接法
6. 営業活動によるキャッシュ・フロー—直接法
7. 完全なキャッシュ・フロー計算書—直接法

■キャッシュ・フロー計算書は，ペーパーベースの試験で最も重要な Essay Problem の一つでした。また，M/C で出題されると何問か関連問題が出されるため，解くための時間配分を含めて，要注意になります。まずは，どの項目がどの活動になるのか，完全暗記をしてください。そうすれば，それほど難しくはありません。ただし，必ず，最低一つの Essay Problem を最後まで解いて慣れておくことが，新 CPA の試験の Simulation の問題を解く際も重要です。

1 キャッシュ・フロー計算書とは

　キャッシュ・フロー計算書は，会社に今どのくらいキャッシュがあるのか，そしてキャッシュに関連したどのような取引があって今のキャッシュの有高になっているのかについて3つのカテゴリーに分解して説明しています。

3つのカテゴリーとは，
- Operating Activities（営業活動におけるキャッシュ・フロー）
- Investing Activities（投資活動におけるキャッシュ・フロー）
- Financing Activities（財務活動におけるキャッシュ・フロー）

の3つです。

◆ **Statement of Cash Flows sample**

Cash flows from Operating Activities
Cash flows from Investing Activities
Cash flows from Financing Activities

キャッシュ・フロー計算書の学習では，まずどのカテゴリーにいくらのキャッシュ・フローがあるのかが判断できなくてはいけません。ですので，まずそれぞれのカテゴリーにどのような取引が記録されるのかということを正確に覚えなくてはいけません。

あとから練習問題を解きながら理解を深めていきますが，まずはここで概略をつかんでいきましょう。

まず営業活動におけるキャッシュ・フローのカテゴリーに記録されるのは，以下のような取引です。

〈Operating Activities（営業活動におけるキャッシュ・フロー）〉
① Operating Cycle（営業循環）上での Cash in Cash out
② Received Dividend（配当の受取り）
③ Received and Paid Interest（利息の受取り，支払い）
④ Sold and Purchased Trading Securities（売買目的証券の購入，売却）
⑤ その他 Investing や Financing に含まれないものすべて

次に投資活動におけるキャッシュ・フローのカテゴリーに記録されるのは，以下のような取引です。

> ⟨**Investing Activities**（投資活動におけるキャッシュ・フロー）⟩
> ① Property（Sold and Purchased）（土地の売却，購入）
> ② Investments【Exclude Trading】（Sold and Purchased）（売買目的証券を除く他社の株式，債券の売却，購入）
> ③ Plant（Sold and Purchased）（工場の売却，購入）
> ④ Equipment（Sold and Purchased）（設備の売却，購入）

また，財務活動におけるキャッシュ・フローのカテゴリーに記録されるのは，以下のような取引です。

> ⟨**Financing Activities**（財務活動におけるキャッシュ・フロー）⟩
> ① Princ（Repayment of Debt Principal to Creditors）（借入金元本の返済）
> ② Div（Pay Dividends）（配当の支払い）
> ③ I（Issue Stock）（株式の発行）
> ④ TS（Purchased Treasury Stock）（自社株式の買い戻し）

Operating Activity（営業活動におけるキャッシュ・フロー）には，Investing Activities（投資活動におけるキャッシュ・フロー）や Financing Activities（財務活動におけるキャッシュ・フロー）のカテゴリーに入らないものがすべて含まれますので，効率よく覚えるには，まず Investing Activities と Financing Activities のカテゴリーに何が入るのかを覚えてしまうことが重要です。

この効率的な覚え方として，それぞれのカテゴリー内容の頭文字をとってゴロ合わせをするというやり方があります。

まず Investing Activities の覚え方からいきましょう。このカテゴリーに含まれる4つの内容の頭文字だけを読んでいくと，「PIPE（パイプ）」と読めます。ですので，Investing Activities に含まれるのは「PIPE（パイプ）」と覚えましょう。つまり Property, Plant & Equipment & Investment という内容を略して覚えるのです。

次の Financing Activities の覚え方も同じ考え方です。4つの内容の頭の方だけをつなげていくと「Princ, Div, I, TS（プリンス　デヴィッツ）」と読めます。です

ので，Financing Activities は「Princ, Div, I, TS（プリンス　デヴィッツ）」と覚えてください。つまり Paid Debt Principal, Paid Dividends, Issue Stock, Purchased Treasury Stock を略して覚えるのです。

1回覚えてしまうと，忘れません。また，本試験の際にも，威力を発揮してくれると思います。是非，試してみてください。

最初の区分である営業活動によるキャッシュ・フローは，直接法と間接法という2つの方法に基づいて作成されています。FASBは直接法の採用を奨励しています。ただし，ここでは，間接法のほうが理解しやすく適用しやすいので，最初にそれを検討し，本章の後半で直接法を検討します。

練習問題1（Statement of cash flows）

The primary purpose of a statement of cash flows is to provide relevant information about

a．The cash receipts and cash disbursements of an enterprise during a period.

b．An enterprise's ability to generate future positive net cash flows.

c．An enterprise's ability to meet cash operating needs.

d．Differences between net income and assbciated cash receipts and disbursements.

〈答え　a〉

〈解法のポイント〉　Statement of Cash Flows の定義ともいえます。

〈解説〉

statement of cash flows（資金収支表）の primary purpose（第一義的目的）は企業の各会計期間における現金の収入および支出に関する情報を提供することにあるのでaが正解です。

練習問題2（Statement of cash flows）

On September 1, 2003, X Co. sold used equipment for a cash amount equaling its carrying amount for both book and tax purposes.

On September 15, 2003, X replaced the equipment by paying cash and signing a note payable for new equipment. The cash paid for the new equipment exceeded the cash received for the old equipment. How should these equipment transactions be reported in X's 2003 statement of cash flows?

　ａ．Cash inflow equal to the cash received and a cash outflow equal the cash paid and note payable.
　ｂ．Cash outflow equal to the cash paid less the cash received.
　ｃ．Cash inflow equal to the cash received and a cash outflow equal to the cash paid.
　ｄ．Cash outflow equal to the cash paid and note payable less the cash received.

〈答え　ｃ〉

〈解法のポイント〉　Statement of cash flows の計算方法を思い出しましょう。

〈解説〉
　Statement of cash flows には現金収入および支出を gross（総額）で表示します。つまり、収入マイナス支出の net（純額）では表示しません。
　equipment の購入代金のうち cash flow statements に表示するのは現金支出分のみです。note payable（支払手形）で支払った分は手形を切っただけで現金は流出していないので cash flow statements には計上せず，separate schedule（明細）又は footnote で disclose します。

2　営業活動によるキャッシュ・フロー間接法（Cash Flows from Operating Activities − Indirect Method）

　実務的にもよく使われ，試験でもよく問われるのは間接法によるキャッシュ・フロー計算書です。間接法と直接法の違いは，営業活動によるキャッシュ・フローのカテゴリーが違うだけです。直接法によるキャッシュ・フロー計算書は，1つひとつの取引を見て，実際にキャッシュがいくら動いたかということを調べていくやり方です。
　ここで学習する間接法によるキャッシュ・フロー計算書は，直接法のように1つひとつの取引を見ていくのではなく，損益計算書上で発生した Net Income をスタートとして，ここから調整をかけていくことで営業キャッシュ・フローの金額

を算出していきます。

具体的には次のような調整をかけていきます。

① 損益計算書上で，Net Income を計算するにあたってマイナス要因となっている費用（expense）のなかで，実際には Cash Out しないものがありますので，これを足し戻します。

② 損益計算書上で，Net Income を計算するにあたってプラス要因となっている収益（income）のなかで，実際には Cash In しないものがありますので，これを差し引きます。

③ バランスシート項目の変化で，Cash In が推測されるものを足します。

④ バランスシート項目の変化で，Cash Out が推測されるものを引きます。

下記の図でそのイメージを確認してください。

◆ **Indirect method（Operating Activities）**

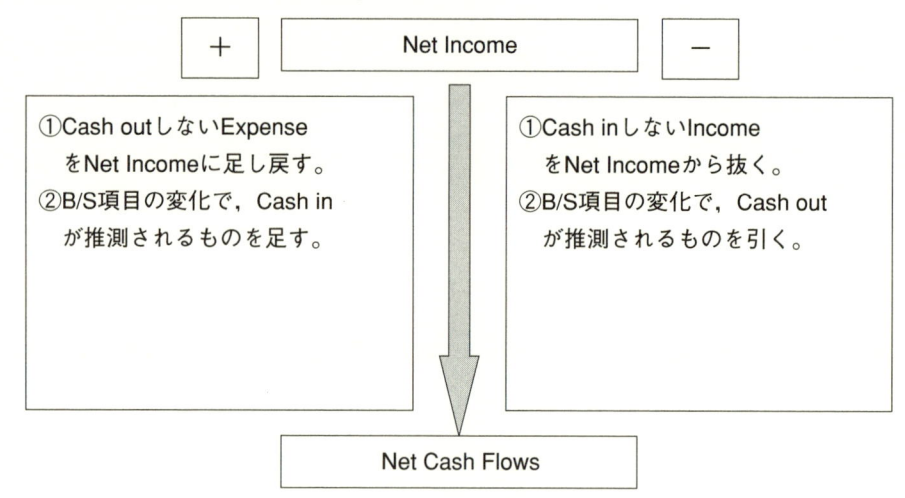

```
        [ + ]    [ Net Income ]    [ − ]
```

| ①Cash outしないExpense
をNet Incomeに足し戻す。
②B/S項目の変化で，Cash in
が推測されるものを足す。 | ①Cash inしないIncome
をNet Incomeから抜く。
②B/S項目の変化で，Cash out
が推測されるものを引く。 |

```
            [ Net Cash Flows ]
```

また実際の調整項目については，下記の図に整理しましたので，参照してください。

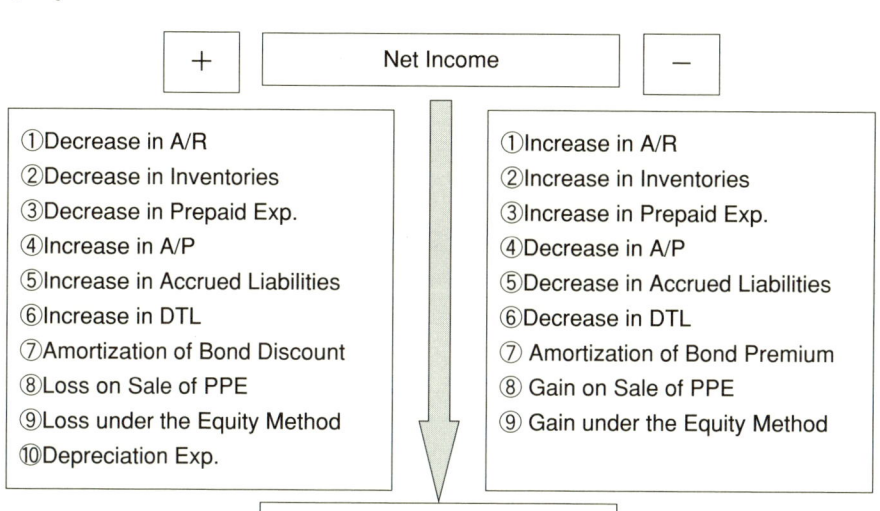

```
              ┌─────────────────┐
       +      │   Net Income    │      −
              └─────────────────┘
┌──────────────────────────────┐  ┌──────────────────────────────┐
│ ①Decrease in A/R             │  │ ①Increase in A/R             │
│ ②Decrease in Inventories     │  │ ②Increase in Inventories     │
│ ③Decrease in Prepaid Exp.    │  │ ③Increase in Prepaid Exp.    │
│ ④Increase in A/P             │  │ ④Decrease in A/P             │
│ ⑤Increase in Accrued Liabilities │ │ ⑤Decrease in Accrued Liabilities │
│ ⑥Increase in DTL             │  │ ⑥Decrease in DTL             │
│ ⑦Amortization of Bond Discount │ │ ⑦Amortization of Bond Premium │
│ ⑧Loss on Sale of PPE         │  │ ⑧Gain on Sale of PPE         │
│ ⑨Loss under the Equity Method│  │ ⑨Gain under the Equity Method│
│ ⑩Depreciation Exp.           │  │                              │
└──────────────────────────────┘  └──────────────────────────────┘
              ┌─────────────────┐
              │ Net Cash Flows  │
              └─────────────────┘
```

まず，①の調整項目である Cash out しない費用の例を見ていきましょう。

この代表は depreciation（減価償却費）です。減価償却は，固定資産の購入費用を期間配分する仕組みです。たとえば初年度にすべての費用をキャッシュで払っていても，費用としては，次年度以降数年に渡って計上されていきます。

このとき，次年度以降は，費用計上はされていても，実際には Cash out していません。キャッシュ・フロー計算書では，この次年度以降の状態を基本として考え，もし減価償却費が計上されていれば，費用計上されていても実際の現金支払はないと考えます。そして費用は Net Income の計算の過程でマイナス要素になっておりましたので，これを足し戻すことで Net Income の数字から現金の有高の数字（Net cash）に戻していくのです。

②の調整項目である，Cash in しない収益の一例として Gain を考えてみましょう。たとえば固定資産を売却した場合は Gain 含みの売却金額全額を Investing Activities a Cash in に表示するのでこれを Operating Activities から引かないと二重記帳になってしまいます（詳しくは練習問題 4 の解説を参照）。

③の調整項目であるバランスシート項目の変化で，Cash In が推測されるものを足すというのを具体例で考えてみましょう。この代表的なものは Account

Receivable（売掛金）が減るというものです。売掛金は，Credit Sales（掛売上）に対する現金請求の権利を資産計上しているものですから，売掛金が減るということは，現金入金があったものと推測できます。

④の調整項目であるバランスシート項目の変化で，Cash Out が推測されるものを引く例としては，Account payable（買掛金）が減るというものです。買掛金は，Credit Sales（掛売上）に対する現金請求の義務を負債計上しているものですから，買掛金が減るということは，現金支払があったものと推測できます。

このように4種類の調整項目をすべて調整していくと，Net income から Net Cash の数字を作ることができます。

ここで注意しなくてはいけないのは，Dividend（配当）と Trading Securities（売買目的有価証券）の扱いです。

Received Dividend（受取配当）は Operating Activities（営業活動におけるキャッシュ・フロー）のカテゴリーに計上しますが，Pay Dividend（支払配当）は Financing Activities（財務キャッシュ・フロー）のカテゴリーに計上しますので注意してください。

また，Trading Securities（売買目的有価証券）は Operating Activities（営業活動におけるキャッシュ・フロー）のカテゴリーに計上しますが，これ以外の Investment（投資活動）は，Investing Activities（投資キャッシュ・フロー）のカテゴリーに計上されます。この2点は間違えやすいので注意してください。

例示1

X社は2003年の営業活動による純キャッシュ・フローを決めたいと考えています。2002年12月31日と2003年12月31日の貸借対照表の抜粋を次に示します。

	12／31／2002	12／31／2003
Accounts Receivable	$1,100	$800
Merchandise Inventory	700	500
Prepaid Insurance	1,000	400
Accounts Payable	350	600
Dividends Payable	80	100
Wages Payable	500	850
Taxes Payable	100	375

損益計算書は次の情報を示します。

Net Income：	5,000
Depreciation Expense：	(1,000)
Loss on Sale of Equipment：	(2,000)
Amortization of Patent：	(200)

前の情報に基づき，営業活動による純キャッシュ・フローを次のように計算します。

Net Income	$ 5,000
＋Depreciation Expense	1,000
＋Loss on Sale of Equipment	2,000
＋Amortization of Patent	200
＋Decrease in Accounts Receivable	300
＋Decrease in Merchandise Inventory	200
＋Decrease in Prepaid Insurance	600
＋Increase in Accounts Payable	250
＋Increase in Wages Payable	350
＋Increase in Taxes Payable	275
Net Cash Flow from Operations	$ 10,175

未払配当金は無視されることに留意してください。

3 投資活動によるキャッシュ・フロー（Cash Flows from Investment Activities）

Investing Activities（投資活動におけるキャッシュ・フロー）について，例題で理解を深めましょう。どのような内容がこのカテゴリーに計上されるのか，もう一度確認してみましょう。

〈Investing Activities（投資活動におけるキャッシュ・フロー）〉
① Property（Sold and Purchased）（土地の売却，購入）
② Investments【Exclude Trading】（Sold and Purchased）（売買目的証券を除く他社の株式，債券の売却，購入）

③ Plant （Sold and Purchased）（工場の売却，購入）
④ Equipment （Sold and Purchased）（設備の売却，購入）

Investing Activities のキーワードは「PIPE（パイプ）」でしたね。

このカテゴリーは「PIPE（パイプ）」の購入によるキャッシュ・アウトフローと，売却によるキャッシュ・インフローが計上されます。では例題を見てみましょう。

> **例示 2**
>
> X 社は 2003 年の間に下記の投資活動に従事しました。
> a．備品を $20,000 で購入
> b．土地を $8,000 で売却
> c．Y 社株式への投資を $9,000 で売却
> d．貸付金 $3,000 を回収
> e．貸付金 $250 の利息を回収
> f．Y 社に $1,500 を貸付
>
> 投資活動による純キャッシュ・フローは次の通りです。
>
> | | |
> |---|---:|
> | Equipment purchased | $ (20,000) |
> | Land sold | 8,000 |
> | Investment sold | 9,000 |
> | Loan collection | 3,000 |
> | Cash rended | (1,500) |
> | | ($1,500) |

4 財務活動によるキャッシュ・フロー（Cash Flows from Financing Activities）

3つ目の Financing Activities（財務活動におけるキャッシュ・フロー）についても例題で理解を深めましょう。どのような内容がこのカテゴリーに計上されるのか，もう一度確認してみましょう。

第13章　キャッシュ・フロー計算書（Statement of Cash Flows）

〈**Financing Activities（財務活動におけるキャッシュ・フロー）**〉
① Princ（Repayment of Debt Principal to Creditors）（借入金元本の返済）
② Div（Pay Dividends）（配当の支払い）
③ I（Issue Stock）（株式の発行）
④ TS（Purchased Treasury Stock）（自社株式の買戻し）

Financing Activities のキーワードは「Princ, Div, I, TS（プリンス　デヴィッツ）」でしたね。

このカテゴリーは「Princ, Div, I, TS（プリンス　デヴィッツ）」に関連して，借入元本返済（利息の支払は営業キャッシュ・フローです），配当支払，自社株購入などによるキャッシュ・アウトフローと，株式，債券，手形発行によるキャッシュ・インフローが計上されます。では例題を見てみましょう。

例示3

Y社は2003年の間に次の財務活動と投資活動を行いました。
a．自己株式を $10,000 で購入
b．機械を $28,000 で売却
c．Z社株式を $10,000 で購入
d．W社に $5,000 の貸付
f．額面 $4,000 の株式を $4,500 で発行
g．$20,000 の社債の支払い
h．$4,000 の現金配当の支払い
i．株式配当として，額面 $50 の普通株式を100株発行

財務の区分は下記のようになります。

Treasury Stock	($10,000)
Stock Issuance	4,500
Paid Up Bond	(20,000)
Cash Dividend	(4,000)
Total	($29,500)

投資の区分は次のようになります。

Machine Sold	$28,000
Stock purchased	(10,000)
Made Loan	(5,000)
Total	$13,000

5 完全なキャッシュ・フロー計算書―間接法（Complete Statement of Cash Flows − Indirect Method）

ここまでに学習した3つのカテゴリーを1つにまとめて，完全なキャッシュ・フロー計算書を作ってみましょう。

バランスシート上のAssets（資産），Liabilities（負債）の変化を知るために，昨年と今年の2期分のバランスシートを用意します。また今年の損益計算書も使用します。

例示4

X社の2002年と2003年の貸借対照表は次の通りです。

	12/31/2002	12/31/2003
Cash	$30,000	$60,000
Accounts Receivable	50,000	60,000
Merchandise	63,000	81,000
Buildings	115,000	155,000
Accumulated Depreciation	(40,000)	(55,000)
Land	30,000	45,000
Total Assets	$248,000	$346,000
Accounts Payable	$52,000	$60,000
Preferred Stock	150,000	200,000
Premium on Preferred Stock	—	10,000
Retained Earnings	46,000	76,000
Total Equities	$248,000	$346,000

総勘定元帳のT勘定では，建物または土地がこの期間に処分されず，株式は現金で発行され，留保利益勘定の仕訳は純利益$55,000と支払配当

$25,000であることが示されています。

貸借対照表から今年度にキャッシュが$30,000増加したことがわかります。ここでこのすべての情報に基づいた完全なキャッシュ・フロー計算書を作成しましょう。

まず，営業活動によるキャッシュ・フローを扱う区分。公式を使って，次のように計算します。

Net Income	$55,000
Depreciation Expense	15,000＊
Increase in Accounts Receivable	(10,000)
Increase in Merchandise	(18,000)
Increase in Accounts Payable	8,000
Net Cash Flow from Operations	$50,000

＊ $15,000（$55,000 − $40,000）．建物は処分されなかったので，今年度の減価償却の仕訳は$15,000（$55,000 − $40,000）の減価償却費のみでした。

貸借対照表の残りは，個々の勘定を1個ずつ分析して，その取引が投資区分に属するか，または財務区分に属するかを決めます。この結果，次の通りになります。

CASH FROM INVESTMENT ACTIVITIES

Purchased Building	$(40,000)	($155,000 − $115,000)
Purchased Land	(15,000)	($45,000 − $30,000)
Net Cash Flow from Investments	$(55,000)	

CASH FROM FINANCING ACTIVITIES

Issued Stock	$50,000	($200,000 − $150,000par)
Premium on Stock	10,000	
Paid Dividends	(25,000)	
Net Cash Flow from Financing	$35,000	

キャッシュ・フロー計算書の最終ステップは，3つのキャッシュ・フローを要約し，貸借対照表のキャッシュの変化額と同額の$30,000（＝$60,000 − $30,000）になるかどうかを見ることです。

Net Cash Flow from Operations	$50,000

Net Cash Flow from Investments	(55,000)
Net Cash Flow from Financing	35,000
Total Net Cash Flow	$ 30,000

貸借対照表の現金勘定の変化額と同じ最終金額となりました。

練習問題 3 (Statement of cash flows)

The next questions is based on the following :

A company acquired a building, paying a portion of the purchase price in cash and issuing a mortgage note payable to the seller for the balance.

In a statement of cash flows, what amount is included in investing activities for the above transaction?

　a． Zero.
　b． Acquisition price.
　c． Mortgate amount.
　d． Cash payment.

〈答え　d〉

〈解法のポイント〉　Investing Activities は，PIPE ですね。

〈解説〉

Fixed assets（固定資産）の売却又は購入による現金収入または支出は investing activities に区分されます。これらの購入の対価として現金と Note payable（手形）を支払った場合は，現金支出分のみを cash flow statements に計上し，手形分については別に separate schedule（明細）で disclose します。

練習問題 4 (Statement of cash flows)

How should a gain from the sale of used equipment for cash be reported in a statement of cash flows using the indirect method?

　a． In operating activities as an addition to income.
　b． In operating activities as a deduction from income.
　c． In investment activities as a reduction of the cash inflow from the sale.

d．In investment activities as a cash outflow.

<答え　b>

<解法のポイント>　Indirect Method の場合，Net income からスタートでしたね。

<解説>

　Indirect method では Net cash flows from operating activities は Net income からスタートして種々の adjustment を入れて Net operating cash を表示します（Direct method では別に reconciliation の表を作成します）。

　Proceeds from sale of equipment（備品売却による収入金額）は gain，または loss に関係なく受け取った金額の全額を investing activities に計上します。つまり gain 含みの総額を計上することになります。

　一方，Net income には当然 gain が含まれているので，これを operating activities の計算上控除しないと gain が investing activities と operating activities の両方に計上されてしまいます。したがって gain を operating activities からマイナスします。

6　営業活動によるキャッシュ・フロー――直接法（Cash Flows from Operating Activities − Direct Method）

　直接法（Direct Method）によって Operating Activities（営業活動によるキャッシュ・フロー）のカテゴリーを作成する場合，バランスシート上の債権，債務の Account を調べ，その動きから Cash In, Cash Out をつかんでいきます。それぞれの債権，債務の Account の T 勘定をつくって動きを調べていくやり方を見ていきましょう。

Accounts Receivable		Sales	
Beginning balance	Collections on account		Sales on account
Sales on account			
Ending balance			

　売上勘定は基本的に掛売上に用いられ，売掛金勘定は基本的に売上に関連する

売掛債権に用いられると想定します。
　（棚卸資産の継続棚卸法を前提とすると）商品の仕入と支払いに関連する勘定は，次のように商品と買掛金です。

Merchandise Inventory		Accounts Payable	
Beginning balance	Cost of goods sold	Payments	Beginning balance
Purhases			Purchases on account
Ending balance			Ending balance

買掛金は商品の仕入にのみ用いられ，すべての仕入は掛仕入と想定します。
賃金，利息，税金に関連する勘定は下記の通りです。

Wages Expense		Wages Payable	
Wages accrued		Wages paid	Beginning balance
			Wages accrued
			Ending balance

未払賃金の仕訳は下記の通りです。

　　Wages Expense　　　　　　　　　xxx
　　　　Wages Payable　　　　　　　　　　xxx

Interest Expense		Interest Payable	
Interest accrued		Interest paid	Beginning balance
			Interest accrued
			Ending balance

Income Tax Expense		Income Tax Payable	
Taxes accrued		Taxes paid	Beginning balance
			Taxes accrued
			Ending balance

営業活動によるキャッシュに影響を与えるもう１つの項目は，保険，前払賃借料，消耗品のような種々の前払金の支出です。このような前払費用の消費は，販売費や管理費のカテゴリーで損益計算書に記されます。前払費用のＴ勘定は次のように構成されます。

Prepaid Items	
Beginning balance	Expirations ◀------ この金額が損益計算書に表示されている
Cash paid	
Ending balance	

キャッシュの算出を目的とした場合，関係するのは消費ではなく支出（Cash paid）です。

> **例示 5**
>
> Ｙ社は損益計算書に売上 $1,000,000 を計上します。貸借対照表では，売掛金の期首と期末残高はそれぞれ $88,000 と $80,000 と記されています。売上の回収による現金は，次のように決定されます。
>
> | Accounts Receivable | | |
> |---|---|---|
> | Beginning balance | 88,000 | X（Collections） |
> | Sales | 1,000,000 | |
> | Ending balance | 80,000 | |
>
> $$88,000 + 1,000,000 - X = 80,000$$
> $$1,088,000 - 80,000 = X$$
> $$X = 1,008,000$$

7 完全なキャッシュ・フロー計算書―直接法（Complete Statement of Cash Flows – Direct Method）

直接法でキャッシュ・フロー計算書を作成するために，前のセクションで検討

例示 6

X社の2002年と2003年の比較貸借対照表は下記の通りでした。

	12／31／2002	12／31／2003
Cash	$28,900	$46,000
Accounts Receivable	45,000	41,000
Merchandise	51,000	48,000
Prepaid Rent	3,700	4,100
Plant Assets	835,000	970,000
Accumulated Depreciation	(400,000)	(356,000)
Total Assets	$563,600	$753,100
Accounts Payable	$37,000	$32,500
Salaries Payable	7,500	4,500
Taxes Payable	5,000	7,000
Notes Payable〈Long-term〉	—	100,000
Preferred Stock	350,000	400,000
Paid-in Capital in Excess of Par	45,000	55,000
Retained Earnings	119,100	154,100
Total Equities	$563,600	$753,100

2003年の損益計算書では，下記の通り計上しました。

Sales	$810,000	
Cost of Goods Sold	(460,000)	
Gross Profit		350,000
Expenses：		
Depreciation Expense	(30,000)	
Administrative Expenses	(175,000)	
Tax Expense	(69,500)	
Total Expenses		(274,500)
Net Income		$75,500

他のデータ：

a．売上と仕入はすべて掛けで行われました。

b．$40,000 の配当は当年度に支払われました。
c．額面$50,000 の優先株式が現金$60,000 で発行されました。
d．当初のコストが$80,000，減価償却累計額$74,000 の設備資産を現金$6,000 で売却しました。
e．設備資産を現金$100,000 で購入しました。
f．他の設備資産を$115,000 で購入しました。支払条件は現金$15,000 と長期の支払手形$100,000 でした。

Company X

Statement of Cash Flows

For the Year Ended December 31, 2003

CASH FROM OPERATIONS
Cash Inflows：
 Cash Received from Customers $814,000
Cash Outflows：
 Cash Paid for Merchandise   (461,500)
 Cash Paid for Taxes   (67,500)
 Cash Paid for Administrative Expenses   (175,500)
 Cash Paid for Rent   (400)
 Cash Paid for Salaries   (3,000)
Total Cash Outflows   (707,900)
Net Cash Flow from Operations $106,100
CASH FROM INVESTMENT ACTIVITIES
Sale of Plant Assets $6,000
Purchase of Plant Assets   (115,000) ＊
Net Cash Flow from Investment Activities $(109,000)
CASH FROM FINANCE ACTIVITIES
Issuance of Preferred Stock $60,000
Dividend Payments   (40,000)
Net Cash Flow from Finance Activities $20,000
Net Change in Cash $17,100

 ＊$215,000 の設備資産を現金$115,000 と長期の支払手形$100,000 で購入しました。

営業活動からのキャッシュ・インフローとアウトフローは，次のように決定しました。

Cash collections：現金の回収

Accounts Receivable	
45,000	X
(Sales) 810,000	
41,000	

$$\$45,000 + \$810,000 - X = \$41,000$$
$$X = \$814,000$$

Cash paid for merchandise ＝商品に支払われた現金

Merchandise	
51,000	460,000
P	
48,000	

$$\$51,000 + P - \$460,000 = \$48,000$$
$$P = \$457,000 = \text{purchases} **$$

Accounts Payable	
Y	37,000
	457,000 ** (From above)
	32,500

$$\$37,000 + \$457,000 - Y = \$32,500$$
$$Y = \$461,500 = \text{purchase payments}$$

Cash paid for taxes：税金に支払われた現金

Taxes Payable	
X	5,000
	69,500
	7,000

$$\$5,000 + \$69,500 - X = \$7,000$$
$$X = \$67,500$$

　損益計算書上の管理費勘定には，給料，前払賃借料の消費，他の管理項目が含まれます。前払賃借料が年間＄400増加したので，現金で支払った賃借料が消費金額（つまり損益計算書の支払賃借料（本例ではAdministrative Exptnseとしてまとめられている）の金額）よりも＄400多いことになります。同様に，未払給料が＄3,000減少したので，支払われた給料が発生給料を＄3,000超えたことになります。損益計算書の管理費勘定は（現金の収入，支出ではなく）消費と発生のみを含むので，営業活動からのキャッシュ・アウトフロー追加分としてこれらの金額を含めなくてはなりません。

第14章

合併と連結会計
(Business Combinations and Consolidated Financial Statements)

本章での主要な学習ポイント

1．企業結合とは ─→ Merger
　　　　　　　　 ─→ Consolidation
　　　　　　　　 ─→ Acquisition
2．企業結合の会計処理 － Acquisition Method：取得法
3．連結財務諸表
　①連結財務諸表の基本的考え方…連結財務諸表とは
■このトピックは，一連の仕訳の流れをきちんと理解することが重要なトピックです。まず，「合併」と「連結」の違いと，それぞれの一連の仕訳をきちんと切れるようにトレーニングしましょう。そして，問題を解く際に，大きな流れを見失わないようにしてください。

1　企業結合会計のルール

「企業結合会計」ではSFAS141R【改訂版】が適用されるようになりました。
　これはIFRSとのコンバージェンスの成果であり，IFRSNo.3 Business Combination【改訂版】とほぼ同様の内容となっています。SFAS141R【改訂版】では会計処理にあたり「Acquisition method（取得法）」を用いることになりました。これは購入以外の取引も対象とすることを明確にした名称と会計処理の改訂で，取得法では，以下の内容が要求されます。
　1．「取得企業を特定」すること。

2．「取得日を決定」すること。
3．取得される企業の識別可能な「取得資産」,「引受負債」,「非支配持分」を測定すること。
4．「のれん」または「バーゲン・パーチェス」による利得を認識し，測定すること。

識別可能（Identifiable）な資産とは，Is separable（企業から分離可能）で販売，ライセンス供与，貸与，交換ができるもの。Arise from contractual or other legal right（契約またはその他の法律上の権利から生じるもの）のいずれかをいいます。

「Acquisition method（取得法）」の対象にならないものとしては以下のようなものがあります。
1．ジョイントベンチャーの形成
2．それだけでは事業をなしえない資産・資産グループの獲得
3．共通支配化の企業・事業の結合
4．非営利組織同士の結合または，非営利組織による営利事業の獲得

取得資産が事業でないのであれば，報告企業にとっては資産獲得取引となります。

取得法では以下のような内容が求められます。

1 「取得企業」と「取得日」の決定

取得企業とは，他の結合した企業を支配（Control）する力を得た企業のことです。企業結合においては，必ず1つの企業を『取得企業』としなくてはならないとされ，その支配力を得た日を『取得日』と呼びます。

2 識別可能な被取得企業の「取得資産」,「引受負債」,「非支配持分（Noncontrolling Interest）」の認識と測定

『取得日』において企業は，被取得企業の「取得資産」,「引受負債」,「非支配持分（Noncontrolling Interest」を【公正価値】で認識しなくてはならないとされています（取得資産と引受負債は米国会計基準SFACNo.6に定められたAssetsとLiabilitiesの定義に合うものを言います）。

Ex1．取得企業が予測したリストラ費用で，「義務」が確定していないものは，取得日において負債とはならず，「費用」として別に計上します（以前のルールでは，負債としていました）。

Ex 2． Acquisition Method（取得法）で認識する Assets, Liabilities は，企業結合によって交換するものでなくてはならないとされています。

つまり，企業結合前に取得企業の主導で行われた取引や，取得企業の利益のためになされた取引は含まれません。

＜含まれない取引の例＞
○取得企業と被取得企業の間に以前から存在する関係を実質的に決済する取引
○被取得企業の従業員や前所有者に対して将来の勤務のために報酬を支払う取引
○取得企業の取得関連費用を支払うために被取得企業や前所有者に払い戻す取引
など

● **偶発事象（Contingencies）から生じる資産・負債の認識**
1．契約上の偶発事象（Contractual contingencies）から生じる資産，負債は，『取得日』に『その日の公正価値』で測定し，認識する必要があります。
2．その他の偶発事象については，資産，負債の定義に合致する可能性がかなりある（more likely than not）のときのみ『取得日』に『その日の公正価値』で測定し，認識する。そうでないときは，該当する GAAP に基づいて会計処理をします。

取得日に認識した偶発事象から生ずる資産，負債は継続的に報告が必要です。
負債⇒「取得日公正価値」と「SFASNo.5で認識される金額」の大きい方を採用します。
資産⇒「取得日公正価値」と「将来の決済金額」の小さい方を採用します。

2　合併の会計処理

企業の合併とは，一方の会社がもうひとつの会社を買収することにより，2つの会社が1つになることを言います。

Business Combination & Consolidated F/S - 1

- A社とB社がひとつの会社になることを合併（merger）という。
- 新しいC社がつくられ，A社とB社が両方清算される場合は新設合併（Consolidation）という。「連結決算」も Consolidation と呼ぶので混同しないこと！

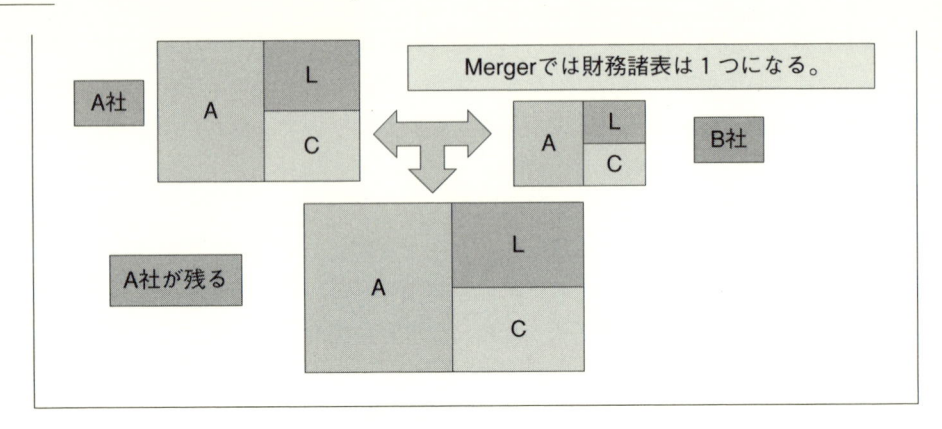

[図: A社 + B社 → A社が残る（Merger では財務諸表は1つになる。）]

企業結合では，取得日に取得企業が得た Net Asset（Y）と（X）＝（移転する対価＋取得される企業の非支配持分の公正価値＋段階的な取得の場合に取得日までに取得企業が得ていた資本の公正価値）を比べて，（X）が大きければ差額を Goodwill（のれん）として計上します。

Business Combination & Consolidated F/S – 2

● Goodwill（のれん）と Bargain purchase（バーゲンパーチェス）
　Goodwill は，取得日に取得企業が「X − Y」で計算し，認識する。

Assets (FV)	Liabilities (FV)	Goodwill	⟨X⟩ 1. 移転される対価 ＋ 2. 取得される企業の非支配持分の公正価値 ＋ 3. 段階的な取得の場合は，取得企業がすでに取得していた資本の取得日の公正価値
	A−L＝ Net asset (FV)	⟨Y⟩ ● 識別可能な取得資産と引受負債の取得日における純額	

（Y）と（X）を比べて（X）が小さければ，差額をバーゲンパーチェス（格安で購入できた差額）と考え，検討項目を調整後になお残る差額については Gain として処理をします。

第14章 合併と連結会計（Business Combinations and Consolidated Financial Statements）

Business Combination & Consolidated F/S - 3

- 「X－Y」で計算した結果マイナスとなる場合は Bargain purchase であり，下記の検討項目を調整し，なお残額があれば Gain として処理する。

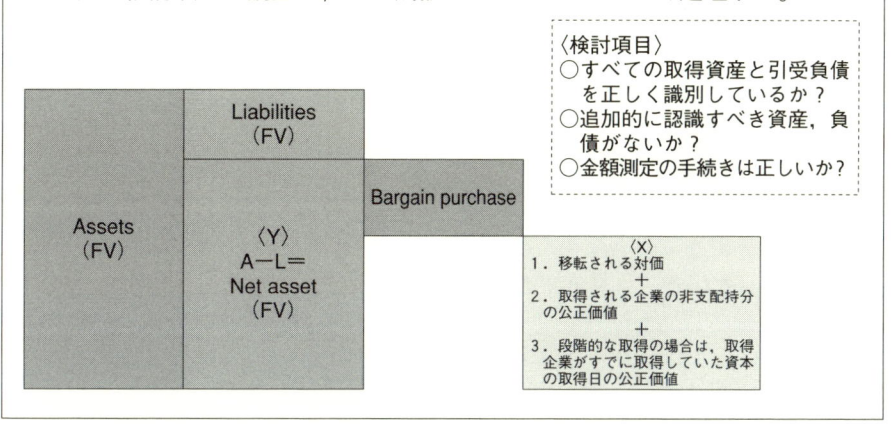

〈検討項目〉
○すべての取得資産と引受負債を正しく識別しているか？
○追加的に認識すべき資産，負債がないか？
○金額測定の手続きは正しいか？

Assets (FV)

Liabilities (FV)

〈Y〉
A－L＝
Net asset (FV)

Bargain purchase

〈X〉
1．移転される対価
＋
2．取得される企業の非支配持分の公正価値
＋
3．段階的な取得の場合は，取得企業がすでに取得していた資本の取得日の公正価値

移転される対価には以下のようなものがあります。
1．取得企業から移転される資産
2．前所有者に対して生じる取得企業の負債
3．取得企業が発行する資本持分

1＋2＋3（いずれも取得日の公正価値）で計算されたものを移転対価といいます。

具体的には，現金，その他の資産，事業や子会社，偶発対価，株式，オプション，ワラントなどです。

対価に資産，負債が含まれ，企業結合後に企業内にとどまる場合は，資産，負債を保有しつづけるため，取得日直前の簿価で評価し，損益は認識してはならないとされています。

対価の資産，負債が企業結合後に外部に移転する場合は，簿価と公正価値の差額を計算し，損益を認識しなくてはならないとされています。

企業結合が段階的に達成される場合は，取得企業は識別可能な資産，負債，非支配持分を「全額公正価値で認識」しなくてはならず，差額が生じる場合には，損益を認識するとされています。

例えば，前会計年度に投資価値の変化を OCI（その他の包括利益）に計上していれば，取得日に損益に振り替えます。また，被取得企業の非支配持分も公正価

値で測定するため，非支配持分にものれんが生じる場合があります。

例題で理解を深めましょう。

例題1　企業結合

- A社はB社に吸収合併され，合併直前のA社のバランスシートは右記の通りであった。
- このときの時価は，以下の通り。
  Building ：$100,000
  Land ：$200,000
  その他の資産・負債は BV ＝ FV

以下のA～Cのケースそれぞれについて仕訳を行い Goodwill または Gain を計算せよ。

A社B／S			$
Cash	20,000	A/P	60,000
A/R	60,000	B/P	100,000
Inventory	100,000	C/S	180,000
Building	80,000	APIC	40,000
Land	180,000	R/E	60,000
total	440,000	total	440,000

A：合併の対価が現金 360,000 の場合
B：B社が普通株式 30,000 株を発行した場合
　（額面 $10，市場価値 $12）
C：合併の対価が現金 300,000 の場合

Aのケースの仕訳処理は以下のようになります。

A：合併の対価が現金 360,000 の場合

合併の仕訳 1
　買収対価が被合併会社の Net assets（FMV）より高いとき
　（現金で買収）

Dr.Assets　　480,000（買収される会社の資産 FMV）
　Goodwill　　40,000（差額）
　　Cr.Liabilities　　160,000（買収される会社の負債 FMV）
　　　Cash　　　　　360,000（買収対価）

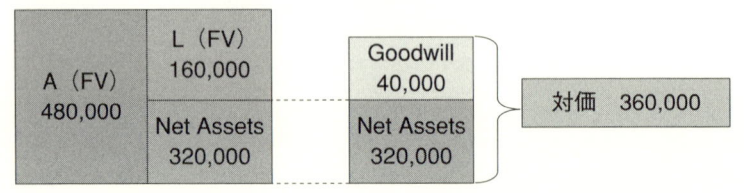

```
┌─────────────┬─────────────┐   ┌─────────────┐
│             │ L（FV）      │   │ Goodwill    │
│ A（FV）     │ 160,000     │   │ 40,000      │   ┌─────────────┐
│ 480,000     ├─────────────┤   ├─────────────┤   │ 対価 360,000 │
│             │ Net Assets  │   │ Net Assets  │   └─────────────┘
│             │ 320,000     │   │ 320,000     │
└─────────────┴─────────────┘   └─────────────┘
```

第14章　合併と連結会計（Business Combinations and Consolidated Financial Statements）

A：合併の対価が現金 360,000 の場合（詳細）

```
Dr.Cash          20,000    ┐
   A/R           60,000    │
   Inventory    100,000    ├─ 480,000
   Building     100,000 (FV)│
   Land         200,000 (FV)┘
   Goodwill      40,000 (差額)
   Cr.A/P                60,000  ┐
      B/P                100,000 ├─ 160,000
      Cash              360,000（買収対価）
```

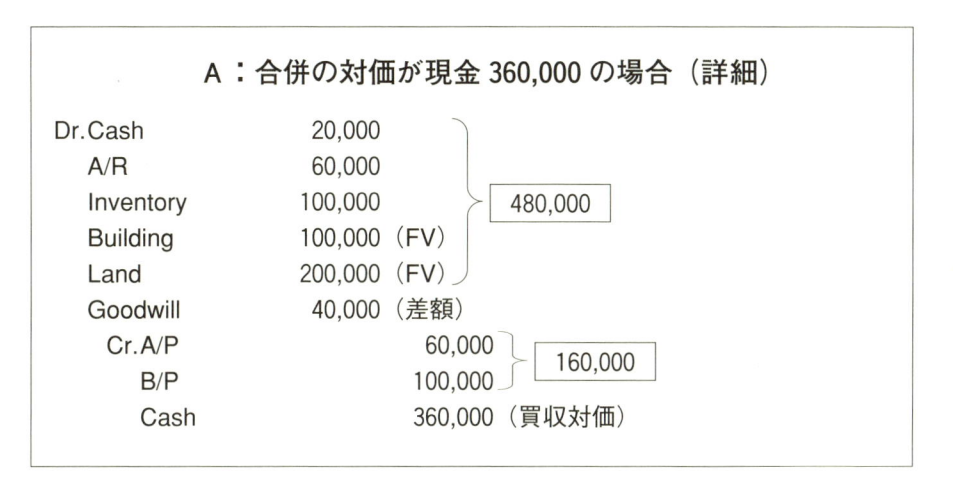

Bのケースの仕訳処理は以下のようになります。

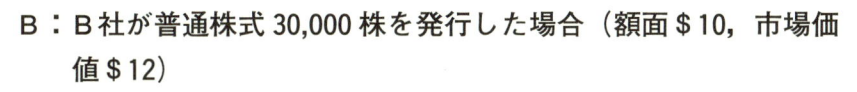

B：B社が普通株式 30,000 株を発行した場合（額面 $10，市場価値 $12）

合併の仕訳 2
　買収対価が被合併会社の Net assets（FMV）より高いとき
　（現金で買収）
Dr.Assets　480,000（買収される会社の資産 FMV）
　Goodwill　40,000（差額）
　　Cr.Liabilities　160,000（買収される会社の負債 FMV）
　　C/S　　　　　　360,000（対価の時の株価）

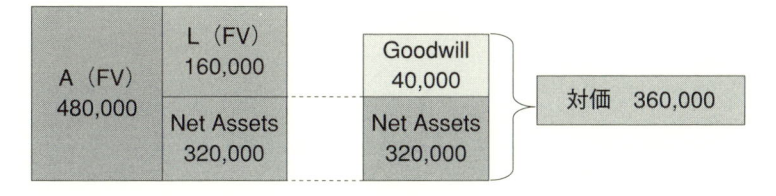

| A (FV) 480,000 | L (FV) 160,000 | Goodwill 40,000 | 対価 360,000 |
| | Net Assets 320,000 | Net Assets 320,000 | |

B：B社が普通株式30,000株を発行した場合（額面$10，市場価値$12）

```
Dr. Cash              20,000
    A/R               60,000
    Inventory        100,000          ┐
    Building         100,000 (FV)     │ 480,000
    Land             200,000 (FV)     ┘
    Goodwill          40,000 (差額)
    Cr. A/P                     60,000  ┐
        B/P                    100,000  ┘ 160,000
        C/S                    300,000 (par$10 × 30,000株)
        APIC                    60,000 (12 − 10) × 30,000株
```

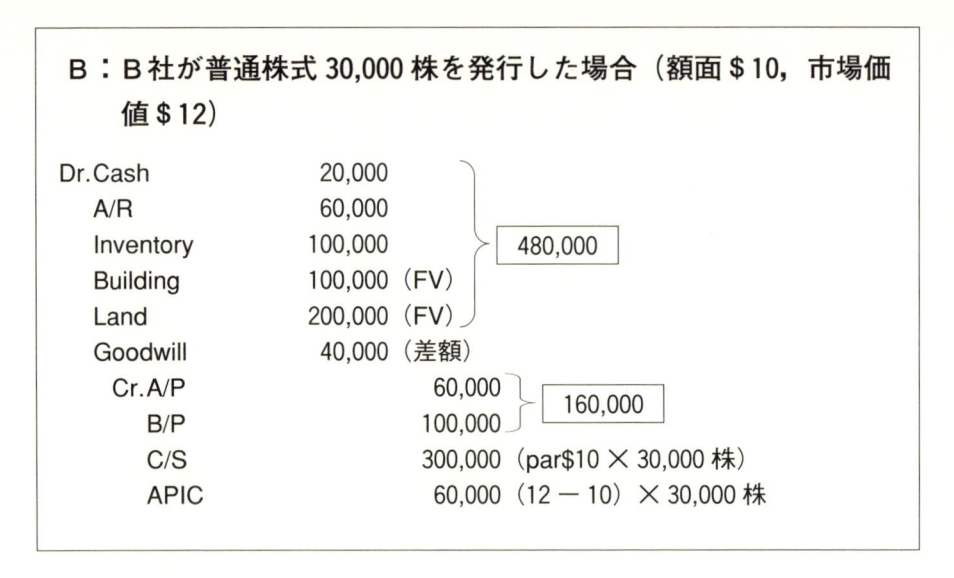

Cのケースの仕訳処理は以下のようになります。

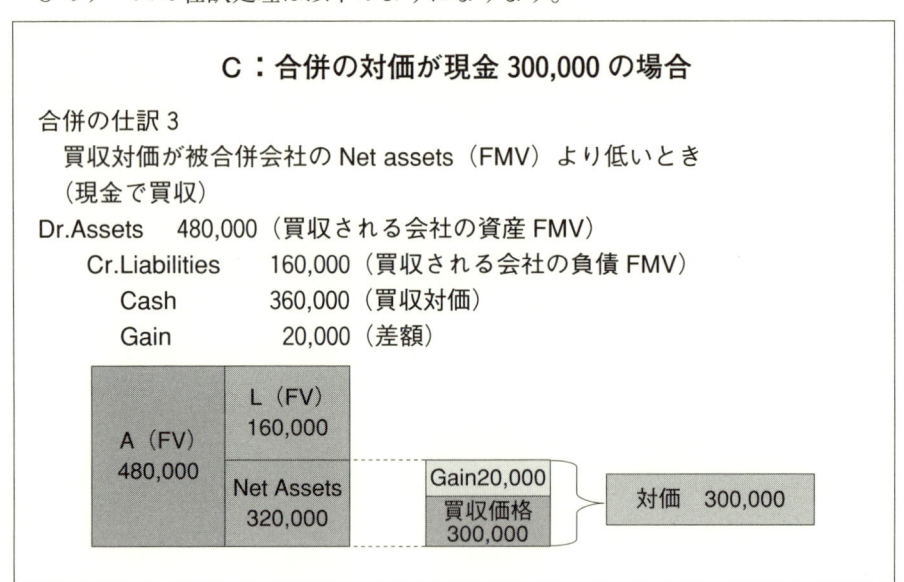

C：合併の対価が現金300,000の場合

合併の仕訳3
　買収対価が被合併会社のNet assets (FMV) より低いとき
　（現金で買収）

```
Dr. Assets    480,000 (買収される会社の資産FMV)
    Cr. Liabilities  160,000 (買収される会社の負債FMV)
       Cash          360,000 (買収対価)
       Gain           20,000 (差額)
```

| A (FV) 480,000 | L (FV) 160,000 |
| | Net Assets 320,000 |

Gain 20,000
買収価格 300,000

対価　300,000

第14章 合併と連結会計（Business Combinations and Consolidated Financial Statements）　301

```
           C：合併の対価が現金 300,000 の場合（詳細）

Dr. Cash         20,000  ┐
   A/R           60,000  │
   Inventory    100,000  ├─ 480,000
   Building     100,000 (FV) │
   Land         200,000 (FV) ┘
  Cr. A/P                60,000 ┐
     B/P                100,000 ┴─ 160,000
     Cash              300,000 （買収対価）
     Gain               20,000 （差額）
```

Gain を計上する前に，すべての識別可能な資産，負債が計上されているか再検討を行ったが，追加的に計上すべきものがなかった。金額測定の手続きも問題がなかった。したがって，差額 20,000 を Gain として計上する。

3　連結決算の会計処理

　連結決算とは，グループ内の親子間取引を相殺して，外からみてグループとしてどのくらい外部取引で収益やキャッシュフローが得られているかを示す一組の決算書を別につくるということです。
　企業結合と異なるのは，親会社も子会社も単独の企業として存在しつづけていることです。親会社も子会社も単独で決算書をつくっていますが，単独の決算書のデータを集めて，もうひとつ別の連結決算書をつくるのです。なので連結手続きで切った仕訳は各企業の個別決算書には影響しませんので注意しましょう。
　また子会社の100％の株を買収した場合と，100％未満の株しか買収しなかった場合で会計処理が異なります。これは100％未満しか買収しない場合，グループ外の誰かが株をもっているため，その株主の持分に相当する利益などを考慮する必要があるからです。

Business Combination & Consolidated F/S – 4

- 投資で株式を取得（Acquisition）した場合，議決権付株式の持分比率が50％を超えるとその投資先会社は連結対象となり，<u>外から見たときにあたかも一つの会社に見えるようにconsolidation（連結）する必要がある</u>（実質的に支配していれば，50％以下でも連結が必要）。
- つまり，企業グループとしての決算書を，個別の企業の決算書とは別にもうひとつつくるということである（連結決算書）。個別のグループ会社のデータを集めて，グループ企業がひとつの経営体であると考えてつくるので，親子間の内部取引を消去する必要がある。

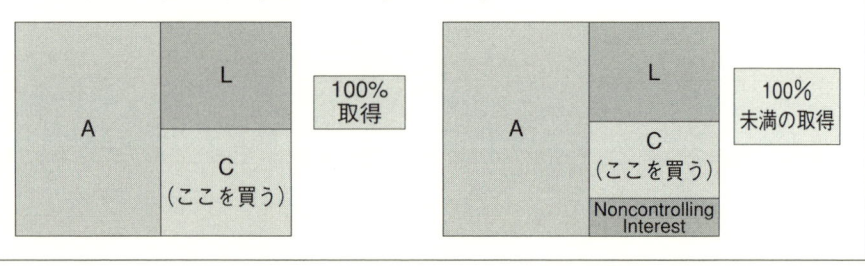

まず買収する企業の株式を100％取得する場合からみていきましょう。最初に買収したときに，親会社では投資勘定を計上し子会社では資本の部にその投資が計上されているので，これを相殺処理して差額を計上します。

例題2　連結（100％取得，取得日）

- 7月1日にP社はS社の株式100％を現金＄250,000で取得した。買収日のS社のバランスシートは右記の通りであった。
- このときの資産でBVとFVが異なるものは，右下の通り。

1．P社における企業結合の仕訳をせよ。

2．取得日における連結修正仕訳をせよ。

S社 B／S　　　　　　　　　＄

Cash	50,000	A/P	70,000
A/R	60,000	B/P	50,000
Inventory	90,000	C/S	180,000
Machinery	180,000	APIC	20,000
Acc.Dep.	(30,000)	R/E	30,000
total	350,000	total	350,000

	BV	FV	差額
Inventory	90,000	95,000	5,000
Machinery	180,000	200,000	20,000
Acc.Dep.	(30,000)	(40,000)	(10,000)

Business Combination & Consolidated F/S - 5

- 連結の手順（取得日　100％取得）
① 親会社と子会社の個別決算書の合算
② 連結修正仕訳
　ステップ１：親会社の子会社に対する投資勘定と，子会社の対応する資本勘定を相殺消去する。
　ステップ２：子会社の資産，負債を BV から FV に修正し，ステップ１で発生した差額（Differential）の振替を行う。それでも差額が残る場合は，Goodwill として認識する。

Business Combination & Consolidated F/S - 6

連結仕訳（取得日１）
① P 社における企業結合の仕訳
　Dr. Investment in S　　　250,000
　　Cr. Cash　　　　　　　　　　　　250,000
〈連結修正仕訳〉
② 親会社の投資勘定と被投資会社の資産勘定を相殺消去
　Dr. Common stock　　　　180,000 ⎫
　　　APIC　　　　　　　　　 20,000 ⎬ Net Assets
　　　Retained earnings　　 30,000 ⎭
　　　Differential　　　　　 20,000 （差額）
　　Cr. Investment in S　　250,000

連結ワークシート上では以下のようになります。

Account Title	P社	S社	Adjustments Dr.	Adjustments Cr.	Consolidated Balance
Cash	150,000	50,000			
Account Receivable	250,000	60,000			
Inventory	200,000	90,000			
Prepaid expense	30,000				
Machinery	250,000	180,000			
Acc.Dep.	(37,000)	(30,000)			
Investment in S company	250,000			250,000	
Differential			20,000		
Goodwill					
Patent	50,000				
Total Assets	1,143,000	350,000	20,000	250,000	
Account Payable	250,000	70,000			
Accrued Exp.	25,000				
Bond payable	300,000	50,000			
Common stock	350,000	180,000	180,000		
APIC	98,000	20,000	20,000		
Retained earnings	120,000	30,000	30,000		
Total L&Stockholders'Equity	1,143,000	350,000	230,000	0	

次に子会社の資産，負債を Fair value に調整します。

Business Combination & Consolidated F/S - 7

連結仕訳（取得日2）

③ Differential（差額）の振替。子会社の資産，負債を BV から FV に修正し，なお残る Differential は Goodwill として認識する。

　　Dr. Inventory　　　　　　5,000
　　　　Machinery　　　　　 20,000
　　　　Goodwill　　　　　　 5,000　（差額）
　　Cr. Differential　　　　　20,000
　　　　Accumulated Dep.　　10,000

	BV	FV	差額
Inventory	90,000	95,000	5,000
Machinery	180,000	200,000	20,000
Acc.Dep.	(30,000)	(40,000)	(10,000)

Goodwill 5,000
S社資本 230,000 ＋ 評価差額 15,000
S社株式（P社所有） 250,000

第14章　合併と連結会計（Business Combinations and Consolidated Financial Statements）

連結ワークシート上では以下のようになります。

Account Title	P社	S社	Adjustments Dr.	Adjustments Cr.	Consolidated Balance
Cash	150,000	50,000			
Account Receivable	250,000	60,000			
Inventory	200,000	90,000	5,000		
Prepaid expense	30,000				
Machinery	250,000	180,000	20,000		
Acc.Dep.	(37,000)	(30,000)		10,000	
Investment in S company	250,000			250,000	
Differential			20,000	20,000	
Goodwill			5,000		
Patent	50,000				
Total Assets	1,143,000	350,000	50,000	280,000	
Account Payable	250,000	70,000			
Accrued Exp.	25,000				
Bond payable	300,000	50,000			
Common stock	350,000	180,000	180,000		
APIC	98,000	20,000	20,000		
Retained earnings	120,000	30,000	30,000		
Total L&Stockholders'Equity	1,143,000	350,000	230,000	0	

修正情報を反映して各アカウントの最終残高を出します。

Account Title	P 社	S 社	Adjustments Dr.	Cr.	Consolidated Balance
Cash	150,000	50,000			200,000
Account Receivable	250,000	60,000			310,000
Inventory	200,000	90,000	5,000		295,000
Prepaid expense	30,000				30,000
Machinery	250,000	180,000	20,000		450,000
Acc.Dep.	(37,000)	(30,000)		10,000	(77,000)
Investment in S company	250,000			250,000	0
Differential			20,000	20,000	0
Goodwill			5,000		5,000
Patent	50,000				50,000
Total Assets	1,143,000	350,000	50,000	280,000	1,263,000
Account Payable	250,000	70,000			320,000
Accrued Exp.	25,000				25,000
Bond payable	300,000	50,000			350,000
Common stock	350,000	180,000	180,000		350,000
APIC	98,000	20,000	20,000		98,000
Retained earnings	120,000	30,000	30,000		120,000
Total L&Stockholders'Equity	1,143,000	350,000	230,000	0	1,263,000

今度は子会社株の取得が100未満のケースを見てみましょう。買収しなかった非支配持分についてもきちんと認識するように会計処理を行います。

第14章　合併と連結会計（Business Combinations and Consolidated Financial Statements）　307

Business Combination & Consolidated F/S - 8

連結仕訳（取得日1）
① P社における企業結合の仕訳
　Dr. Investment in S　　250,000
　　Cr. Cash　　　　　　　　　　250,000
〈連結修正仕訳〉
② 親会社の投資勘定と被投資会社の資産勘定（持分割合）を相殺消去
　Dr. Common stock　　　162,000 ⎫
　　　APIC　　　　　　　　 18,000 ⎬ 資本勘定×90%
　　　Retained earnings　 27,000 ⎭
　　　Differential　　　　 43,000（差額）
　　Cr. Investment in S　　250,000

連結ワークシート上では以下のようになります。

Account Title	P社	S社	Adjustments		Noncontrolling Interest		Consolidated Balance
			Dr.	Cr.	Dr.	Cr.	
Cash	150,000	50,000					
Account Receivable	250,000	60,000					
Inventory	200,000	90,000					
Prepaid expense	30,000						
Machinery	250,000	180,000					
Acc.Dep.	(37,000)	(30,000)					
Investment in S company	250,000			250,000			
Differential			43,000				
Goodwill							
Patent	50,000						
Total Assets	1,143,000	350,000	43,000	250,000			
Account Payable	250,000	70,000					
Accrued Exp.	25,000						
Bond payable	300,000	50,000					
Common stock	350,000	180,000	162,000				
APIC	98,000	20,000	18,000				
Retained earnings	120,000	30,000	27,000				
Noncontrolling Interest							
Total L&Stockholders'Equity	1,143,000	350,000	207,000	0			

Business Combination & Consolidated F/S - 9

〈連結修正仕訳〉
②子会社の非支配持分を、Noncontrolling Interest につけかえる。

```
Dr. Common stock        18,000  ⎫
    APIC                 2,000  ⎬  資本勘定 × 10%
    Retained earningsl   3,000  ⎭
Cr. Noncontrolling Interest    23,000
```

		90%	10%
C/S	180,000	162,000	18,000
APIC	20,000	18,000	20,000
R/E	30,000	27,000	3,000

連結ワークシート上では以下のようになります。

Account Title	P社	S社	Adjustments Dr.	Adjustments Cr.	Noncontrolling Interest Dr.	Noncontrolling Interest Cr.	Consolidated Balance
Cash	150,000	50,000					
Account Receivable	250,000	60,000					
Inventory	200,000	90,000					
Prepaid expense	30,000						
Machinery	250,000	180,000					
Acc.Dep.	(37,000)	(30,000)					
Investment in S company	250,000			250,000			
Differential			43,000				
Goodwill							
Patent	50,000						
Total Assets	1,143,000	350,000	43,000	250,000	0	0	
Account Payable	250,000	70,000					
Accrued Exp.	25,000						
Bond payable	300,000	50,000					
Common stock	350,000	180,000	162,000		18,000		
APIC	98,000	20,000	18,000		2,000		
Retained earnings	120,000	30,000	27,000		3,000		
Noncontrolling Interest						23,000	
Total L&Stockholders'Equity	1,143,000	350,000	207,000	0	23,000	23,000	

Business Combination & Consolidated F/S -10

連結仕訳（取得日2）

③ 資産の FV 変化分（差額）のうち，買収しなかった持分を非支配持分として振替。子会社の資産，負債を BV から FV に修正し，Noncontorolling Interest の非支配持分の FV を認識する。

Dr. Inventory	500	(5,000 × 10%)
Machinery	2,000	(20,000 × 10%)
Goodwill	2,500	(差額)
Cr. Noncontorolling Interest	4,000	(27,000 － 23,000)
Acc.Dep.	1,000	(10,000 × 10%)

	BV	FV	差額
Inventory	90,000	95,000	5,000
Machinery	180,000	200,000	20,000
Acc.Dep.	(30,000)	(40,000)	(10,000)

> Noncontrolling Interest の FV は 27,000 なので，②の仕訳で認識した 23,000 との差額 4,000 を追加計上する。

連結ワークシート上では以下のようになります。

Account Title	P社	S社	Adjustments Dr.	Adjustments Cr.	Noncontrolling Interest Dr.	Noncontrolling Interest Cr.	Consolidated Balance
Cash	150,000	50,000					
Account Receivable	250,000	60,000					
Inventory	200,000	90,000			500		
Prepaid expense	30,000						
Machinery	250,000	180,000			2,000		
Acc.Dep.	(37,000)	(30,000)				1,000	
Investment in S company	250,000			250,000			
Differential			43,000				
Goodwill					2,500		
Patent	50,000						
Total Assets	1,143,000	350,000	95,000	205,000	5,000	1,000	
Account Payable	250,000	70,000					
Accrued Exp.	25,000						
Bond payable	300,000	50,000					
Common stock	350,000	180,000	162,000		18,000		
APIC	98,000	20,000	18,000		2,000		
Retained earnings	120,000	30,000	27,000		3,000		
Noncontrolling Interest						23,000 ＋4,000	
Total L&Stockholders'Equity	1,143,000	350,000	207,000	30	23,000	27,000	

Business Combination & Consolidated F/S -11

連結仕訳（取得日2）

④ Differential（差額）の振替。子会社の資産，負債を BV から FV に修正し，差額の持分を償却するとともに，Differential をクレジットして償却する。デビットに残る差額は Goodwill として認識し，クレジットに差額が出たら Gain として処理をする。

Dr. Inventory	4,500	(5,000 × 90%)
Machinery	18,000	(20,000 × 90%)
Goodwill	29,500	（差額）
Cr. Differential	43,000	
Accumulated Dep.	9,000	(10,000 × 90%)

	BV	FV	差額
Inventory	90,000	95,000	5,000
Machinery	180,000	200,000	20,000
Acc.Dep.	(30,000)	(40,000)	(10,000)

連結ワークシート上では以下のようになります。

Account Title	P社	S社	Adjustments Dr.	Adjustments Cr.	Noncontrolling Interest Dr.	Noncontrolling Interest Cr.	Consolidated Balance
Cash	150,000	50,000					
Account Receivable	250,000	60,000					
Inventory	200,000	90,000	4,500		500		
Prepaid expense	30,000						
Machinery	250,000	180,000	18,000		2,000		
Acc.Dep.	(37,000)	(30,000)		9,000		1,000	
Investment in S company	250,000			250,000			
Differential			43,000	43,000			
Goodwill			29,500		2,500		
Patent	50,000						
Total Assets	1,143,000	350,000	95,000	302,000	5,000	1,000	
Account Payable	250,000	70,000					
Accrued Exp.	25,000						
Bond payable	300,000	50,000					
Common stock	350,000	180,000	162,000		18,000		
APIC	98,000	20,000	18,000		2,000		
Retained earnings	120,000	30,000	27,000		3,000		
Noncontrolling Interest						27,000	
Total L&Stockholders'Equity	1,143,000	350,000	207,000	0	27,000	27,000	

第14章 合併と連結会計（Business Combinations and Consolidated Financial Statements）

すべての調整が終わったら，一番右側でそれぞれのアカウントの調整額を算出してデータをまとめます。

Account Title	P社	S社	Adjustments Dr.	Adjustments Cr.	Noncontrolling Interest Dr.	Noncontrolling Interest Cr.	Consolidated Balance
Cash	150,000	50,000					200,000
Account Receivable	250,000	60,000					310,000
Inventory	200,000	90,000	4,500			500	295,000
Prepaid expense	30,000						30,000
Machinery	250,000	180,000	18,000			2,000	450,000
Acc.Dep.	(37,000)	(30,000)		9,000		1,000	(77,000)
Investment in S company	250,000			250,000			0
Differential			43,000	43,000			0
Goodwill			29,500			2,500	32,000
Patent	50,000						50,000
Total Assets	1,143,000	350,000	95,000	302,000	5,000	1,000	1,290,000
Account Payable	250,000	70,000					320,000
Accrued Exp.	25,000						25,000
Bond payable	300,000	50,000					350,000
Common stock	350,000	180,000	162,000		18,000		350,000
APIC	98,000	20,000	18,000		2,000		98,000
Retained earnings	120,000	30,000	27,000		3,000		120,000
Noncontrolling Interest						27,000	27,000
Total L&Stockholders'Equity	1,143,000	350,000	207,000	0	27,000	27,000	1,290,000

ここまでは取得日の会計処理です。前段でも述べたように，この会計処理で切った仕訳は個別の決算書には影響しませんので，期末決算日には，あらためてここまでの会計処理をして，さらに期末の処理をして期末の連結決算書をまとめます。

期末には連結財務諸表をグループ全体の決算書として作成しますが，以前の連結消去仕訳は親会社，子会社のいずれの個別決算書にも反映していませんので，再度買収直後に行った修正を行います。

Business Combination & Consolidated F/S -12

会計期末の連結手続き　1
① Opening Journal Entry
　期末決算時にグループ各社の個別財務諸表を合算して連結財務諸表は作成されるが，【連結財務諸表は，個別財務諸表とは別にグループ財務諸表をつくる手続き】なので，各グループ会社の個別財務諸表には，前年に作成

された連結財務諸表や，期中に子会社を取得した際の連結財務諸表の連結消去仕訳は【反映されない】。そこで，まず，親会社が子会社株式取得から当期の期首までに行った連結仕訳を最初に行う必要がある。これを Opening Journal Entry と呼ぶ。
★つまり，ここまでに習った企業結合，連結消去の仕訳を期末にもやらなくてはいけないということ！
★期中に買収が行われた場合，期末連結では取得後の子会社の損益を含める。

連結仕訳のあとに，親会社と子会社でそれぞれ認識している持分法の会計処理を消去します。

Business Combination & Consolidated F/S -13

会計期末の連結手続き　2
　個別財務諸表で行った持分法の消去。この消去により，投資勘定を期首残高または期中の企業結合直後の残高に戻す。
①持分法の消去（子会社の利益確定時に Equity Method で行った仕訳を逆にして残高を戻す）
　　Dr. Income from Investment　　　XXX
　　　Cr. Investment in Subsidiary　　　XXX
②持分法の消去（子会社からの配当定時に Equity Method で行った仕訳を逆にして残高を戻す）
　　Dr. Investment in Subsidiary　　　XXX
　　　Cr. Dividends Declared　　　XXX
　　　（R/E の Contra Account，Cash は使わない）

また，買収しなかった持分については非支配持分に振り替えます。

Business Combination & Consolidated F/S -14

会計期末の連結手続き　3
③非支配株主持分への振替
　　（取得日以降に生じた子会社の R/E を，持分比率で親会社分と非支配株主持分に属する分に分ける）
　　Dr. Income to Noncontrolling Interest　　　XXX
　　　Cr. Noncontrolling Interest　　　XXX

第14章 合併と連結会計 (Business Combinations and Consolidated Financial Statements)

④当期配当の非支配株主持分へのつけかえ
（Dividends を親会社分と非支配株主持分に分ける）
Dr. Noncontrolling Interest　　　　　　XXX
　　Cr. Dividends Declared　　　　　　　　XXX

4　Inter Company transaction の消却

以下に連結に関わる内部取引の B/S, I/S の動きを図示しますので，よく理解して下さい。

◆ 子会社が **PP&E**100 を保有，**Salvage**0, 5 **years Straight Line**
内部取引（子会社から親会社への売却）前の状態は以下の通りです。
（以下〈　〉は **Cr.** を表します。）

Parent	Sub	CJS	Correct Consolidated
B/S	B/S PP&E　100	B/S	B/S PP&E　100
I/S	I/S	I/S	I/S

※CJS…Consolidated Journal Entry（連結仕訳）

◆ 子会社が **PP&E**100 を親会社に 175 で売却 （グループ内で含み益が発生しているので正しくない）親子を単純合算すると，**PP&E** が 175，**Gain** が 75 になってしまう。

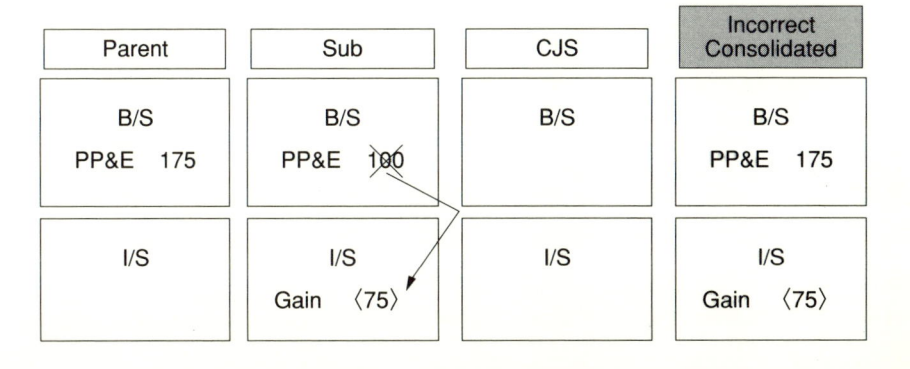

Parent	Sub	CJS	Incorrect Consolidated
B/S PP&E　175	B/S PP&E　~~100~~	B/S	B/S PP&E　175
I/S	I/S Gain　〈75〉	I/S	I/S Gain　〈75〉

◆ PP&E 売却による過大（PP&E と Gain）の修正

Parent	Sub	CJS	Correct Consolidated
B/S PP&E　175	B/S	B/S 〈75〉	B/S PP&E　100
I/S	I/S Gain　〈75〉	I/S Gain　75	I/S

連結仕訳　　Dr. Gain　　　　　　$75
　　　　　　　Cr. PP&E　　　　　$75

上記の連結仕訳により，内部取引の Gain75 が消え，PP&E は取引前の状態の 100 に戻ります。

◆ PP&E 売却による過大 Depreciation の修正

Parent	Sub	CJS	Correct Consolidated
B/S Acc.Dep〈35〉	B/S	B/S 15	B/S Acc.Dep〈20〉
I/S Dep.Exp　35	I/S	I/S 〈15〉	I/S Dep.Exp　20

連結仕訳　　Dr. Accumulated Depreciation　　$15
　　　　　　　Cr. Depreciation Expense　　　　$15

Parent は，単体では減価償却費 35（175 ÷ 5）を計上しています。本来の取得原価で計算すれば，減価償却費は 20（100 ÷ 5）なので，35 ⇒ 20 への修正を行います。

第14章 合併と連結会計（Business Combinations and Consolidated Financial Statements）

◆ 子会社が Inventory 90 を保有。
内部取引前の状態です。

Parent	Sub	CJS	Correct Consolidated
B/S	B/S Inventory 90	B/S	B/S 90
I/S	I/S	I/S	I/S

◆ 子会社が Inventory を親会社に 180 で売却し，期末に全部売れ残っている場合，グループ内で含み益 90（180 − 90）が生じている。

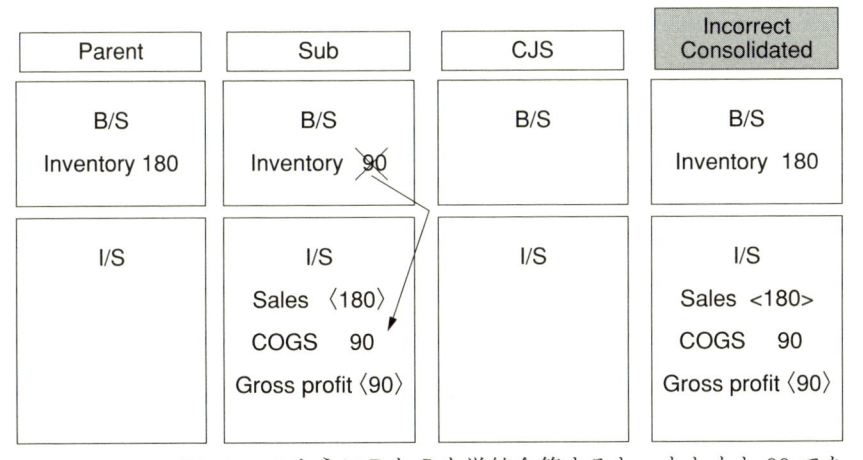

Parent	Sub	CJS	Incorrect Consolidated
B/S Inventory 180	B/S Inventory 90	B/S	B/S Inventory 180
I/S	I/S Sales 〈180〉 COGS 90 Gross profit 〈90〉	I/S	I/S Sales <180> COGS 90 Gross profit 〈90〉

　Incorrect consolidation のようにPとSを単純合算すると，もともと 90 であった Inventory が 180 になり，その分 Income（Gross profit）が計上されてしまいます。この差額 90 を Unrealized profit（未実現利益）と言います。

◆ Inventory 売却による過大 Inventory と過大 Income の修正

Parent	Sub	CJS	Correct Consolidated
B/S Inventory 180	B/S	B/S 〈90〉	B/S Inventory 90
I/S	I/S Sales 〈180〉 COGS 90 Gross profit 〈90〉	I/S 180 〈90〉	I/S

連結仕訳　① Dr. Sales　　　180
　　　　　　　　Cr. COGS　　　　　180
　　　　　② Dr. COGS　　　　90
　　　　　　　　Cr. Inventory　　　90

　1番目の仕訳で内部取引の売上（Sales）と売上原価（COGS）を取り消します。
　2番目の仕訳は，Parent は購入した Inventory が180で在庫になっているので，P 単体では

　　Dr.　Inventory　　　180
　　　Cr.　COGS　　　　180

と記帳していますが，これを元の状態（180 ⇒ 90）に戻す仕訳です。この仕訳の結果，連結上は，内部の売上，原価がなくなり，Inventory が内部取引前の 90 に戻ります。

第14章　合併と連結会計（Business Combinations and Consolidated Financial Statements）

◆ 子会社が Inventory を親会社に 180 で売却し，親会社が他社に 250 で全部売却

Parent	Sub	CJS	Correct Consolidated
B/S Inventory ~~180~~	B/S Inventory ~~90~~	B/S	B/S
I/S Sales 〈250〉 COGS 180 Gross profit〈90〉	I/S Sales 〈180〉 COGS 90 Gross profit〈90〉	I/S 180 〈180〉	I/S Sales 〈250〉 COGS 90 Gross profit〈160〉

連結仕訳　Dr. Sales　　　　　　　　　　　　　　$180
　　　　　　　Cr. COGS　　　　　　　　　　　　　　$180

　PがSから仕入れたものを全部売却しているので，未実現利益（Unrealized profit）はゼロになります。未実現利益とは，内部取引の資産がPまたはSに残っている場合に発生します。（P＋S）の利益（Gross profit）は 250 − 90 ＝ 160 で正しく表示されています。この場合は，内部取引にかかる売上（Sales）と売上原価（COGS）のみを消去します。

◆ 親会社に売却した Inventory 180 のうち, 36 を残して親会社が他社に 200 で売却

Parent	Sub	CJS	Correct Consolidated
B/S Inventory 180 〈144〉 36	B/S Inventory 90	B/S 〈18〉	B/S Inventory 18
I/S Sales〈200〉 COGS 144 Income〈56〉	I/S Sales〈180〉 COGS 90 Gross profit〈90〉	I/S 180 　　　 〈180〉　18	I/S Sales〈200〉 COGS 72 Gross profit〈128〉

連結仕訳　① Dr. Sales　　　　180
　　　　　　　　Cr. COGS　　　　　　180
　　　　　② Dr. COGS　　　　18
　　　　　　　　Cr. Inventory　　　　18

　1番目の仕訳で内部取引の売上（Sales）と売上原価（COGS）を取り消します。2番目の仕訳は，PがSから仕入れたものが在庫として36売れ残っているので，P単体としては，

　　　Dr.　Inventory　　36
　　　　Cr.　COGS　　　　36

の仕訳を切って期末在庫36を計上しています。

　ところが，（P＋S）のグループ全体としてこれを考えれば，もともとSが仕入れたもののうち，18が売れ残っているだけです。したがって36⇒18に修正する仕訳を切ります。

第14章　合併と連結会計 (Business Combinations and Consolidated Financial Statements)

練習問題1（会計期末の連結財務諸表）

ABC Corp. paid $300,000 for the outstanding common stock of XYZ Co. At that time, XYZ had the following condensed balance sheet :

	BV
Current assets	$ 40,000
Plant & Equipment, net	380,000
Liabilities	200,000
Stockholders' Equity	220,000

The fair value of the plant and equipment was $60,000 more than its recorded carrying amounts were equal for all other assets and liabilities. What amount of goodwill, related to XYZ's acquisition, should ABC report in its consolidated balance sheet ?

a. $20,000
b. $40,000
c. $60,000
d. $80,000

答え　a

解法のポイント　Goodwillは，認識可能な純資産 (Net assets) のFVと買収価格＋Noncontrolling interest のFVとの差額で算出します。

解説

Goodwillは，認識可能な純資産 (Net assets) のFVと買収価格＋Noncontrolling interest のFVとの差額になります。Net assets のFVは，(40,000 ＋ 380,000 ＋ 60,000（FV上昇分））－ 200,000 ＝ 280,000で，買収対価が300,000なので，差額の20,000がGoodwillになります。

練習問題2（会計期末の連結財務諸表）

X, Inc. is a wholly-owned subsidiary of Y, Inc. On June 1, 2001, Y declared and paid a $ 1 per share cash dividend to stockholders of record on May 15, 2001. On May 1, 2001, X bought 20,000 shares of Y's common stock for

$1,400,000 on the open market, when the book value per share was $30. What amount of gain should Y report from this transaction in its consolidated income statement for the year ended December 31, 2001 ?

a. $ 0
b. $780,000
c. $800,000
d. $820,000

〈答え　a〉

〈解法のポイント〉　連結の場合の取り扱いを思い出してください。

〈解説〉

(1) 親会社の株式を子会社が購入した場合は連結の立場からは自社の株式を購入したと考えるので Treasury stock（自己株式）の購入売却として処理します。Treasury stock の取引は資本取引ですから gain または loss は発生しません。

(2) 親子会社における配当も，連結の立場からは自社に配当を出したことになるので，最終的には消去します。したがってこれも gain または loss は発生しません。(1)(2)いずれも損益はゼロになります。

練習問題 3（会計期末の連結財務諸表）

X Corp. has several subsidiaries that are included in its consolidated financial statements. In its December 31, 2002 trial balance, X had the following intercompany balances before eliminations :

	Debit	Credit
Current receivable due from M Co.	$64,000	
Noncurrent receivable from M	228,000	
Cash advance to Y Corp.	12,000	
Cash advance from Z Co.		$30,000
Intercompany payable to Z		202,000

In its December 31, 2002 consolidated balance sheet, what amount should X report as intercompany receivables?

第14章 合併と連結会計（Business Combinations and Consolidated Financial Statements）

a. $304,000
b. $292,000
c. $ 72,000
d. $ 0

〈答え d〉

〈解法のポイント〉 Consolidated statement を考えるときは実体のものの流れを頭に浮かべてください。

〈解説〉

Consolidated statement は「親会社＋子会社」を one economic entity（1つの経済実体）とした概念のもとで作成します。したがって親子会社間における債権債務（receivable and payable）は連結消去仕訳で100％消却して consolidated balance（連結残高）には計上しません。よって答えはゼロです。

第15章

その他の会計処理
(Miscellaneous)

本章での主要な学習ポイント

1．外貨建取引
　(1)　取引時
　(2)　期末時
　(3)　決済時
　(4)　影響のまとめ
2．デリバティブ商品とヘッジ会計
　(1)　デリバティブ商品の概要
　(2)　デリバティブ商品の3要件（SFAS133）
　(3)　SFAS133の基本原則（デリバティブ商品の会計処理）
3．個人財務諸表
　(1)　個人貸借対照表
　(2)　正味財産変動表
4．四半期報告表
5．セグメント情報
　・報告すべきセグメントの基準―――10％テスト
6．パートナーシップ会計
　(1)　パートナーシップの設立
　(2)　パートナーシップの利益（損失）の配分
　(3)　パートナーシップの解散またはパートナーの交代
7．外貨建財務諸表の換算…Translation
　　　　　　　　　　　　　Remeasurement

・どれも重要なトピックですので，十分理解が必要です。デリバティブ商品とヘッジ会計はこれまであまり出題されていませんでしたが，今後出題の可能性が増えると思われます。

1 外貨建取引（Foreign Currency Transactions）

国外にある企業と商売を行う時，米国企業であれば，U.S. ドルで取引を行えば為替上は特に問題はありません。しかしながら，商売の相手企業の現地通貨（Local Currency），つまり外貨で取引を行うこととなると，為替レートの変動によって為替差益，差損が出てきます。それでは，外貨建取引の会計では，どのレートを使用するか，為替損益はどのように処理するかを順に見ていきます。

例示1

輸出業者のX社は，2008年12月1日にフランスの顧客に対し，10,000ユーロ（€）分の商品を販売しました。支払いは2009年1月31日でした。また，X社は2008年12月31日に財務諸表を作成しました。

2008年		2009年
12／1	12／31	1／31
商品の販売	期末	決済日
€10,000	財務諸表の作成	

1 取引時（Transaction Date）

取引時（1998年12月1日）の為替レートが，€1につき$1.30である時，U.S. ドルでの金額を得るためには，外貨の€10,000に$1.30のレートを掛ける必要があります。

$$€10,000 \times \$1.30 = \$13,000 \quad ①$$

すなわち，€10,000は$13,000と等価ということになります。また，支払いが2009年1月31日なので，信用取引となります。このため，売掛金（Accounts

Receivable）が＄13,000計上されます。結果として，2008年12月1日のX社の外貨建取引（Foreign Currency Transaction）は，下記のように記録されます。

December 1, 2008
Dr. Accounts Receivable（売掛金）　　　　　　13,000
　　Cr. Sales（売上）　　　　　　　　　　　　　　　　　13,000

2 期末時（Balance Sheet Date）

期末時（2008年12月31日）の為替レートは，€1につき＄1.35である時，U.S.ドルでの金額を得るためには，外貨の€10,000に＄1.35のレートを掛けます。

€10,000 × ＄1.35 = ＄13,500　②

すなわち，€10,000は＄13,500と等価ということであり，ユーロ（€）による売掛金（Accounts Receivable）は＄500増えることになります。

ユーロ（€）で取引をしている場合，いつの時期をとっても取引額は€10,000で変動はありません。一方，為替レートが毎日変動しているため，ドルベースで見ると，時期によって，€10,000の価値が変わります。期末の12月31日には，X社の売掛金（Accounts Receivable）は＄13,500となり，＄500儲けたことになります。2008年12月31日の仕訳は，下記のように記帳されます。

December 31, 2008
Accounts Receivable（売掛金）　　　　　　　500
　　Foreign Currency Transaction Gain（為替差益）　　500

2008年		2009年
12／1（＄0.55）	12／31（＄0.58）	1／31
商品の販売	財務諸表の作成	決済日
€10,000	€10,000	€10,000
×＄1.30	×＄1.35	
= U.S.＄13,000 ①	= U.S.＄13,500 ②	

＄500の増加

```
                Accounts Receivable（売掛金）    Foreign Currency
                                                Transaction Gain（為替差益）
取引時2008／12／1    13,000                                    500

                              500
期末時2008／12／31   13,500
```

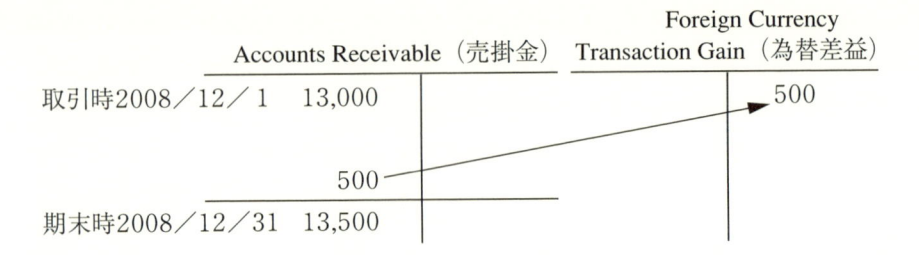

3 決済時（Settlement Date）

決済時（2009年1月31日）のレートは，€1につき＄1.33である時，U.S.ドルでの金額を得るためには，外貨の€10,000に＄1.33のレートを掛けます。

$$€10,000 × \$1.33 = \$13,300 \quad ③$$

フランスの顧客は€10,000を支払い，X社が€10,000をU.S.ドルに交換します。

これにより，X社が受け取る現金は＄13,300となります。すなわち，この結果として，売掛金（Accounts Receivable）の評価額は＄13,300となります。これに対し，帳簿上は，売掛金（Accounts Receivable）は，＄13,500で計上されているので，受取金額＄13,300との差額＄200が，為替差損（Foreign Currency Transaction Loss）として計上されることになります。

```
January 31, 2009
Cash（現金）                                    13,300
Foreign Currency Transaction Loss（為替差損）    200
    Accounts Receivable（売掛金）                       13,500
```

2008年		2009年
12／1（＄1.30）	12／31（＄1.35）	1／31（＄1.33）
商品の販売	財務諸表の作成	決済日
€10,000	€10,000	€10,000
×＄1.30	×＄1.35	×＄1.33
＝U.S.＄13,000 ①	＝U.S.＄13,500 ②	＝U.S.＄13,300

＄200の減少

第15章 その他の会計処理 (Miscellaneous)

4 影響のまとめ

　この外貨建取引（Foreign Currency Transaction）全体の影響は，もともと＄13,000 で評価された売上に対し＄13,300 の受取りがあったという結果になります。したがって，これは，＄300 の為替差益（Foreign Currency Transaction Gain）が発生したことになりますが，この為替差益(Foreign Currency Transaction Gain)は，2008 年の＄500 の利益（Gain）と 2009 年の＄200 の損失（Loss）として，2 つの損益計算書（P／L）に報告される形となります。

2008 年		2009 年
12／1	12／31	1／31
商品の販売	期末	決済日
財務諸表の作成		
U.S. ＄13,000 ①	U.S. ＄13,500 ②	U.S. ＄13,300 ③

＄500 の増加→ Gain → 2008 年の P／L　＄200 の減少→ Loss → 2009 年の P／L

全体では＄300 の Gain

練習問題 1（外貨換算会計）

　On October 1, 2001, X Co., a US company, purchased machinery from Y, a German company, with payment due on April 1, 2002. If X's 2001 operating income included no foreign exchange transaction gain or loss, then the transaction could have

　a. Caused a foreign currency gain to be reported as a contra account against machinery.

　b. Caused a foreign currency translation gain to be reported as other comprehensive income.

　c. Resulted in an extraordinary gain.

　d. Been denominated in US dollars.

〈答え　d〉

〈解法のポイント〉　外貨取引の基本を思い出してください。

〈解説〉

　Account payable（A/P）の決済が外貨で行われる取引では current rate の

変化により AP の残高が変化します。この変化分が Translation of foreign currency transaction gain or loss として認識され，損益（すなわち Net income）の構成要素になります。

　一方 AP が US dollar で決済される契約の取引においては FC transaction gain loss は当然発生しません。なお上記の Transaction gain or loss は Income statement では Income from continuing operations の構成要素になります（Extraordinary ではないので注意してください）。

2　デリバティブ商品とヘッジ会計（Derivative Instruments and Hedging Activities）

　最近，金融工学といわれる金融技術が進むにつれ，実物取引である金融マーケットをベースにしたたくさんの金融商品が誕生してきました。これが，金融派生商品（Derivative Products）です。従来は，明確な会計基準がないため，これらの商品は一般的には簿外で処理されてきました。このような状況下，金融派生商品に関して，1998 年，SFAS133 が公表され，会計処理の新しい枠組みが新設されたのです。

1　デリバティブ商品の概要

　デリバティブ（Derivative）とは，一般的に派生商品と呼ばれています。これは，元になる取引から派生（Derivative）した取引の意味です。

　将来のある時点での取引について今，決めることで，将来のリスク変動を回避（ヘッジ）したり，活用して収益を上げたりする取引で，先物取引とオプションを基本とし，さまざまな組み合わせのバリエーションがあります。

● 先物取引

　取引所のルールに従って，将来のある特定の時期に，特定の金額で取引する契約を，今締結する取引です。この約束は，将来守らなくてはならず，義務の契約といえます。

　対象商品：物品，通貨，債権，証券など価格変動のあるもの

● オプション

　オプションとは，あらかじめ定めた特定の日に，特定の対象商品（物品，通貨，

債権，証券など価格変動のあるもの）を特定の金額で「売れる権利」や「買える権利」を売買する契約をいいます。「売れる権利」を「プットオプション」といい，「買える権利」を「コールオプション」といいます。

● スワップ

異なる２つの取引において，将来のキャッシュ・フローを交換する約束をする取引のことをいいます。例えば金利（変動金利と固定金利）が代表的な例です。

2 デリバティブ商品の3要件（SFAS133）

> a．Underlying（基礎変数）と Notional Amount（想定元本）あるいは Payment Provision（決済条項）のいずれか（両方も可）を有するもの。
> b．当初 Net Investment（純投資）が不必要もしくはほとんど必要なしのもの。デリバティブの契約時には，元手資金はほとんど必要なし。
> c．差額決済が行われるもの。
> デリバティブは現物ではなく差額の金額をやりとりします。

3 SFAS133の基本原則（デリバティブ商品の会計処理）

a．ヘッジ会計を適用するための条件

① Documentation（文書化）

ヘッジの開始時点において，ア～ウを文書化しなくてはなりません。

　　ア．ヘッジの目的と戦略
　　イ．ヘッジの手段とその対象
　　ウ．ヘッジの有効性をどのように継続的に測定していくか

② Effectiveness（有効性）

ヘッジは，最低四半期ごとに有効性の検証が行われ，有効でなくなった場合にはヘッジとしての処理を中止しなくてはなりません。

【有効でなくなる例】

　　ア．ヘッジの会計の要件を満たさなくなった場合
　　イ．デリバティブが売却，償還，権利の行使により消滅した場合
　　ウ．ヘッジ関係を解除した場合

エ．ヘッジ対象が存在しなくなった，予定取引が Probable（可能性大）でなくなった場合

b．ヘッジの有効性検証を省略できるケース
① **Abbreviated Method**（省略法）
　ヘッジ手段とヘッジ対象の主要な条件に変化がない場合，有効性検証の際に変化がないことを確認できれば，有効性の検証作業を省略できます。
② **Shortcut　Method**
【有効性検証そのものを省略できる場合】
- 公正価値ヘッジ，キャッシュ・フローヘッジ共通の要件
    ① 金利スワップの想定元本がヘッジ対象の元本と同じ
    ② ヘッジ開始時のスワップの公正価値がゼロ
    ③ 金利スワップとヘッジ対象の指標（Index）とスワップの「ベンチマーク金利」が同じ
    ④ その他ヘッジが非有効となるような問題がない場合

　この場合の「ベンチマーク金利」とは，米国財務省証券金利および LIBOR（ロンドン銀行間貸出金利）を指します。
- 公正価値ヘッジのみの要件
    ① ヘッジ対象の満期日がスワップの満了時点と一致。
    ② スワップの変動金利にフロアーやキャップがついていません。
    ③ スワップの変動金利のリセットの頻度が3カ月から6カ月に一度はあります。

　フロアー：契約期間中の金利更改日にあらかじめ設定した下限金利を下回った場合，その差額を受け取ることができる権利を商品にしたもの。
　キャップ：契約期間中の金利更改日にあらかじめ設定した上限金利を上回った場合，その差額を受け取ることができる権利を商品にしたもの。
- キャッシュ・フローヘッジのみの要件
　ヘッジ対象のすべての金利のキャッシュ・フローがスワップの期間中に発生し，スワップの期間をこえた金利のキャッシュ・フローはヘッジ対象となっていません。

c．Fair Value Hedge（公正価値ヘッジ）

資産や負債，または確定契約の公正価値変動によるリスクを回避（ヘッジ）するものをいいます。

【指定可能対象】
① ヘッジ対象の公正価値全体の変動
② ベンチマーク金利に対する公正価値の変動
③ 為替相場の変動に起因する公正価値の変動
④ 債務者の信用度に起因する公正価値の変動
＊ヘッジ対象項目が非金融商品または負債の場合は①のみ

【会計処理】
① デリバティブ（ヘッジ手段）は常にFair ValueでB/S計上
② ヘッジ指定したリスクに起因するヘッジ対象のFair Value変化分は当期のI/Sに計上し，B/S計上されたヘッジ対象のBV（Book Value）も調整

d．Cash Flow Hedge（キャッシュ・フローヘッジ）

資産や負債，または予定取引から生じるキャッシュ・フローの変動によるリスクを回避（ヘッジ）するものをいいます。予定取引は発生可能性が高い（probable）である必要性があります。

【指定可能対象】
① 資産，負債から発生するキャッシュ・フロー金額の変動
② ベンチマーク金利の変動
③ 債務者の信用度に起因する公正価値の変動

【会計処理】
① デリバティブ（ヘッジ手段）は常にFair ValueでB/S計上
② Fair valueの変動のうち，ヘッジ有効部分はOCI（Other Comprehensive Income）に計上され，予定取引が損益に影響を与える期にIncomeに分類されます。
③ Fair valueの変動のうち，ヘッジ非有効部分は以下のように処理
　ア．デリバティブの変動＞ヘッジ対象の予想キャッシュ・フローの現在価値の変動→差額はI/S
　イ．デリバティブの変動＜ヘッジ対象の予想キャッシュ・フローの現在価値の変動→差額認識しません。

e．Foreign Currency Hedge（外貨ヘッジ）

為替変動に伴う Fair Value Hedge および Cash Flow Hedge の両方と，在外子会社等に対する純投資に対するヘッジをカバーします。

Fair Value Hedge および Cash Flow Hedge を適用する場合には，それぞれの条件を満たす必要があります。

資産，負債に対する外貨キャッシュ・フローヘッジにあたっては，ヘッジ対象の機能通貨建て相当のキャッシュ・フローの変動は，ヘッジによってすべて相殺されている必要があるという要件が加えられました。

3　個人財務諸表（Personal Financial Statements）

個人（夫妻または家族単位）に対する個人財務諸表を作成します。個人財務諸表は下記の内容によってできています。

1　個人貸借対照表（Statement of Financial Condition）

ある特定の日の資産時価（見積り），負債時価（見積り），所得税（見積り）と正味財産（Net Worth）を表示します。

a．資産時価の見積り（Estimated Current Values of Assets）

公正市場価格，正味実現可能価額，現金割引もしくは鑑定評価額によって見積もります。

b．負債時価の見積り（Estimated Current Values of Liabilities）

清算金額と将来の支払額の現在価値の額の低いほうを使用します。

c．所得税見積り（Estimated Income Taxes）

その年度の未払所得税の額（まだ支払っていない分も含む）について，会計上と税法上に違いがあれば，その額に相当する所得税の見積りも含めます。

d．正味財産（Net Worth）

上記のa．－b．－c．で算出します。

Statement of Financial Condition	
a．Assets	b．Liabilities
	c．Estimated Income Taxes
	d．Net Worth

2 正味財産変動表（Statement of Changes in Net Worth）

正味財産の増減の主たる要素を表示します（個人貸借対照表が作成される場合は必ずしも作成する必要はありません）。

資産や負債は発生主義ベースで認識されます。

練習問題 2（個人財務諸表）

Personal financial statements usually consist of

a. A statement of finacial condition and a statement of changes in net worth.

b. A statement of net worth, and income statement, and a statement of changes in net worth.

c. A statement of financial condition, a statement of changes in net worth, and a statement of cash flows.

d. A statement of net worth and a statement of changes in net worth.

〈答え　a〉

〈解法のポイント〉　これは，完全暗記・基本事項です。

〈解説〉

Personal financial statements は以下の2つから成ります。

(1) Statement of financial condition

(2) A statement of changes in net worth

練習問題 3（個人財務諸表）

The followlng information pertains to marketable equity securities owned by Black：

Stock	Fair value at December 31. 2002	2001	Cost in 2000
X Mfg., Inc.	$191,000	$186,000	$179,800
Y Corp.	6,800	11,200	7,200
Z, Inc.		20,600	30,000

The Z stock was sold in January 2002 for $20,400. In Black's personal statement of financial condition at December 31, 2002, What amount should be reported for marketable equity securities ?

 a. $186,600
 b. $187,000
 c. $188,200
 d. $197,800

◇答え　d◇

◇解法のポイント◇　詰まるところは，FMV（時価）です。

◇解説◇

 Personal financial statements（個人の財務諸表，というよりも財産一覧表）では資産は一般的には estimated current value（見積り時価）で評価されます。Marketable equity securities（資本（有価）証券）の Estimated Current value は取引所の時価である Fair market value になりますから，$191,000 ＋ 6,800 ＝ $197,800。

4　中間財務報告（Interim Reporting）

米国基準の立場は，予測主義（Integral View）を取っています（四半期は1会計年度の一部とする立場）。

【会計処理】

① COGS（Cost of Goods Sold）：年次報告書と違う方法で計算してもよいですが，その場合は，方法，実地棚卸との調整で判明した重要な修正額を年次報告書で開示する必要があります。
② 効果が明らかに複数の四半期におよぶ Expense は，その効果がおよぶ期間に配分します。
③ 法人税は下記の式で求めた額を各四半期に配分します。

> （期首から現在までの所得×見積り年間実効税率）－前四半期までに計上した法人税

④ 廃止事業，特別損益項目は発生した四半期に計上します。

⑤ Accounting Change：Retrospective application（遡及修正）を行います（SFAS154）。
⑥ Pensionについては直近の測定日の年金資産および年金債務を使用し，当該資産および債務に測定日以降の年金コストの変動および年金資産への拠出額を反映させます。

練習問題4（中間財務報告）

Conceptually, interim financial statements can be described as emphasizing

  a. Reliability over relevance.
  b. Relevance over comparability.
  c. Comparability over neutrality.
  d. Timeliness over reliability.

〈答え　d〉

〈解法のポイント〉　時は金なりといいます。

〈解説〉

Interim reporting（四半期ごとのF/Sの公表）の最大の目的は，Timelyに情報を公開することです。このInterim F/Sがあるので企業をとりまくStakeholder（利害関係者，株主債権者等）は会計期末を待つことなくこのF/Sをみて迅速な意思決定ができます。したがってgross profitの計算にgross profit ratioを使用する等，annual reportよりも厳格（reliabilityの1要件です）でない処理も認められています。

練習問題5（期中財務諸表）

Due to a decline in market price in the second quarter, X Co. incurred an inventory loss. The market price is expected to return to previous levels by the end of the year. At the end of the year the decline had not reversed. When should the loss be reported in X's interim income statements?

  a. In the second quarter only.
  b. Ratably over the second, third, and fourth quarters.

c. In the fourth quarter only.

d. Ratably over the third and fourth quarters.

〈答え　c〉

〈解法のポイント〉　会計原則に基づいて考えましょう。

〈解説〉

一般的には market decline（時価の下落）による inventory loss はその loss が発生した四半期に認識します。

しかしながらその marker decline が temporary（一時的）であり，期末までに回復する見込みである時は，その発生した四半期で認識する必要はありません。

本問では第2四半期時点では loss は temporary と考えられていたので認識不要です。しかしながら第4四半期になっても時価は回復しなかったわけですから，この時点で loss は permanent（永久的）と考えられます。

したがって第4四半期にこの loss を認識します。

5　セグメント情報（Segment Reporting）

1　セグメント情報

SFAS 131 においては，セグメント情報のための財務報告基準（Financial Reporting Standards）が規定されています。

セグメント情報は，企業の製品やサービス，地域毎の売上高，また重要な得意先に関する情報のみならず，企業活動内の異なる部門の情報の開示に関連して報告するものです。

セグメント情報の開示の目的は，投資家と債権者が企業のこれからの可能性を評価・判断するのを容易にすることにあります。

SFAS 131 においては，マネジメント・アプローチが採用されています。これは，経営者が経営上の意思決定や評価をする際の事業単位をもとにして，セグメント報告を実施するものです。企業による財務情報のセグメント分けは，製品またはサービス，営業地域，主たる取引先のいずれの方法によることもできます。

2 報告すべきセグメントの基準—10%テスト

下記の3つの基準の「10%テスト」のうち1つでも満たした場合には，そのセグメントは報告すべきセグメントとなり，情報開示が必要となります。

a．収益

あるセグメントの収益（セグメント同士の取引を含む）が，各セグメント収益の合計額（セグメント同士の取引を含む）の10%以上を占めた場合。

b．利益または損失

あるセグメントの利益または損失の金額の絶対値が，利益を計上している各セグメントの利益合計額，または損失を計上している各セグメントの損失合計額の，いずれか大きい金額の絶対値の10%以上を占めた場合。

c．資産

あるセグメントの資産が，各セグメントの総資産の合計額の10%以上を占めた場合。

練習問題6（セグメント情報）

X Corp. and its divisions (each is an operating segment) are engaged solely in manufacturing operations. The following date (consistent with prior years' data) pertain to the operations conducted for the year ended December 31, 2003:

(Industry operating payment)	Total revenue	Operating profit	Indentifiable assets at 12/31/02
A	$20,000,000	$3,500,000	$40,000,000
B	16,000,000	2,800,000	35,000,000
C	12,000,000	2,400,000	25,000,000
D	6,000,000	1,100,000	15,000,000
E	8,500,000	1,350,000	14,000,000
F	3,000,000	450,000	6,000,000
	$65,500,000	$11,600,000	$135,000,000

In its segment information for 2003, how many reportable segments does X have?

a. Three.
b. Four.
c. Five.
d. Six.

〈答え　c〉

〈解法のポイント〉　10％がキー・ワードです。

〈解説〉

Segment として区分表示する基準は，次の(1)(2)(3)のどれか1つに該当すれば，Segment（部門）として区分表示します。

(1) Revenue（売上高）が combined segment revenue（総売上高）の10％以上であること。

　なお，この総売上高は各部門間の内部売上高を含む全額です。したがって連結上の売上高ではありません（連結上の売上高は intercompany transaction が消去されています）。

(2) Operating profit or loss（営業利益，または損失）が absolute combined segment profit の10％以上であること。

　営業利益の合算額とは内部取引による利益を控除する前の利益を合算したものであることは(1)に同じです。

(3) 部門の assets が combined segment identifiable assets（各セグメントの資産の合算額）の10％以上であること。

　合算額については(1)(2)と同様です。

A，B，C，E は revenue も operating profit も上記基準を満たしています。A，B，C，D，E は(3)の資産基準を満たしています。(1)(2)(3)のどれか1つを満たせば segment として区分表示するので A，B，C，D，E の5部門になります。

6　パートナーシップ会計（Partnership Accounting）

パートナーシップはパートナーシップとしての独立した会計実体です（法的実体のことではありません）。このため，パートナーシップの資産・負債はパートナー個人のものとは区別して扱われます。

1 パートナーシップの設立（Partnership Formation）

各パートナーの拠出した純資産のFMVを各パートナーの資本とみなします。パートナーシップに拠出されたすべての資産は，パートナーシップにおいてはFMVで取り扱われます。パートナーシップが引き受けたすべての負債は，現在価値で取り扱われます。

> **例示 2**
>
> XとYがパートナーシップを設立しました。Xは現金 $120,000 を拠出しました。YはFMV $140,000 の土地を拠出しました。一方，この土地には $60,000 の負債があり，パートナーシップがこの負債を引き受けました。パートナーシップ設立時の仕訳は次のようになります。
>
> | | | |
> |---|---:|---:|
> | Cash | 120,000 | |
> | Land | 140,000 | |
> | Liabilities | | 60,000 |
> | X Capital | | 120,000 |
> | Y Capital | | 80,000 |

2 パートナーシップの利益（損失）の配分（Allocation of Partnership Income（Loss））

通常，書面による合意により，利益または損失の配分額が決定されます。

あらかじめ取決めがない時は平等に分配され，利益の配分だけが取り決められた場合は，損失もその割合で配分されます。

> **例示 3**
>
> XとYがパートナーシップを設立しました。XとYのCapital Balanceは，両方とも $100,000 です。このパートナーシップには，以下のような合意があったと仮定します。
> - XとYは，Capital Balanceの5％をInterestとして受け取ります。
> - Xは $90,000 を Yは $40,000 を，それぞれSalaryとして受け取ります。

- 利益および損失は，均等に分配します。

さらに，今年度のパートナーシップの利益(X・YへのSalary および Interest の支払い前) が $120,000 であったとします。

この場合，次表のように，X の Capital は $85,000，B の Capital は $34,000 増加します。

	X	Y	Total
Beginning Capital Balance	100,000	100,000	200,000
5 % Interest	5,000	5,000	10,000
Salary	90.000	40,000	130,000
Loss Distribution	(10,000)	(10,000)	※(20,000)
Ending Capital Balance	185,000	135,000	320,000

※パートナーシップは，その利益から Salary と Interest を支払います。このため，この例では $120,000 から Salary $130,000 および Interest $10,000 を差し引き，$20,000 の Loss になります。

3 パートナーシップの解散またはパートナーの交代（Partnership Dissolution（Changes in Ownership））

持分に変更があった（新しいパートナーの入会やパートナーの死去など）場合，パートナーシップは解散し，あらたなパートナーシップが生まれます（ただし2人以上のパートナーの場合）。なお，解散と清算整理とは違うものなので，注意してください。

① 新しいパートナーの受入れ（Admission of a New Partner）

新しいパートナーが受け入れられる場合，そのパートナーがパートナーシップに出資して，持分を取得することができます。この場合，以下の3つのケースが考えられます。

> 1．受け取り Capital Balance ＝出資金額（Purchase Price）
> 2．受け取り Capital Balance ＞出資金額（Purchase Price）
> 3．受け取り Capital Balance ＜出資金額（Purchase Price）

(a) 取得する Capital Balance ＝出資金額（Purchase Price）の場合
　　Asset　　　　　　　XXX ／ Capital　　　　　　XXX
(b) 取得する Capital Balance ≠出資金額（Purchase Price）の場合
　　上記のケースには，a．ボーナス・メソッド（Bonus Method）とb．グッドウィル・メソッド（Goodwill Method）のいずれかの方法によって，会計処理されることになります。

a．ボーナス・メソッド（Bonus Method）

ボーナス・メソッドでは，下記の関係が成り立ちます。

> 加入前のパートナーシップの Capital ＋新パートナーが出資した資産＝新パートナーシップの Capital
> (Old Partnership Capital + New Partner's Asset Contribution = New Partnership Capital)

①新パートナーの受け取る Capital ＜新パートナーの出資金額
　　新パートナーが旧パートナーにボーナスを支払ったとみなします。
　　→旧パートナーの Capital を増加させます（Capital Account を Credit）。
②新パートナーの受け取る Capital ＞新パートナーの出資金額
　　旧パートナーが新パートナーにボーナスを支払ったとみなします。
　　→旧パートナーの Capital を減少させます（Capital Account を Debit）。

※旧パートナーの Capital の修正は，Profit（Loss）Sharing Ratio に基づいて行われます。
　新パートナーの Capital は，新パートナーシップの Capital に新パートナーの持分の取得割合を掛けた金額が計算されます。

例示 4

下記のようなパートナーシップ UXY があるとします。Total Capital は $160,000 です。

パートナー	U	X	Y
Capital	$40,000	$60,000	$60,000
P & L Ratio	20%	40%	40%

このパートナーシップに，Z が新パートナーとして加入することが認められました。
ケース1：Z は現金 $40,000 を出資し，持分の10%を取得するものとします。
　Z が加入した後の新パートナーシップの Capital は，加入前の Capital

＄160,000 に Z が出資した現金 ＄40,000 を加えた ＄200,000 となります。Z が取得する持分割合は 10% のため, Z の Capital は ＄20,000 (＄200,000 × 10%) となります。

Z の受け取る Capital ＄20,000 ＜ Z の投資金額 ＄40,000

したがって, Z が出資した資産と取得する Capital の差額 ＄20,000 (＄40,000 − ＄20,000) は, 新パートナーから既存のパートナーに支払われたボーナスとして取り扱われ, P&L Ratio によって, それぞれのパートナーに配分されます。

ケース 2：Z は現金 ＄20,000 を出資し, 持分の 20% を取得するものとします。

Z が加入した後の新パートナーシップの Capital は, 加入前の Capital ＄160,000 に Z が出資した現金 ＄20,000 を加えた ＄180,000 となります。Z が取得する持分割合は 20% のため, Z の Capital は ＄36,000 (＄180,000 × 20%) です。

Z の受け取る Capital$36,000 ＞ D の投資金額 ＄20,000

したがって, Z が拠出した資産と取得する Capital の差額 ＄16,000 (＄36,000 − ＄20,000) は, 既存のパートナーから新パートナーに支払われたボーナスとして取り扱われ, P&L Ratio によって, それぞれのパートナーに配分されます。

b．グッドウィル・メソッド（Goodwill Method）

グッドウィル・メソッドでは, ボーナス・メソッド（Bonus Method）とは違い, 下記のようになります。

> 加入前のパートナーシップの Capital ＋新パートナーが出資した資産 ≠ 新パートナーシップの Capital
> (Old Partnership Capital ＋ New Partner's Asset Contribution ≠ New Partnership Capital)

グッドウィル・メソッドでは, まず, Goodwill を認識することになります（この認識された Goodwill のため, 上記の等式は成り立たないことになります）。

Goodwill の計算方法は, 新パートナーが取得する Capital の Book Value の金額と新パートナーの投資金額の大小により, 2 つの方法があります。

> ①新パートナーの受け取る Capital の Book Value ＜新パートナーの出資

金額
→新パートナーの出資金額をもとにして，Goodwill を計算します。
Goodwill は P&L Ratio によって既存のパートナーの Capital に配分されます。

②新パートナーの受け取る Capital の Book Value ＞新パートナーの出資金額
→既存のパートナーの Capital をもとにして，Goodwill を計算します。
Goodwill は新パートナーに配分されます。

例示 5

下記のようなパートナーシップ UXY があるとします。Total Capital は $160,000 です。

パートナー	U	X	Y
Capital	$40,000	$60,000	$60,000
P & L Ratio	20%	40%	40%

このパートナーシップに，Z が新パートナーとして加入することが認められました。
＊ボーナス・メソッドで使用した例と同じ設定です。

ケース 1：Z は現金 $40,000 を拠出し，持分の 10％を取得するものとします。
新パートナー Z が取得する Capital の Book Value は，$20,000 〔($160,000＋$40,000)×10％〕です。

Z の受け取る Capital $20,000 ＜ Z の投資金額 $40,000

したがって，Z の出資金額をもとにして，Goodwill を計算します。
Z は $40,000 の現金を出資して 10％の持分を取得したのだから，新パートナーシップの価値は $400,000（$40,000÷10％）となります（100％取得するためには $400,000 かかる－つまり全体の価値は $400,000 という考え方）。これに対し，新パートナーシップ Capital の Book Value は，$200,000（$160,000＋$40,000）です。よって，Goodwill は $200,000（$400,000－$200,000）と計算されます。この $200,000 の Goodwill は P&L Ratio によって，既存のパートナーに配分されます。

ケース 2：Z は現金 $20,000 を拠出し，持分の 20％を取得するものとします。

新パートナー Z の取得する Capital の Book Value は、$36,000〔($160,000 + $20,000)× 20%〕です。

Z の受け取る Capital $36,000 ＞ Z の出資金額 $20,000

したがって、既存のパートナーの Capital をもとにして、Goodwill を計算します。Z が取得する持分が 20% ということは、既存のパートナーの持分は 80% ということになります。既存のパートナーの Capital は $160,000 なので、新パートナーシップの価値は $200,000（$160,000 ÷ 80%）となります。これに対し、新パートナーシップ Capital の Book Value は $180,000（$160,000 + $20,000）です。よって、Goodwill は $20,000（$200,000 − $180,000）と計算されます。この $20,000 の Goodwill は、新パートナー Z に配分されます。

練習問題 7（パートナーシップ会計）

X and Y formed a partnership in 2000. The partnership agreement provides for annual salary allowances of $110,000 for X and $90,000 for Y. The partners share profits equally and losses in a 60/40 ratio. The partnership had earnings of $160,000 for 2001 before any allowance to partners. What amount of these earnings should be credited to each partner's capital account ?

	X	Y
a.	$80,000	$80,000
b.	$86,000	$74,000
c.	$88,000	$72,000
d.	$90,000	$70,000

答え b

解法のポイント 税法とはやり方が違うので注意してください。

解説

パートナーの capital accounts（持分勘定）は salary allowance（給料手当額）控除後の earnings をもとに profit または loss をそれぞれの分配率で分配して計算します。

	X	Y	Total
給与手当前利益			160,000

給与手当	$110,000	$90,000	$(200,000)
給与手当後損失	(24,000)	(16,000)	(40,000)
利益のうちパートナー 持分の増加額	$86,000	$74,000	$160,000

上記の表計算で分かるように，

Earnings before allowance － Total salary allowance ＝ Loss after allowance
$160,000 － 200,000 ＝ （40,000）

この（40,000）をXとYで60：40に分配します。

各パートナーのCapitalの金額は「Beg. balance ＋ Salary, Bonus － Withdrawals ＋ Salary, Bonus 控除後の Earnings（losses）の分配額」でEnd. balance を計算します。

本問題文のようにPartnershipにおいては利益と損失の分配率を異なった率で定めることができます。また，この分配率は各パートナーの持分または出資の額には関係なくパートナー同士の合意によって決められます。

7 外貨建財務諸表の換算 (Translation of Foreign Currency Statements)

1 機能通貨の決定要因（Functional Currency Determinants）

Functional Currency（機能通貨）とは，在外事業体の資金収支の主要な部分が行われている通貨のことを指します。たとえば，フランスにある子会社が，現地ベースの取引を行っている場合，この子会社の主に使っている通貨（この場合，機能通貨）は，現地通貨（Local Currency）であるユーロとなります。

一方，子会社が親会社と共に営業活動を行っている場合，または現地通貨がそれほど根付いていない場合，主に使用している通貨は米ドルと判定され，その子会社の機能通貨は米ドルとなります。

この機能通貨の判定要素としては，下記が挙げられます。

① 資金の流れ
② 販売価格
③ 販売市場

④ 費用
⑤ ファイナンス
⑥ 親会社との取引

ただし，Functional Currency（機能通貨）の種類によって親会社の財務諸表に連結するときの表示方法は異なります。

2　換算または再測定（Translation or Remeasurement）

機能通貨が決定されると必然的に換算に使用されるレートも決まってきます。このレートは，機能通貨が現地通貨の場合は換算（Translation）され，米ドルの場合は再測定（Remeasurement）されることになります。上記の関係を図式すると下記の通りとなります。

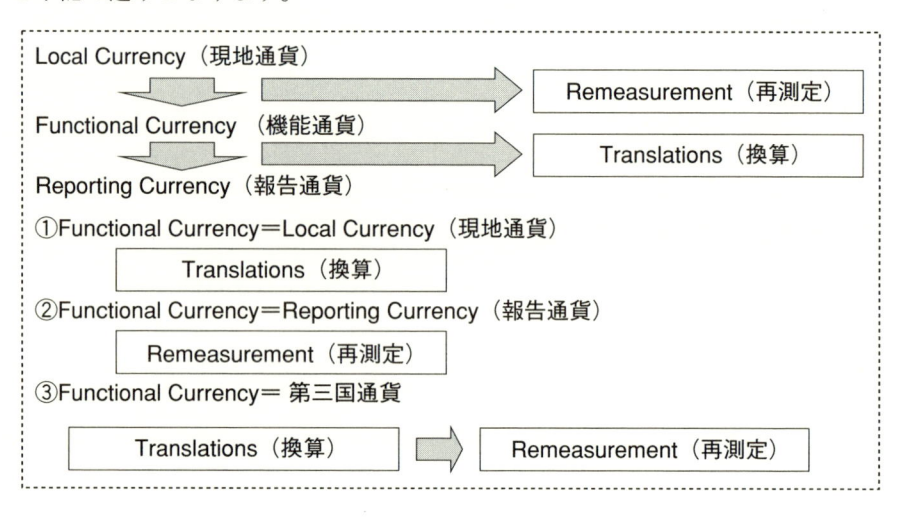

```
Local Currency（現地通貨）
        ⇒              ⇒  Remeasurement（再測定）
Functional Currency（機能通貨）
        ⇒              ⇒  Translations（換算）
Reporting Currency（報告通貨）

①Functional Currency＝Local Currency（現地通貨）
        Translations（換算）
②Functional Currency＝Reporting Currency（報告通貨）
        Remeasurement（再測定）
③Functional Currency＝第三国通貨
        Translations（換算） ⇒ Remeasurement（再測定）
```

a．換算（Translation）

機能通貨が現地通貨である場合，期末日レート法（Current Rate Method）を使用して換算（Translation）を行います。

Current Rate Method で使用する為替レートは，下記の通りです。

```
●資産や負債――――――――期末日レート（Current Rate）
●資本――――――――――取得日レート（Historical Rate）
●収益や費用―――――――平均レート（Weighted-Average Rate）
```

◆ Translations（換算）→ Current Rate 法

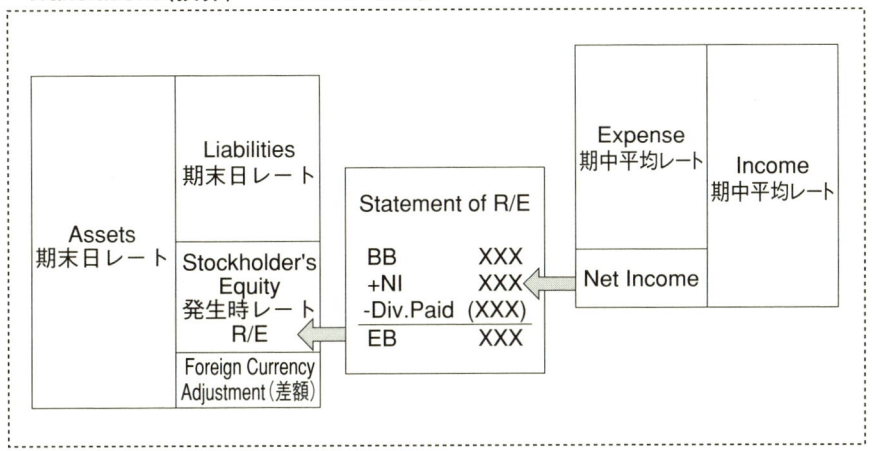

```
┌─────────────────────────────────────┐
│  Assets      │ Liabilities          │
│  期末日レート │ 期末日レート         │    Statement of R/E       Expense        │
│              │                      │    BB      XXX             期中平均レート  │ Income
│              │ Stockholder's        │    +NI     XXX  ←────── Net Income      │ 期中平均レート
│              │ Equity               │    -Div.Paid (XXX)                       
│              │ 発生時レート         │    EB      XXX
│              │ R/E ←────────────────┘
│              │ Foreign Currency
│              │ Adjustment（差額）
└─────────────────────────────────────┘
```

　このように，異なったレートを財務諸表の項目によって使用するため，差額が生じることになります。これらの差額はOther Comprehensive Incomeとして，また累積額がAccumulated Other Comprehensive Incomeとして，貸借対照表の資本（Stockholder's Equity）に表示されることになります。

b．再測定（Remeasurement）

　機能通貨が米ドルの場合，決定された換算レートを使用して再測定（Remeasurement）を行います。

◆ Remeasurement（再測定）法

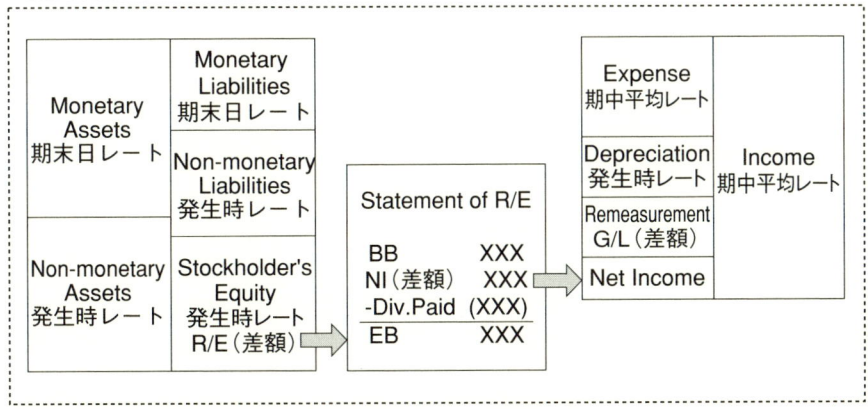

```
┌──────────────────────────────────────────────────────────────┐
│ Monetary       │ Monetary Liabilities                         │                          Expense          │
│ Assets         │ 期末日レート                                 │                          期中平均レート    │
│ 期末日レート   │                                              │  Statement of R/E                          │ Income
│                │ Non-monetary Liabilities                     │  BB        XXX           Depreciation     │ 期中平均レート
│                │ 発生時レート                                 │  NI（差額） XXX           発生時レート      │
│                │                                              │  -Div.Paid (XXX)         Remeasurement    │
│ Non-monetary   │ Stockholder's Equity                         │  EB        XXX           G/L（差額）       │
│ Assets         │ 発生時レート                                 │                ←──────── Net Income       │
│ 発生時レート   │ R/E（差額）──────────────────────────────────┘                                           │
└──────────────────────────────────────────────────────────────┘
```

なお，多くの場合，実際の試験では問題文中に機能通貨が現地通貨であるか，米ドルであるか記載されています。

練習問題 8 （外貨換算計算）

A wholly-owned subsidiary of X, Inc. has certain expense accounts for the year ended December 31, 2003, stated in local currency units (LCU) as follows：

	LCU
Depreciation of equipment (related assets were purchased January 1, 2001)	240,000
Provision for doubtful accounts	160,000
Rent	400,000

The exchange rates at various dates are as follows：

	Dollar equivalent of 1 LCU
December 31, 2003	$.40
Average for year ended 12/31/03	.44
January 1, 2001	.50

Assume that the LCU is the subsidiary's functional currency and that the charges to the expense accounts occurred approximately evenly during the year. What total dollar amount should be included in X' 2003 consolidated income statement to reflect these expenses ?

a. $320,000
b. $336,000
c. $352,000
d. $366,400

答え c

解法のポイント 外貨換算は Translation か Remeasurement か最初に確認が必要です。

解説

本問は Translation of foreign currency statements （外貨で表示されている F/S の US dollar への換算）の問題です。foreign currency statement → US

dollar への換算は
(1) Functional currency（機能通貨）が foreign currency の場合
　→ Current exchange rate で換算します。
(2) Functional currency が US dollar の場合
　→ Remeasurement の手法により historical rate と current rate を勘定科目により使い分けます。

本問では functional currency は LCU であるから current rate を使って換算します。

したがって Revenue, expense についてもそれぞれを recognize（認識）したときの current rate を使って換算すべきですがこれはあまりにも impractical（実務向きでない，膨大な時間がかかる）なので通常その合計期間の weighted-average rate（平均レート）を使います。したがって expense は
　($240,000 ＋ 160,000 ＋ 400,000) × 0.44 ＝ $352,000
に translation（換算）されます。

練習問題9（外貨換算計算）

When remeasuring foreign currency financial statements into the functional currency, which of the following items would be remeasured using historical exchange rate ?

　a. Bonds payable.
　b. Accrued liabilities.
　c. Inventories carried at cost.
　d. Marketable equity securities reported at market values.

〈答え　c〉

〈解法のポイント〉　本問は Remeasurement ですよね。

〈解説〉

Functional currency が US dollar の場合は Translation of foreign currency statements において remeasurement が行われます。Remeasurement とは取引の都度 US dollar で換算されたと考える方法です。一般的には Inventories carrying at cost（取得原価で計上されている棚卸資産），Prepaid expenses,

Property, Plant and equipment（PPE）は historical rate で remeasurement が行われます。

一方 Inventories and trading and available-for-sale securities carried <u>at market</u>（時価で計上されている棚卸資産，売却目的有価証券，売却可能有価証券）は current rate で remeasurement を行います。

また Monetary assets and liabilities（貨幣性資産負債）は current rate で換算をします。

c, d は上記の例を参照してください。a, b はいずれも monetary liabilities ですから current rate を適用します。

第16章

政府会計
(Governmental Accounting)

本章での主要な学習ポイント

1. 政府会計の概念
2. 基金会計の概要
3. 測定方法と会計ベース
4. 行政型基金
5. 私有型基金
6. 信託型基金
7. 政府連結財務諸表
8. 基金型財務諸表
9. 財務諸表に対する注記，マネジメントの討議と分析，MD&A 以外の必要附属情報
10. 基金型財務諸表から政府連結財務諸表への変換

- 政府会計（非営利団体会計も同じ）は，日本では従来よりなじみがなく，企業会計に慣れた皆さんにはとっつきにくいところがあると思います。まず，全体の概念を頭に入れ，その後，仕訳方法や修正会計主義といわれる会計ベースになじんでください。
- 試験対策としては，各基金の名称・内容，会計主義の違い，測定方法，各基金の財務諸表等をしっかりと理解し，暗記してください。このほかに，過去問題をやれば，基本的な所は押さえられるはずです。

352　政府会計（Governmental Accounting）と非営利団体会計（Not-for-Profit Accounting）

1 政府会計の概念（Governmental Accounting Concepts）

　政府会計とは州政府や市の会計のことで企業会計とは異なる点が，いくつかあります。基本的には一般市民からの税金が収入になっているため企業会計では必要のない仕訳などが必要になります（例：予算）。CPA の試験で試されるのは，この特異な会計であり，名前を Fund Accounting（基金会計）などと呼ばれ Modified Accrual Basis（修正発生主義会計）という会計ベースが使われています。企業会計ではご存知のように Accrual Basis（発生主義会計）という会計ベースが使われています。

◆ BASIS OF ACCOUNTING

	ACCRUAL	MODIFIED ACCRUAL
REVENUES	Accrued as earned	Accrued when available and measurable
EXPENSES	Fixed assets capitalized	Fixed assets are expenditures

　上記の表のように，2つの会計ベースの違いにより，Revenues（歳入）や Expenses（歳出）のベースも異なってきます。この表はあとでもよく引用しますので，理解し，暗記しておいてください。

練習問題1（ファンド会計）

Fund Accounting is used by governmental units with resources that must be
a. Composed of cash or cash equivalents.
b. Incorporated into combined or combining financial statements.
c. Segregated physically according to various objectives.
d. Segregated for the purpose of carrying on specific activities or attaining certain objectives.

〈答え　d〉

〈解法のポイント〉　Fund Accounting の目的を考えること，そうすれば，正解は決まってきます。

〈解説〉
　ファンド会計とは，目的によって独立した会計単位を持っています。企業会計と比較すれば現金主義の要素が強いですが，しかしaのようにキャッシ

ュのみを対象としているのではありません。また，すべてのファンド会計は，bのように連結会計を前提にしているものではありません。むしろ，もっと広い概念です。ファンド会計は，cのようにさまざまな目的別に分離されることが前提になっているわけではありません。政府の特定の活動を明確にして，その目的の達成度を主としてTax Payer（納税者）に明らかにするのが主たる目的になります（自分がTax Payerとしての立場で考えればわかると思います）。

練習問題2（ファンド会計）

The primary authoritative body for determining the measurement focus and basis of accounting standards for governmental fund operating statement is the

　a. National Council on Governmental Accounting（NCGA）.
　b. Governmental Accounting Standards Board（GASB）.
　c. Governmental Accounting and Auditing Committee of the AICPA（GAAC）.
　d. Financial Accounting Standards Board（FASB）.

答え b

解法のポイント 政府会計ですから，当然，governmentalとBoardのあるGASBですね。必ず，覚えてください。

解説
政府会計の会計基準の決定機関について質問しています。bが現在の政府会計基準の決定機関です。要暗記事項ですね。dのFASBは企業会計の会計基準の決定機関です。これはもう当然知っていなければなりません。aのNCGAとcのGAACは，過去には機能した政府会計基準の決定機関であり，ASBが引き継いでいます。

練習問題3（ファンド会計）

For governmental fund types, which item is considered the primary

measurement focus ?
　　a. Flows and balances of financial resources.
　　b. Income determination.
　　c. Capital maintenance.
　　d. Cash flows and balances.

〈答え　a〉

〈解法のポイント〉　政府会計の主たる目的といえば，財源の Flow と Balance がキー・ワード。

〈解説〉
　a（ファイナンス資源のフローと残高）の情報は，政府会計では，法律やその他の手続きのもとで正当な財政が実施されているのかを示すもので，目的そのものです。他の回答については以下のとおりです。
　b（利益決定）および c（資本の維持）は，企業会計の目的であり，政府会計の目的ではありません。企業活動にあっては資本の維持は，法人税課税や配当で重要ですが，政府会計は法人税や配当の対象ではないので，資本の維持とは直接には関係してきません。d（キャッシュ・フロー情報）は，企業の存続には必要な項目ですが，政府会計では企業会計とは違い，主要な会計目的ではありません。

2　基金会計の概要（Fund Accounting Concepts）

　ファンド会計では多数の Fund（基金）の名前と各 Fund の特徴を理解しなければいけません。Fund 会計で重要なのは Flow of Financial Resources（財政資金の流れ）を会計することであり，これは簡単に言うと入ってきたお金が，①何に対して，②何の目的で，③いつ，使われたのかをいいます。つまりお金（主に税金）の流れをしっかり解明しようとしているわけです。

　Modified Accrual Basis（修正発生主義）：企業会計で使用されている発生主義会計（Accrual Basis）とは違うので Modified（修正の）がついています。根底にあるのは Interperiod Equity Concept（期毎に収支をバランスさせるという考え方）です。このコンセプトは政府の今期の歳出

（経費，資産の購入，道路や橋の建築 etc.）が次の世代の負担にならないようにしようとすることです。歳入＝歳出（Balance Budget）にすることをいいます。

Categories of Funds（基金の分類）：大きく3つに分けられます。

a．Governmental Funds（行政型基金）：税金が主な収入。5つの Type の Funds があります。このあとすぐに説明しています。

b．Proprietary Funds（事業型基金）：収入の柱は Utilities（電気，ガス，水道，下水道）や他の政府部門。2つの Type の Funds があります。

c．Fiduciary Funds（信託型基金）：政府職員の年金，一時的な預り金，政府が投資にまわすお金など。4つの Type の Funds があります。

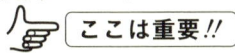

☞ ここは重要!!

全部で5＋2＋4＝11の Fund です。3つのカテゴリーに分かれることを覚えましょう。

1　Five Types of Governmental Funds：5つの Funds の特徴

- **General Fund（一般型基金）**：この Fund の中のお金は毎日の Operation をやりくりします。税金が主な収入。
- **Special Revenue Fund（特別収入型基金）**：この Fund のお金は主に特別な目的（Special Purpose）に使用されます。例：連邦政府から補助金をもらいました。For Roads or Highways' Maintenance or Repair（道路や高速道路のメンテナンスや修理のため）
- **Capital Project Fund（固定資産プロジェクト型基金）**：この Fund のお金は建築費にあてられます。例：橋，図書館，市庁舎ビル，コミュニティーセンター建築など。
- **Debt Service Fund（債務サービス型基金）**：この Fund のお金は発行した地方債の償還や利息の支払いに使用されます。
- **Permanent Fund（永久型基金）**：市民や企業からの寄付金などをこの Fund でやりくりします。覚えておかなければいけないのはこの Fund

のお金は元本の使用ができないことです。しかし，投資して Income（利息収入や配当収入）を稼得した場合などは使用できます。

👉 ここは重要!!
この5つの Funds 会計ベースはすべて Modified Accrual Basis です。

2 Two Types of Proprietary Funds：2つの Funds の特徴

- **Enterprise Fund（会社型基金）**：Utilities が収入です。電気，ガス，水道の料金が収入です。
- **Internal Service Fund（内部サービス型基金）**：他の部門などからサービスを提供することにより収入を得ています。例：Motor Vehicle Department（車両の配車部門）

👉 ここは重要!!
2つとも通常の Accrual Basis で会計処理します。Modified Accrual Basis ではありません。

3 Four Types of Fiduciary Funds（受託基金）：4つの Funds の特徴

- **Pension Trust Fund（年金信託型基金）**：公務員の年金を管理している Fund
- **Investment Trust Fund（投資信託型基金）**：投資を手がけている Fund
- **Private Purpose Trust Fund（私的目的信託型基金）**：一般市民や企業への支払いを目的にした Fund。例：市民や企業への TAX の Refund 金
- **Agency Fund（代理型基金）**：市などが Agent になりお金を集金して他に送金するまでの間に使用する Fund。例：Tax を地域の住民から集めてそれを各学区の教育部門に送金する。このように Agency Fund では Fund の残高は毎年ありません。要するに預り金です。

第16章 政府会計（Governmental Accounting）　357

ここは重要!!

すべての Fiduciary Fund は Accrual Basis です。

CPA の試験で問われてくるのは，どれが Accrual Basis でどれが Modified Accrual Basis なのか，です。これは覚えるしかありません。逆に，これを覚えると基礎点は獲得できることになります。

Mofified Accrual Basis の Funds は
- General Fund（一般型基金）
- Special Revenue Fund（特別収入型基金）
- Capital Project Fund（固定資産プロジェクト型基金）
- Debt Service Fund（債務サービス型基金）
- Permanent Fund（永久型基金）

Accrual Basis の Funds は
- Enterprise Fund（会社型基金）
- Internal Service Fund（内部サービス型基金）
- Pension Trust Fund（年金信託型基金）
- Investment Trust Fund（投資信託型基金）
- Private Purpose Trust Fund（私的目的信託型基金）
- Agency Fund（代理型基金）

4 新会計基準 GASB34（州・地方政府の基本財務諸表，および行政管理者の討議と分析）の Impact（影響）

- 政府機関が作成する財務諸表の雛型に大きな変更がありました。5つの Section から構成されており，以下のように分類されます。

① MANAGEMENT DISCUSSION & ANALYSIS（MD&A）
② GOVERNMENT-WIDE FINANCIAL STATEMENTS
③ FUND FINANCIAL STATEMENTS
④ NOTES TO THE FINANCIAL STATEMENTS
⑤ SUPPLEMENTARY INFORMATION

上記5つのSectionごとの詳細を説明します。

① **MD&Aに入るITEM**

> - Comparison with Prior Year（去年の数字との比較と分析）
> - Overall Financial Statements（Government-Wide Financial Statementから数字をGroupingして今年の結果について分析）
> - Individual Fund Statements（個々のFUNDにおける重要勘定の分析）
> - Variance Analysis（予算とActual Resultsとの比較分析）
> - Long-Term Activity（固定資産と社債の分析）
> - Expected Event（財務諸表に将来影響を及ぼす可能性についての分析）

② **GOVERNMENT-WIDE FINANCIAL STATEMENTS**

Statement of Net Assets（企業会計におけるBalance Sheet）とStatement of Activities（企業会計における損益計算書）の2つの財務諸表から成り立ちます。

この2つのStatementsを349～350ページに例として掲載していますので，参照してください。

> - Statement of Net AssetsのFormは
>   Assets － Liabilities ＝ Net Assets
> - Net Assetsはさらに3つに分けて表示します。
>   (1) Investment in Capital Assets Net of Related Debt
>   (2) Restricted Net Assets
>   (3) Unrestricted Net Assets
> - Statement of Net Assetsの表は4つのColumns（縦行）から成り立ちます。
>   (1) Governmental Activities:
>   Governmental FundsとInternal Service Fundの合計金額が記載されます。注意しなければいけないのはInternal Service Fundの金額が含まれることとさらに，すべて発生主義（Accrued）会計で計上されていることです。つまり，固定資産，減価償却，Long-Term Debtすべてを計上します。

(2) Business-Type Activities：
Enterprise-Fund の金額です。Internal Service Fund の金額は入れません。
(3) Total：合計
(4) Component Units：
例：ABC City の School District
School District の人員と予算が City 本体（Primary Government）の人員と予算が分離（SEPARATE）されているのであれば Component Units として計上されます。しかし、分離されていなくて City 予算の一部（BLENDED）のように編成されているのであれば Component Unit してはいけません。Internal Service Fund で計上します。

- **Infrastructure（インフラ）**
例は Streets, Bridges, Sidewalk, etc.。前にも述べたように資産計上して償却していきます。ただ、修理修繕することにより半永久に使用できるのであれば償却は行う必要はありません。

③ FUND FINANCIAL STATEMENT

個々の Fund の財務諸表です。

- **Government Fund（行政型基金）：**

(1) General Fund（一般型基金）
(2) Special Revenue Fund（特別収入型基金）
(3) Capital Project Fund（固定資産プロジェクト型基金）
(4) Debt Service Fund（債務サービス型基金）
(5) Permanent Fund（永久型基金）（元本は消費できません。投資して得た収入（Income）は使用できます）

☞ ここは重要!!

すべて Modified Accrual Basis で計上します。
Balance Sheet, Statement of Revenues and Expenditures（Change in Fund Balance も含む）を作成します。Modified Account Basis で作成されるため、Government-Wide F/S を作成する場合、通常の Accrual Basis

にReconcile（修正）しなければなりません。

■ **Proprietary Funds**（事業型基金）：

(1) Enterprise Fund（会社型基金）
(2) Internal Service Fund（内部サービス型基金）

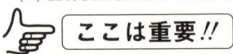

☞ ここは重要!!
2つともAccrual Basisです。Modified Accrualではありません。Balance Sheet, Statement of Revenues and Expenditures（Change in net assetsも含む）を作成します。さらにStatement of Cash Flowsも忘れずに！

■ **Fiduciary Funds**（信託型基金）：

(1) Pension Trust（年金信託型基金）
(2) Investment Trust（投資信託型基金）
(3) Private Purpose Trust（私的目的信託型基金）
　・Money that is being held for the benefit of private citizens or organizations. 例：Money for Tax refunds
(4) Agency Fund（代理型基金）

☞ ここは重要!!
すべてAccrual Basisです（GASB34）。作成する表はStatement of Fiduciary Net Assets, Statement of Changes in Fiduciary Net Assetsです。

☞ ここは重要!!

これら4つのFiduciary FundはGovernment-Wide F/Sには入りません。

Fund Financial Statementsにおいて最後に覚えておかなければいけないポイントはMajor Fundsの定義です。

Governmental Funds, Proprietary Funds, Fiduciary Fundsの中で主要なFundは必ず上で述べた財務諸表に記載しなければいけません。

Major Fundsの定義：

- Governmental の General Fund は常に Major Fund。暗記してください。
- Governmental Funds, Proprietary Funds, Fiduciary Funds の中で 10% or More of Total Assets, Liabilities, Revenues, or Expenditures / expenses になっている Fund。
- Governmental Funds と Proprietary Funds の合計金額の 5 % or More になっている Fund。

Government-Wide Statements of Net Assets と Government-Wide Operating Statement（Statement of Activities）の例示

◆ GOVERNMENT-WIDE OPERATING STATEMENT

Sample City
Statement of Activities
For the Year Ended December 31. 20X1

		Program Revenues			Net (Expense) Revenue and Changes in Net Assets Primary Government			
Functions/Programs	Expenses	Changes for Services	Operating Grants and Contributions	Capital Grants and Contributions	Governmental Activities	Business-type Activities	Total	Component Units
Primary government:								
Governmental activities:								
General government	$ 9,571,410	$ 3,146,915	$ 843,617	$ —	$ (5,580,878)	$ —	$ (5,580,878)	$ —
Public safety	34,844,749	1,198,855	1,307,693	62,300	(32,275,901)	—	(32,275,901)	—
Public works	10,128,538	850,000	—	2,252,615	(7,025,923)	—	(7,025,923)	—
Engineering services	1,299,645	704,793	—	—	(594,852)	—	(594,852)	—
Health and sanitation	6,738,672	5,612,267	575,000	—	(551,405)	—	(551,405)	—
Cemetery	735,866	212,496	—	—	(523,370)	—	(523,370)	—
Culture and recreation	11,532,350	3,995,199	2,450,000	—	(5,087,151)	—	(5,087,151)	—
Community development	2,994,389	—	—	2,580,000	(414,389)	—	(414,389)	—
Education (payment to school district)	21,893,273	—	—	—	(21,893,273)	—	(21,893,273)	—
Interest on long-term debt	6,068,121	—	—	—	(6,068,121)	—	(6,068,121)	—
Total governmental activities	105,807,013	15,720,525	5,176,310	4,894,915	(80,015,263)	—	(80,015,263)	—
Business-type activities:								
Water	3,595,733	4,159,350	—	1,159,909	—	1,723,526	1,723,526	—
Sewer	4,912,853	7,170,533	—	486,010	—	2,743,690	2,743,690	—
Parking facilities	2,796,283	1,344,087	—	—	—	(1,452,196)	(1,452,196)	—
Total business-type activities	11,304,869	12,673,970	—	1,645,919	—	3,015,020	3,015,020	—
Total primary government	$117,111,882	$28,394,495	$ 5,175,310	$6,540,834	(80,015,263)	3,015,020	(77,000,243)	—
Component units:								
Landfill	$ 3,382,157	$ 3,857,858	$ —	$ 11,397	—	—	—	487,098
Public school system	31,186,498	705,765	3,937,083	—	—	—	—	(26,543,650)
Total component units	$ 34,568,655	$ 4,563,623	$3,937,083	$ 11,397	—	—	—	(26,056,552)
General revenues:								
Taxes:								
Property taxes, levied for general purposes					51,693,573	—	51,693,573	—
Property taxes, levied for debt service					4,726,244	—	4,726,244	—
Franchise taxes					4,055,505	—	4,055,505	—
Public service taxes					8,969,887	—	8,969,887	—
Payment from Sample City					—	—	—	21,893,273

Grants and contributions not restricted to specific programs	1,457,820	—	1,457,820	6,461,708
Investment earnings	1,958,144	601,349	2,559,493	881,763
Miscellaneous	884,907	104,925	989,832	22,464
Special item—Gain on sale of park land	2,653,488	—	2,653,488	—
Transfers	501,409	(501,409)	—	—
Total general revenues, special items, and transfers	76,900,977	204,865	77,105,842	29,259,208
Change in net assets	(3,114,286)	3,219,885	105,599	3,202,656
Net assets—beginning	126,673,160	82,349,309	209,022,469	16,025,971
Net assets—ending	$123,558,874	$85,569,194	$209,128,068	$19,228,627

◆ **GOVERNMENT-WIDE STATEMENT OF NET ASSETS**

Sample City
Statement of Net Assets
December 31, 20X1

	Primary Government			Component Units
	Governmental Activities	Business-Type Activities	Total	
ASSETS				
Cash and cash equivalents	$ 13.597.899	$ 10,279,143	$ 23,877,042	$ 303,935
Investments	27,365,221	—	27,365,221	7,428,952
Receivables (net)	12,833,132	3,609,615	16,442,747	4,042,290
Internal balances [1]	175,000	(175,000)		
Inventories	322,149	126,674	448,823	83,697
Capital assets, net (Note 1)	170,022,760	151,388,751	321,411,511	37,744,786
Total assets	224,316,161	165,229,183	389,545,344	49,603,660
LIABILITIES				
Accounts payable	6,783,310	751,430	7,534,740	1,803,332
Deferred revenue	1,435,599	—	1,435,599	38,911
Noncurrent liabilities (Note 2):				
Due within one year	9,236,000	4,426,286	13,662,286	1,426,639
Due in more than one year	83,302,378	74,482,273	157,784,651	27,106,151
Total liabilities	100,757,287	79,659,989	180,417,276	30,375,033
NET ASSETS				
Invested in capital assets, net of related debt	103,711,386	73,088,574	176,799,960	15,906,392
Restricted for:				
Capital projects[2]	11,705,864	—	11,705,864	492,445
Debt service	3,020,708	1,451,996	4,472,704	—
Community development projects	4,811,043	—	4,811,043	—
Other purposes	3,214,302	—	3,214,302	—
Unrestricted (deficit)	(2,904,429)	11,028,624	8,124,195	2,829,790
Total net assets	$123,558,874	$ 85,569,194	$209,128,068	$19,228,627

3 測定方法と会計ベース（Measurement Focus and Basis of Accounting）

　GASBの基準においては，2種類の以下の会計方法があり，ともに財務諸表の作成のために使われています。

第16章 政府会計（Governmental Accounting）

1 発生主義会計（Accrual Basis of Accounting）―経済資源測定基準（Economic Resources Measurement Focus）による方法

　この方法は基本的には民間企業の会計処理です。その目的は，政府に対して，利用可能（Available）なすべての経済資源を測定することです。固定資産（Fixed Asset）と固定債務（長期債務；Long-Term Debt）も計上します。流動性（Current）の資産・負債と非流動性（Noncurrent）の資産・負債もこの中に含みます。会計方法としては発生主義会計が用いられます。歳入は稼得された時に，費用は発生した時に認識されます。固定資産が計上されますので，減価償却も計上されることになります。

> 経済資源測定基準と発生主義会計は，政府連結財務諸表（Government-Wide Financial Statement），事業型基金（Proprietary Fund），および信託型基金（Fiduciary Fund）の財務諸表で使用されます。

2 修正発生主義会計（Modified Accrual Basis of Accounting）―当期財務資源測定基準（Current Financial Resources Management Focus）による方法

　この方法の目的は，政府に利用可能（Available）な流動財務資源（Current Financial Resource）だけを計上することです。負債についても流動負債だけを計上します。その結果，当然のことながら，固定資産や長期負債は計上されません。修正発生主義会計では，このあと，詳述するように，歳入は当期の歳出の支払いのために利用可能で，かつ測定可能になった時に認識されます。

> 当期財務資源測定基準による方法と修正発生主義会計は，行政型基金（Governmental Fund）の財務諸表で使用されます。

　分かりやすくいえば，この2つの会計方法の最も大きな相違点は，固定資産と長期負債が計上されるかどうかということです。

3 発生主義会計（Accrual Basis of Accounting）

$$\begin{matrix}収益(Revenue)の\\認識される基準\end{matrix} = \begin{matrix}①\ Earned（稼得した）\\②\ Measurable\end{matrix} \Big\} \begin{matrix}両方が満たされる\\必要があります。\end{matrix}$$

発生主義会計では，経済的資源の流れの測定に重点が置かれています。一般の企業会計と同様に，Revenue および Expense を次のように認識します。

- Revenue：
  収益金額が測定可能（Measurable）で，かつ，その収益を稼得したときに認識します。
- Expense：
  債務金額が測定可能となり，かつ，費用が発生したときに認識します。

発生主義会計で使用される Fund は，次の通りです。

事業型基金（Proprietary Funds）の全ファンド（2つのファンド）
- 内部サービス型基金（Internal Service Fund）
- 会社型基金（Enterprise Fund）

信託型基金（Fiduciary Funds）の全ファンド（4つのファンド）
- 代理型基金（Agency Fund）
- 年金信託型基金（Pension Trust Fund）
- 投資信託型基金（Investment Trust Fund）
- 私的目的信託型基金（Private Purpose Trust Fund）

さらに，Government-Wide Financial Statement（政府連結財務諸表）でも発生主義会計が適用されています。

4 修正発生主義会計（Modified Accrual Basis of Accounting）

$$\text{収益(Revenue)の認識基準} = \begin{array}{l} \text{① Available（測定可能）} \\ \text{② Measurable} \end{array} \left.\begin{array}{l} \text{両方が満たされる} \\ \text{必要があります。} \end{array}\right.$$

　修正発生主義会計は，当期に動きが生ずる流動的な財務資源を正確に計上することを目的とします。流動資産と流動負債の会計処理を行うのが主たる目的です。
　このため，Matching（収益と費用を一対一に対応させて利益を計上するといった勘定処理）はなされず，Revenue および Expenditure を次のように認識します。

- Revenue：
  収益金額が測定可能となり，かつ，当期の財政支出の支払資金として利用可能となったときに認識します。
- Expenditure：
  債務の額が測定可能となり，かつ，実際に発生した時点で認識します。これにあわせて，当期の財源より支払われることが必要です。

　上記の説明から分かるように，「支出」は，発生主義会計では「Expense」，修正発生主義会計では「Expenditure」として区別されます。

練習問題 4（一般会計—歳出）

Which of the following transactions is an expenditure of a governmental unit's general fund?
  a. Contribution of enterprise fund capital by the general fund.
  b. Transfer from the general fund to a capital projects fund.
  c. Routine employer contributions from the general fund to a pension trust fund.
  d. Operating subsidy transfer from the general fund to an enterprise fund.

〈答え　c〉
〈解法のポイント〉　政府会計の経常的支払いの問題ですから，Routine（いつもの）という単語にどれだけ反応できるかが，キーポイントになります。

> **解説**

　一般会計における Expenditure（歳出）は，一般会計における経常費用や固定資産の購入等をいいます。

　c は（公的部門に働く）公務員の年金の雇用主負担分を，Pension Trust Fund に支払うものであり，経常的な費用に関する支払いです。

　a の Enterprise Fund の資本拠出，b の Capital Projects Fund への資金拠出，d の Enterprise Fund への経費助成は Operating Transfer として一般会計で記録され（a については一般会計で Residual Equity Transfer と処理される場合もあります），Expenditure とはならず，相手先のそれぞれの会計において適当な科目で処理されます。

　企業会計における例で示せば次のとおりです。Operating Transfer は他の会社に対する資金支援と考えます。本来，自分の会社の負担すべき費用ではないので，Expenditure とはならず，あたかも企業会計における「特別損失」に相当するとの考え方です。この考え方は必ず覚えてください。

> **練習問題 5（電力料金の支払い）**

During the year, a City's electric utility, which is operated as an enterprise fund, rendered billings for electricity supplied to the general fund. Which of the following accounts should be debited by the General fund ?

　a. Appropriations
　b. Other financing uses-operating transfers out
　c. Due to electric utility enterprise fund
　d. Expenditures

> **答え　d**

> **解法のポイント**　一般会計における支払いの会計処理ですから，おのずと答えは決まります。

> **解説**

　もし，これが Enterprise Fund への損失補填などであれば b となります。c は支出や振替の勘定ではなく，貸借対照表上の未払勘定です。なお，a は予算上の勘定科目で，実行上の科目ではありません。

　Revenues と Expenditures を企業会計における営業収益と営業費用，Other

Financing Source と Other Financing Uses を特別損と特別益と対比させて覚えておくと覚えやすいです。

練習問題6（一般会計―固定資産税の歳入）

The following information pertains to property taxes levied by Oak City for the calendar year 1998：

Collections during 1998	$500,000
Expected collections during the first 60 days of 1999	100,000
Expected collections during the balance of 1999	60,000
Expected collections during January 2000	30,000
Estimated to be uncollectible	10,000
Total levy	$700,000

What amount should Oak report for 1998 net property tax revenue?

a. $600,000
b. $690,000
c. $700,000
d. $500,000

〈答え　a〉

〈解法のポイント〉　徴税に特有な考え方です。60日間の猶予期間があることを記憶しておいてください。

〈解説〉

1998年における固定資産税の歳入実績（Revenues）に計上すべき金額の算定です。

Collections during 1998	$500,000
Expected collections during the first 60days of 1999	100,000
1998 net property tax	$600,000

したがって，翌年の60日から後の歳入見積りについては未収計上をしませんので忘れないようにしてください。貸倒見積りについては，企業会計のように販売費に含めるのではなく，歳入からの直接減額方式がとられています。

ここは重要!!

この Fund の比較表は大変重要なので，必ず理解の上，暗記してください。

	測定方法	会計主義ベース
Governmental Funds： ① General Fund ② Special Revenue Fund ③ Capital Projects Fund ④ Debt Service Fund ⑤ Permanent Fund	Current Financial Resource	Modified Accrual
Proprietary Funds： ① Internal Service Fund ② Enterprise Fund	Economic Resource	Full Accrual
Fiduciary Funds： ① Agency Fund ② Pension Trust Fund* ③ Investment Trust Fund ④ Private Purpose Trust Fund	Economic Resource	Full Accrual

・Pension Trust Fund には，Modified Accrual を適用する場合があります。
・Government Fund では，Modified Accrual が使用され，会計処理の対象は Current Asset や Current Liability です。このため，Fund 内では Fixed Asset と Long-Term Debt は会計処理をしません。

4 行政型基金（Governmental Fund）

　Governmental Accounting の特徴が最もよく表れているのは，Governmental Fund です。Governmental Fund の目的は公共へのサービスの提供ですので，資本維持（Capital Maintenance）や純利益（Net Income）とは関係ありません。むしろ，公共サービスを提供するための資金が利用可能かどうかや，当期の財源（Current Financial Resource）の流れが重要なこととなります。

1 行政型基金（Governmental Fund）―修正発生主義（Modified Accrual Basis of Accounting）

　Governmental Fund は Current Financial Resources Management Focus，言い換えると，当期の財源の流出・入の流れに重点を置いており，Modified Accrual Basis of Accounting を会計ベースとしています。

・**政府基金（Governmental Fund）に属する5つの基金**
　Governmental Fund に属するのは，下記の通りの5つの基金です。

> a．一般型基金（General Fund）
> b．特別収入型基金（Special Revenue Fund）
> c．固定資産プロジェクト型基金（Capital Project Fund）
> d．債務サービス型基金（Debt Service Fund）
> e．永久型基金（Permanent Fund）

a．一般型基金（General Fund）

　General Fund は，Governmental Fund の中で最重要なファンドです。一般的にいえば，他の Fund において取り扱われないであろうすべての取引が会計処理の対象となります。たとえば，下記のようなものです。
（General Fund の例）
　罰金（Fines）・税収（Tax）等の歳入，高速道路（Highway）・教育（Education）・警察（Public Safety）等に係る歳出の会計処理

b．特別収入型基金（Special Revenue Fund）

　法律によって，特定目的のために歳出の使い方を制限された Special Revenue 用の財源，およびその使途の会計処理を扱う Fund です。
　一方，Private Purpose Trust Fund と Capital Projects Fund に関連して資金の使い方が制限されているものは除きます。これは，すべての使途の制限が Special Revenue Fund につながるわけではないということを示します。
　上記にもかかわらず，主な会計処理の例は下記ですので，問題を解く際は，この例を覚えれば，十分です。
（例）
● 道路の補修のために使われるガソリン税

―――― Special Revenue Fund
● 歩道（Sidewalk）の設置のために近隣住民に課される税金
　　―――― Capital Projects Fund
● 違法行為によって犯罪者が取得した現金等を，法律により州が没収し使用する場合
　　―――― Private-Purpose Trust Fund

c．固定資産プロジェクト型基金（Capital Projects Fund）

大型かつ長期の固定資産の建設・購入（このようなプロジェクトが Capital Project です）のための財源の取得，およびその使い方に係わる会計処理を行うファンドです。たとえば，下記の通りです。

（Capital Projects Fund の例）
　　市役所（City Hall）や市営体育館等の建設

練習問題7（一般型会計における予算）

Ridge Township's governing body adopted its general fund budget for the year ended July 31, 1998, comprised of estimated revenues of $100,000 and appropriations of $80,000. Ridge formally integrates its budget into the accounting records.

Q1．To record the appropriation of $80,000, Ridge should

　a. Debit estimated expenditures control

　b. Debit appropriations control

　c. Credit estimated expenditures control

　d. Credit appropriations control

Q2．To record the $20,000 budgeted excess of estimated revenue over appropriations, Ridge should

　a. Debit budgetary fund balance.

　b. Debit estimated excess revenues control.

　c. Credit estimated excess revenues control.

　d. Credit budgetary fund balance.

〈答え　Q1－d．／Q2－d．〉

〈解法のポイント〉　企業会計では見慣れない用語が出てきますが，覚えるようにしてください。

第16章 政府会計 (Governmental Accounting)　371

<解説>
　General Fund（一般型会計）における予算の仕訳は次の通りです。一般の仕訳常識とは貸借が逆になりますので，よく理解してください。代表的な仕訳を理解すれば，見かけほど難しくはありません。

		debit	credit
Dr. Estimated Revenue	歳入予算	100,000	
Cr. Appropriations	歳出予算		80,000
Budgetary Fund Balance	余剰金予算		20,000

　これらは予算（と実績）を管理するための仕訳です。予算作成時の Dr. Etimated Revenue（歳入予算）a／c は実際に歳入があったときに記帳される Cr. Revenue Control（歳入）と比較され，予算と実績の管理が行われます。

練習問題 8 （ガバメンタル・ファンド）

At December 31, 2003, the following balances were due from the state Government to Clare City's various funds：

　Capital projects　　＄200,000
　Trust and agency　　100,000
　Enterprise　　　　　　80,000

In Clare's December 31, 2003 combined balance sheet for all fund types and account groups, what amount should be clarified under governmental funds?

　a. ＄100,000
　b. ＄180,000
　c. ＄200,000
　d. ＄480,000

<答え　c>
<解法のポイント>　ファンドを覚えていれば，簡単です。
<解説>
　Governmental Fund に含まれるファンドは Capital Projects Fund です。

練習問題 9 （発注済商品の検収）

South City issued a purchase order for supplies with an estimated cost of ＄6,000. When supplies were received, the accompanying invoice indicated an actual price of ＄5,950. What amount should Elm debited (credit) to the reserve for encumbrances after the supplies and invoice were received ?

a.（＄50）
b. ＄50
c. ＄5,950
d. ＄6,000

〈答え　d〉

〈解法のポイント〉　政府会計の代表的な問題です。発注時点で備忘仕訳がある（非常に重要）ことを思い出してください。

〈解説〉

企業会計では発注時点は負債の計上は行いませんが，政府会計では次の備忘仕訳を起こします。この問題の考え方をしっかり理解してください。

　　　一般会計
Dr. Encumbrances Control（支払承諾見返）　　　6,000
　　Cr. Reserved for Encumbrances（支払承諾）　　　　　　6,000

納品があって請求書が到着した場合の仕訳は，次の2つの仕訳を行います。

(1) 備忘仕訳でもある対照勘定の振戻し

　　　一般会計
Dr. Reserved for Encumbrances（支払承諾）　　　6,000
　　Cr. Encumbrances Control（支払承諾見返）　　　　　　6,000

(2) 未払金の計上

　　　一般会計
Dr. Expenditures（支出）　　　　　　　　　　　6,000
　　Cr. Voucher Payable（未払金）　　　　　　　　　　　6,000

本問題では(1)の仕訳を求めています。慣れると難しくはありません。1回備忘仕訳が入ることを忘れないでください。

第16章　政府会計（Governmental Accounting）　373

練習問題10（投資信託型基金）

Which of the following is a required financial statement for a investment trust fund ?

a. Statement of revenues, expenses, and changes in fiduciary net assets
b. Statement of revenues, expenditures, and changes in fiduciary net assets
c. Statement of activities
d. Statement of changes in fiduciary net assets

答え　d

解法のポイント　Investment trust find はどのようなファンドであるか，再度確認してみてください。

解説

Investment trust fund は Fiduciary Fund のひとつです。全て Accrual Base（発生主義会計ベース）です。作成される表は，Statement of Fiduciary Net Assets, Statement of Changes in Fiduciary Net Assets ですので，答えはdとなります。

練習問題11（クーポンの会計）

On January 2, City of Machida issued $500,000, 10-year, 7% general obligation bonds. Interest is payable annually, beginning January 2 of the following year. What amount of bond interest is Machida required to report in the statement of revenues, expenditures, and changes in fund balance of its governmental funds at the close of this fiscal year, September 30 ?

a. $0
b. $17,500
c. $26,250
d. $35,000

答え　a

解法のポイント　ジェネラル・オブリゲーション債（General obligation bond）の利息・元本の返済の会計処理を扱うファンドは何でしょうか？

> **解説**
> 長期債の利息は，通常，債務サービス型の基金（Debt Service Fund）で扱われます。利息の会計の方法に関しては満期日まで経費として認識されることはありませんので，回答の通り，0（ゼロ）となります。一般企業における会計処理では，本例のような場合，期末には未払費用（未払利息）として認識されます。

d．債務サービス型基金（Debt Service Fund）

ジェネラル・オブリゲーション債（General Obligation Bond）の利息・元本の返済の会計処理を取り扱うファンドです。ジェネラル・オブリゲーション債（General Obligation Bond）とは，政府機関の信用力と課税徴税権で担保されている政府が発行する債券です。General Obligation Bond は，一般的には，Capital Project の資金調達のために発行されます。

（Debt Service Fund の例）

市役所や市営体育館建設の財源として発行された債券の利息と元本の支払い

> **練習問題12（地方償還資金の受取り）**
>
> East City's serial bonds are serviced through a debt service fund with cash provided by the general fund. In a debt service fund's statements, how are cash receipts and cash payments reported ?
>
> | | Cash receipts | Cash payments |
> |---|---|---|
> | a. | Revenues | Expenditures |
> | b. | Revenues | Operating transfers |
> | c. | Operating transfers | Operating transfers |
> | d. | Operating transfers | Expenditures |
>
> **答え　d**
>
> **解法のポイント**　ファンド本来の目的の支出だから，Expenditures ですよね。
>
> **解説**
> 他のファンドからの補助受取りは，Operating Transfers（繰入額）となります。地方債利子の支払いについては，解法のポイント通り，Expenditures（歳出）となります。

e．永久型基金（Permanent Fund）

Permanent Fundは，元本ではなく，その運用より発生する収益だけが政府の活動のために用いることができるよう，法律上，特別に制限された財源の会計処理に使用されます。

(Permanent Fundの例)

州政府への寄付金で，運用収益をその州内の警察等の活動のためにだけ用いることができる寄付金。

練習問題13（償却資産）

One feature of state and local government accounting and financial reporting is that fixed assets used for general government activities

a. Are acquired only when direct contribution to revenues is expected.

b. Do not depreciate as a result of such use.

c. Often are not expected to contribute to generation of revenues.

e. Should not be maintained at the same level as those of businesses so that current financial resources can be used for other government services.

答え　c

解法のポイント　政府会計における固定資産の計上の仕方を思い出してください。

解説

bについては，理論上は減価償却をしても問題ないので誤答(実務では減価償却は行わない)。aは，歳入を期待することはないので誤答。dは，買替えも可能であるので誤答となります。

練習問題14（年金の支払い）

North City contributes to and administers a single-employer defined benefit pension plan on behalf of its covered employees. The plan is accounted for in a pension trust fund. For the year ended December 31, 2003, employer contributions to the pension trust fund amounted to $20,000.

To record the 2003 pension contribution of $20,000, What debit is required in the governmental-type fund used in connection with employer pension contribution?

　　a. Other financing uses control.
　　b. Expenses control.
　　c. Expenditures control.
　　d. Due to pension trust fund.

〈答え　c〉

〈解法のポイント〉　General Fund（一般型基金）からの支出は Expenditures Control（歳出）となります。

〈解説〉
　この年金給付を受ける側の Pension Trust Fund（年金信託型基金）では Operating Revenues（経常歳入）となります。

　なお，Other Financing Uses Control 勘定は，他のファンドへの補助・助成のような場合に用いられます。Expenses Control 勘定は，Proprietary Fund などで損益計算をする場合に使います。Due to pension trust fund は未払いの場合の未払金勘定ですが，この問題では支払済みなのか未払いなのかは，はっきりわかりません。

練習問題15（年金の支払い）

The following revenues were among those reported by Ariba Township in 2003:

Net rental revenue (after depreciation) from a parking garage owned by Ariba	$ 40,000
Interest earned on investments held for employees' retirement benefits	100,000
Property taxes	5,000,000

What amount of the foregoing revenues should be accounted for in Ariba's governmental-type funds?

　　a. $ 5,140,000
　　b. $ 5,100,000

c. $5,040,000
d. $5,000,000

〈答え　d〉

〈解法のポイント〉　駐車場や退職金の投資と聞くと，決まったファンドがありましたね。

〈解説〉

固定資産税の税収は通常は General Fund の Revenues（歳入）です。駐車場部門は会社型基金（Enterprise Fund），退職金のための投資は投資信託型基金（Investment Trust Fund）です。

5　事業型基金（Proprietary Fund）

1　事業型基金（Proprietary Fund）—発生主義（Accrual Basis of Accounting）

私有型基金では，発生主義会計が使用され，一般の企業と同じ会計ベースであり，この点が特に重要です。したがって，収益と費用との対応で取引が把握されます。また，固定資産，固定負債，減価償却費も Fund 内で会計処理がなされることになります。言い換えると，Proprietary Fund は，Matching により当期の純利益（Net Income），および長期間の収益の把握をその目的としています。

・事業型基金（Proprietary Fund）に属する2つの基金

Proprietary Fund に属する Fund は下記の通りです。

> a．内部サービス型基金（Internal Service Fund）
> b．会社型基金（Enterprise Fund）

a．内部サービス型基金（Internal Service Fund）

内部サービス型は，行政内のある部門から他の部門への財およびサービスの提供に関する会計処理を取り扱うファンドです。

（Internal Service Fund の例）

政府内の中央駐車場，中央印刷所，売店。

練習問題16（利益へ影響を与えない項目）

Which of the following does not affect a internal service fund's net income ?

a. Residual equity transfers.

b. Other Financing Sources…Operating transfers in.

c. Other Financing Sources…Operating transfers out.

d. Depreciation expense on its fixed assets.

〈答え　a〉

〈解法のポイント〉　Residual Equity Transfers の理解をもう一度行ってください。

〈解説〉

　Residual Equity Transfers は，たとえば年度末の余剰資金のファンド移動がこれにあたります。単なる資金移動であるため，利益には影響を与えません。

　dの減価償却は利益に影響を与えます。bおよびcは一種の費用収益の付替えですので，これも利益に影響を与えます。

練習問題17（運用収入の計上区分）

The billings for transportation services provided to other governmental units are recorded by an internal service fund as

a. Transportation appropriations.

b. Interfund exchanges.

c. Operating revenues.

d. Intergovernmental transfer.

〈答え　c〉

〈解法のポイント〉　これも代表的な問題。理解しましょう。

〈解説〉

　内部サービス型基金（Internal Service Fund）が他の部門にサービスを提供して，その収入をどのように記帳すべきかの問題です。運輸部門ですので，たとえば市の交通局が公務の乗客を乗せた場合が該当します。この場合は，通常の Operating Revenues に運賃収入を計上します。

一方，運賃を支払った General Fund（一般型会計）等では，通常の Expenditures（歳出）となります。

b．会社型基金（Enterprise Fund）

会社型は，一般の人のためにサービスを提供し，必要な資金をすべて User Charge（利用料）によって賄うファンドです。

(Enterprise Fund の例)

有料道路，電力供給，公共交通等の公共施設，公営ゴルフコース，埋立地（Solid Waste Landfill）。

練習問題18（公営駐車場）

The following information for the year ended June 30, 2003, pertains to a proprietary fund established by X Village in connection with

X's public parking facilities：

Receipts from users of parking facilities	$ 400,000
Expenditures	
Parking meters	210,000
Salaries and other cash expenses	90,000
Depreciation of parking meters	70,000

For the year ended June 30, 2003, this proprietary fund should report net income of

　a. $ 240,000
　b. $ 100,000
　b. $ 100,000
　c. $ 30,000
　d. $ 0

〈答え　a〉

〈解法のポイント〉　このファンドは企業会計と同じと考えてください。

〈解説〉

本件は公営の駐車場です。Proprietary Fund では，解法のポイントにもあるように企業会計と同様に固定資産の資産計上と減価償却も行います。したがって，Parking Meters の取得額は費用にはなりません。この点が一般型会

計 (General Fund) のように固定資産を簿外処理し, 全額を Expenditure (歳出) とする手続きと異なります。

練習問題19 (リース料支払い)

Y County has acquired equipment through a non-cancelable lease-purchase agreement dated December 31, 2001. This agreement requires no down payment and the following minimum lease payments :

December 31	Principal	Interest	Total
2001	$ 50,000	$ 25,000	$ 75,000
2002	50,000	20,000	70,000
2003	50,000	15,000	65,000

If the equipment is used in internal service fund operations and the lease payments are financed with internal service fund revenues, what account or accounts should be debited in the internal service fund for the December 31, 2002 lease payment of 75,000 ?

a. Expenditures control	$ 75,000
b. Expenses control	$ 75,000
c. Capital lease payable	$ 50,000
Expenses control	25,000
d. Expenditures control	50,000
Expenses control	25,000

〈答え　c〉

〈解法のポイント〉 Expenditures control と Expenses control の違いをもう一度確認してください。

〈解説〉

Internal Service Fund は Proprietary Fund です。したがって, Expenditures ではなく, Expenses が計上されますので, a と d は誤答。Proprietary Fund は発生主義会計のため, c が正答。

6 信託型基金（Fiduciary Fund）

　信託型基金には，代理型基金（Agency Fund）と信託型基金（Trust Fund）の2つのファンドがあります。代理型基金は，政府が代理として行う活動を会計処理するファンドです。また，信託型基金は3種類に分かれていますが，いずれも政府が個人，法人，他の政府機関に対する受託者として，長期間資産を保有するためのファンドです。

1　信託型基金（Fiduciary Fund）－発生主義（Accrual Basis of Accounting）

　信託型基金の会計は，原則，経済資源測定基準（Economic Resources Measurement Focus）であり，発生主義会計です。

・**信託型基金（Fiduciary Fund）に属する4つの基金**
　信託型基金に該当するFundは下記の通りです。

---
　　a．代理型基金（Agency Fund）
　　b．年金信託型基金（Pension Trust Fund）
　　c．投資信託型基金（Investment Trust Fund）
　　d．私的目的信託型基金（Private Purpose Trust Fund）
---

a．代理型基金（Agency Fund）
　代理型基金は，政府が代理として保有する財源を会計処理するために使用されます。
　したがって，常に資産＝負債の関係が成り立っているので，純資産を持たず，それゆえ，後述する純資産変動表にも含まれません。
（Agency Fundの例）
　政府が一時預かりする，職員から源泉徴収した金銭の会計処理。

b．年金信託型基金（Pension Trust Fund）
　年金信託型基金は，年金給付や退職金等のその他の支払いのための信託財産の会計処理を取り扱うためのものです。つまり，このファンドは，政府が年金制度等の受託者（Trustee）である場合に設立されるものです。
（Pension Trust Fundの例）

米国の地方政府職員・教員・裁判官等を対象とした公務員年金制度（Public Employee Retirement System：PERS）

c．投資信託型基金（Investment Trust Fund）

投資信託型基金は，政府が受託者である場合の投資資金（Investment Pool）の外部からの拠出部分を会計処理するために取り扱われます。

上記の投資資金とは，政府が他の政府や非営利団体などから管理・運用を任された信託資産のことをいいます。投資資金には，その政府自体の資産と他の政府などの資産がありますが，他の政府等の資産は外部の投資資金であり，これがInvestment Trust Fundでの会計処理の対象になります。また，管理・運用を行う政府自体の資産は，それを拠出したその政府のファンドの資産として会計処理がなされます。

（Investment Trust Fundの例）

ニューヨーク州政府がニューヨーク市から預託されて運用を任された資産のニューヨーク州政府における会計処理。

d．私的目的信託型基金（Private Purpose Trust Fund）

私的目的信託型基金は，元本と運用収益が個人やその他の政府に利益をもたらすその他のすべての信託関係の報告用として使用されます。例としては，没収財産（Escheat Property）を計上するためのファンドがあり，所有者が現れない場合は処分されるまで保有され続け，保有されている間はこのファンドで報告されます。

（Private Purpose Trust Fundの例）　Escheat Property（没収財産）

没収財産とは，忘れ物などの法的所有者が見つからない財産であり，政府が受託者として保有します。通常，最終的に所有者が現れない場合は，政府が使用・費消してしまいます。使用・費消するまでは私的目的信託型基金で報告されます。費消する際は，使用・費消するFundで会計処理されます。

練習問題20（ファンドの区分）

The following fund types used by X Township has total assets at June 30, 2003 as follows：

Agency funds	$ 400,000
Debt service funds	1,000,000

Total fiduciary fund assets amount to
a. $0
b. $400,000
c. $1,000,000
d. $1,400,000

〈答え　b〉

〈解法のポイント〉　基本事項です。

〈解説〉

Agency Fund と Trust Fund だけが受託型基金（Fiduciary Fund）となります。Debt Service Funds は行政型基金（Government Fund）です。

7 政府連結財務諸表（Government-Wide Financial Statements）

GASB34では新政府報告モデルに，政府連結財務諸表があらたに付加されました。Government-Wide Financial Statement は，政府を経済的実体としてみた際の，サービスの費用や財務状況等についての情報をオファーするものです。ここでのポイントは Economic Entity としての政府にあるので，Government-Wide Financial Statement には，信託型年金で会計処理される活動は含まれないことになります。この理由は，Fiduciary Fund の活動の資源は基本的に預り資産であるため，政府自体の活動のために用いることができないと考えられるからです。

既述のように，Government-Wide Financial Statement の焦点は Economic Entity としての政府にあるため，Accrual Basis が用いられます。したがって，Government-Wide Financial Statement は，経済資源測定基準に基づき作成されることになります。

Government-Wide Financial Statement は，純資産報告書と活動報告書から成っています。「Government-Wide」をつけて，それぞれ「Government-Wide Statement of Net Assets」，「Government-Wide Statement of Activities」ともいいます。

1 純資産報告書（Statement of Net Assets）

Statement of Net Assets は一般企業の Balance Sheet ですが，基金の残高持分ではなく「資産（Asset）－負債（Liability）＝純資産（Net Assets）」の形で，純資

産のみを示す点が企業会計の Balance Sheet とは異なります。発生主義ベースが使用され，Infrastructure を含めた固定資産の減価償却も計上されます。重要な点は次の通りです。

a．Net Assets の分類

「Net Assets」は下記の3つに分けられます。

---

① 限定（Restricted）
② 無限定（Unrestricted）
③ 関連した負債を控除した固定資産への投資額（Invested in Capital Assets, Net of Related Debt）

「Invested in Capital Assets, Net of Related Debt」は，限定および無限定の固定資産を含み，減価償却累計額および関連した負債との純額です。「Restricted Net Asset」の（Restricted）とは，(a)債権者，政府等により課せられたもの，あるいは(b)法律により課せられたものです。

「Unrestricted Net Asset」は，残額を示すものです。たとえば，この分類には，外部や法律による限定ではなく，内部より使途の指定をされた項目が含まれることになります。

b．Statement of Net Assets の欄の分割法

Statement of Net Assets の欄は次のように分けられています。

---

① 政府活動（Governmental Activities）
② 事業活動（Business-Type Activities）
③ 主要政府合計（Total Primary Government）
④ 構成単位（Component Unit）

政府活動は税収により資金が調達されます。具体的には5つの Governmental Funds と Internal Service Fund の活動を指します。

事業活動は，利用者への課金等により資金が調達され，具体的には Enterprise Fund の活動を指します。

なお，Internal Service Fund は Governmental Activities の活動として分類されていること，および Fiduciary Fund は Government-Wide F／S では計上されな

いことに特別の注意を要します。

c．Internal Balance の取扱い

政府連結財務諸表の作成に際しては，消去仕訳や再分類が必要とされます。このため，基金間の売掛金と買掛金は Statement of Net Assets の Governmental Activities と Business-Type Activities の欄では相殺消去され，相殺後の残額のみがそれぞれの欄で Internal Balance として表示されます。さらに，主要政府合計額の欄では，Internal Balance は消去されます。

d．固定資産や長期債務の計上

一般的な固定資産や長期債務は Government-Wide Statement of Net Assets の政府活動（Governmental Activities）の欄で計上されます。「一般的な（General）」とは，行政型基金に属するという意味です。後述する Governmental Fund の財務諸表では，固定性の資産・債務は計上されないので注意が必要です。

Government-Wide Statement of Net Assets で，固定資産は購入による取得の場合は付随費用を含んだ取得原価で計上されることになっています。また，寄付資産の場合は付随費用を含んだ推定時価で計上されます。

2 活動報告書（Statement of Activities）

Statement of Activities のポイントは下記の通りです。

a．Statement of Activities

収入と費用を発生主義で報告します。

b．Function（ファンクション）

Function とは，政府が行う1つ1つの活動のことをいいます。「Program」という時もあります。

c．Expense（費用）

Expense は Function に従って報告されます。それぞれの Function に関連する Expense をその Function の行で計上する必要があります。

d．Program Revenue（プログラム収入）

Program Revenue は，各 Function に関連する Revenue であり，下記の3種類に大別されます。

① Charges for Services
② Operating Grants and Contributions

③ Capital Grants and Contributions

①の Charge for Services は，政府の提供するサービス等に対して課金による収入です。たとえば，水道・電力の使用料などが該当します。②と③はともに補助金と寄付による収入です。②は政府が実施する活動の運営目的，③は固定資産取得目的であるのが相違点です。

e．Net（Expense）Revenue（純〈費用〉収入）

Net（Expense）Revenue は，Program Revenue から Expense を差し引くことにより自動的に算出されることになります。

Net（Expense）Revenue ＝ Program Revenue － Expense

また，Net（Expense）Revenue は，政府活動および事業活動，Component Unit にも分解できます。この点は Statement of Net Assets と同じです。

f．General Revenue（一般収入）

General Revenue は，Program Revenue として報告の必要のない収入であり，先に述べたプログラム収入の①から③に該当しないすべての収入に該当します。

g．Special Item（特別項目）

特別項目とは，管理者のコントロール下にある事象で，異常ではない（Unusual in Nature）か，あるいは発生頻度が低い（Infrequent in Occurrence）かのいずれか，であるものをいいます。

8　基金型財務諸表（Fund Financial Statements）

1　基金型財務諸表の概要

a．主要政府に関する財務情報の報告

基金型財務諸表は，Governmental Fund, Proprietary Fund, Fiduciary Fund の分類別に表わされ，主要政府に関する財務情報を報告します。Component unit は計上しません。1つの政府には General Fund は1つしかなく，その他の Fund の種類には数の制限はありません。ただし，GASB は極力 Fund 数を少なくすることを勧めています。

Fund の名称についても特に決まりはなく，たとえば，Enterprise Fund としての上下水道（Water and Sewer）の事業体を「Water and Sewer Enterprise Fund」と呼称することも可能です。

b．主要な基金に関してのみ個別に報告

Governmental Fund と Enterprise Fund の Fund Statement では，主要な基金に関してのみ個別に報告し，すべての Fund を個別に報告するわけではありません。主要でない基金は個別には報告せず，それらをすべて合算して Single Column で報告します。なお，General Fund はいつも主要な運営基金であり，常に Major Fund となります。

2　行政型基金（Governmental Fund）

Governmental Fund における基金型財務諸表は下記の2つです。

> - 貸借対照表（Balance Sheet）
> - 収益・支出・基金残高変動表（Statement of Revenues, Expenditures, and Changes in Fund Balances）

確認すべきポイントは下記の通りです。

① Balance Sheet は「資産＝負債＋基金残高」という貸借対照表の形態です。
②「Total Governmental Funds」の欄と基金残高の留保額と非留保額への分類を行わなければなりません。
③ Statement of Revenues, Expenditures, and Changes in Fund Balances では，Other Financing Uses（その他の資金流入および流出）という分類は，基金間の資金移動や長期債務発行による入金を含むものです。
④ Balance Sheet では固定資産および固定負債は計上されません。固定資産の購入は，Statement of Revenues, Expenditures, and Changes in Fund Balances にて，Expenditure として報告されます。固定負債の発行による入金も，既述のとおり，Statement of Revenues, Expenditures, and Changes in Fund Balances にて Other Financing Uses として報告されます。

3　事業型基金（Proprietary Fund）

事業型基金に要求される基金型財務諸表は下記の3つです。

> - 純資産報告書または貸借対照表（Statement of Net Assets, または Balance Sheet）
> - 収益・費用・基金純資産変動表（Statement of Revenues, Expenses, and Changes in Fund Net Assets）
> - キャッシュ・フロー報告書（Statement of Cash Flows）

確認すべきポイントは下記の通りです。

① Statement of Net Assets では，純資産形態（資産－負債＝純資産；Net Assets Format），あるいは貸借対照表形態（資産＝負債＋純資産；Balance Sheet Format）のいずれかが用いられています。

② 純資産（Net Assets）の部は，Government-Wide Statement of Net Assets と同一の「限定」「無限定」「関連した負債を控除した固定資産への投資額」という分類が用いられています。

③ Proprietary Fund の Statement of Net Assets や Balance Sheet では，Asset と Liability は Current か Noncurrent かで分類される必要があります。

④ Internal Service Fund のすべての活動は合算され，Single Column で Governmental Activities として報告されます。

⑤ Cash Flow Statement は事業型募金においてのみ作成されます。

⑥ Proprietary Fund の Cash Flow Statement と，FASB の定める Cash Flow Statement には，次のような相違があります。

> (a) キャッシュ・フローを大きく4つに分類。この理由は，財務活動が「非資本財務活動（Noncapital Financing Activities）」と「資本関連財務活動（Capital and Related Financing Activities）」に分かれているからです。
>
> したがって，Cash Flow Statement では，営業活動（Operating Activities），財務活動（Noncapital Financing Activities, Capital and Related Financing Activities），投資活動（Investing Activities）の4つの分類が用いられることになります。
>
> (b) 固定資産の取得と固定資産の売却からのキャッシュ・フローは，FASB による企業会計基準では Investing Activities の部に分類されますが，

ここでは異なり，Capital and Related Financing Activities の部に分類されます。これは，Capital and Related Financing Activities は，主として固定資産の取得・売却に関連する Financing Activities であり，その他の Financing Activities は Noncapital Financing Activities として分類されるためです。

(c) 受取利息は Investing Activities の部に分類され，支払利息は Financing Activities の部に分類されます。

(d) Proprietary Fund の Cash Flow Statement は Direct Method で作成する必要があります。

(e) Operating Activities の Cash Flow を算出するための調整は，純利益ではなく，「営業利益あるいは 損失」をベースにして実施されます。

練習問題21（下水処理事業）

The following transactions were among those reported by South County's water and sewer enterprise fund for 2003：

Proceeds from sale of revenue bonds	$6,000,000
Cash received from customer households	3,000,000
Capital contributed by subdividers	2,000,000

In the water and sewer enterprises fund's statement of cash flows for the year ended December 31, 2003, what amount should be reported as cash flows from capital and related financing activities ?

a. $11,000,000
b. $ 9,000,000
c. $ 8,000,000
d. $ 6,000,000

答え c

解法のポイント　キャッシュ・フロー表は，政府会計と企業会計では異なります。本件の例で覚えてください。

解説

Internal Service Fund と Enterprise Fund では，キャッシュ・フロー表が必要です。企業会計との差は以下のとおり。

① 企業会計では3区分ですが，企業会計でのファイナンス活動がさらに2分されて，Capital and Related Financing および Noncapital Financing Activities となります。
② Reconciliation（調整）は Net Income を起点にするのではなく，Operating Income を起点にします。
③ 支払利息はファイナンス活動，受取利息は投資活動に分類されます。
④ キャピタル資産の取得および設備売却価額は Capital and Related Financing Activities に入ります。

なお，上記の場合，以下の区分となります。

Proceeds from sale of revenue bonds（債券の売却）	$6,000,000	……capital and related financing activities
Cash received from customer households（水道料金収入）	3,000,000	……operating cash flow
Capital contributed by sub-dividers（分譲地での新規加入負担金）	2,000,000	……capital and related financing activities

4 信託型基金（Fiduciary Fund）

信託型基金における基金財務諸表（Fund Financial Statement）は下記の2つです。

- 信託純資産報告書（Statement of Fiduciary Net Asset）
- 信託純資産変動報告書（Statement of Changes in Fiduciary Net Assets）

確認すべきポイントは下記の通りです。
① Statement of Fiduciary Net Asset は「資産－負債＝純資産」の形態で作成されます。
② 信託型基金の財務諸表においては，それぞれの Fund ごとに別々の欄が設けられています。その中で，Agency Fund は資産と負債しか報告しないため，Statement of Changes in Fiduciary Net Assets には含まれません。
　これは，純粋に代理として資産を保有する Agency Fund では常に「Asset

= Liability」であるため Net Assets を持たず，それゆえ Changes in Net Assets が生じないためです。

◆ 財務諸表のまとめ

	必要とされる財務諸表		
Government—Wide Financial Statement	Statement of Net Assets	Statement of Activities	
Governmental Fund	Balance Sheet	Statement of Revenues, Expenditures, and Changes in Fund Balances	
Fiduciary Fund	Statement of Fiduciary Net Assets	Statement of Changes in Fiduciary Net Assets	
Proprietary Fund	Statement of Net Assets	Statement of Revenues, Expenses, and Changes in Fund Net Assets	Statement of Cash flows

9 財務諸表に対する注記，マネジメントの討議と分析，MD&A 以外の必要附属情報（Notes to Financial Statements, MD&A, RSI Other than MD&A）

GASB34 に基づく財務情報の中で，財務諸表に対する注記，マネジメントの討議と分析，MD & A 以外の必要附属情報は，これまで検討してきた Government-Wide Financial Statement と Fund Financial Statement に比較すれば，試験対策上の重要度は低いと思われますが，念のためここで説明しておきます。

1 財務諸表に対する注記（Notes to Financial Statements）

Notes to the Financial Statements は，財務諸表の表面（Face）では報告されない情報を開示し，公正な情報開示のベースとなるものであり，基本財務諸表に必要なものです。この Notes to Financial Statements においては重要な会計方針の要約が成されますが，その中で次の一般的な開示が行われます。

> a．測定方法（Measurement Focus）と会計主義（Basis of Accounting）
> b．私有型募金の運営収益と非運営収益の定義に関する方針
> c．Statement of Activities での内部活動の消去に関する方針等

2 マネジメントの討議と分析（Management Discussion and Analysis：MD&A）

MD & A は必須補足情報（RSI）の一部であり，Basic Financial Statement の導入部分となり，政府の財務活動の全般的分析を取り扱っています。

分析の対象は主要政府であり，過年度と比較した当期年度の財務結果についての討議を実施します。財務活動に重要な影響を与えると予想される知られている事実や，それに関連する意思決定についても触れられています。

3 MD&A 以外の必要附属情報（Required Supplementary Information【RSI】Other than MD&A）

GASB は財務諸表に対する注記の直後に含めるべき次の4つの内容を必須としています。

> 第1の内容は，年金制度に関する2つの Schedule です。具体的には，拠出進行計算書（Schedule of Funding Progress）と雇用主拠出額計算書（Schedule of Employer Contributions）です。
>
> 第2の内容は，政府が外部投資資金を管理する際の特定の Schedule です。
>
> 第3の内容は，政府がインフラ施設の計上について，一定の要件を満たした場合に修正法（Modified Approach）と呼ばれる会計処理方法が認められますが，この Modified Approach を使用している場合のみに提示されます。つまり，Modified Approach を採用して報告される Infrastructure Asset についての情報も RSI であり，このためには，過去3回の資産状態の評価（最低3年ごとに実施），開示されている状態に資産を維持するのに必要であった金額，過去5会計期間のそれぞれの期間で実際に費やされた金額を示す Schedule が含まれます。
>
> なお，政府は，Infrastructure Asset の計上について Modified Approach を採用する場合，その減価償却を行わないという選択ができます。
>
> 第4の内容は，General Fund と年次予算が政府により可決された Special Revenue Fund についての予算比較計算書（Budgetary Comparison Schedule）のことをさします。

第16章　政府会計（Governmental Accounting）　393

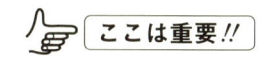

> **ここは重要!!**
>
> ここで説明されている「Modified Approach」は「Modified Accrual Basis of Accounting」とは全く異なるので，混同しないよう注意しましょう。また，Modified Approach では，Infrastructure Asset の減価償却は不要ですが，固定資産としての計上は必要であることに注意しましょう。

10 基金型財務諸表から政府連結財務諸表への変換（Conversion from Fund Financial Statement to Government-Wide Financial Statement）

　多くの州・地方政府は，基金型財務諸表の作成をより簡潔に行うため，帳簿を各 Fund が使用する会計主義で作成しています。つまり，Government Fund では修正発生主義を用い，Proprietary Fund と Fiduciary Fund では発生主義を用いています。また，Fund Financial Statement にいくつかの調整を施して Government-Wide Financial Statement を作成します。この調整は，大別すると下記の3点から生じます。

> a．会計主義の差違。つまり，Government Fund では修正発生主義を適用し，Proprietary Fund と Fiduciary Fund では発生主義を適用しているためです。
> b．分類の差異。つまり，Internal Service Fund は基金型財務諸表では Enterprise Fund と同じ Proprietary Fund に分類されますが，Government-Wide Financial Statement では Enterprise Fund とは切り離され，Government Fund と同じく Governmental Activities に分類されるためです。
> c．Fiduciary Fund の取扱いの差異。つまり，Fiduciary Fund に対しては基金型財務諸表が作成されますが，Fiduciary Fund は Government-Wide Financial Statement には含まれないためです。

　それでは Governmental Fund の財務諸表から Government-Wide Financial

Statement への変換についてふれてみます。

この変換の際に調整が必要となるのは,「Government Fund の Total Fund Balance」と「Government-Wide Statement of Net Assets の Government Activities の Net Assets」の差額を構成し,また,「Governmental Fund の Net Change in Fund Balance」と「Government-Wide Statement of Activities の Governmental Activities の Change in Net Assets」の差額を構成する項目です。

これらの差額を構成する調整項目は,次の通りです。

1 一般固定資産（General Fixed Asset）

General Fixed Asset が Governmental Fund を通して取得される時,「Expenditure」勘定が Debit 計上されます。これは,Governmental Fund は固定資産を計上しないためです。Government-Wide Financial Statement の作成においては,その「Expenditure」勘定を消去し,固定資産を計上しなければなりません。これら固定資産は Governmental Activities の Net Assets を増加させます。

あわせて,その固定資産の減価償却も行わなければなりません。

2 一般長期債務の発行（Issuance of General Long-Term Debt）

General Long-Term Debt の発行時,Governmental Fund は Other Financing Source である「債務による入金」勘定を Credit 計上します。また,プレミアムやディスカウントは償却されず,利用可能な財源に対して加算されたり,差し引かれたりするだけなのです。Government-Wide Statement of Net Assets では,これらの仕訳を消去し,General Long-Term Debt を負債として計上し,Net Assets の減額を行わなければなりません。さらに,当該債務に関連するプレミアムやディスカウントを償還期間にわたり償却する必要があります。

3 再分類（Reclassification）

基金型財務諸表は,Government Fund, Proprietary Fund, および Fiduciary Fund の各分類ごとに作成されることになっています。政府連結財務諸表では,Governmental Activities, Business-Type Activities, および Component Unit のための欄が設けられています。Internal Service Fund は Proprietary Fund ですが,Government-Wide Financial Statement では Governmental Activities として分類されるため,この点について分類しなおすための調整（再分類）が必要になります

(**この点は重要です**)。

　なお，基金型財務諸表からの変換を行うため，Fiduciary Fund は消去されます。これは，政府連結財務諸表では，Fiduciary Fund は報告されないからです。また，個別表示の Component Unit は，基金型財務諸表においては計上されませんが，政府連結財務諸表を作成する時には加えられ，計上されることになります。

第17章

非営利団体会計
(Not-for-Profit Accounting)

本章での主要な学習ポイント

1. 非営利団体の概要
2. 非営利団体の種類
3. 民間非営利団体の財源の種類
4. 民間非営利団体の財務諸表
5. 民間非営利団体の会計
6. 医療法人会計—民間部門
7. 医療法人会計—行政部門
8. 学校法人会計—私立大学
9. 学校法人会計—公立大学

・非営利団体会計も政府会計と留意するポイントは、ほぼ同じです。ただ、非営利団体の会計に特有なところ（財源の制限等）もあり、基本事項の理解をする必要があります。後は、最低限の暗記事項をマスターし、過去問題を解いてください。

1 非営利団体の概要 (Not-for-Profit Organization Concept)

Not-for-Profit Organization とは、利益の追求を考えず、その活動が主として寄付 (contribution) による財源に負う団体をさします。Not-for-Profit Organization は「Nonprofit Organization」あるいは単に「Nonprofits」と呼ばれることもあります。この言葉は利益の欠如 (Absence of profits) を意味します。

Not-for-Profit Organization には，民間機関（Private Sector）と公的機関（Public Sector）があります。Private Sector を非政府系（Nongovernmental），Public Sector を政府系（Governmental）とも呼んでいます。

練習問題1（非営利法人会計基準）

SAFS 117, Financial Statements of Not-for-Profit Organizations, focus on

a. Standardization of funds nomenclature.

b. Basic information for the organization as a whole.

c. Inherent differences of not-for-profit organizations that impact reporting presentations.

d. Distinctions between current fund and non-current fund presentations.

〈答え　b〉

〈解法のポイント〉　全体のことと考えれば，難しくありません。

〈解説〉

SFAS117は全般的な指針ですのでbとなります。a（専門用語の定義の統一），c（非営利法人に特有な報告基準），d（流動と固定の区分法）は，その個々の内訳ですので誤答となります。

練習問題2（寄付の Statement of Activities での表示）

A large not-for-profit organization's statement of activities should report the net change for net assets that are

	Unrestricted	Permanently restricted
a.	No	No
b.	Yes	No
c.	Yes	Yes
d.	No	Yes

〈答え　c〉

〈解法のポイント〉　常識を生かしても，正解できると思います。

〈解説〉

Unrestricted であっても，Permanently restricted であっても，Net Asset の動きについては，記載（Report）する必要があります。このあたりの論点は問題を解きながら，覚えてゆきましょう。

2 非営利団体の種類（Types of Not-for-Profit Organization）

Not-for-Profit Organization は下記の4つに分類されます。

> a．学校法人（College and University）
> b．医療法人（Health Care Organization）
> c．慈善健康福祉団体（Voluntary Health and Welfare Organization）
> d．その他非営利団体（Other Not-for-Profit Organization）

すべての上記団体において，それぞれ Private Sector と Public Sector の2つのセクターがあります。たとえば，学校法人であれば私立大学と公立大学，医療法人であれば私立病院と公立病院などと大別されます。

その非営利団体には，図書館，美術館，職業専門団体（Professional Organization），また，米国独特の美術団体，友愛組織（Fraternal Organization）などさまざまな団体があり，これらも一般に Private Sector と Public Sector の2つのセクターに分かれます。

参 考

> ここで説明した4つの非営利団体の中の「Voluntary Health and Welfare Organization」は，一般的には，地域の福祉活動や健康関連活動に従事する Not-for-Profit Organization であり，救世軍（Salvation Army），ユナイテッド・ウェイ（United Way），アメリカ赤十字社（American Red Cross），青年キリスト教同盟（YMCA）などがあります。

1 非営利団体の会計基準

民間機関としての Not-for-Profit Organization に対して，企業会計基準審議会によって定められた一般に妥当と認められた会計基準が適用され，Public Sector に対しては，政府会計基準審議会によって規定された GAAP が適用されることになっています。

```
・Private Sector  →  FASB（企業会計基準審議会）
・Public Sector   →  GASB（政府会計基準審議会）
```

アメリカ公認会計士協会（AICPA）は，「監査および会計の指針（Audit and Accounting Guide）」として下記の2つを発行しました。

```
・非営利団体の指針（Not-for-Profit Guide）
・医療法人の指針（Health Care Guide）
```

2つの指針にあっては，Not-for-Profit Guide は Private Sector の Not-for-Profit Organization のみに適用されますが，Health Care Guide は Private Sector と Public Sector のどちらの Health Care Organization にも適用されます。

2 非営利団体の財務諸表の利用者（Users of Not-for-Profit Financial Statements）

非営利団体の財務諸表の利用者は，寄付の提供者，その団体の構成員，債権者，その他の財源の提供者などになります。これらの利用者は，Not-for-Profit の Organization の財務諸表に対し，下記の点を中心にチェックを行います。

```
a．Not-for-Profit Organization が提供するサービス
b．そのサービス提供に係わる財務情報
c．そのサービスを今後も継続して提供できるかどうか
```

CPA 試験で主として出題されるのは，Private Sector の Not-for-Profit Organization についての会計処理ですので，本書では，Private Sector の Not-for-

Profit Organization から見ていきます。

CPA 試験対策上，最も重要なのは Voluntary Health and Welfare Organization と Other Not-for-Profit Organization であり，次に重要なのは民間の医療法人 (Private Health Care Organization) です。では，順次 Voluntary Health and Welfare Organization と Other Not-for-Profit Organization 等について説明していきます。

3 民間非営利団体の財源の種類 (Types of Resource for Private Not-for-Profit Organization)

民間非営利団体は，営業を目的として業務を行っていないため，一般的には，下記のような手段で資金を調達しています。

・寄付（Contribution from Donor and Foundation）
・補助金（Government Grant）
・利用料金（User Charges）
・投資収益（Investment Income）

上記のうち，主となるのは寄付（Contribution）です。これは Contribution という性質上，寄贈者（Donor）や譲渡者（Grantor）によって，その使い方などに制限を課されている場合があります。そのため，Private Not-for-Profit Organization の財源は，下記の3種類に大きく分類されます。

---
(1) 非拘束的財源（Unrestricted Resource）
(2) 一時拘束的財源（Temporarily Restricted Resource）
(3) 永久拘束的財源（Permanently Restricted Resource）

Restricted（拘束）の意味は，Donor や Grantor による資金の使い方などの拘束があることを意味します。このような外部からの拘束が Restricted ということです。ただし，Contribution を受領した側の理事会が使途を指定するような Board Designated Assets は非拘束的となります。

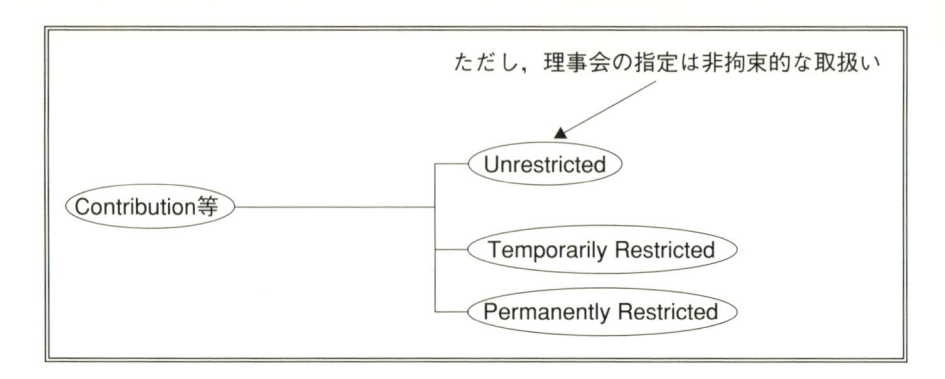

```
                                    ただし，理事会の指定は非拘束的な取扱い

                                    ┌─ Unrestricted
                    Contribution等 ──┼─ Temporarily Restricted
                                    └─ Permanently Restricted
```

練習問題3（寄付の貸借対照表での表示）

On December 30, 2003, X Museum, a not-for-profit organization, received a $8,000,000 donation of Y Co. shares with donor stipulated requirements as follows：

・Shares valued at $6,000,000 are to be sold with proceeds used to erect a public viewing building.
・Shares valued at $2,000,000 are to be retained with the dividends used to support current operations.

As a consequence of our receipt of the Z shares, how much should X report as temporarily restricted net assets on its 2003 statement of financial position （balance sheet）?

 a. $0
 b. $2,000,000
 c. $6,000,000
 d. $7,000,000

〈答え　c〉

〈解法のポイント〉　寄付の制限（Restriction）の代表例です。このまま理解しましょう。

〈解説〉
　非営利法人の会計の特徴は，寄付を受けた場合の表し方にあります。寄付の制限によって次の3つに区分表示されます。① Unrestricted Resources（非

拘束の寄付),② Temporarily Restricted Resources（目的や時間で拘束された寄付),③ Permanently Restricted Resources（永久に目的の拘束された寄付）

本問の＄6,000,000は将来に特定目的に支出される寄付金ですので,② Temporarily Restricted の区分に計上されます。＄2,000,000については③ Permanently Restricted（永久拘束),もしその配当を受ければ① Unrestricted（非拘束）の区分に表示されます。

練習問題4（寄付の制限）

James Association, a nongovernmental not-for-profit organization, received a cash gift with the stipulation that the principal be held for at least 10 years. How should the cash gift be recorded ?

a. A temporarily restricted asset

b. An unrestricted asset

c. A permanently restricted asset

d. A temporary liability

〈答え　a〉

〈解法のポイント〉　本例は，非拘束的財源，一時拘束的財源，永久拘束的財源を理解するための基礎的問題です。

〈解説〉

本例の場合，寄贈者（Donor）の課した制約として，少なくとも10年間は元本を維持することが義務付けられています。この場合，a の一時拘束的財源となります。このため，b の非拘束的財源とはならず，c の永久拘束的財源にもなりません。また，gift は債務でもないため，d にもなりません。

練習問題5（寄付の制限）

During the current year, Gold foundation, a nongovernmental not-for-profit organization, received $150,000 in unrestricted contributions from the general public. Gold's board of directors stipulated that $95,000 of these contributions would be used to create an endowment. At the end of the current year, how should Gold report the $95,000 in the net assets section of the statement of financial position?

　a. Donor restricted
　b. Unrestricted
　c. Temporarily restricted
　d. Permanently restricted

〈答え　b〉

〈解法のポイント〉　本例は，一時拘束的財源にあたるのでしょうか？

〈解説〉

Board of directors（理事会）の制限事項は，あくまでDonor（寄付者）の条件と矛盾がないことが前提となります。本例の場合，財務諸表上では，本資産は「理事会制限あり」の表示はされますが，使途については「非拘束的財源」になります。Donation（寄付）は，寄付者による制限が課されていない場合，非拘束的財源と見なされます。

4　民間非営利団体の財務諸表（Financial Statements of Private Not-for-Profit Organization）

NPOはAccrual Accountingです。財務諸表は3つです。**後記に例示してありますので，参考にしてください。**

---

(1) Statement of Financial Position（企業会計におけるB／S）
(2) Statement of Activities（損益計算書）
(3) Statement of Cash Flows（キャッシュ・フロー計算書）

Statement of Financial Position: Assets, Liabilities, Net Assetsを表記。注意しなければいけないのはNet AssetsのSectionです。3つのAccountsを分け，表記します。

● **Unrestricted Net Assets：** 自由に使用できるお金。Board Designated

Assets もこの分類の中に入ります。
- **Temporary Restricted Net Assets**：外部の個人，企業，連邦政府などからもらった補助金（Grant など）で拘束がかかっているお金。
例：設備投資にだけ使用しなさい or 高齢者専用のセンターだけに使用しなさいというような規制・拘束です。
- **Permanently Restricted Net Assets**：寄付金（Endowment など）でもらったお金のうち元本は使用できません。ただし，投資して稼得するような利息収入の使用は可能です。

Statement of Activities：Revenues, Net assets released from restrictions, Expenses と，さらに，3つの（Unrestricted net assets, Temporarily Restricted net assets, Permanently restricted net assets）今年1年間の増減を表記します。

☞ ここは重要!!

Statement of Financial Position（上記で述べた）は各3つの Net Assets の年末12月31日の残高であり，1年間の増減ではありません。くれぐれも混同しないようにしてください。

- Revenues：Donors からの寄付，投資収入など。
- Net Assets Released from Restrictions：Temporarily Restricted Net Assets のお金は拘束されています。そのお金を規制に従い使用したときにここに表記されます。Revenue へ足し算されます。
- Expenses：経費等。

◆ **STATEMENT OF ACTIVITIES**

	Total	Unrestricted	Temporarily Restricted	Permanently Restricted
Name of Nonprofit Entity				
Statement of Activities				
Year Ending December 31,20×1				
Revenues and Gains:				
Contributions	$ 8,515	$ 4,320	$ 4,055	$ 140
Services Fees	2,700	2,700		
Investment Income	4,575	3,225	1,290	60

Net Unrealized and Realized Gains on Long-term Investments	7,900	4,114	1,476	2,310
Other	75	75		
Net Assets Released From Restrictions:				
Expiration of Time Requirements		5,995	(5,995)	
Fulfilled Conditions of Equipment Acquisition		750	(750)	
Fulfilled Conditions of Program Services		625	(625)	
Total Revenue,Gains,and Other Support	$ 23,765	$21,804	$ (549)	$ 2,510
Expenses and Losses:				
Program Expenses	$ 13,700	$13,700		
Administration Expenses	1,210	1,210		
Fund-raising Expenses	1,075	1,075		
Loss on Sale of Equipment	40	40		
Actuarial Loss on Annuity Obligations	15		15	
Total Expenses and Losses	$ 16,040	$16,025	$ 15	
Change in Net Assets(or change in equity)	$ 7,725	$ 5,779	$ (564)	$ 2,510
Net Assets at December 31,20×0	133,070	51,835	12,735	68,500
Net Assets at December 31,20×1	$140,795	$57,614	$12,171	$71,010

◆ **STATEMENT OF FINANCIAL POSITION**

Name of Nonptofit Entity
Statement of Financial Position
December 31, 20X0

Assets:		Liabilities:	
		Accounts Payable	$ 1,285
Cash	$ 38	Grants Payable	438
Contributions Receivable	1,512	Annuity Obligation	842
Accounts Receivable	1,065	Bonds Payable	2,750
Marketable Securities	700	Total Liabilities	$ 5,315
Inventory	300	Net Assets	
Prepaid Expenses	5	Unrestricted	$ 57,614
Assets Restricted to Investment: PPE	2,605	Temporarily Restricted	12,171
Property, Plant, and Equipment	30,850	Permanently Restricted	71,010
Long-term Investments	109,035	Total Net Assets	140,795
Total Assets	$146,110	Total Liabilities and Net Assets	$146,110

◆ **STATEMENT OF CASH FLOWS**

Name of Nonprofit Entity
Statement of Cash Flows
Year Ending December 31,20×3

Cash Flows From Operating Activies:	
Cash Received From Service Pecipients	$ 5,220
Cash Received From Contributors	8,030
Collections on Pledges	2.616
Interest and Dividends Received	8,570
Miscellaneous Peceipts	150
Cash Paid to Vendors and Employees	(23,808)
Cash Paid for Interest	(382)
Cash paid for Grants	(424)
Net Cash Used by Operating Activities	$ (28)

```
Cash Flows From Investing Activities:
  Cash Paid for Purchase of Investments                              $ (74,900)
  Cash Received from Sale of Investments                                76,100
  Cash Paid for Property,Plant,and Equipment                            (1,500)
  Cash Received from Sale of Property,Plant,and Equipment                  250
Net Cash Used by Investing Activities:                              $     (50)

Cash Flows From Financing Activities:
  Proceeds from Contributions Restricted for:
    Investment in Endowment                                         $      200
    Investment in Term Endowment                                            70
    Investment in Property,Plant,and Equipment                           1,210
  Investment Income Restricted for Reinvestment                            200
  Investment and Dividends Restricted for Reinvestment                     300
  Less: Payment of Annuity Obligations                                   (146)
  Less: Payment of Notes Payable                                       (1,140)
  Less: Payment on Bonds Payable                                       (1,000)
Net Cash Used by Financing Activities                               $    (306)
  Net Increase in Cash and Cash Equivalents                         $    (384)
  Cash and Cash Equivalents at December 31,20×2                            460
  Cash and Cash Equivalents at December 31,20×3                    $        76

Reconciliaton of Change in net Assets to Net Cash Used by Operating Activities
Chamge in Net Assets                                                $   15,450
  Reconciling Adjustments:
Plus: Depreciation                                                  $    3,200
Plus: Loss on Sale of Equipment                                             80
Plus: Actuarial Loss on Annuity Obligations                                 30
Less: Increase in Accounts and Contributions Receivable                  (460)
Less: Increase in Contributions Receivable                               (324)
Plus: Decease in Invebtories and Prepaid Expenses                          390
Less: Decease in Refundable Advance                                      (650)
Less: Decease in Grants Payable                                          (424)
Plus: Increase in Accounts Payable                                       1,520
Less: Contributions Restyicted for Long-Term Investment                (2,740)
Less: Investment Income Restricted for Long-Term Investment              (300)
Less; Net Unrealize and Realized Gains on Long-Term Investment        (15,800)
  Net Cash Used by Operating Activities                            $      (28)

Supplemental Data for Noncash Inmesting and Financing Activities:
  Gifts of Property,Plant,and Equiment                             $       140
  Gifts of Paid-up Life Insurance,Cash Surrennder Value                     80
```

5 民間非営利団体の会計 (Private Not-for-Profit Accounting)

1 発生主義 (Accrual Basis)

これまで説明してきた通り，Private Sector の Not-for-Profit Organization には FASB によって規定された GAAP が適用されるため，収益，損失等は，発生主義に基づいて会計処理されます。会計処理に際して，Revenue と Expense は総額べ

ースで計上します。GainとLossは通常，純額ベースで計上します。投資利益と投資損失も純額で計上してもかまいません。

　発生主義ベースであるため，費用・収益の認識方法の基準は，企業会計とほぼ同じです。一方，Revenueに関しては，Revenueの大半が寄付であることから，下記のような特別の会計処理が必要となります。

　なお，既述した通り，RevenueとGainがUnrestricted, Temporarily Restricted, Permanently Restrictedに分類される点は極めて重要ですので，しっかり理解・暗記してください。

2　寄付収益（Contribution Revenue）

　寄付は，Cashで受け取ることが一般的ですが，資産として受け取る場合もあります。すべてのContributionは，寄付が行われる際の時価で計上されます。また，Revenueは，Donorによる時間拘束や目的拘束がない限り，Unrestrictedとされます。なお，サービスの無償提供による寄付収益の認識には特別な決まりがあるので，これについては後で詳しく述べます。

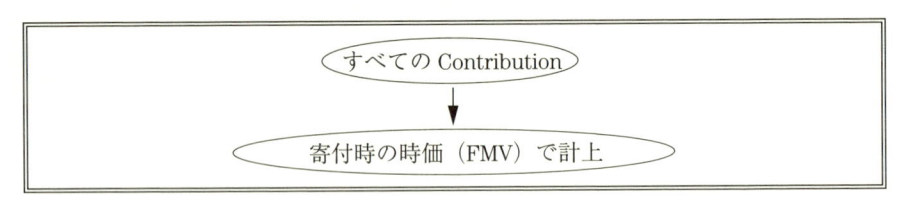

```
        すべてのContribution
              ↓
    寄付時の時価（FMV）で計上
```

　企業会計の場合，収益は稼得（Earned）したときに認識されますが，これは「財やサービスの提供の対価」を意味します。しかしながら，寄付の場合は「財やサービスの提供の対価」ではなく，一方的に与えられるものなのであり，下記の通りのルール（SFAS116）があります。

a．無条件未収寄付（Unconditional Contribution Receivable）

　発生主義ベースでは，Revenueは，費消したときや現実に受け取ったときではなく，受け取る権利が発生した時点で認識されます。このことから，Revenueの認識にあたり，実際に現金等の寄付資産を受領していることは必要ではありません。

　収益の認識を行う例の1つとしては，無条件未収寄付があります。「Unconditional Contribution Receivable」は，「堅い約束（Pledge；確約）」とも言われます。条件のない寄付の確約がされたため発生する寄付を受け取る権利です。受け取る権利

が発生しているので，Unconditional Contribution Receivable は Revenue としてみなされます。これは，仕訳にすると以下の通りです。

> Dr. Unconditional Contribution Receivable ／ Cr. Revenue

一方，「無条件（Unconditional）」とは，後で説明する「条件付き（Conditional）」と区別するための呼び名です。一般の寄付は無条件なので，特に留意することはありません。

👉 ここは重要 !!

寄付を資産と交換に受領する場合，交換に差し出された資産のFMVを超過する部分が Contribution Revenue になります。たとえば，FMV＄200のオペラチケットと交換に＄300の寄付を受領するケースでは，Contribution Revenue は＄100です。

一方，美術品や歴史的価値のある作品（Historical Artifacts）の寄付に関しては，利益目的以外で一般への展示に供され，大切に保存され，売却時の売却代金が他の収集物の取得に費やされる場合，Contribution Revenue を認識する必要はない，という特別ルールがあります（過去問題で問われたことがあります）。

👉 補 足

一般的に，寄付を行った団体（営利団体および非営利団体を含む）は，その寄付を受け取った組織が準拠するのと同じルールを用いて，費用としてその寄付を認識するルールになっています。

b．複数年未収寄付金（Multi-Year Contribution Receivable）

複数年未収寄付金は，現在価値で計上されます。「Multi-Year Contribution Receivable」は「Multi-Year Pledge」とも呼ばれており，将来の複数年にわたり寄付を受け取る権利を意味します。この手続きは，下記の通りです。

・将来にわたって受領されるべき金額は，時間的拘束にあたるので，Temporarily Restricted Revenue として Present Value を計上します。
・受領時には，Time Restriction から解放されることになるため，その該当金額を Unrestricted に再分類します。Present Value で計上していた Temporarily Restricted Revenue の金額と実際に受領した金額の差異は，Contribution Revenue として認識し，受取利息としては計上しません。

c．サービスの無償提供（Contributed Service）

サービスの無償提供を受けた場合，時価で評価し，それを認識するときはRevenue・Expense の両建てで計上します。この Revenue は無制限です。Contributed Service が認識されるのは，下記のどちらかに該当する場合のみです。

---

① そのサービスが，非金銭的な資産を創設したり，価値を高めるものであること。
　たとえば，著名人が講演を行うことにより，その団体の価値が向上する場合などです。
② そのサービスが，特別な技能を要し，その特別な技能を有する者によって無償で提供されていること。かつ無償で提供されなければ通常は有償で（お金を払って）受けるであろうものであること。
　たとえば，弁護士によるサービスなどがこれに該当します。

☞ 参考

　Contributed Service を認識するにあたって，Revenue・Expense の両建て計上の仕組みについては，下記のように仕訳で考えると分かりやすいでしょう。
● Service の提供の際には，無償ではなく支払いが必要であったとします。仕訳は下記の通り。
　Dr. Expense　　　　／ Cr. Accounts Payable
● その後，提供された Service は無償とされ，支払義務がなくなったとします。仕訳は下記の通り。
　Dr. Accounts Payable　／ Cr. Revenue
● 上記により，
　Dr. Expense　　　　／ Cr. Revenue
　　となり，Revenue・Expense の両建てとなります。

---

d．条件付約束（Conditional Promise）
　寄付を条件付約束で行う資産譲渡は，その条件が実質的に実施されるまでは返還すべき前受金（Refundable Advance）として会計処理する必要があります。す

なわち，受領者にとっては負債という取扱いになります。また，条件が満たされない可能性が低いケースは，条件が実質的に満たされたと考えます。

条件が満たされない可能性が低いケースとは，分かりやすく言えば，「たぶん条件が満たされるであろう」と考えられる場合です。

> **例示1**
>
> 2002年にYは＄400,000を図書館の建設のために大学に譲渡（寄付）しました。その際，同額を2003年12月31日までに他のDonorから集めるまで，譲渡した＄400,000は使ってはならないとしました。（このような他のDonorから集める同額の寄付を「Matching Contribution」といいます）。2002年12月31日時点で，大学は他のDonorから＄20,000しか集めておらず，2003年12月31日までに＄400,000を集められないことが合理的にありうると予測していました。
>
> この場合，Yの条件は実質時に満たされていないので，大学は2002年にYから受領した＄400,000をLiabilityとして会計処理する必要があります。
>
> Donorが課した条件が実質時に満たされたと判断された際は，条件付約束（Conditional Promise）は満たされ，無条件になり，受領者はRevenueを計上します。
>
> 条件付約束が約束の時点で資産の譲渡を伴わない場合のRevenueの認識についても同様に考えます。

> **例示2**
>
> Xは，大学に，新しい図書館の建設資金の20％を他の贈与者から2003年7月1日までに集めることができれば，残りの80％を提供するとの約束をしました（これが「Conditional Promise」です）。この約束は2003年になされました。2003年12月31日時点で，大学の理事会は必要資金の15％を集めており，残りの5％を集められない可能性は低いと確信していました。
>
> この場合，Xの条件は実質時に満たされたと判断され，大学は2003年度にXの約束に対してRevenueを計上します。なお，このRevenueは，体育館の建設という使途限定があるのでTemporary Restrictedとなります。

> **ここは重要!!**
>
> 「Donor-Imposed Condition」と，似た感じの言葉「Donor-Imposed Restriction」とがありますが，これらは異なっており，明確に区別する必要があります。「Donor-Imposed Restriction」は，Donorが課すTime RestrictionやUse Restrictionなどのことです。しかし，「Donor-Imposed Condition」は，ここで述べているように，ある一定の条件が満たされれば寄付を行う，あるいは，条件が満たされなければ寄付したものを返還してもらう，という条件のことです。

e．他者のための寄付の受領（SFAS136）

「SFAS136；他者のために寄付を受領・保有する非営利団体や慈善信託への資産の譲渡（Transfers of Assets to a Not-for-Profit Organization or Charitable That Raises or Holds Contributions for Others）」がFASBにより発行されました。この基準書は，他者のために資金が供せられた場合のNot-for-Profit Organization等による適切な報告方法に関するガイドラインを開示するためのものです。

Not-for-Profit Organizationが，他者への資産の譲渡に際して仲介者または代理人の役割を行うとき，その仲介者または代理人はContribution Revenueを認識せず，資産の最終的な受領者に対する負債を認識することになります。

一方，そのIntermediaryまたはAgentであるNot-for-Profit Organizationに，受領資産のVariance Power（変更可能な権限）が与えられている際には，そうした資産の受領によりContribution Revenueを認識します。

さらに，SFAS136においては，IntermediaryまたはAgentがLiabilityを認識したときに，BeneficiaryはRevenueを認識することが同時に求められています。そして，IntermediaryまたはAgentと，資産のBeneficiaryが財務的な相互関係がある場合（たとえば資本提携関係があるケースなど），IntermediaryまたはAgentはContribution Revenueを認識し，資産のBeneficiaryはIntermediaryまたはAgentの純資産上の持分を認識することになります。

上記をまとめると，下記のようになります。つまり，Not-for-Profit Organizationが他者のために寄付を受領するケースにおいては，原則，Liabilityを認識します。ただし，次の場合はLiabilityではなくContribution Revenueを認識します。

・他者のため寄付を受領したNot-for-Profit Organizationに寄付資産の変更可能

な権限があるケース
・他者のため寄付を受領したNot-for-Profit Organizationと，その寄付資産のBeneficiaryに，財務的な相互関係があるケース

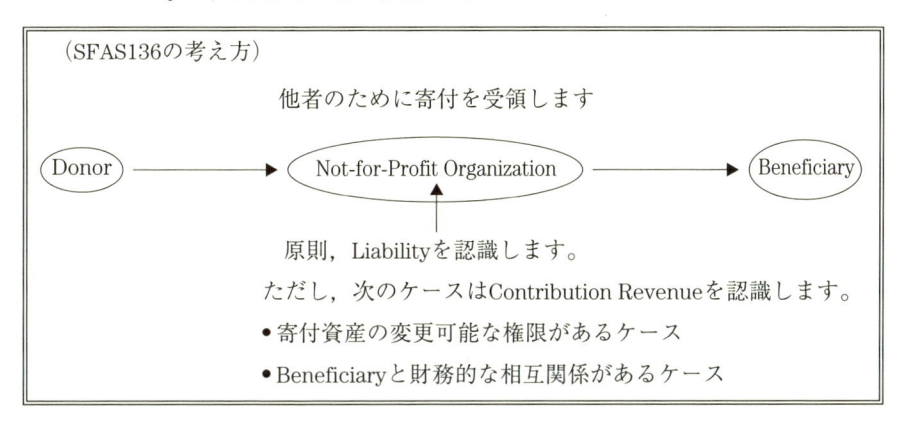

（SFAS136の考え方）

他者のために寄付を受領します

Donor → Not-for-Profit Organization → Beneficiary

原則，Liabilityを認識します。
ただし，次のケースはContribution Revenueを認識します。
- 寄付資産の変更可能な権限があるケース
- Beneficiaryと財務的な相互関係があるケース

《例示3》
　Aは，他者のために寄付を受領する非営利団体Yに現金の寄付を行いました。AはYに，寄付のBeneficiaryを一応指定しましたが，Yに寄付資産のVariance Powerを与えました。このケースでは，YにはVariance Powerがあるため，寄付の受領に関してはLiabilityではなくContribution Revenueを認識することになります。

《例示4》
　White一家は火事で自宅を失いました。BはWhite一家のために家具を購入する目的で現金を非営利団体Xに寄付しました。Xには寄付資産のVariance Powerはなく，また，XとWhite一家は財務的な相互関係ではありません。この場合，Xは，寄付の受領について原則通りLiabilityを認識します。

3　その他の収益および利益（Other Revenue and Gain）

Contributionとは別のRevenueとしては，FeeとInvestment Incomeがあります。

a．Fee

　Feeとは，交換収益（Exchange Revenue）のことをさし，サービスの対価として受領するものです。授業料，入場料などがこれに該当します。

　交換収益は，サービスの対価を意味するので，Contributionとは区別しなければなりません。Contributionとの違いは，正に「対価」であるという点にあります。すなわち，その交換取引においてNot-for-Profit Organizationから何も供されていないならば，Contributionとして認識します。

　交換収益は，Unrestricted Net Assetの増加となり，企業会計と同じ基準でGAAPに準拠して認識されることになります。

b．投資（Investment）と投資収益（Investment Income）（SFAS124）

　FASBは，1994年12月15日以降に発行された財務諸表に対し，「SFAS 124；Not-for-Profit Organizationによって保有される有価証券の会計処理（Accounting for Certain Investments Held by Not-for-Profit Organization）」を発行しています。この基準書は，Not-for-Profit Organizationの有する有価証券の時価会計を求めており，実現損益と未実現損益をStatement of Activitiesに直接計上することが，必要です。

　最初に，Investmentについては，「すべての債券（Debt Security：Bond等）および時価が容易に入手可能な株式への投資」と「持分法が適用されている株式投資や連結子会社への投資」に大きく分けられます。

　このうち，すべての債券およびFair Valueが容易に入手可能な株式への投資は，Statement of Financial PositionにおいてFair Valueで報告されます。

　また，SFAS 124では，Equity Methodが適用されている株式投資や連結子会社への投資に関する特別な決まりはありません。

　よって，被投資会社に重大な影響力を行使することができる株式については，Statement of Financial Position上でEquity Methodが通常の企業会計のルールに基づいて適用されます（Temporarily Restricted Resourceの場合はTemporarily Restricted，Permanently Restricted Resourceの場合はPermanently Restrictedとなります）。

　Fair Valueで報告される場合，SFAS 115（通常の企業会計のルール）とは別に，Fair Valueの変動による未実現損益は，Statement of Activitiesに計上されます。また，Unrestricted Resourceを用いて取得した投資資産のUnrealized Gain／Lossは，Unrestrictedとして扱います。Temporarily Restricted ResourceやPermanently

Restricted Resource を用いて取得した投資資産の場合には，Donor からの限定の内容により決定されます（Temporarily Restricted Resource の場合は Temporarily Restricted, Permanently Restricted Resource の場合は Permanently Restricted となります）。

一方，投資収益に関しては，投資資産からの配当（Dividend）や利子（Interest）等の Investment Income も，Unrestricted Resource を用いて取得した投資資産のケースでは，Unrestricted として扱います。それに対して，Temporarily Restricted Resource や Permanently Restricted Resource を用いて取得した投資資産の場合には，Investment Income に対する Donor からの限定があるかどうかとその Income の内容により決定されます。

4 費用（Expense）

Expense は，Unrestricted Net Asset の減少として，Statement of Activities に計上されます。これは，限定されているものは，Expense として費消できない理由からです。

また，Expense は機能ごと（By Function）に報告されます。FASB は機能の分類を規定していませんが，Function として計画（Program；主活動）と補助活動（Supporting；付随活動）を示しています。

すなわち，Function は「活動」を指し，Expense は Program Expense と Supporting Expense の2種類に大きく分けられます。

Program とは，ある組織の主たる活動のことです。これは Not-for-Profit Organization で通常用いられる活動の分類のことで，たとえば，大学における「教育・研究」，病院における「患者の介護と医療教育」が「Program」です。この Program に直接関連して発生した費用を「Program Expense」といいます。

主要な Program Expense は，Program A や Program B という形で Program ごとに報告されます。具体的な Program Expense の例としては，社会奉仕や調査，その他団体（Health, Education）の目的に関連した活動費があります。また，Supporting とは，Program に該当しないすべての活動のことで，Supporting から発生する費用が Supporting Expense です。

Supporting Expense には，下記のようなものが含まれます。

- 経営管理費（Management and General Expense）

- 管理費（Administration Expense）
- 募金活動費（Fund Raising Expense）
- 会員募集費（Membership Development Expense）

減価償却費の計上の仕方については，Statement of Activities では，Depreciation Expense としては計上されず，普通，属する Program Expense として記録されます。この理由は，Depreciation 自体は Function ではないからです。「Not-for-Profit Guide」によれば，固定資産に関する Depreciation Expense や支払利息などは，Function ではありません。ただし，合理的判断を行ない，属する Program の Program Expense として記録すべきだとしています。

Expense の分類としての Program Expense と Supporting Expense についての理解は，Statement of Functional Expenses を見ると，明確になるでしょう。

通常，この Statement of Functional Expenses では，各 Program と Supporting を横軸で分類し，それぞれの Program と Supporting についての Expense を Natural Classification に基づき縦軸で表しています。

5　再分類（Reclassification）

Donor が使途を限定しているようなケースでは，Temporarily Restricted Resource として報告されます。Expense はすべて Unrestricted として計上されます。このため，Donor の使途制限に従って支出する場合には，Resource を Temporarily Restricted から Unrestricted に再分類し，それに対応する Expense を計上しますので注意が必要です。

Expense はすべて Unrestricted Net Asset の減少として報告されます。このため，再分類された Resource の額（Unrestricted Net Asset を減少させる）が同額の場合には，結局のところ Unrestricted Net Asset には影響を及ぼさない点を理解して下さい。

再分類が生じると，「制限から解放された純資産（Net Assets Released from Restrictions）」という項目が計上されます。これは Temporarily Restricted Resource が Restriction から解放された場合に計上される項目です。具体的には，制限から解放された額を Temporarily Restricted から差し引き，それと同額を Unrestricted に加算する手続きを行います。

Reclassification には下記のようなものがあります。a と b がなかでも重要です。

> a．Satisfaction of Program Restriction（Donor の使途制限を充足して支出した場合）
> b．Expiration of Time Restriction（Donor の時間制限を充足して支出した場合）
> c．Satisfaction of Equipment Acquisition Restriction（Temporarily Restricted として分類された資産の減価償却がなされた場合）

6 注記（Note Disclosure）

Note Disclosure に関しては，GAAP で要求されるものの中で，Not-for-Profit Organization に関連する項目はすべてにつき報告が義務づけられています。

さらに，SFAS 117 では，具体的に下記について開示要求しています。

> a．同じ会計期間内に受領して，費消した Restricted Contribution, Temporarily Restricted または Unrestricted として計上した固定資産に係わる会計方針
> b．Temporarily Restricted Resource および Permanently Temporarily Restricted の内容に関する具体的な情報

また，FASB は，下記の 3 つについての Note Disclosure を特に奨励しています。

> a．Reclassification に関する詳細な情報
> b．Investment に関する詳細な情報
> c．Function ごと，および Natural Classification ごとの Expense の詳細な情報（一方，Statement of Functional Expenses にこの情報を含めなければならない Voluntary Health and Welfare Organization を除きます）

参考

〈美術館等コレクションについての会計処理〉

　従来より美術館や博物館が保有するコレクションについては，資産計上に関して議論がありました。SFAS 116 では，このような事情を勘案し，これまで資産計上してこなかった組織・団体に，過去にさかのぼって (Retroactively) 資産計上することを推奨しています。

　また，この推奨に従う場合，過去にさかのぼって資産計上するほか，将来にわたり (Prospectively) 資産計上することも同時に認められています。

　このように FASB は資産計上することを推奨していますが，計上しない場合には，そのコレクションに対して詳細な注記による開示が必要となります。

練習問題 6（費用の扱い方）

In the preparation of the statement of activities for a nongovernmental not-for-profit organization, all expenses are reported as decreases in which of the following net asset classes?

a. Permanently restricted net assets
b. Unrestricted net assets
c. Temporarily restricted net assets
d. Total net assets

〈答え　b〉

〈解法のポイント〉　重要事項なので，要暗記です。

〈解説〉

　民間非営利団体の Statement of activities は，一般民間企業向けの Income Statement と類似しています。Net assets の変動は Statement of activities に反映されます。全ての Expenses（費用）は Unrestricted net assets の減少として，Statement of activities 上に反映されます。

6 医療法人会計－民間部門（Health Care Organization Accounting – Private）

　AICPA は，監査と会計の指針（Audit and Accounting Guide）を発行しています。この指針は，Health Care Organization の民間部門と政府部門の両部門に適用されます。この指針の民間部門における重要ポイントは下記の通りです。

1 適用対象

　この指針の適用対象には，下記のようなものがあります。これらは一般に Health Care Organization と呼ばれています。

> - 診療所（Clinic）
> - 開業医協会（Individual Practice Association）
> - 個人開業医（Individual Practitioner）
> - 研究施設（Laboratory）等

2 財務諸表（Financial Statements）

　上記の民間の Health Care Organization には，以下の Financial Statements が要求されます。一般的な Private Not-for-Profit Organization における Financial Statements と名称などが異なっていることに注意してください。

> - 貸借対照表（Balance Sheet）
> - 営業報告書（Statement of Operations）
> - キャッシュ・フロー計算書（Cash Flow Statement）
> - 注記（Notes to Financial Statements）
> - 純資産変動報告書（Statement of Changes in Net Assets）

　なお，Statement of Changes in Net Assets は，Statement of Operations と1つにすることも可能であり，それぞれ独立させた形で表示しても特に問題はありません。

なお，Statement of Operations では Unrestricted の項目のみの表示であることに注意を要します。また，Balance Sheet は Unrestricted, Temporarily Restricted, および Permanently Restricted の期末における Net Asset 残高を示し，年度中の増減額は示しません。年度中の増減額を示すのは，Statement of Changes in Net Assets です。

3 営業報告書（Statement of Operations）

Statement of Operations は，企業会計における Income Statement of Operations のように，収益が形で報告されます。「営業利益」といった業績指標（Performance Indicator）の記載が求められますが，業績指標は，その Health Care Organization の業績動向を示すものです。

なお，下記の事項は，上記の業績指標と区別して表示されます。a が特に重要です。

---

a．販売目的有価証券以外の,拘束のない投資からの未実現損益（Unrealized Gain and Loss on Investment Not Restricted by Donor or by Law, Other than Trading Securities）
b．固定資産の寄付（Contribution of Long-Lived Asset）
c．制約された寄付金の受取り（Receipt of Restricted Contribution）
d．制約された投資利益（Investment Return Restricted by Donor or by Law）など

なお，業績指標に何を含むべきか決定する際に，採用した方針を開示する必要があります。

4 患者サービス収入（Patient Service Revenue）

患者サービス収入は，発生主義で計上し，医療保険の契約に係わる調整など純額で報告する必要があります。

つまり，純患者サービス収入（Net Patient Service Revenue）を算出する際，保険会社等の第三者支払機関との医療保険の契約上の調整や従業員への診療費割引に対する引当てを，総患者サービス収入から差し引きます。

したがって,「Net Patient Service Revenue」は下記のように算出します。

$$
\begin{array}{r}
\text{Gross Patient Service Revenue} \\
-\ \text{Contractual Adjustments with Third Party Payors} \\
\underline{-\ \text{Allowance for Discounts to Hospital Employees}} \\
\text{Net Patient Service Revenue}
\end{array}
$$

なお, Patient Service Revenue には, 慈善的診療（Charity Care）を含みません。Charity Care の提供についての経営者の方針等については, Note Disclosure により開示されなければなりません。

5 プレミアム収入（Premium Revenue）

Premium Revenue は, 正確に表示すると「Premium Revenue for Capitation Agreement」といいます。「Capitation Agreement」とは, 患者と医療機関が結ぶ契約です。患者は医療機関に定期的に（通常は毎月ベース）, 定額の支払いをすることにより, 必要な際にその医療機関から医療サービスを受けることが可能となります。

Premium Revenue は, この契約による支払いから発生する収入をさします。

一般的には, Patient Service Revenue は, 患者を診療するたびに発生するものですが, Premium Revenue の場合は, Capitation Agreement が有効である限り, その患者の診療の有無によらず, 定期的に発生する収入です。

6 その他の収入および利益（Other Revenue and Gain）

a．Other Revenue

Other Revenue（Other Revenue and Gains ともいいます）は, 医療サービス以外のサービスの提供などから発生するものであり, 下記のようなものがあります。

- カフェテリアの食べ物等の売上（Sales of Cafeteria Meals）
- 販売目的の有価証券（Trading Securities）における未実現損益

Trading Security での未実現損益は, Statement of Operations において Other Revenue になるので,「Total Revenues, Gains and Other Support」に含まれます。一方, 投資資産に Donor による制限があれば未実現損益も制限付として扱います。この際, 未実現損益は無制限損益のみを扱う Statement of Operations には計上さ

れず，Statement of Changes in Net Assets に計上されます。

● **無制限の利息および配当**（Unrestricted Interest and Dividend Income）

Unrestricted Interest and Dividend Income も Statement of Operations において Other Revenue になるため，「Total Revenues, Gains and Other Support」に含まれます。

b．Trading Security 以外の未実現損益

Trading Security の Unrealized Gain/Loss は「Other Revenue」の項目となりますが，Other than Trading Security の Unrealized Gain/Loss は「Excess of Revenues over Expense」（Performance Indicator）より下の column で報告される項目となります。

c．拘束から解放された純資産（Net Assets Released from Restriction）

Temporarily Restricted Net Asset の拘束が解除された場合，Unrestricted Resource が生じるので，Statement of Operations において拘束から解放された純資産（Net Assets Released from Restriction）として計上されます。使途の違いより，報告場所が異なることに注意しましょう。

つまり，「業務活動に使用（Used for Operation）」の場合には，Unrestricted Revenue の項目に含められます。それに対して，「固定資産の購入に使用（Used for Purchase of Property and Equipment）」の場合には，Operating Income より下方で報告されます。

d．寄付（Donation, Contribution）

寄付（Donation）について Donor による拘束がないケースでは，Statement of Operations の Unrestricted Net Asset を増加させます。また，Donation に使途制約（Purpose Restriction）があり，寄付の受領年度に限定通りの使途でその寄付を使った場合，受領年度にその寄付を Unrestricted Revenue として扱うことができます。この扱いにより報告されているのが「Contributions from Sample Hospital Foundation for Property Acquisitions」となります。

現金以外の資産の Donation は時価で計上され，該当する分類の Net Asset（Unrestricted, Temporarily Restricted, Permanently Restricted）を増加させます（病院だけではなく Nonprofit Organization では Donation はすべて時価計上です）。

例示5

民間病院である Y 病院は，2003 年 12 月 31 日に終了する会計年度中に医療

用消耗品の寄付を受けました。その消耗品は Donor が $40,000 で取得したものであり，贈与日における時価は $60,000 でした。Donor はその使途に一切の制限を課しませんでした。2003 年中にその消耗品はすべて使用されました。

　この場合，2003 年度の Y 病院の Statement of Operations において，この寄付は時価の $60,000 で Revenue として計上されます。ここで，この寄付は同年度中に使用されているので，同額の $60,000 の Expense も計上されることに注意が必要です。

7 費用（Expense）

　費用は Unrestricted Net Asset の減少です。Expense は Natural Classification 別（給与，備品等の区別の仕方）に報告されます。または Function 別（Program と Supporting による区別）に Full cost allocation（全部原価配分基準）に基づいて報告されます。Statement of Operations で Function 別に報告されなかった場合，Note で Function 別の Expense が開示される必要があります。

練習問題 7（民間病院会計）

Smith hospital, Inc., a not-for-profit organization with non governmental affiliation, reported the following in its accounts for the current year ended December 31:

Gross patient services revenue from all
　Services provided at the established
　billing rates of the hospital （note that this
　figure includes charity care of $35,000）　　$775,000
Provisions for bad debts　　　　　　　　　　　　15,000
Difference between established billing
　rates and fees negotiated with third-party
　payors（contractual adjustments）　　　　　　70,000

What amount would the hospital report as net patient service revenue in its statement of operations for the current year ended December 31 ?
  a. $670,000
  b. $690,000
  c. $705,000
  d. $735,000

〈答え　a〉

〈解法のポイント〉　学校会計の基本に戻ってください。

〈解説〉

　Charity care は free of charge（無料）で行われるため、patient service revenue には含まれません。また、contractual adjustments の provision も net patient service revenue ではなく、その前の gross patient service revenue を確定させる段階で差し引かれるもものです。

以上から、

Gross patient services revenue	$775,000
Less : charity care include in gross revenue	(35,000)
Less : contractual adjustments	(70,000)
	$670,000

となります。

7 医療法人会計―行政部門（Health Care Organization Accounting – Governmental）

　行政型医療法人（Governmental Health Care Organization）は政府会計基準審議会（GASB）の定めるところによる法人と同様にみられ、Private Not-for-Profit Organization に適用される SFAS 116, SFAS 117 を適用することはできません。一方、AICPA によると、GASB が認めている会計原則・報告方法を民間医療法人とできるだけ同じになるよう定めています。

　下記に、行政型医療法人の会計原則についての説明を行います。

1 行政型医療法人（Governmental Health Care Organization）

行政型医療法人は，GASB 34 に基づき，行政活動，事業活動，あるいはその両方に従事する特別目的行政（Special-Purpose Government）として報告することが認められています。Governmental Health Care Organization の多くは Business-Type Activities に従事する特別目的行政として報告します。

2 行政型医療法人の報告書

Business-Type Activities に属する Special-Purpose Government として報告する行政型医療法人は，事業型基金で必要とされる財務諸表を作成します。下記の①Balance Sheet，②損益・純資産変動報告書（Statement of Revenues, Expenses, and Changes in Net Assets），③ Statement of Cash Flows を作成します。

行政型医療法人が実施する報告では GASB のルールに従う必要があります。たとえば，Net Asset は①Invested in Capital Assets, Net of Related Debt，②Restricted，③ Unrestricted の3つの分類に分けること，Statement of Cash Flows での分類は Financing Activities が2つの分類に分けられるので，4分類であることなどがあります。

また，できうる限り，AICPA に従う必要があります。たとえば，Net Patient Service Revenue の計算方法は Private Health Care Organization と同様にする必要があります。

8 学校法人会計—私立大学（College and University Accounting – Private）

私立大学は，他の Private Not-for-Profit Organization と同じルールに従います。一方，Private College and University の学校法人会計には，下記のような注意が必要なルールがあります。

1 奨学金（Scholarship and Fellowship）

授業料収入（Student Tuition and Fees）としては，報酬の代わりとして与えられるものでない奨学金を差し引いた純額を報告します。たとえば，成績によってScholarship and Fellowship が与えられる場合，その Scholarship and Fellowship の

額を差し引きます。

下記は仕訳の例です。報酬の代わりとして与えられるものではない奨学金は Revenue Deduction になり，最終的に報告される授業料収入を減額させることになることに注意します。

Dr. Cash 18,000
　　Revenue Deduction-Student Scholarship 6,000
　　　　Cr. Revenue-Student Tuition and Fees 24,000

一方，報酬の代わりとして与えられる奨学金（例えば研究活動への報酬）の場合は，以下に示すように Expense を計上します。この場合は，報告される授業料収入を減額させることにはなりません。

2 授業料免除（Student Graduate Assistantship Given as Tuition Remission）

学生が提供した役務の対価として授業料の免除を受ける場合（フルタイムで大学に雇われているケース等），当該部門の Expense として計上します。例えば物理学科（Physics Department）で学生が講義を担当して授業料が免除された場合は，下記のような処理がなされます。

Dr. Cash 18,000
　　Expense：Instruction（Physics Department） 6,000
　　　　Cr. Revenue-Student Tuition and Fees 24,000

9 学校法人会計―公立大学（College and University Accounting – Public [Governmental；GASB35]）

公立大学（Public College and University）に適用される会計基準である GASB35 について説明します。

1 GASB 35 の適用時期

「GASB35-Public College and University に関する基本財務諸表，および行政管理者の討議と分析」は，他の報告主体の構成要素ではない Public College and University に対して，1999 年 6 月 15 日より後に終了する年度の総収益に基づき，3 段階に分けて適用されています。

2 GASB35 の概要

GASB35 においては，Public College and University は GASB34 で説明されている特別目的行政（Special-Purpose Government）に関する基準に準拠することが要求されています。このことは，Public College and University は，Special-Purpose Government に対する指針のうち，

> a．事業活動のみ（Only Business-Type Activity）に従事
> b．行政活動のみ（Only Governmental Activity）に従事
> c．行政活動および事業活動の両方（Both Governmental and Business-Type Activities）に従事

のいずれかの指針の選択が可能であることを意味しています。すなわち，Public College and University は，上記の 3 つのどれに該当するかを決定することができるのです。

3 行政活動のみに従事する，あるいは，行政活動および事業活動に従事する選択の場合

行政活動のみに従事する，あるいは，行政活動および事業活動に従事する Special-Purpose Government として報告することを選択した公立大学は，この場合，下記のものが要求されます。

> a．マネジメントの討議と分析（Management's Discussion and Analysis：MD&A）
> b．政府連結財務諸表（Government-Wide Financial Statements）
> c．基金型財務諸表（Fund Financial Statements）
> d．財務諸表に対する注記（Notes to the Financial Statements）
> e．マネジメントの討議と分析以外の必要附属情報（Required Supplementary Information ［RSI］ Other than MD&A）

練習問題 8 (公立学校における寄付の認識時期)

The following information was available from W Public College's Accounting records for its current funds for the year ended March 31, 2003：

Restricted gifts received
 Expended $ 200,000
 Not expended   300,000
Unrestricted gifts received
 Expended   600,000
 Not expected   75,000

What amount should be included in current funds revenues for the year ended March 31, 2003 ?
 a. $ 600,000
 b. $ 800,000
 c. $ 875,000
 d. $ 1,100,000

答え　c

解法のポイント　ここは基本問題として，暗記してください。

解説
　公立学校の寄付金の収入計上基準に関する問いです。非拘束寄付金は使用済みと未使用にもかかわらず収入に計上できます。目的が拘束された寄付金は使用済分しか収入に計上できません。

4　事業活動のみに従事する選択の場合

　多くの大学が，前記のような方法での報告を選択します。一方で，ほとんどのPublic College and Universityは，事業活動にのみ従事するSpecial-Purpose Governmentとしての報告を選択するものと考えられます。
　このような大学では，上記の財務諸表ではなく，政府会計における事業型基金で要求されるのと同じ財務諸表が要求されることになります。この場合，下記のものが要求されます。

a．マネジメントの討議と分析（Management's Discussion and Analysis：MD&A）
b．純資産報告書（Statement of Net Assets）
c．Statement of Revenues, Expenses, and Changes in Net Assets
d．キャッシュフロー計算書
e．財務諸表に対する注記
f．マネジメントの討議と分析以外の必要附属情報（Required Supplementary Information ［RSI］ Other than MD&A）

この方法で報告を実施するPublic College and Universityは，経済資源測定重視（Economic Resources Focus）の発生主義会計を適用して財務諸表を作成することになります。この報告方法では政府連結財務諸表は必要ありません。これらの財務諸表に関するルール，たとえばStatement of Net Assetsでは流動と非流動の分類が要求されるとか，Statement of Cash Flowsでの分類は企業会計と異なり4分類であるといったルールは，GASB34の部分で述べたものと全く同一です。

練習問題9（減価償却）

Is the recognition of depreciation expense required for public colleges and private not-for-profit colleges ?

	Public	Private
a.	Yes	No
b.	No	No
c.	Yes	Yes
d.	No	Yes

答え　d

解法のポイント　公立と私立の学校法人の違いをこの問題で再確認しましょう。

解説
FASB93およびFASB99によれば，民間の非営利法人は減価償却が必要です。しかし，公立学校では，GASBに準拠します。GASB8によれば，公立学校では減価償却は必要はなく，実務でも減価償却はしていません。

第18章

国際財務報告基準
(IFRS)

本章での主要な学習ポイント

・米国会計基準が細則主義であるのに対して国際会計基準は原則主義であることを理解する。
・米国会計基準との違いを中心に理解する。

---

1 国際財務報告基準の基本的な考え方と設立主体

国際会計基準（IFRS）とはどのようなもので，設立主体がどこなのかを正確に理解しましょう。

IFRS

（International Financial Reporting Standards：国際財務報告基準）

- IFRS は IASB が作成しており，世界100カ国以上で認められている国際的な会計基準である。アメリカでは2007年から上場する外国企業に IFRS 適用が認められ，日本では2010年3月から国内上場企業での任意適用が認められている。

- IFRS の作成団体である IASB の正式名称は International Accounting Standards Board：（国際会計基準審議会）である。

IFRS は原則主義です。細則主義の米国基準と対比して理解しましょう。

IFRS と USGAAP

- IFRS は原則主義
  （Principle-based approach）
- 基本的な考え方が示され，具体的な数値判断基準はほとんどない。
  →より目的に沿った財務諸表がつくられる。

- USGAAP は規則主義
  （Rule-based approach）
- 具体的な細かい数値判断基準がある。これを逆手にとった会計操作が大規模に行われたため，規則主義のデメリットが批判されるようになった。

IFRS は段階的につくられてきたので，前身の IAS と IASB に組織改正後につくられた IFRS，IFRS の解釈指針の IFRIC の 3 つの基準で成り立っています。

IFRSs を構成する 3 つの基準と解釈

- International Financial Reporting Standards（IFRSs）
  国際財務報告基準（IASC が改組した IASB によって作成された国際財務報告基準）
- International Accounting Standards（IASs）
  国際会計基準（IASC が作成した国際会計基準）
- Interpretations originated by the International Financial Reporting Interpretations Committee（IFRIC）or the former Standing Interpretations Committee（SIC）
  （国際財務報告解釈指針委員会や前解釈指針委員会による解釈）

---

2 国際財務報告基準と米国会計基準の相違点

　ここからは，国際財務報告基準と米国会計基準の相違点を中心に学びましょう。相違点以外の会計処理はほぼ同じと考えてください。

　まず最初に IFRS は米国基準よりも早くリストラ費用を認識します。

相違点1：Restructuring cost

- IFRS では，リストラクチャリング費用をリストラ計画の公表時やリストラ計画の開始時に認識する。そのため，実際にコストが発生してから認識する米国基準よりも早いタイミングでリストラ費用が認識される。

IFRS では操作性の高い特別損益を，開示項目として認めていません。

相違点2：Extraordinary Items

- IFRS では，Extraordinary Item を使用することが禁止されており，この項目は存在しない。

再評価モデルとは，資産の FV から減価償却や減損を引いて今の資産価値を求める手法です。年金の含み損で情報開示する部分も米国と異なっています。

相違点3：Comprehensive Income

- 固定資産の評価で Revaluation models（再評価モデル）を選択した際に発生する Change in revaluation surplus（再評価剰余金）が OCI（その他の包括利益）に含まれる。
- Revaluation Model:
  = Fair value − Acc.Dep. − Impairment loss
  （公正価値）−（対応する減価償却累計額）−（減損）

- また，年金制度についても，<u>Prior service cost のうち OCI に含まれるのは確定給付年金の Actual gain or loss のみとなっている。（米国基準では年金制度に関連した純損益，過去勤務費用の債権・債務，年金制度移行時の差額などがすべて OCI に計上される）</u>

IFRS での5つの収益認識要素はきちんと理解しておきましょう。

相違点4：Principle of recognition of revenue

- IFRS18（収益認識基準）では，収益を物品販売，役務の提供，自社資産の他者の使用の3つに分け，それぞれの認識基準を設定している。特に物

品販売については以下の5つの要素を満たすことが収益認識において必要である。

1．所有による重大なリスクと便益が買主に移転している。
2．販売した物品に対して継続的な関与や支配を持たない。
3．信頼性のある収益額が測定できる。
4．経済的便益の流入の可能性が高い。
5．信頼性のある原価が測定できる。

後入先出法は会計操作がしやすいので禁止されています。

相違点5：Inventory Valuation

- IFRS では，LIFO の使用が禁止されている。

IFRS の低価法は，米国基準と違って天井と床の制限をしません。
原価と NRV の差額で決めます。

相違点6：LCM（低価法）

- IFRS では，低価法は，原価（Cost）と正味実現可能価額（NRV）を比べて，原価（Cost）よりも正味実現可能価額（NRV）が低ければ，減損処理する。
  (NRV ＝ Selling price ー Direct selling cost)
- USGAAP のように，低価法の時価算定で，上限（Ceiling）と下限（Floor）を設けないので注意。
- IFRS では，棚卸資産評価額が回復したら，原価を上限として評価減を戻すことが認められているが，USGAAP の年次報告書では認められていない（四半期決算では認められている）。

IFRS では，固定資産の評価について原価法と再評価法のどちらを使うか選択できる。

相違点7：PP & E Valuation

- IFRS では，固定資産（PP&E）の評価において，USGAAP と同じ Cost Model（原価法）と USGAAP にはない Revaluation Model（再評価法）の選択適用が認められている。
（ただし，同種の固定資産はすべて同じ方法で評価しなくてはいけない）
- Cost model :PPE＝Cost－Acc.Dep.－Impairment loss
- Revaluation Model：
  ＝Fair value－Acc.Dep.－Impairment loss
  （公正価値）－（対応する減価償却累計額）－（減損）

再評価後の増加額は OCI（その他の包括利益）に計上し，減少額は，対応する剰余金があればまず減額し，残りは損益計算書に損失計上する。
会計操作を防ぐため，同種の固定資産は全て同じ方法で処理しなくてはならない。

IFRS の減損は，簿価よりも回復可能価額が下がったときに認識します。固定資産も無形資産も同様の方法を使います。

相違点8：Impairment of Assets

- IFRS では，減損を認識する際に，資産の回復可能価額（Recoverable amount）よりも資産の簿価（Carrying amount）が上回った金額が減損（Impairment loss）となるとされている。
- Recoverable amount とは，「公正価値（FV）－売却コスト（Cost to sell）」と「使用価値（Value in use）」のいずれか高いほうを指す。なお，米国基準ではのれん（Goodwill）の減損は別の方法で行われるが，IFRS では同じ方法で減損処理が行われる。
- Assets は個別の資産だけでなく Cash-generating unit（CGU: 現金算出単位）も含む。CGU とは他の資産や資産グループから独立して識別することができ，現金を生み出すことができる最小の資産グループのことである。

IFRS で無形資産を認識するポイントは，識別可能，分離可能，支配の3つです。

相違点 9 - 1：Intangible Assets Valuation

- IFRS では，有形固定資産と同様に，無形固定資産も取得後の評価方法として，Cost model（原価モデル）と Revaluation model（再評価モデル）を選択適用できる。
- Intangible assets として資産計上を行うためには，以下の 2 つの要件を満たすことが必要である。

1．識別可能（Identifiable）であること，つまり他の資産と分離（separable）できるか，または法的な権利によって発生していること（Arises from contractual or other legal right）
2．Control（支配）していること，つまり将来の経済的便益を得る力（Future economic benefit）を持っていること

IFRS では自己創設無形資産の開発費は資産計上，自己創設のれんは資産計上不可です。

相違点 9 - 2：Internally developed Intangible Assets

- IFRS では，IFRS における Intangible assets の要件を満たしている自己創設無形資産（Internally developed Intangible assets）の開発費（Development cost）は，資産計上する。開発費とは研究の成果を計画，設計などのように具体化する活動にかかる費用のことである。USGAAP では，費用計上処理される。

- 自己創設のれん（Internally developed Goodwill）は資産計上してはならない。

IFRS ではのれんの減損を，固定資産と同様の方法で処理します。

相違点 10：Impairment of goodwill

- IFRS では，Goodwill（のれん）の減損は，Goodwill をキャッシュジェネレーティングユニット（CGU）に配分した上で，Goodwill を含んだ CGU について減損テストを行って判定する。具体的には CGU の BV（簿価）が Recoverable amount（回復可能額）を上回った金額で算出する。米国基準

のように Goodwill そのものの減損テストはしない。

- Recoverable amount とは、「公正価値－売却コスト」と「使用価値」のいずれか高いほうを指す。

- 減損を認識したら、以下の順番で CGU の BV を下げる。
  1. CGU に配分された Goodwill を減額する。
  2. 簿価の比率をベースに各資産に減損を配分する。
  配分された減損額は個々の資産の減損として認識する。

IFRS では、研究段階のコストは費用計上、開発段階は、条件をクリアできれば資産計上で処理します。

相違点 11：R&D cost

- IFRS では、研究開発費に対する支出は、Research phase（研究段階）においては費用処理される。Development phase（開発段階）においては、以下のすべてをその企業が証明できれば Intangible Assets として資産計上する。
  1. その資産を使用または販売のために完成できるという技術的な実現可能性
  2. その資産を完成させ、使用または販売する意図がある。
  3. その企業が生み出す経済的便益の前提となる市場や使用価値の存在
  4. その資産を完成させ、使用または販売するために必要な技術や資金の入手可能性
  5. 開発期間中に生じたその資産に関わる支出を正確に測定する力

IFRS では金融資産は資本と負債にわけて処理します。

相違点 12：Types of Bond

- IFRS では、デリバティブでない金融資産商品の発行者は、その金融商品が負債部分と資本部分の両方を含んでいるかを判定し、含まれていれば「金融資産」「金融負債」「資本」に分けて分類しなくてはならない。
- Convertible bond や Bond with non-detachable warrants は、負債と資本の両方の性質があるため、負債部分と資本部分に分けて表示しなくてはなら

ない。

IFRSでは繰り延べ税金資産，負債はNon currentで処理します。

相違点13：Deferred tax

- IFRSでは，Deferred tax Assets/Liabilitiesは，すべてNoncurrentに分類することになっている。

キャッシュフローの表示区分も一部米国基準と異なっていますので注意しましょう。

相違点14：Statement of Cash flow

- IFRSでは，Interest and Dividends paid or receivedの分類について，下記の2つから選択することができる。
  1. すべてOperating cash flowsに分類する。
  2. Interest and Dividends paid
     → Financingに分類
     Interest and Dividends received
     → Investingに分類

年金制度改訂にともなって発生する差額の処理も米国基準と異なりますので注意しましょう。

相違点15：Prior service cost

- IFRSでは，受給権が確定した社員のPrior service costはただちに費用として処理される。（USGAAPではOCIに計上される）
- 受給権が確定していない社員のPrior service costは，確定するまでの期間で定額を費用として認識する。

企業結合においては，偶発債務の認識の仕方が米国基準と異なっています。

相違点 16：Business Combination

- IFRS では，過去の事象から生じた義務が存在し，信頼できる公正価値が測定可能ならば，偶発事象の認識が要求されている。

連結会計で非支配部分の測定について IFRS では選択できます。

相違点 17：Consolidation（Acquisition method）

- USGAAP では，非支配持分の取得時の測定は，Fair value（公正価値）で行うが，IFRS では，「公正価値」と「被取得企業の識別可能な純資産の比例持分」のいずれかを，企業結合ごとに選択できる。

特別目的事業体の判断基準は，支配しているかどうかの実態で判断します。

相違点 18：Consolidation（Special Purpose Entity：SPE）

- IFRS では，SPE（特別目的事業体）を連結するかどうかの判断基準として他の子会社の連結基準と同様に Control（支配）されているかどうかを使用する。議決権を 50％以下しか所有していない場合，極端に言えばまったく所有していない場合でも支配していると判断される場合があるとしている。

IFRS ではデリバティブのヘッジ会計においてショートカット法が禁じられています。

相違点 19：Hedge accounting

- IFRS では，ショートカット法は禁じられている。

練習問題 1

IAS 16 requires that revaluation surplus resulting from initial revaluation of property, plant, and equipment should be treated in one of the following ways.

Which of the four options mirrors the requirements of IAS 16 ?
 a. Credited to retained earnings as this is an unrealized gain.
 b. Released to the income statement an amount equal to the difference between the depreciation calculated on historical cost vis-à-vis revalued amount.
 c. Deducted from current assets and added to the property, plant, and equipment.
 d. Debited to the class of property, plant, and equipment that is being revalued and credited to a reserve captioned "revaluation surplus," which is presented under "equity."

〈答え　d〉

〈解法のポイント〉　再評価モデルをしっかり理解しましょう。

〈解説〉
　再評価モデルを選択した際に発生する再評価剰余金の会計処理について述べている文章はどれかと聞いていますので，資産計上をするとともに，資本計上（OCI）をするというdの文章があてはまります。

練習問題2

Under IFRS, which of the following method is not allowed to measure cost of inventories ?
 a. The FIFO method
 b. The LIFO method
 c. The specific identification method
 d. The weighted-average method

〈答え　b〉

〈解法のポイント〉　IFRSでは操作性の高いLIFOは禁止されています。

〈解説〉
　IFRSで許可されていない棚卸資産の評価方法について聞いているので，bのLIFOが答えになります。

練習問題 3

ABC LLC manufactures and sells paper envelopes. The stock of envelopes was included in the closing inventory as of December 31, 2005, at a cost of $50 each per pack. During the final audit, the auditors noted that the subsequent sale price for the inventory at January 15, 2006, was $40 each per pack. Furthermore, inquiry reveals that during the physical stock take, a water leakage has created damages to the paper and the glue. Accordingly, in the following week, ABC LLC spent a total of $15 per pack for repairing and reapplying glue to the envelopes. The net realizable value and inventory write-down (loss) amount to

a. $40 and $10 respectively.
b. $45 and $10 respectively.
c. $25 and $25 respectively.
d. $35 and $25 respectively.

答え c

解法のポイント IFRSのLCMはCostとNRVの差で認識します。

解説
棚卸資産のNRV（正味実現可能価額）と低価法による減損額を聞いています。NRVは販売価格－直接販売コストなので＄40－＄15＝＄25となります。IFRSでの低価法による減損は，CostとNRVの差額で認識しますので，＄50－＄25＝＄25となり，cが答えになります。

練習問題 4

ABC company owns an Assets that has following data:

Carrying value	$50,000
Fair value less cost to sell	$47,000
Value in use	$40,000

・Under IFRS, compute the Impairment loss.

a. $0

b. $3,000
c. $7,000
d. $10,000

答え　b

解法のポイント　IFRSの減損はCarrying value（BV）とrecoverable amountを比べて算出します。

解説

IFRSでの減損は，Carrying value（BV）とrecoverable amountを比べて算出します。recoverable amountは，「公正価値－売却コスト」と「使用価値」の高い方なので，本問では＄47,000がrecoverable amountです。これとBVを比べると，BVが＄3,000上回っており減損しているのでbが答えとなります。

練習問題5

Value-in-use is

a. The market value.

b. The higher of an asset's fair value less cost to sell and its market value.

c. The amount at which the asset is recognized in the balance sheet.

d. The discounted present value of future cash flows arising from use of the asset and from its disposal.

答え　d

解法のポイント　使用価値の定義をしっかり理解しましょう。

解説

使用価値とは，その資産から生まれるキャッシュフローおよび売却したときのキャッシュフローを現在価値に割戻した金額のことです。

練習問題 6

Under IFRS, which of the following statement is correct ?

a. An intangible assets arising from research is always recognized.

b. An intangible assets arising from development is always recognized.

c. An intangible assets arising from research may be recognized if some conditions are met.

d. An intangible assets arising from development may be recognized if some conditions are met.

答え　d

解法のポイント　IFRSでは条件にあう開発費は資産計上されることを覚えておきましょう。

解説

IFRSで正しいものはどれかと聞いていますので，条件に合えば，開発段階における研究開発費が無形資産として計上されることがあるというdが答えになります。

練習問題 7

An entity (other than a financial institution) receives dividends from its investment in shares. How should it disclose the dividends received in the cash flow statement prepared under IAS 7 ?

a. Either as operating cash inflow or as investing cash inflow.

b. Operating cash inflow.

c. Either as operating cash inflow or as financing cash inflow.

d. As an adjustment in the "operating activities" section of the cash flow because it is included in the net income for the year and as a cash inflow in the "financing activities" section of the cash flow statement.

答え　a

解法のポイント　IFRSではキャッシュフローでの配当金の会計処理について選択できます。

<解説>
IFRS では現金の受取配当について，オペレーティングとインベスティングのどちらに計上するかを選択できます。

練習問題 8

Under IFRS, how should an acquirer measure the noncontrolling interest in the acquiree at the acquisition date ?
 a. At fair value
 b. As its proportionate share of the acquiree's identifiable net assets
 c. The higher of fair value and its proportionate share of the acquiree's identifiable net assets
 d. Either at fair value or as its proportionate share of the acquiree's identifiable net assets

<答え d>
<解法のポイント> IFRS では Noncontrolling interest の測定方法について選択できます。

<解説>
IFRS では，企業結合における非支配持分の測定について，公正価値と被取得企業の識別可能な純資産の比例持分のいずれかを選択できます。

> USCPA受験の最新情報は，
> プロアクティブ／グアム大学日本事務局のホームページへ。
> 無料査定でUSCPA取得のための現実的なアドバイスを差し上げます。

　本書をご購入いただいた皆様の中には，実際にUSCPAの資格を取得しようと考えていらっしゃる方が多いことと存じます。

　プロアクティブ／グアム大学日本事務局のホームページには，そのような方々が必要としている最新の受験情報が満載しています。当校はワールドワイドで受験指導を展開しており，世界中にいる卒業生は，資格取得を武器にグローバルなキャリアを形成しております。

　実際のUSCPAの受験では，試験に受かるための学習だけではなく，受験資格を満たすための会計，ビジネス単位の取得が必要になってまいります。この受験資格を整えるという部分では，州立グアム大学の日本校である当校におまかせいただくのが最も効率的です。

　本書を手に取られて，USCPAの資格を取得しようと思ったら，まずは当校にご相談ください。無料で

> ①　受験資格を得るために必要な会計，ビジネス単位
> ②　どこの州に出願するのが適しているか

について，査定し，アドバイスいたします。

　まずは当校のホームページでUSCPAに関する最新情報をご覧いただき，無料査定システムをご利用ください。

★無料査定をご利用される際には，当校のホームページで査定フォーマットをダウンロードプリントアウトしていただき，必要事項を記載の上，卒業学校の成績証明書（英文がベター）とともにお送りください。(FAX，郵便，メール添付など)

http://www.uogjp.com

USCPA最新情報が満載。無料査定実施中。
お問い合せはお気軽に…（無料ガイダンスも随時受付中）

mail：Info@uogjp.com

TEL：０３－３５８０－０１００
FAX：０３－３５８０－４７１５

〒105-0001　東京都港区虎ノ門1-15-7　TG115ビル
地下鉄銀座線　虎ノ門駅より徒歩2分

＜監修＞

プロアクティブ／グアム大学日本事務局

通信（DVDあり），通学，インターネットによる米国公認会計士指導講座をWorld Wideで展開している教育サービス会社。州立グアム大学の日本事務局として米国公認会計士受験のための受験資格を満たすための会計，ビジネス単位を迅速に取得することができ，ユニークでポイントをついた受験指導で定評がある。本書著者の階戸教授は当校の卒業生の一人であり，大学院で教鞭（国際経営）をとっている。

＜著者紹介＞

階戸　照雄（しなと　てるお）

1978年旧・大阪外国語大学イスパニア語学科（現・大阪大学外国語学部スペイン語専攻）卒業，大学在学中にロータリー財団奨学生として，メキシコ国立自治大学へ1年間留学，パリ政治学院（シアスポ），CEP取得，INSEAD，MBA取得
外大卒業後，富士銀行入行，ロンドン支店，パリ支店，本部等，みずほ信託銀行勤務，朝日大学経営学部教授を経て，現在，日本大学大学院総合社会情報研究科教授
米国公認会計士，1級ファイナンシャルプランニング技能士（CFP，金財FP1級），DCアドバイザー，宅地建物取引主任者，英検1級，運輸省認定英語ガイド資格

建宮　努（たてみや　つとむ）

国際情報修士／中小企業診断士／フィナンシャルプランナー
University of Guam Japan Director，株式会社プロアクティブ取締役副社長　日本経営診断学会正会員，日本国際情報学会正会員

［US CPA 集中講義］

財務会計（第4版）

2004年 9月 1日　第1版第1刷発行	
2006年10月10日　第2版第1刷発行	
2009年 1月15日　第3版第1刷発行	
2010年 9月10日　第3版第3刷発行	
2011年 3月 1日　第4版第1刷発行	

監　修　プロアクティブ／
　　　　グアム大学日本事務局
著　者　階　戸　照　雄
　　　　建　宮　　　努
発行者　山　本　憲　央
発行所　㈱中央経済社

〒101-0051　東京都千代田区神田神保町1-31-2
電話　03（3293）3371（編集部）
　　　03（3293）3381（営業部）
http://www.chuokeizai.co.jp/
振替口座　00100-8-8432
印刷／文唱堂印刷㈱
製本／誠　製　本㈱

© 2011
Printed in Japan

※頁の「欠落」や「順序違い」などがありましたらお取り替えいたしますので小社営業部までご送付ください。（送料小社負担）
ISBN987-4-502-43450-1　C2334

JCOPY〈出版者著作権管理機構委託出版物〉本書を無断で写複製（コピー）することは，著作権法上の例外を除き，禁じられています。本書をコピーされる場合は事前に出版者著作権管理機構（JCOPY）の許諾を受けてください。
JCOPY〈http://www.jcopy.or.jp　eメール：info@jcopy.or.jp　電話：03-3513-6969〉